國破れて マッカーサー

西　鋭夫

中央公論新社

目次

第三部 終わらぬ「戦後」の始まり

國破れて　マッカーサー

はじめに

　アメリカ兵を見たのは五歳の夏。蟬《せみ》、蜻蛉《とんぼ》、蛍《ほたる》、蝶々《ちょうちょう》、蛙《かえる》、蝮《まむし》、青々とした田圃《たんぼ》、焼けば美味《おい》しい蝗《いなご》。青大将に二回咬《か》まれた夏。岡山県の美しい田舎に疎開《そかい》していた時だ。

凸凹《デコボコ》の田舎道を、カーキ色のジープが黄色い砂埃《すなぼこり》を上げ、走ってきた。半袖のカーキ色の軍服を着た四、五人の赤ら顔のアメリカ兵たちが大声で叫び、ジープから夢のような貴重品、チューインガム、タバコ、チョコレートを両手で摑《つか》み、何度も何度も空高くばら撒《ま》いた。

裸足《はだし》で、ボロの半ズボンで、鮒捕《ふなと》りをしていた私たち五、六人、文字通りの「餓鬼《がき》」は、歓声を上げ、網を放り出し、穴の空《あ》いたブリキのバケツも放り出し、見た事も無いジープの後を全力で追い、薄紫色の排気ガス、機械文明の匂いを胸一杯に吸い込み、必死になって宝物を拾い漁《あさ》った。

　アメリカ兵たちはジープを停め、笑いながら私たちの写真を撮《と》っていた。

　チョコレートを口一杯に頰張《ほおば》り、チューインガム、タバコをポケットに溢《あふ》れるほど詰め込み、さらに両手に余るほどの戦利品を家に持ち帰り、意気揚々《ようよう》と父親に見せた。

「乞食《こじき》！」と怒鳴《どな》られた。

子供ながら、食糧不足で痩《や》せ細った父の顔に走った「惨《みじ》めさ」「寂しさ」を見逃さなかった。

あれから六〇年。

「経済復興」というスローガンを掲げ、銭《かね》のためにはアメリカに苛《いじ》められても、無視されても、公に侮辱され、利用されても、ひたすら「富」の蓄積に涙ぐましい努力をし、やっと世界一、二位の金持ちになった。日本はアメリカの「乞食」として生きてきたのか。

豊かな日本はアメリカに諂《へつら》う精神状態から抜けきれない。上目遣いで卑屈な生活を続けると、それが日本の「面《かお》」に出るのだ。

日本国民は、第二次世界大戦中、アジア・太平洋戦で、敵軍米兵が尊敬の念を持たずにはいられないほどの「国を愛する心」と「誇り」に支えられた勇敢さで死闘を繰り広げ、数百万人の犠牲者を出し、敗れた。

日本国歴史上、前代未聞の敵軍による「日本占領」が始まる。

国破れて、占領が始まった一九四五（昭和二十）年の真夏から、「無敵の日本帝国がなぜ負けたのか」と国民は自責の病《やまい》に冒《おか》され、惨敗の理由探しに苦しんだ。「精神力では勝っていた」と占領の屈辱を耐えた。飢餓寸前の食糧危機の中で自分を慰めるかのように、この念仏を呟《つぶや》き、「富」の蓄財に奔走した。

「富」の魔力に惑《まど》わされ、「富」に真の幸せがあると錯覚し、日本国民は形相物凄《ぎょうそうものすご》く「富」

を追求した。戦勝国アメリカが「世界一素晴らしい」アメリカ国内市場を日本の企業に提供してくれた。「日本のために」「経済復興のために」と。

しかし、「富」という甘い麻薬への代償は、日本が最も大切にしていた「大和魂」を失う事だったとは国民誰一人として気づかなかった。この危ない絡繰《からくり》に気づいて警告を発した人がいたとしても、「極右」とか「軍国主義者」と罵倒《ばとう》を浴び、無視されただろう。

アメリカにモノを売って日本は金儲けをした。

アメリカにとっての見返りは、日本人の服従。日本人の勇敢さ、戦闘心、「武士道」。脈々と絶えることなく流れ続けた日本国の歴史。歴史に育《はぐく》まれ、成長してきた愛国心と誇り。即《すなわ》ち、日本人の「魂」。

この無形の「見返り」をまんまと日本から取り上げたアメリカは、「また、勝った！」と思っている。銭《かね》では計れない、赤字・黒字決済簿に出てこない「誇り」を、アメリカは敗戦直後の虚脱状態にあった日本国民の心の中から、永久平和と民主主義という甘い言葉で誘い出し、アジア・太平洋の「征夷大将軍」マッカーサー元帥の密室で扼殺《やくさつ》した。

その死体が、憲法第九条。

第九条は「愛国心」の墓。

富める国の真《ま》っ只中《ただなか》にありながら、忘れ去られた墓。誰も訪れない無縁墓地。

ブランド物の美しい服で着飾り、美味しいものを食べ、多額の金を使い世界へ物見遊山《ものみゆさん》に行き、またハイ・テクの小道具で日常生活を楽しんでいる富国日本の人々の心の中にはペンペン草が生えているのだろう。

己を顧《かえり》みず、国の歴史となんの絆《きずな》も持たず、国の栄光と失望、夢と後悔、誇りと反省などには目もくれず、ひたすら「物・富」を追いかける今の日本の姿は、飢えていた五歳の私と同じではないのか。

我々の「誇り」は第九条の中に埋葬《まいそう》されている。

日本国民は、戦後、第九条があるから日本が「平和」でおられたと信じている。そのように教育されてきた。今でも、そう教えこむ。

アメリカは自国の国益を護《まも》るため、自国の安全を確保するため、あの猛勇日本、あの「神風特攻隊」を生み出す日本、国のために玉砕する日本人を二度と見たくなかった。我々日本人から「命をかけても護らなければならないもの」を抹殺しなければ、いつまた日本が息を吹き返し、強い国になり、太平洋で、アジアで、アメリカの進出を邪魔するかもしれない、アメリカに報復するかもしれないと恐れていた。

日本の文化から、日本の歴史から、日本人の意識から、「魂」を抜き去り、アメリカが「安全である」と吟味したものだけを、学校教育で徹底させるべし。マッカーサー元帥の命令一声で、日本教育が大改革をさせられたのは、アメリカの国防と繁栄という最も重要な国益があったからだ。

アメリカが恐れ戦《おのの》いた「日本人の愛国心」を殺すために陰謀作成された「洗脳」を、日本は今でさえ「平和教育」と呼び、亡国教育に現《うつつ》を抜かしている。

一九四六（昭和二十一）年の春、アメリカから教育使節団が来て、日本の学校教育を二週間ほど見学し、日本の生徒には「日本語は難しすぎる」と判断し、「日本語をローマ字にせよ」と迫った。五十年後の一九九七（平成九）年、文部省は小学一年生から、ローマ字ではなく英語を教えると発表した。

「新文明開化」の夜明けか。これを「国際化」と言うのか。

アメリカの「マインド・コントロール」は天才的だ。操《あやつ》られている日本国民は十二歳か。

日本占領の独裁者マッカーサーが「日本人は十二歳だ」と公の場で明言した。

あの口五月蠅《くちうるさ》いアメリカ、自動車部品を一個、二個と数えるアメリカ、コダック、富士フイルムを一本、二本と数えるアメリカが、日本の「教育」に文句を言わない。一言も注文を付けない。

日本の教育は今のままで良いと思っているからだ。アメリカは日本教育改革がここまで成功するとは思ってもいなかった。

アメリカは日本を見て、自画自賛している。「日本占領」はアメリカ版の「成功物語」。マッカーサーは今でもアメリカの英雄だ。

「日本占領」は、日本の未《いま》だ終わりのない「惨敗物語」。

敗戦国になり、「一億総懺悔《ざんげ》」をさせられ、隣国から、世界中から絶えず罵倒され、「謝れ」と言われ、国際平和、国連、ユネスコ、ODAという有名無実の名の下《もと》に多額の金を巻き上げられ、その上、「劣悪な国民」の烙印《らくいん》を押され、永い永い年月が経《た》った。

一八六八（明治元）年の明治維新以来、「富国強兵」を国の目標とし、日本は世界史上まれに見る「国造り」に大成功を収めた。当時、欧米の植民地に成り下がったアジアで、日本が征服されなかったのは、「強兵」がいたからだ。

「富国」となった今、日本には「強兵」がいない。

今、アメリカ軍の強兵が日本にいる。

一九四五年から一九五二（昭和二十七）年まで続いたアメリカの占領中、アメリカは日本を信念も自信もなくしてしまう国に仕立て上げ、自衛もできない丸裸の国にした。アメリカに頼らなければ生きてゆけない国に仕立て上げた。

日本中にあるアメリカ軍の大きな基地は、日本が「提供」しているのではなく、アメリカ軍が戦利品として「没収」したものだ。アメリカ占領軍は、未だ日本から立ち去らず、「属国・植民地」の動静を監視している。その監視費用（年間五千億円）も日本が出す。「広島と長崎の夏」の前、日本の国土に外国の軍事基地はなかった。他国の基地があるのが異常なのだ。

それどころか、職業軍人マッカーサーが妄想逞《たくま》しく、争いのない「天国」を夢見て、六日間で綴《つづ》った作文を「侵すべからざるの聖典」、憲法と崇《あが》め、いかに世界が、日本の現状が激変しようとも、マッカーサーの「夢のまた夢」にしがみついているのが、今の日本の姿。腹も立てず、侮辱も感じず、今の日本が「平和の姿」だと独《ひと》り善《よ》がりの錯覚をしている。

日本の首相も侮辱を感じないのだろう。首相が「参勤交代」をするかのようにアメリカを訪問し、ワシントンDCにあるホワイト・ハウスに招待され、その後必ず隣りのバージニア州アーリントンにあるアメリカの聖地、国立墓地（National Cemetery）と無名戦士の墓（Tomb of the Unknown Soldier）に詣《まい》る。連れていかれる。

この墓地にアメリカの英霊が眠っている。日本の首相は花輪を捧げる。かつての敵に、敬意を払うことは礼儀を弁《わきま》えた大人の姿だ。

日本にもアーリントン国立墓地に匹敵する厳粛な場所がある。ところが、首相が帰国して、祖国の英霊が眠っている靖国《やすくに》神社に足を運ぶのか。運ぶ首相もいる。だが、近隣諸国の感情を逆撫でしてはいけないと細心の気を配り、あたかも悪いことをしているかのように人目を避け、終戦記念日を避け、こっそりと英霊に黙禱をする。近隣諸国は、待ってましたとばかり「戦争犯罪人を擁護している」と日本を攻撃する。

日本の兵士たちは、理由はどのようなものであれ、祖国日本のために死んでいった。この人たちに敬意と謝意を払うのは、生きている日本人としての礼儀である。日本国の首相として、最小限度の礼儀だ。敵兵の英霊に頭を下げ、祖国の兵を無視する国は、最早《もはや》「国」としての「誇り」も、いや、その「意識」もないのだ。

アメリカの大統領も日本に来る。彼らは靖国神社に表敬訪問しない。そんなものが東京にあるのも知らないのだろう。あってはならないと思っているかもしれない。ここに、アメリカと日本の真《まこと》の関係が見える。

繰り返す。「日本占領」は、アメリカ外交史上最高の「成功物語」。

この本を書くようになった経緯《いきさつ》について一言。

＊

東京オリンピックの年、一九六四（昭和三十九）年の初夏、私はアメリカの西海岸、ワシントン州シアトルにあるワシントン大学の大学院へ留学した。運賃の安い船便で渡米した。

在学中、「日米外交史・第二次世界大戦」のゼミを取り、「太平洋戦争」について初めて詳しく学んだ。

日本の学校教育では、アジア・太平洋戦争（大東亜戦争）になると「一九三一年、満洲事変」「一九四一年、真珠湾攻撃」「一九四五年、広島・長崎の原爆」しか教えない。日本の「悪行」と「原爆の非人道的な悲劇」だけを強調する。

歴史は、勝った国から見ると、こうまで違うのかと驚いた。

アメリカ国民は原爆投下に関して、罪悪感を持っていない。アメリカ人が少しでも「反省」をしてくれれば、日本が受けた悲惨が癒《いや》されるのではないかと我々日本人が望んでいるだけだ。アメリカは「原爆で勝った」と信じている。

日本の「真珠湾攻撃」を、日本の「汚い、邪悪の性格」を象徴するものだと、アメリカ国民は今でも十二月八日になると、「Remember Pearl Harbor（真珠湾を忘れるな）」と唱える。学校教育でもそう教えているからだ。

今日の日本に決定的な影響を与え、運命を決めたアジア・太平洋戦争について、日本人の私がアメリカで初めて学んだということは、文部科学省と日教組に牛耳《ぎゅうじ》られている日本の学校教育が、いかに祖国の歴史を軽蔑し、無視しているかを曝《さら》け出したようなものだ。その祖国の歴史、「日本史」さえも必修でなく、大学受験の都合で選択科目にしている学校教育は、「亡国」という凶事への前兆か。

博士論文は日米関係のどの時代について書こうかと漠然《ばくぜん》と考えていた時、『ニューズウィーク』誌（一九七四年末?）の小さな記事が目についた。「一九四五年度のアメリカ政府の機密文書を公開する」と書いてあった。アメリカ政府は極秘文書を三十年後に全面公開する。三十年間で時効となる。これも、アメリカが偉大な国であるという証《あかし》の一つではなかろうか（日本には時効はない。極秘文書は永遠に極秘だ）。

「一九四五年は昭和二十年。アメリカの日本占領が始まった年だ。日本人の知らないことが隠されているのではないだろうか。アメリカ政府の本音が解るのではないだろうか」と思った。

一週間後、ワシントン大学大学院の研究助成金を受け、ワシントンDCに飛び、National Archives（アメリカ国立公文書館）へ直行した。ここには、アメリカ独立宣言の原文があり、ここにアメリカ政府の重要文書すべてが保管してある。公文書館の建物は惚れ惚れするほど見事。これはアメリカの国力か、富の深さか。いや、歴史を大切にする心意気であろう。

「国務省（Department of State 日本の外務省にあたる）の一九四五年度のファイルを見たい」と申し出た。すると、礼儀正しい、度の強いメガネをかけた係員の一人が、私を地下の迷路に連れて行き、四方に頑丈な金網の張ってある小さな部屋に案内してくれた。金網は濃い緑に塗ってあった。「しばらく待っていてください」と言う。

この部屋には灰色の金属性の長方形テーブルが一台、鉄製の椅子が一脚。床はコンクリートで灰色に塗ってあった。身の引き締まる思いがした。十五分ほどして、この係員が手押し車に灰色の箱を二十ほど積み、ゆっくりと部屋に入って来た。「入って来た」といっても、外からも内からも、係員の動作も私も丸見えだ。「あと数十箱ありますから、これらが済み次第お知らせください」と言って、係員は部屋を出た。

これらの箱の上には、うっすらと埃《ほこり》が積もっており、それに指紋《しもん》がついていない。どの箱にもついていない。箱は両手を使わねば開けられないもので、三十年間たった後、機密文書の扉を開けるのは私が初めてかと、興奮した。あの感情の高ぶりは、生き埋めにされている日本の歴史に対する畏敬の念だったのだろうか。存在していたことも知られていなかった貴重な生資料が、次から次へと出てきた。それらを複写し、大学へ持って帰り、博士論文（一九七六年）を書き上げた。

その論文が、スタンフォード大学内にある世界的に有名なシンク・タンク、フーバー研究所のラモン・マイヤーズ博士の目に止まった。マイヤーズは毎年素晴らしい学術専門書を続々と出版する怪物。「フーバーに来て、本を書くか」と誘われた。

誘われる前から、ぜひ一度でもよいから行ってみたいと思っていた研究所だ。フーバー研究所で働きながら、日本占領についてさらに調査の枠を広げ、トルーマン大統領図書館（ミズーリ州インディペンデンス）、マッカーサー記念図書館（バージニア州ノーフォーク）で数々の新しい貴重な資料を発掘した。これらの図書館には、日本人研究者が今まで訪れたことがなかったので、歓迎された。トルーマン図書館財団から研究奨励金を受けた。

「日本占領」は、当時（一九七〇年代）「ポピュラーな研究題材」ではなかった。占領について書かれた本も殆《ほとん》どなく、ある本といえば、占領に参加したアメリカ役人及び軍人が、個人的な回顧録として「マッカーサーの日本占領」を美化しながら書いたものだ。

フーバー研究所の、アメリカで著名な教育学者のポール・ハナ博士を紹介され、親しくなった。ハナが「ここフーバーの公文書館にトレイナー文書があるが、誰も使っていないんだ。なぜかなあ」と私に尋ねられた。灯台下暗《もと》しとはこのことだ。誰も使っていないのは、誰も知らなかったからだ。

ジョセフ・トレイナーは、日本占領中、マッカーサーの本部（GHQ）で、日本の教育改革に携《たずさ》わった男だ。彼は教育改革に関し、アメリカ側と日本政府側の厖大《ぼうだい》な量の文書を集めて保管していた。「トレイナー文書」は「宝庫」だ。

アメリカの占領政策が戦後日本の「姿」を形作った。そのアメリカ製「日本」を永久化しようとしたアメリカは、日本の学校教育および教育哲学に目を付け、大改革をした。それ故《ゆえ》、「トレイナー文書」は重大な「発見」だった。

原稿を書き上げるのには丸三年かかった。英文で九百頁《ページ》近くになった。タイプライターで書いた。当時、使いやすいワープロは、まだ普及していなかった。マッキントッシュも、発明されていなかった。

この原稿はハナ博士、それから、名前は挙げないが、プリンストン大学の日本研究で著名な教授、スタンフォード大学教授、エール大学教授、フーバー研究所主任研究教授、そして、マイーヤーズ博士によって同時に読まれ検討された。全員一致で「出版」が決定した。

この方式を「レフリー・システム」という。第三者の判断を仰ぎ、原稿に出版する価値があるかないかを決定する客観的な制度だ。これはアメリカの学界では当然のことであり、全ての学術論文の判定にもこの方式が使用される。

スタンフォード大学フーバー研究所出版から出た本のタイトルは *Unconditional Democracy*。

日本の「無条件降伏（unconditional surrender）」と「民主主義」とをかけたもので、「有無を言わさず民主主義化された」という強い皮肉を含んだタイトル。アメリカでは、このタイトルだけでも有名になった本だ。

この本は、アメリカで公開された生《なま》の機密文書を使って書かれた最初の本である。出版されたのは一九八二（昭和五十七）年。二〇〇四年三月に、フーバー研究所からペーパーバック版が刊行された。二二年も経過して、再版されたのは理由がある。アメリカのアフガン戦争と占領、イラク戦争と占領が大混乱に陥り、無政府状態が続いている。大成功をおさめた「日本占領」をもう一度詳しく吟味すれば、アフガンとイラク占領に役立つものがあるのであろう、と期待をたくして、この本が再度出版されたのである。

私が翻訳したのではないが、大手町ブックスから『マッカーサーの犯罪』として、一九八三年に出版されたのはこの本だ。その直後から、日本からもアメリカ国内からも、学者たちから電話や手紙が沢山あった。占領関係の資料についての「教えを請《こ》う」ものだった。

『國破れて マッカーサー』は *Unconditional Democracy* と『マッカーサーの犯罪』を基《もと》に、戦後日本の原点、「占領」という悲劇をさらに明らかにしようと、私自身が全面的に書き改めたものである。

私がアメリカの生資料に重点を置くのは、アメリカが敗戦日本を独占し、好きなように操《あやつ》ったからだ。事実、占領中、日本での公用語は英語だった。即ち、日本政府の全文書、マスコミの全印刷物、NHKの全放送内容は英訳され、マッカーサーの司令部（GHQ）の判断を仰がねばならなかった。日本の政治家の発言、演説も全て英訳された。日本中が検閲された。

日本の政治家の誰それが、マッカーサーの日本壊滅戦略に奮戦抵抗した、と近年言われているが、マッカーサーは日本人の抵抗を「敗け犬の遠吠《とおぼ》え」としてしか聞いていなかった。

アメリカが「占領劇」の主役だ。

アメリカが「戦後日本」の生みの親。

「日本占領」と「戦後」には同じ血が流れている。「占領」から脱皮しなければ、日本の成長はない。「アメリカ」から脱皮しなければ、日本は「国」にはなれない。アメリカの「文化力」に抵抗しなければ、日本文化は消滅する。

しかし、『國破れて マッカーサー』は、アメリカの悪口を言ったり、非難をした本ではない。「占領政策」がどのようなものであったかを、アメリカ政府の極秘資料を使い、赤裸々《せきらら》に記述したものである。

戦勝国アメリカの肩を持たない。

敗戦国日本の弁護もしない。

日本の読者が聞きたくも、見たくもないことが書かれているかもしれないが、事実の追求がこの本の「魂」だ。

これから続く章では、なるべく私見を挟《はさ》むことを避け、「占領」の真の姿を忠実に記述するため、歴史的に重要な生資料だけで「話」を進めてゆくように努力した。

資料に存在しない架空の「会話」や「舞台」を作成するようなことはしない。

『國破れて マッカーサー』は、小説ではなく、書き替えることのできない現実の記録である。

第一部　誇りの埋葬

第一章　「無条件降伏」の裏側

1　玉　砕

マッカーサー元帥指揮による勇猛果敢な海兵隊は、一九四四（昭和十九）年六月十五日、サイパン島（日本帝国の重要基地）に猛攻撃を開始した。サイパン島の日本兵、三万一千名は二十三日間戦い続け、弾尽《たまつ》き、玉砕した。日本人の子供たちも母親と共に島の北へ追いつめられ、Suicide Cliff（自殺の絶壁）から次々と飛び降りる。その数、五千名という。

アメリカ兵三千五百名、戦死。

サイパン沖での海戦も悲惨な結末となる。日本海軍の航空母艦九隻の内、三隻は撃沈《げきちん》され、四百七十三機の零戦《れいせん》は九百五十六機のグラマンＦ６Ｆとの空中戦で、ほぼ全機撃ち落とされる。このサイパン島から、ボーイング社の新型Ｂ29爆撃機が福岡、大阪、名古屋、東京へ空襲をかけることになる。

零《れい》式艦上戦闘機（零戦、千馬力、一九四〇年に三菱重工業製造）は、日本の技術の粋《すい》を結集した世界一の絶品であった。零戦は航空母艦用に設計され、真珠湾攻撃、アジア・太平洋空中戦で抜群の旋回性能を発揮し、鍛《きた》え上げられた操縦者たちは向かうところ敵なしで、アメリカ空軍は「ゼロを避けろ」と指令を出すほどであった。

しかし、アメリカはアラスカ半島に不時着した零戦をグラマン社で徹底的に解体・分解し、弱点を探しあてた。零戦の急所は、「ガソリン・タンク」と操縦士の「座席」。共に薄いアルミ製で、敵の弾が当たると爆発か即死である。

グラマン社は零戦に改良を加えた。アメリカ空軍はグラマンF6F（綽名《あだな》「ヘル・キャット」「地獄からの猫」）を一九四三年九月、南太平洋空中戦に登場させた。F6Fのガソリン・タンクは分厚く、かつ柔らかいスポンジ状の生ゴムで覆《おお》われており、少々の弾が当たっても穴がすぐ閉じた。座席も操縦士を包みこむように厚い鋼鉄で作られた。当然、重くなるので、F6Fには零戦より二倍強力なエンジン二千馬力がつけられていた。最高速力、時速六百十一キロ。

空中戦で弾が当たってもグラマンは落ちなくなった。零戦が敗けだした。

製造数も桁《けた》違いで、零戦一機に対し、アメリカは五十機以上もの色々な戦闘機を作ったと言われている。一九三九（昭和十四）年三月から一九四五年八月までの六年間で、零戦の総製造数は一万九百三十六機（『産経新聞』一九九八年六月十六日）。アメリカは、ヘル・キャットだけでも、二年間で一万二千機も製造した。

サイパン島の胸が張り裂けるような惨劇から三十五日後、グアム島の日本兵一万八千名、玉砕。

真珠湾で輝かしい戦果をあげた誇り高い日本の太平洋艦隊は、一九四四年十月二十四日、フィリピン島のレイテ湾激戦で無数のアメリカ空・海軍のグラマンF6F戦闘機に敵討《かたきう》ちをされ、撃沈された。戦艦「大和《やまと》」の姉妹艦「武蔵《むさし》」はここで沈められた。マッカーサーはレイテ湾に上陸し、日本軍を全滅させる。その翌日、初の神風特攻隊が死地へ飛び立っていった。

私は、ワシントン大学に在学中、「日米外交史・第二次世界大戦」のゼミをとり、アメリカ海軍水兵たちの「回顧録」を十冊ほど読んだ。「神風特攻隊」の記述を読んだ。どの水兵も同じことを語る。恰《あたか》も同じ航空母艦に乗っていたかのように……。

アメリカはレーダー探知器を持っていた。レーダーに「点々」が現われる。神風はまだ肉眼では見えない。しかし、その点々の方向に全ての機関銃を、全ての対空砲を、撃ち始める。十機ぐらいの神風が肉眼に見える。まっすぐ航空母艦に突っ込んでくる。水兵たちは、気が狂いそうな恐怖に震えながら、機関銃を撃ち捲《まく》る。殆《ほとん》どを三十分ぐらいで撃ち落とす。

だが、時折、一機だけが幾《いく》ら機関銃弾を浴びせても落ちない。銃弾の波間を潜《くぐ》り、近づいてきては逃げ、そしてまた突っこんでくる。日の丸の鉢巻が見える。祖国のために死を覚悟し、己《おのれ》の誇りと勇気に支えられ、横殴りの嵐のような機関銃の弾雨《だんう》を見事な操縦技術で避け、航空母艦に体当たりし撃沈しようとする恐るべき敵に、水兵たちは、深い畏敬と凍りつくような恐怖とが入り交じった「感動」に似た感情を持つ。命を懸けた死闘が続く。ついに、神風は燃料が尽き、突っ込んでくる。その時、撃ち落とす。その瞬間、どっと大歓声が湧き上がる。その直後、耳が裂けるような轟音《ごうおん》を発していた甲板上がシーンとした静寂に覆われる。

水兵たちはその素晴らしい敵日本人に、「なぜ落ちたのだ⁉」「なぜ死んだのだ⁉」「これだけ見事に闘ったのだから、引き分けにして、基地に帰ってくれればよかったのに‼」と言う。

アメリカ水兵たちの感情は、愛国心に燃えた一人の勇敢な戦士が、同じ心をもって闘った戦士に感じる真《まこと》の「人間性」であろう。それは、悲惨な戦争の美化ではなく、激戦の後、生き残った者たちが心の奥深く感じる戦争への虚《むな》しさだ。あの静寂は、生きるため、殺さなければならない人間の性《さが》への「鎮魂の黙禱《もくとう》」であったのだ。

アメリカ軍は圧倒的な進攻を続け、三十六日間の壮絶な戦いの末、一九四五年三月二十六日、硫黄島《いおうとう》を陥《お》とす。

死守しようとした日本兵、一万九千人、玉砕。アメリカ兵、六千八百名、戦死。アメリカの海兵隊が英雄扱いされる転機になったほどの激戦であった。

アメリカ・アーリントン国立墓地の北側に、硫黄島の「摺鉢山《すりばちやま》」を日本兵から戦いとった直後（二月二十三日）、アメリカの国旗「星条旗」を雄々しく打ち立てた海兵隊員を称え、また慰霊するためのブロンズ製の記念碑が建っている。

マッカーサーが沖縄へ攻撃を掛けるのは時間の問題であった。

沖縄の学童を鹿児島へ疎開させるため、一九四四年八月十八日の夜、「対馬丸《つしま》」は千六百六十一名を乗せ、那覇港を出た。四日後、二十二日の夜十時十二分、アメリカの潜水艦の魚雷四発を撃ちこまれ、十分後に、千四百八十四名の命と共に、沈没した。

太平洋に戦線を拡散した日本軍に物資を輸送できるかどうかは勝敗を決定する要因であった。そのことを十分理解していたアメリカ海軍は、日本の輸送船二千三百九十四隻を撃沈した。この数は日本の民間船の「八十五パーセント」であり、日本の輸送能力全滅の状態を示す。日本海軍はアメリカの無数の輸送船の僅《わず》か九十八隻しか沈めていない（尾崎竹一「目頭が熱くなる『戦没船員の碑』」『産経新聞』一九九八年八月十三日）。

一九四五年四月一日、アメリカ軍は緑燦々《さんさん》とした、美しい沖縄が赤茶色になるほど、猛爆撃をし、海兵隊を上陸させた。アメリカは、五十万人の兵を上陸させる。

沖縄を死守しようと、大本営《だいほんえい》は日本帝国の最後の切り札、戦艦「大和《やまと》」を出動させる。「大和」は、十年の歳月と巨額一億四千万円の工費を費やし、広島県呉《くれ》海軍港で一九四一（昭和十六）年十二月十六日、真珠湾攻撃の直後に完成した。ちなみに、同年の軍事費は国家財政の七十五・七パーセント。

「大和」は冷暖房完備、エレベーター付、世界最大の六万九千百トン。全長二百六十三メートルの不沈艦であり、日本海軍の誇りでもあった。「大和」があるかぎり日本軍に敗北は訪れないと誰もが信じていた。「大和」は大日本帝国の象徴であり、日本の精神的支柱だった。

その「大和」は、一九四五年四月六日、午後三時二十分、乗員二千七百七十四名とともに、燃料四千トンを積み込み、援護する零戦は一機もなく、僅《わず》か八隻の駆逐艦と一隻の軽巡を引き連れ、十五万馬力のタービンエンジンを全開し、全速力二十七ノットで、山口県徳山沖から沖縄へ向かう。この四千トンの重油は日本海軍が所持した最後の燃料だった。

日本帝国の運命を背負い、「菊水作戦」と名づけられた「大和水上特攻隊」は死地へ向かう。

翌朝七時三十分、沖縄まではまだほど遠い奄美大島沖の海上で、獲物《えもの》を探していたアメリカ空軍に捕《つか》まる。「大和」はグラマン戦闘機千機の猛攻撃に曝《さら》され、魚雷十二発を受ける。当時、魚雷一発で沈んだ戦艦は数多くあった。日本の神々に守られていたかのように「大和」は沈まず、その死闘は七時間にも及んだ。しかし、午後二時二十三分、「大和」はついに鎮魂の大爆発を起こし、日本海軍の誇りと夢は、二千四百八十九名の勇敢な水兵と、艦長とともに深い海に消えていった。

援軍の当てもなく、取り残され、食糧、武器、弾薬も乏しい事態にも拘らず、沖縄住民と日本軍は激しく抵抗し、老若男女を問わずバンザイ突撃に加わった。天皇陛下の住む本土を守ろうとしたのだろうか。負け軍《いくさ》と知りつつ、「己の誇りと尊厳」のため、戦いながら死んでいったのだろうか。この激烈な抵抗にもかかわらず、三カ月後の六月二十三日、沖縄は陥落した。沖縄の最前線で、負傷兵の看護にあたっていた勇敢な「ひめゆり部隊」の若い女子四十九名も、摩文仁《まぶに》村の小さな洞窟で自決した。日本人の屍《しかばね》が戦場に累々《るいるい》と積まれた。その数、二十万人とも、二十五万人とも言う。アメリカ兵、四万九千百五十一名、戦死。日本本土の状況は日毎《ひごと》悪化していった。

一九四五年五月三十一日、アメリカ政府の戦略諜報局（Office of Strategic Services, OSS）局長代理のチャールズ・S・チェストンがトルーマン大統領に報告しているように、「連合軍は東京への空襲で、五十万戸の家屋を破壊し、三十万人の市民を殺しました。市民の間で不穏な騒ぎが起きている兆しはありませんが、士気は低下しております。元首相東條の自宅に投石する者たちもおり、東條は東京から離れております。勝利を信じる者はおらず、和平の噂が東京中を飛びかっており、市民は戦争は冬までには終わると思っております」という状態だった。東京、日本中にアメリカのスパイがいたことは明白だ。

一九四五年五月八日、不滅と思われたナチス・ドイツがソ連とアメリカの連合軍により全滅にされた。ヒトラーは愛人エヴァ・ブラウンと自殺した。

ヒトラーと日本参謀本部を巻き込んだ、信じられないような話がある。

終戦直後、ロイター特派員が、ある日本海軍参謀と会見した。この参謀は身元を隠し、東京郊外の「寂しい場所」で特派員に会った。その会見を、一九四五年十月十九日に、『スターズ・アンド・ストライプス』（アメリカ軍隊の機関紙）が記事として載せた。要約する。

「ヒトラーと愛人エヴァ・ブラウンをドイツから救出する計画が日本参謀本部の秘密会議（三月三日）で決定された。この海軍参謀は出席していた。ヒトラーは、もしドイツから脱出し東京に着くことができたら、日本を勝利へ導くため、ドイツの最新兵器設計図等を与えると言い、日本参謀本部は、日本がアメリカとヨーロッパを征服したら、ヨーロッパがヒトラーのものになるよう支援すると約束した。ヒトラーはドイツには信用できる者はいないので、日本へ逃亡するために、日本の潜水艦を回してほしいと要請し、三月五日の早朝、日本の潜水艦が九十日分の食糧を積み、横須賀からハンブルクに向かった。ヒトラーと愛人のために、潜水艦には豪華な敷物を敷いた一室が作られていた。十四日後、インド洋沖で補給船から燃料を受け、航海を続けた。四月十七日に、ヒトラーから早く来てくれと緊急の要請があり、我々はなにか大事件があったに違いないと理解した。それから、間もなく、ナチ・ドイツは壊滅した」

この海軍参謀は、その潜水艦に乗っていたのではないか。『朝日新聞』（一九四五年十月二十日）に翻訳記事が掲載されている。信じられないような話だが、実行は可能であった。

既《すで》に、この二年前、日本海軍の全長百九メートル伊号第八潜水艦は、極秘使命を受け、一九四三（昭和十八）年六月一日に広島の呉軍港を出発し、アフリカの喜望峰を周《まわ》り、大西洋を北へ上《のぼ》り、ナチス占領下フランスのブレストに入港した。ナチスと最新の兵器技術を交換し、伊八号はレーダーやダイムラー・ベンツの高速エンジンを積み込み、十二月二十一日に無事、呉港へ戻ってきた。片道九十日の航海であった。

ヒトラーの救出の話をした海軍参謀は、「九十日分の食糧を積み」とか、「最新兵器の設計」云々《うんぬん》と言っているので、ドイツ・日本間五万四千キロを往復した「伊八号」のことを十分知っている。ヒトラーのドイツ脱出計画は本当の話かもしれない。

日本帝国政府は国家滅亡を目前にして、中立国に駐在していた日本大使たちに、戦争を速やかに終わらせるように「動け」と指示した。この時期でさえ、日本政府は降伏でなく「休戦」を望んでいた。

2　加瀬俊一、ＯＳＳ、陸軍長官スティムソン

アメリカ政府の正式なスパイ部隊として、大戦中、大活躍するＯＳＳ（戦略諜報局）は、ルーズベルト大統領の命令で、一九四二年六月十三日に誕生した。

局長には、第一次世界大戦の英雄、ウィリアム・Ｊ・ドノバンが任命された。彼の勇猛は、綽名《あだな》の「ワイルド・ビル」に象徴されている。「ビル」は「ウィリアム」の愛称で、「ワイルド」には「野蛮な」とか「荒々しい」という意味もあるが、「他の人が真似のできないことをする」という尊敬の念も含まれている。

そのドノバンが、一九四五年五月十一日、ルーズベルトの死後、大統領になったトルーマンに、「スイス駐在の日本公使・加瀬俊一《かせしゅんいち》が、休戦と和平につき会合を持ちたいと言ってきました。加瀬公使はソ連を会合に加えると、ソ連の権威を高め、アジア全域が共産化される恐れが強くなるので、アメリカとイギリスだけと直接話し合う方が好ましいと、考えているようです。加瀬の条件は、日本の共産化を防ぐ唯一の手段としての皇室の維持であります。加瀬は、アメリカで日本問題の最高権威だと信じているグルー国務次官も同意見だと思うと言っております」と報告する。

ジョセフ・Ｃ・グルーは、ハーバード大学卒で、一九三二（昭和七）年二月から一九四一

（昭和十六）年十二月まで駐日大使であった。東京に在任中、開戦となり、一九四二年六月二十五日、日米交換船で横浜から帰米した。グルーの夫人アリスは、ペリー提督の孫。

加瀬俊一は東京帝国大学に在学中、外交官試験に合格し、大学を中退して外務省に入り、中国、ドイツ、ポーランド、ソ連、アメリカに在勤した。一九四二（昭和十七）年、特命全権公使兼大使館参事官となってイタリアに在勤、一九四四（昭和十九）年にはスイス全権公使となって終戦を迎えた。戦後、一九五二（昭和二十七）年からメキシコ大使やドイツ大使を歴任し、一九五六（昭和三十一）年、胃癌で死去した。

五月三十一日、OSS局長代理チェストンは、トルーマン大統領に、「在ポルトガル日本公使館の井上益太郎《ますたろう》参事官も、日本は戦争を停止する用意があると言ってきました。また、アメリカと日本は、共産主義のソ連に対抗する上で、共通の目的を持っているではないか、と言っております」と伝えた。

六月四日、OSSのG・エドワード・バクストンはトルーマン大統領に、「ヨーロッパ駐在で日本海軍の代表的人物でもある元ベルリン駐在武官補佐官で、現在スイス大使館付海軍武官の藤村義朗《よしろう》（海軍中佐）は、『日本政府は降伏する。できることなら、現在の絶望的な状態でも面子を保ちたい。日本海軍は、共産主義の擡頭《たいとう》と国内混乱を防止するために天皇を維持する必要がある』と言っております」と報告した。彼のスイスでの活躍は、戦後、テレビ・ドキュメンタリー「欧州から愛をこめて」や「祖国へ――スイスからの緊急暗号電」となり、映画「アナザーウェイ」のモデルにもなった。藤村は、麗澤《れいたく》大学の母体である廣池学園（千葉県柏市）の理事およびモラロジー研究所の評議員としても活躍した。

一方、駐ソ連大使佐藤尚武《なおたけ》は、スターリンか外相モロトフと会見しようと懸命の努力をしたが、両者とも会えないと返答した。スターリンは佐藤大使に会いたくない。一九四五年七月中旬に予定されていた極秘のポツダム会議の準備をしていたからだ。

佐藤大使も日本政府も、ルーズベルト、スターリン、チャーチルが一九四五年二月十一日に、クリミヤ半島の小さな町ヤルタで取り交わした「協定」を知らなかった。

ヤルタ協定には、「ドイツが降伏し、かつヨーロッパにおける戦争が終わった後、二カ月または三カ月を経て、ソ連は日本との戦争に参加する」との確約が交わされていた。

ルーズベルトとチャーチルは、ソ連の約束を取りつけるため、戦後の領土分割（戦利品の山分け）できわめて寛大な条件をスターリンに出した。さらに、ヤルタ協定では、明治日本が勝利を収め、世界の檜《ひのき》舞台に躍り出る足場となった一九〇四〜〇五年の日露戦争を「日本の汚い裏切りの攻撃」ときめつけた。

スターリンは、ロシア帝国が失ったもの全てを取り戻し、その上、日本の領土をも奪おうと企んでいた。戦勝者にならねば、日本から奪う権利がないと知っていたスターリンは、瀕《ひん》死《し》の日本に背後から攻撃を仕掛け、漁夫の利を手に入れようと企んだのだ。

ヤルタ会議の二カ月後、四月十二日、ルーズベルトが脳溢血で死去した。六十三歳だった。

ルーズベルトは一八八二年、ニューヨークの富豪の家に生まれ、ハーバード大学を卒業し、生涯、政界で活躍した。一九二一年、三十九歳の時、ポリオに冒《おか》され下半身不随となる。一九三三年、フーバーを破って大統領になり、世界大恐慌からアメリカを立ち直らせた。彼は、大統領を四期務めたアメリカ史上最初の人物。四期目の一九四五年に死去。偉大な大統領の一人に数えられている。

大統領職を継《つ》いだ副大統領トルーマンは、スターリンが何を望んでいるかを探るため、ルーズベルトの友人で個人的顧問だったハリー・ホプキンズをモスクワに派遣した。

ホプキンズ対スターリン会談は、一九四五年五月二十六日から六月六日まで続き、会談にはアメリカ駐ソ大使W・A・ハリマンとソ連外相モロトフも出席した。

ホプキンズは、「大統領のみ閲覧可（For the Eyes of the President Only）」の極秘電報で、会談の結果を毎日トルーマンに伝えた。

ホプキンズはスターリンに、「日本は完全に破壊される前に無条件降伏（surrender unconditionally）するだろうか」と尋ねる。

スターリン「そう思わない」。

ホプキンズは、天皇についてのスターリンの見解を求める。

スターリン「天皇という地位はなくした方がよい。現在の天皇（昭和天皇）は精力的な指導者ではないので、問題を起こすことはないが、将来、行動力のある強力な人物が天皇になれば大きな問題を起こすだろう」「日本は最後の判決を下されることになったのだ。日本人もそれを十分知っている」。

ホプキンズはトルーマンに、「スターリンは日本を分割し、（本州の一部を）ソ連領土としたいと考えており、占領地域に関してイギリスと我が国と協定を結びたいと希望しております」と報告する。

ホプキンズがワシントンへ戻った後《あと》、ヘンリー・L・スティムソン陸軍長官がトルーマン大統領に将来を見通した「メモ」を提出した。このメモが「ポツダム宣言」になってゆく。従って、スティムソンがポツダム宣言を提案した最初の人物である。

スティムソンは大統領に、「時期を選んで、アメリカ、イギリス、中国（そしてもし交戦国になっているのならロシア）の代表者が日本に警告を与え、もし、日本が降伏するならば、将来の平和のために、完全な非軍国主義化の達成を保証すべく、連合国軍による占領を受け入れるよう日本に呼びかけるべきです」と勧めた。

連合国が日本に降伏を呼びかける理由をスティムソンは次のように言う。

(1)　アメリカの日本上陸と武力占領は、「長期間を要し、我が方にとって犠牲の大きい困難なものとなろう」「日本の地形は日本人による長期の塹壕《ざんごう》防衛戦には理想的である」しかし、「我々の戦車作戦にとっては、日本の地形はフィリピンやドイツより遥かにやり易い」。

(2)　「日本人は非常に強い愛国心を持っており、我々の上陸を撃退するために最後まで抵抗せよという（日本帝国政府または天皇からの）狂信的呼びかけには間違いなく応える」こうした事態が起きた時、「我々は、日本列島を、ドイツの場合よりもさらに完璧に破壊しなければならないであろう」。

しかし、「我々にとって極めて有利な条件」があると、スティムソンは続ける。
(1)「日本には同盟国がない」。
(2)「日本海軍は壊滅しており、我々の海上および潜水艦による封鎖により、日本国民に必要な食糧、物資の動きを完全に遮断《しやだん》できる」。
(3)「日本は、我が軍による大都市、工業地帯、食糧供給地に対する集中的な空襲に全く無防備である」。
(4)「日本にとって、アメリカとイギリス軍だけが敵ではなく、戦力を強めつつある中国もあり、ソ連の無気味な脅威もある」。
(5)「我々には消耗知らずで無傷の工業力があり、日本には何も残っていない」。
(6)「我々は、日本の奇襲（真珠湾攻撃）によって受けた犠牲のために、道徳的に優位な立場にある」。

現状を具体的に羅列《られつ》した後、「日本は、現在アメリカの新聞やその他の論評で伝えられているよりは遥かにこうした条件に敏感に反応を示すと私は信じております」。さらに、「日本は、我々と全く異なった精神構造を持った狂信者によって構成された社会ではありません。日本人は、この百年の間、非常に頭の切れる民族であることを十分証明しました。前例のないほどの短期間に、西洋文明の複雑な技術を導入しただけでなく、西洋の政治・社会思想までもうまく採用してきました。僅かに六、七十年間で日本が達成した進歩は、歴史の中でもっとも驚くべき国造《づく》りの偉業であります」と、高い評価をした。

スティムソンは、陸軍長官を二度、一九一一～一三年と一九四〇～四五年務める。一九二三～三三年、国務長官として、日本の満洲占領に強く反対した。

3　ポツダム宣言

一九四五年七月十六日、夜明けの五時二十九分四十五秒、ニュー・メキシコ州アルバカーキから百九十二キロ離れたアラモゴルド空軍基地で、人類初の原子爆弾の実験が成功した。直《ただ》ちに、新型の爆弾がいつでも使用可能であると、ポツダムにいたトルーマン大統領に伝達された。

翌日、トルーマン大統領、スターリン、イギリスの首相チャーチルの三人で、ポツダム首脳会議が始まった。ポツダムはベルリンの近くにある。会議は十六日間続いた。会議中にチャーチルは、彼の保守党が選挙に破れたため、首脳の座を追い出され、七月二十八日から労働党の党首アトリーがイギリス代表として出席した。

チャーチルは首相を二度（一九四〇～四五年、一九五一～五五年）務める。一九五三年ノーベル文学賞を受けた。

副大統領だったトルーマンは、ミズーリ州の田舎町インディペンデンスの農家で育ち、隣州のカンサス市立の法律学校に二年間通っただけで、高等教育を受けていない。家業の農業に従事した。第一次世界大戦でフランスに出征し、一九一九年少佐で除隊した。一九三五年から四四年まで、ミズーリ州選出の上院議員として才能を発揮し、一九四四年、ルーズベルトの副大統領となる。しかし、ニューヨークの超エリートで大金持のルーズベルト大統領から相手にされず、原子爆弾を製作する特別極秘「マンハッタン・プロジェクト」についてさえも全く知らされていなかった。この秘密はアメリカ史上、最もよく守られた秘密と言われている。当時の金額で巨額の二十億ドルを注ぎ込んだ。ルーズベルトが死去した日の夜、スティムソン陸軍長官がトルーマン新大統領にこの秘密を明かす。

トルーマンは外交にも全くの素人《しろうと》。それ故、国務省が、海千山千のスターリンやチャーチルと交渉しなければならない新米大統領のために仮想質問と「アメリカの返答」を書いた。その分厚い、濃紺の布のカバーがついた台本を持って、トルーマンはポツダム会議に出席した。

例えば、日本占領統治につき、もしチャーチルか、スターリンが「誰が占領下の日本を支配し、政策を立案するのか」という質問を出したら、大統領は「極東顧問委員会の設立を提案する」と返答する、と。

この極東顧問委員会がのちに「極東委員会」として組織されるもので、スターリンとチャーチルは、これで連合軍が平等に政策決定をすると思っていた。

だが、この委員会は、マッカーサーと国務省に実に厄介な問題を齎《もたら》した。後にマッカーサーが「討論集会」と扱《こ》き下《お》ろしたのが、この極東委員会だった。

国務省は、「日本はアメリカの支配下に置かれるべき」であり、また、「分割されるべきではない」とトルーマンに進言している。アメリカだけで占領支配した方が良い理由は、「行政、経済、社会、そして人種のあらゆる点からみて、日本は統一された集団」であるからだと説明した。

これより先、ホプキンズがトルーマンに伝えたように、国務省も「ソ連が樺太、千島列島そして北海道までも占領分割地域として要求してくる」と読んだ。

ソ連に北海道を与える理由は全くないが、「アメリカは樺太、千島列島をソ連領土として分割することは、黙認しなければならないかもしれない」とホプキンズはトルーマンに言った。事実、この「黙認」は実行され、日本は固有の領土である千島列島をソ連に奪われた。

国務省はトルーマンに、日本を占領する任務は「アメリカ人の連合国軍最高司令官」に授けられるべきである、と強く進言した。このアメリカの姿勢は、もしスターリンが日本占領に部分的にでも参加しようとしたら、手強い敵で、共産主義を嫌悪していたマッカーサーと対決しなければならないことを意味した。アメリカは、このポツダム会議以前に、敗戦国ドイツを分割支配することに同意して、既に後悔していた。

ハリー・S・トルーマンは、決断力と正直さで、今でも高く評価されている大統領。

4　東京、広島、戦艦ミズーリ号

ポツダム会議が、日本をどのように支配するかを決めていた時、日本の都市はアメリカ空軍の思いのままに爆撃されていた。

ポツダム会議の三年前、東京が日本史上初めての空襲の洗礼を受ける。

一九四二（昭和十七）年四月十八日、晴れ、正午すぎ、アメリカB25爆撃隊十六機が陸軍飛行士ドーリトル少佐に指揮され、南太平洋に浮かんでいた航空母艦「ホーネット」から飛び立ち、千二百キロ離れた東京に十三機飛来し、焼夷弾《しょういだん》を降らせた。屋根すれすれからの爆撃であった。同時に、横浜も爆撃された。もう三機は、神戸と名古屋を空襲した。

十六機は中国に向かったが、一機は燃料不足でソ連のウラジオストックに着陸し、十五機のうち二機は不時着し、三名死亡、八名は日本軍に捕らわれた。その内、三名は「戦犯」として上海で処刑された。終戦直後（昭和二十一年四月十一日）、アメリカ軍・GHQは、これら三人の飛行士を死刑にした日本人の将校四名（澤田茂中将ら）を東京から上海に連行し、裁判にかけた。死刑を求刑されたが、重労働五年で命は助けられた。

南太平洋を牛耳り、本土を完璧に護っていると思われていた日本軍は、レーダーを持っておらず、ドーリトル少佐を見逃してしまった。

激しく動揺した東部軍司令部は、「撃墜機数九機にして……皇室は御安泰にわたらせられる」と発表したが、都（東京府）民は落ちた敵機を一機も見ていない。死者五十名と被害は少なかったものの、日本国民、大本営《だいほんえい》への精神的打撃は大きく、国中に恐怖の戦慄が走った。アメリカ軍の士気は沸《わ》き上がった。

大本営・日本連合艦隊は、敵討ちに出る。空母ホーネットの基地であるミッドウェイ島を襲うが、待ち伏せていたアメリカ空軍に返り討ちされ、日本海軍は空母四隻と、真珠湾攻撃で卓越した才能を発揮したパイロットを数多く失った。日本帝国は、この打撃から二度と立ち直れなかった。

惨劇は、まだ始まったばかりである。

東京は、日本降伏の一九四五年八月十五日までに、百回以上の空爆を受け、死臭漂う黒い瓦礫《がれき》の山にされる。

三月十日、午前零時八分、空を覆うようなB29の大編隊（二百八十〜三百四十機）が、低空から東京に侵入し、民家の上に百三十万発（二千トン）という信じられない数の火災を引き起こす焼夷弾を落とした。真夜中の東京は炎の海と化し、隅田川は煮え湯のように沸騰した。特に向島《むこうじま》・浅草一帯は生き地獄。

元麗澤大学の小松雅雄《まさお》先生は、「あの日、あの空爆の後も、地下鉄は動いていた。我々は早稲田大学の院生で、教授の家が浅草にあったので、心配だったので行くことにした。地下鉄の駅へ降りていったら、浅草方面から列車が入ってきた。列車が止まると同時に、皮膚が溶《と》けたように焼け爛《ただ》れた人間が流れるように出てきた。衣服からは煙が……。人間の焼ける匂いは一生忘れられない」と回想された。

黒焦げになった者、灰になった者、行方不明の者総数、十万人以上。

「憤怒・滅敵に起《た》て」と、首相小磯国昭《こいそくにあき》陸軍大将が全国民に呼びかけても、東京への空襲はその後、止むことなく、「死者総数三十万人だ」とアメリカが公言している。

小磯は、陸軍大学を卒業。満洲国建国を支持し、朝鮮総督を務め、一九四四年七月に内閣を組織し、翌年四月、沖縄激戦中に総辞職。A級戦犯で、終身刑となり、病死する。

東京・武蔵野で零戦を製造していた中島飛行機工場は、アメリカの目の敵《かたき》にされ、B29の大編隊の集中爆撃を何度も受けた。多くの技術者も勤労奉仕をしていた若い女子たちも死んだ。二月二十五日には、赤坂離宮の大宮御所も全焼した。四月十三日には、明治神宮も皇居も焼夷弾による被害を受けた。

五月十四日、B29四百八十機、名古屋に大空襲を行なう。美しい名古屋城焼失。死者、数知れず。

福岡、大阪、神戸、福井と、次々に日本の街は燃え上がり、灰となる。大阪は、三月十三日から十四日にかけて、B29三百機の大空襲に曝《さら》され、通天閣、四天王寺五重塔、道頓堀も全焼し、水の都大阪は、黒い灰の骸《むくろ》となった。だが、B29は飛来し、灰の上に無数の焼夷弾を降らせた。

東京でさえアメリカ空軍が低空で攻撃をしてくるのは、日本には戦闘機が殆《ほとん》ど残っていなかったからだ。石油も完全に底をついていた。日本の太平洋艦隊は一時間に四十トンの石油を使っていたのだ。惨《みじ》めなことに、日本全国で、国民はガソリンの紛《まが》い物をつくるため松の根を掘り起こし、松脂《まつやに》を搾《しぼ》っていた。「四斗《しと》（約七十二リットル）の松根油《しょうこんゆ》は戦闘機を一時間飛ばせる」と必死の姿が報道されている。戦闘機を作るアルミニウムもなく、特攻専用機は木材で作られた。

日本政府は、海外から武器や石油を買うため、金、銀、宝石が必要であると、国民にそれらを差し出すよう、要請した。目前に迫った敗戦にも拘《かかわ》らず、愛国心に駆られた国民は、金、銀、プラチナ、ダイヤモンドなどの宝石を出した。

寺院の釣鐘も武器を作るために溶かしていた。

同じような事態が、百数十年前にもあった。ペリー提督が太平洋艦隊で徳川日本に脅《おど》しをかけた時、うろたえた徳川幕府は天皇に願いを出し、大砲を作るために必要な寺院の釣鐘を差し出すよう天皇が命令してくれと懇願した。

この絶望的な状態の中で、日本政府は最後の力を振り絞ってジェット・ロケット・エンジンの戦闘機を開発していた。ナチス・ドイツでは、既にロケット爆弾V1、V2に成功しており、それをロンドンに撃ち込んでいた。このロケット弾は物凄い音を立てて飛んできて、勇敢なロンドン市民さえも恐怖の坩堝《るつぼ》に陥《おとしい》れた。日本製ジェット・エンジンについて、アメリカ陸軍省軍事情報局は占領直後、「そのエンジンの設計の幾《いく》つかは良くできており、時間がもう少しあったなら、太平洋で連合国軍の空海作戦に凄まじい脅威になったであろう」と評価した。

日本降伏は、今や時間の問題であった。東京の東郷茂徳《とうごうしげのり》外相とモスクワの駐ソ佐藤大使が交わした無数の極秘電報は、絶望的事態をありありと示していた。

スターリンかモロトフに会見を求めても相手にしてもらえなかった佐藤大使は、一九四五年七月二十日の長文の極秘電報で、「将兵そして全国民は、圧倒的に優勢な敵の爆弾と砲撃によって戦闘能力を奪われている。たとえ彼らが決死の戦いをしても、国家は救われないであろう。七千万人の国民の犠牲によって陛下の安全が確保されると閣下はお考えか」と訴えている。

アメリカ情報機関は、このような日本の秘密電報を全部探知し、解読していた。日本政府の暗号は、一九四一（昭和十六）年十二月七日の真珠湾攻撃の一カ月程前ほぼ完全に破られていた。FBIが夜中、日本大使館に侵入し、暗号表を写し取ったと伝えられている。

どこの国でも暗号をたびたび変えるのだが、日本は暗号を一度も変えず、終戦になるまで、暗号が破られていることを知らなかった。これは、日本が敵を過小評価したツケか。それとも、情報の価値を認識しない国民が支払った惨めな代償であったのだろうか。

アメリカだけが知っていたのではない。スターリンもポツダムで、トルーマンに「日本は降伏が差し迫っていることを十分知っている」と言い、「日本政府がソ連政府に戦争を終結させる仲介者になることを要請するために近衛文麿《このえふみまろ》をモスクワへ派遣したいと言ってきたが、この提案には何ら新しいものがないので拒絶した」とトルーマンに伝えた。スターリンは、瀕死《ひんし》の日本帝国と戦争をする準備に入っていた。日本の絶望的な現状が連合軍に筒抜《つつぬ》けであったが、ソ連は見せかけとはいえ日本と中立条約を維持していた。

一方、西ヨーロッパにおける日本の和平への手探《てさぐ》りは一段と活発となり、連合国の要求に対し多くの譲歩を示し始めた。ドイツ・ヴィスバーデンにいたOSS（戦略諜報局）代表のアレン・ダレスは、仲介者を通して岡本清福《きよとみ》（陸軍中将）からの接触を受けた。アメリカは岡本をヨーロッパにおける日本の情報機関の中心人物と信じていた。

アレン・ダレスは、CIA（米中央情報局）長官を一九五三年から六一年まで務める。アレンの五歳上の兄、ジョン・フォスター・ダレスは、一九五三年から五九年まで国務長官をした。兄は日本との「サンフランシスコ平和条約」で手腕を発揮する。

駐スイス公使加瀬と岡本中将は、東京の梅津美治郎《うめづよしじろう》参謀総長と直接密接な連絡をとっていた。彼らは、ダレスに、日本の無条件降伏はもはや時間の問題で、日本の関心は皇室の維持と、軍事政権から一八八九（明治二十二）年の帝国憲法に定められた議会政治への復帰である、と言った。

ドノバンOSS局長はトルーマン大統領に、「ダレスによれば、これら二人の日本人は、天皇のみが日本の無条件降伏について決断できるので、天皇の支持を得るためには皇室をなんらかの形で存続させる望みを与えなければならない、と言っております。それ故、彼らは、皇室の維持を強く主張しているのです」と報告した。さらに、「ドイツ国民は社会機構の崩壊に苦しんでおり、これはドイツが絶望的になった後、なお何カ月も無駄な戦闘を続けたためだ、ということを日本人は十分に理解しています」とも付け加えた。

七月十九日、岡本は大本営・参謀総長に長文の電報を送り、日本は明らかに戦争に敗れたのだから、その当然の結果を受け入れるべきであると進言した。日本の参謀総長は、返信せず。

七月二十一日前後、加瀬公使は東郷外相に、スイスにおける活動、およびダレスとの接触について伝えた。「報告することは、それだけか」というのが東郷の返答だった。加瀬は、これを東郷が和平交渉を続けるよう激励したものと解釈した。

東郷茂徳は、駐ドイツ大使、駐ソ連大使を歴任し、一九四一年十月の東條内閣の外務大臣に就任し、破局寸前のアメリカとの関係改善に努めたが、失敗に終わる。一九四六年四月、極東軍事裁判で戦犯として起訴され、二十年の禁錮刑を受け、一九五〇（昭和二十五）年七月二十三日、アメリカ陸軍病院で死去した。

一九四五年七月二十六日、ポツダム宣言が発表された。ソ連は宣言に署名しなかった。もし陰謀でないとすれば、これは外交上の儀礼であったと見るべきか。と言うのは、ポツダム宣言の最初の草案文（一九四五年七月一日の草案）には「ＵＳＳＲ」と「ソ連」がカッコ付きで含まれており、「もしソ連が参戦していなければ、カッコ内は削除する」と注釈がつけられていたからだ。

七月二十六日、ソ連はまだ参戦していなかった。

同午後四時、アメリカ政府はポツダム宣言の英文テキストを日本に向けて放送し始めた。国務省の日本語専門家がチェックを重ねた後《あと》、最初の日本語による放送は午後六時、サンフランシスコから送られた。「この後、日本語による放送は、アメリカ西海岸の十一カ所の短波送信所、ホノルルの短波送信所とサイパンの中波送信所から繰り返し行われた。西海岸からは十二の言語で放送された。この宣言の放送が完全に、繰り返し行われるように、全ての番組は中止された」と担当係官はホワイト・ハウスに報告した。

翌日、トルーマンは次のような報告を受けた。「日本は降伏への最後通牒《つうちょう》を無視し、悲惨な結末へ向けて戦うでしょう。太平洋における我が空軍の攻撃に対する日本軍の抵抗は殆どないのと同じであります」。日本は既に完敗していた。全力を使い果たし、倒れていたのだ。

ポツダム宣言は、敗戦国・日本帝国に対する連合国の決意を明確にしていた。

「日本国民を欺き、世界征服の道へと惑わした者」に対する懲罰、「日本の戦争能力の完全な除去」、そして「言論、宗教、思想の自由ならびに基本的人権の尊厳の確立」を軍事占領下の日本で達成する。

天皇は、「日本国民を欺いた者」の一人なのだろうか。ポツダム宣言は、日本帝国の運命がかかっていたこの「人」について、一言も言わない。

天皇につき曖昧にしておけば、日本がポツダム宣言を受け入れる可能性が高くなると、米国は狙《ねら》った。

その狙いは裏目に出た。鈴木貫太郎《かんたろう》首相は、ポツダム宣言を「黙殺」すると返答した。

八月二日、アメリカ軍情報機関は、「日本がポツダム宣言に反対する理由は、皇室の存続について明確な保証がないこと、戦争犯罪人を裁判にかけること、の二点です」とトルーマンに伝えた。アメリカの情報分析は実に正確であった。

同じ日、OSSはトルーマンに、スイス・ベルンで和平のために動いている日本人が「連合国は東京の放送がポツダム宣言について言っていることを真面《まとも》に受け取るべきでない、東京での放送は、日本国民の士気を維持するための宣伝に過ぎない、と言っております」「日本政府の公式回答が東京のラジオによってなされない場合、真の回答は公式のチャンネル、加瀬公使か岡本中将を通じて伝えられることになろう、と伝えてきております」と報告した。

モスクワを通じた「休戦・和平工作」が無残な失敗に終わったので、日本帝国にとって、スイス・ベルンにおける連合国との接触（加瀬俊一）が唯一の頼みとなった。

八月四日、「第二十空軍隊が機雷を投下し、日本の主要港全てを封鎖した。日本の完全封鎖がいま成立した」との報告をトルーマン大統領は受け取った。日本の敗北は決定的だった。しかし、トルーマンは既に原子爆弾を使うことを決心している。

無条件降伏の勧告を「黙殺 ignore」したため、日本帝国政府（鈴木内閣）はトルーマンに原爆使用の絶好の口実を与えてしまった。

原爆投下の一週間前の七月三十日、スティムソン陸軍長官は、日本に原爆を投下した直後に出すトルーマンの新聞発表の草案を書いた。イギリス政府はこの草案を読んで、小さな修正（意見）を二点加えただけだが、ジェームス・F・バーンズ国務長官は全面的に書き改めた。

広島、八月六日、午前八時十五分、快晴、気温二十七度。アメリカ空軍爆撃手ポール・ティベッツに操縦された「Enola Gay《エノラ・ゲイ》」（ティベッツの母親の名前）と名付けられたB29（ボーイング社製作）が一機、上空に現われた。高度九千六百メートル。

ゲイの「腹」が開き、「Little Boy（少年）」と暗号名を付けられた原爆が落下傘を付けゆっくりと降りてきた。エノラ・ゲイは全力で、猛スピードで上昇する。Little Boy との距離を開ける。

ウラニウム製の Little Boy は身長三メートル、体重四千八十二キロ。六百三メートルまで降りてきた。肉眼でも見えた。ピカッと走った閃光が網膜を焼き、ドーンと大爆発の余韻が消える前に、広島は消えた。爆心地から、巨大な煙の塊《かたまり》が一万二千メートルまで上がっていった。

十五分後、ティベッツは、「原爆、全ての面で大成功。実験よりも圧倒感あり。機内、異状なし」とホワイト・ハウスの「マップ・ルーム（戦略室）」に打電した（エノラ・ゲイは、二〇〇一年からワシントン郊外のダレス国際空港の博物館に永久保存される）。

三十分後、黒く強い雨が、降り出した。爆心地に近いほど、豪雨であった。雨は、焼け爛《ただ》れた肌を癒《いや》すかのように降り続け、息の残っていた人たちは街の真ん中を流れる河に這《は》って辿《たど》り着き、ゆっくりと瀬戸内海へと流されていった。「ヒロシマ」が原爆の代名詞となってゆく。二十万人の市民が殺された。

十六時間後、トルーマン大統領は「日本は真珠湾において、空から戦争を始めた。今、彼らは何倍もの報いを受けた。それは原子爆弾である。それは宇宙の力を使用したものである。太陽の源となっている力が、極東に戦争を齎《もたら》した者に向かって放たれた」と声明を出した。

日出《い》ずる国は太陽によって懲罰されたのか。

トルーマンは、「日本国民を完全な破壊から避けさせるためにポツダム宣言を日本政府に出したのだが、日本の指導者はその最後通牒を拒絶した」と言い、「もし彼らが今すぐ我々の要求を受け入れなければ、さらに破滅の雨を浴びることになろう。それはこの地球上でかつて想像もしなかったようなものである」と警告した。

八月七日、午後三時三十分、大本営は、アメリカが「新型爆弾」を使用したと発表し、さらに次の見解を付け加えた。

「敵米国は日頃キリスト教を信奉する人道主義を呼称しながらこの非人道的残虐を敢てせることにより未来永劫〝人道の敵〟の烙印《らくいん》を押されたもので彼の仮面は完全に剝《は》げ落ち日本は正義において既に勝ったというべきである。敵は引続きこの種の爆弾を使用することが予想されるがこれにより決して正義は挫《くじ》かれない。一億国民はいよいよ戦意を昂《たか》めるであろう」。

八月八日、駐モスクワ大使佐藤は、外相モロトフの執務室に呼びつけられた。モロトフは、「ソ連政府は明日、八月九日より、日本に対して戦争状態に入る」と宣告した。八月九日午前零時十分、ソ連軍は満洲に突入し、組織的壊滅作戦を始めた。

満洲でのソ連兵の残虐をアメリカのスパイが目撃している。

日本が降伏した一カ月後の九月中旬、ドノバンOSS局長はトルーマン大統領に、「ソ連兵は日本人と中国人を無差別に殺害しております」「ソ連兵は略奪を科学的と言えるほど徹底的に実行し、機械のあらゆる部品、商店及び倉庫のあらゆる商品を持ち去っております。奉天《ほうてん》（瀋陽）は、彼らが立ち去る時には空っぽの無人の街となるでしょう」と報告した。

ソ連の捕虜になり、シベリアに連れて行かれ、生き残った日本人から、私自身話を聞いたことがあった。ワシントン大学に留学していた時、夏休み中、アラスカ半島のほぼ無人島に近い僻地《へきち》で、デル・モンテ社のサケ缶詰工場でアルバイトをしていた時だ。

彼は北海道出身で、満洲でソ連軍の戦車で追いつめられ、捕虜になった。アラスカの缶詰工場で、日本へ輸出するイクラやスジコを製造する日本の商社に雇われ、この地の果てで働いていた。

「ソ連兵は戦車で日本人の女、子供たちを轢《ひ》き殺した直後、戦車の中から出てきた。それぞれ、手にペンチを持って。女、子供たちの死体から、また生きている者たちから、ペンチで金歯、銀歯を抜き取り、指輪を取る時は、指をペンチで切り千切《ちぎ》るんだ。オレがどうしてシベリアで生き残ったかって？　そいつぁ、話したくねえなあ……」

「オレたち日本人捕虜はシベリアの拘留所《こうりゅうじょ》・バラックに連れてゆかれた。多くの日本人が着く前に死んだ。飢えと病気、衰弱で死んだ。オレたちの拘留所には五百人ほどの捕虜がいた。近くの森林で木を切り出すのが仕事だった。食べ物が不足しているので、毎日、朝になると誰かが、死んでいた。冬になると、もっと死んだ。地《つち》がカチカチに凍り、死体を埋めることができないので、バラックの外に積んどくんだ。靴とか軍服は剝《は》ぎ取り、オレたちが使う。凍った丸裸の死体がすぐに山積みになる」

「遅い春が来ると、死体を埋めなければならない。地もツルハシだと掘れるようになる。死体はまだ凍りついていたままなので、素手では動かせない。ツルハシで遺体を分けるんだ。死ツルハシで戦友たちの遺体に傷つけることを誰もやりたくない」

「ソ連兵の看守たちもそれを十分解っており、遺体の処理をした者にはジャガイモを特別に与えると言った。二、三人の者が飢えの恐怖から逃げるため、ツルハシを使ったが、途端《とたん》に吐いて、止めた。オレはこんなシベリアで死んで堪《たま》るかと思っていたので、志願した。ツルハシを氷のように硬い死体に打ちつけると、ガチンガチンと金属的な音がする。できるだけ顔とか頭を避けているんだが……。ツルハシで同じところを四、五回打ちつけると、凍った血が溶け、流れ始める。生きているのではないか！　と思い、オレも吐いた。でも、続けたんだ。ジャガイモを食べて生き残った」

「五百人中、生き残ったのは七、八十人ぐらいだったかなあ。生き残って、恥ずかしいと思ったよ……。でも生きていたかったんだ」

シベリアに拘留された日本兵・民間人の総数は明確でないが、七十万から九十万人と推定されている。

アメリカ陸軍省軍事情報局は、一九四六年八月に、「日本人捕虜七十八万五千人がソ連に拘留《こうりゅう》されている」と秘密報告に書いている。

ソ連は、一九五〇年四月末で、日本人捕虜引き揚げは完了したと発表した。この発表に怒ったのは東京のGHQだ。

シーボルド政治顧問（外交局長）はアメリカ代表として、一九五〇年五月十日午前十時に明治生命ビルで開かれた百十三回対日理事会で、「まだ三十七万四千名の行方が説明されていない。これらの人々は生存してソ連当局に拘留されているのか、あるいは長いシベリア拘禁中の屈辱的な状態の下《もと》に死亡したのかいずれかである」とソ連を攻撃した。しかし、この非難を受けることを察していたソ連代表は、欠席していた。

井原一雄《いはらかずお》氏（東京・丸の内で弁護士）からお聞きした話を紹介する。この時の日本国民の心理をよく表わしていると思う。

「ボクが疎開していた長野県の小さな村から、戦争中にも満洲へ移民した人たちがかなりいた。家族全員で移民した人たちもあり、村には空家もあった。戦争が終わり、引揚者《ひきあげ》が次々と舞鶴に帰ってきたが、この村の人々は帰ってこない。小学校の先生がボクたちに、マッカーサー元帥に手紙を書いて、早く帰してもらえるようにお願いしましょう、と言われ、ボクたち生徒全員が、平仮名で、『まっかーさーげんすいさまどの』宛に手紙を書いた。ボクは殿と様を一緒に付けるとより丁寧になる、と思った」

このような嘆願書が、毎月一万三千通ほどマッカーサー元帥に寄せられているとGHQは発表した。

スターリンにとって、日本兵捕虜を五十万、六十万人殺すことなど朝飯前である。彼は一九三七、三八年の二年間で自国民二百万人を殺したと伝えられている。

ヒロシマの原爆投下の二日後、ジョージア州選出の上院議員リチャード・B・ラッセルはトルーマンに提案書を送った。

「我々は甘い言葉で日本の降伏を誘う努力など止め、日本が無条件降伏を受け入れさせてほしいと土下座するまで戦争を続けるべきだ」「直ちに戦争を終わらせるに十分な数の原子爆弾がなければ、それが製造されるまでTNT爆弾を使い、戦争を続けようではないか」

　トルーマンはラッセルに返信を送る。

「日本が恐ろしいほど残虐《ざんぎゃく》で、非文明的な国民であることは分かっている。しかし、彼らが野獣だからといって、我々も彼らと同じように行動すべきではないと思う」「ロシアが参戦すれば、日本はすぐにでも降伏する」「アメリカ兵士の生命をできる限り救うのが私の目的であるし、私は、日本の婦女子に対しても人道的な気持ちを持っている」

　トルーマンは、「日本はすぐにでも降伏する」と知っていた。にも拘らず、八月九日、長崎に二発目のプルトニウム製原爆を投下した。暗号名「ファット・マン（デブ）」は、身長三・二メートル、体重四・五トン。この綽名《あだな》は肥満であったチャーチル首相にちなんでいる。

　一瞬にして、八万人から十万人の市民が殺された。この大量虐殺は、日本の真珠湾攻撃への報復をこめた「止めの一撃」か、無数の生体モルモットを使った再度の科学実験の成功だったのか。それとも、ソ連のアジアとヨーロッパへの進出を止める劇的な警告だったのか。

　ニュー・メキシコで原爆実験が成功した四時間後、「Little Boy」と「ファット・マン」をサンフランシスコからサイパン島の真南にあるティニアン島へ運んだのは巡洋艦「インディアナポリス号」だ。この艦は呪われていたのか。七月二十六日に「荷」を下ろし、フィリピンへ向かっていたこの戦艦は七月三十日の午前零時過ぎ、日本の潜水艦に魚雷二発を撃ち込まれ、大爆発を起こし、沈没した。乗員千九百九十六名中、八百八十名は即死。六十名溺死。七百四十名は鮫《さめ》に襲われて死ぬ。生存者、三百十六名。事態の重大性故か、艦長チャールズ・B・マックヴェイは、同年十二月に軍法会議にかけられ、有罪となる。

「長崎」の翌朝（八月十日）、日本政府は「原子爆弾は無防備の市民を無差別に殺戮する毒ガスと同じ、恐るべき兵器であり、アメリカ人の野蛮さは許されるものではない」と在スイス加瀬俊一を通じ、アメリカ政府に抗議した。

毒ガスに類するものは戦争においてさえも決して使用されるべきでない、とアメリカは世界中に説教していたではないか、と日本が叫んでも、アメリカは勝利の歓喜で沸き返っており、誰も聞いておらず、日本の空しい抗議は国内向けに終わった。

翌十一日、バーンズ国務長官はトルーマンと協議の後、ポツダム宣言の中では曖昧《あいまい》になっていた「天皇大権」につき日本政府に回答した。

「降伏の瞬間から、天皇および日本政府の統治権は連合国軍最高司令官に従属する」

その夜、日本政府は、陸軍の強硬な反対をおして、ポツダム宣言の受諾を決定した。その決定はベルンのスイス政府を通してアメリカに伝達された。同じ日、トルーマンは他の連合国に、連合国軍最高司令官（Supreme Commander for Allied Powers, SCAP）にダグラス・マッカーサー元帥を指名すると伝えた。

十四日朝、天皇陛下は、内閣が天皇の身の安全について連合国の保証が十分でないと激論しているのを目の前で聞き、「朕《ちん》が身はいかになろうとも」戦争を継続して国民の苦しむのを見るに忍びない、と論争に終止符を打たれた。

大本営の参謀総長は、ヨーロッパで日本の情報機関のトップであった岡本中将に電報を打ち、岡本と彼の同僚によるスイス・ベルンでの働きが、最終決断を下すのに非常に役立った、と感謝した。翌十五日、天皇の終戦の詔書《しょうしょ》が日本全土に放送された。これを、「玉音《ぎょくおん》放送」という。

同日、ベルンの岡本中将は自決した。梅津参謀総長は、ベルンの岡本の事務所に「国家最悪の危急に際して、彼が示した献身的な働きに対し、私は深い感謝の念を述べたい」と哀悼《あいとう》の言葉を贈った。この電文でさえ、アメリカに傍受されていた。

九月二日、日本代表（重光葵《しげみつまもる》外相と梅津参謀総長）は戦艦「ミズーリ号」で降伏文書に調印した。梅津は東京裁判でA級戦犯として終身禁錮の判決を受け、服役中の一九四九（昭和二十四）年一月八日に死去した。重光はA級戦犯として禁錮七年の判決を受け、巣鴨に収容された。

同日（九月二日）、天皇は、日本国民は連合軍に抵抗せず、降伏文書の条項に従い行動せよ、という声明を出された。天皇はすでにマッカーサーの命令に従われていたのである。

三発目の原爆は八月十七日か十八日に横浜か小倉に投下されることになっていた。

戦艦ミズーリ号は、私が長く住んでいたシアトルの近くにあるブレマトン軍港に、アメリカの「記念館」として停泊していた。二度訪れた。

一度目、一九六五年の夏、ミズーリ号の甲板《かんぱん》の上に、「マッカーサー元帥が立たれていた場所」云々《うんぬん》と歴史的な降伏につき、数々の説明文が掲示してあった。それらの文書の中で、「日本人」は「Jap」と書いてあり、その時の侮辱感は長く忘れることができなかった。アメリカ政府のお墨付《すみつ》きで、一九六五年、戦後二十年を経て、「Jap」である。二度目は、それから十年後。「Jap」はどこにもなかった。ヴェトナム戦争中、ミズーリ号は参戦した。一九九八（平成十）年六月二十一日からホノルルの真珠湾に永久停泊している。

第二章　占領独占

玉砕をも恐れない日本軍との激戦を勝ち抜いてきたアメリカ陸軍第八軍の最初の部隊（百四十六名）が、一九四五（昭和二十）年八月二十八日の晴れあがった朝、テンチ陸軍大佐の指揮下、無気味なほど静まり返っていた厚木に上陸した。完全武装をし、日本軍の待ち伏せがあるのではないか、とピリピリ緊張していた。

「厚木」を日本上陸の地に選んだのは、厚木が二週間前まで神風特攻隊の訓練場だったからだ。「アメリカの勝利」を敗者日本に思い知らせるためだ。マッカーサーの命令で、厚木に残っていた零戦のプロペラは、全て外《はず》されていた。

この最初の部隊の一人にアーサー・コラダルチ（元スタンフォード大学教育学部教授）がいた。一九七七（昭和五十二）年、スタンフォード大学で彼とコーヒーを飲みながら話をしていた時、彼はその朝の様子を生々しく語り始めた。

「ボクは厚木に上陸した最初のアメリカ兵の一人で、横浜市に入った最初のアメリカ兵だったんだ。体の震えが止まらないほどビクビクしていたね。本当に怖かった。上官がボクに一人で横浜港へ行って、何があるかを見てこいと命令したからだ。ボクは何とか、オンボロの小さなスクーターを一台見つけ出し、それで厚木から横浜港まで行った（この距離二十四キロ）。道路は全くの無人だった」

「多くの日本人が、家の中からじっとボクを見ているのが肌に感じられた。実に怖かった。どうにか横浜にたどり着くと、なんと街頭には人一人いない。港がどこにあるのかわからない。尋ねなければならないのだが、異様な無人地帯だった。ボクは大きなビルに入ってみた」

「広いロビーに人がびっしりと缶詰になっていた。銀行だった。息が詰まるような重苦しい沈黙が続いた。みんながボクを凝視している。〈誰か英語を喋《しゃべ》る人はいないか？〉と聞いても誰も答えない。長い沈黙が続いた。やっと一人の男が少しならわかると言った。ボクが港を探しているだけだと告げると、彼はみんなの方を振り返り、このアメリカ兵はただ港へ行くだけで、懲《こ》らしめにきたのではないと説明すると、日本人が一斉に安堵の溜《た》め息を洩《も》らした。ボクが笑うと、彼らも笑った」

1　マッカーサー、史上空前の権力

フィリピン・バターン半島は、マッカーサーにとって運命的な場所であった。ここで彼は、日本陸軍（十四軍）の司令官本間雅晴《ほんままさはる》中将に攻められ、その生涯で初の敗北を味わわされた。

一九四二（昭和十七）年一月二日、日本軍、マニラを占領する。同九日、バターン半島へ猛攻撃をかける。

ルーズベルト大統領は、一九四二年二月二十二日、マッカーサーにコレヒドール島から脱出せよとの命令を出すが、彼は勇敢な部下たちを見捨てることはできないと拒否する。彼の部下たちが説得し、マッカーサーは三月十一日、高速の魚雷艇《てい》で家族とオーストラリアのメルボルンまで逃げた。

誇り高き軍人マッカーサーにとって、この敵前「逃亡」は、耐え難き屈辱であった。

四月九日、バターン半島のアメリカ軍は降伏した。アメリカ兵捕虜は七万六千人。日本軍は、彼等をカバナトアン収容所まで九十キロ歩かせた。「死の行進」と呼ばれ、五千名が死に、収容所でも多数の捕虜が死んだ。

マッカーサーの痛恨の屈辱はまだ続く。本間中将はバターン半島を治《おさ》めた後、全力を、これまたマニラ湾にあるコレヒドール島に向ける。コレヒドールは僅か五平方キロメートルの要塞《ようさい》だ。

ここで、マッカーサーの友人、ジョナサン・M・ウェインライト将軍に率《ひき》いられたアメリカ・フィリピン混合部隊一万余人が、マッカーサー脱出後、フィリピンを死守せんと、五カ月間、三百回にも亘《わた》る零戦及び大型爆撃機の猛威に曝《さら》されながらも、勇敢に立ち向かい、日本帝国のフィリピン征服の時間表を狂わす。だが、完全に包囲され、武器、弾薬、食糧尽き、ウェインライトと一万人の将兵は五月六日、投降した。

一九四四年十月九日、「マレーの虎」とアメリカ軍に恐れられていた山下奉文大将が第十四軍司令官としてマニラに入り、フィリピン全島の制圧に取り掛かった。フィリピン人ゲリラは執拗な攻撃を日本軍に加え、フィリピン占領は山下大将にとっても容易な任務ではなかった。

一九四五年二月四日、マッカーサーはマニラを取り返した。有名な「I shall return.」の通りに。捕虜になり、幽霊のように痩《や》せ細り、自分では立っていられないほど衰弱した友人ウェインライトや部下たちを助け出した。

バターンは、マッカーサーにとって、屈辱と復讐の象徴だ。一九四五年十二月七日午後二時（マニラ時間）、アメリカ軍法会議は、山下奉文大将に死刑を宣告した。毅然たる山下は、「余は、軍法委員会の公正なる審理に感謝する」と言った。

十二月七日に死刑判決を言い渡したのは、偶然ではない。アメリカ軍にとって、その日は「真珠湾攻撃」の悪夢の日だ。バターンの屈辱をも晴らす時でもある。

翌年二月二十三日、マニラで山下大将（六十歳）は軍服、勲章《くんしょう》を剝《は》ぎ取られ、平服で絞首刑にされた。マッカーサーの命令である。

一九四五年八月三十日、午後二時五分、気温三十三・六度、快晴。焼けるように熱い太陽が照りつける厚木飛行場。マッカーサー専用の軍用機C54「バターン号」が着陸する。

マッカーサーはトレード・マークのサングラスをかけ、有名なコーン・パイプ（トウモロコシの穂軸を刳《く》り貫《ぬ》いて作ったパイプ）を口にくわえ、丸腰で降り立った。このサングラスとパイプは、マッカーサー記念館に陳列してある。

マッカーサーの日本上陸について、『朝日新聞』は次のように報道した。
「銀色の梯子《はしご》が下された、扉が開いた、一同固唾《かたず》をのむ、やがてマックアーサー元帥が現れた、薄い上着なしのカーキ服に黒眼鏡、其に大きな竹製のパイプ、南方生活の長い彼としては割合に陽灼《ひや》けせぬ薄赤い頬をしている、六十六歳にしては若い、梯子を下り前扉のところでややしばらくたたずみ、左右に眼をくばって、写真班のためにポーズをつくる、やがて梯子を下りて飛行場の夏草の上に立った。大男である、六尺一、二寸もあろうか」(原文は旧かな)

檜舞台に立った歌舞伎役者が「見え」を切っているのと同じ雰囲気だったのだろう。

マッカーサーは満六十五歳。一八八〇年一月二十六日、アーカンソー州リトル・ロックの軍人の家に生まれ、一九〇三年、ウエストポイント陸軍士官学校を群を抜いた首席で卒業した。第一次世界大戦ではフランスで戦線に加わり、彼の勇敢さはその時からすでに伝説的であった。彼の父も軍人で、アメリカの植民地フィリピンの総督であった。マッカーサー自身、フィリピンで永く生活し、フィリピンを愛し、「第二の母国」とまで言った。

厚木からマッカーサーの仮宿舎、横浜のニューグランド・ホテルへの道の両側には、素手の日本兵が道路に背を向けて、恰《あたか》もマッカーサーの顔を見ると罰が当たるのではないかと思わせるように、直立不動で立たされていた。

征服者マッカーサーを乗せた車が走る。「力」の誇示《こじ》である。

マッカーサーは九月十七日、午前七時、東京の皇居前にある第一生命ビルに入る。ここがマッカーサーの司令部（General Headquaters, GHQ）となる。第一生命ビルから、アジア・太平洋戦争の敵軍大将「天皇」を見下ろせる。アメリカ大使館が彼の宿舎となった。

トルーマンは、マッカーサーに史上空前の全権を与えた。
(1)「天皇と日本政府の統治権は、連合国軍最高司令官としてのあなた（マッカーサー）に隷属する。あなたは、あなたの権力を思う通りに行使できる。我々と日本の関係は条件付きのものではなく、無条件降伏に基づいている（Our relations with Japan do not rest on a contractual basis, but on an unconditional surrender.）。あなたの権力は最高であり、日本側に何の疑念も抱《いだ》かせてはならぬ」
(2)「日本の支配は、満足すべき結果が得られれば、日本政府を通じて行われるべきである。もし必要あらば、あなたが直接に行動してもよい。あなたは、あなたの出した命令を、武力行使を含め必要と思う方法で実行せよ」
ジェームス・バーンズ国務長官は、ワシントンでの記者会見（一九四六年三月五日）で、「マッカーサー元帥の権限はソ連の支配下にある満洲をも含め、日本軍隊のある全ての地域に及ぶ」と言った。三日後、バーンズは「満洲は含まない」と訂正したが……。

マッカーサー元帥の補佐役として、国務省から東京のGHQ（連合国軍総司令部）に配属されていた政治顧問（国務省役人）のウィリアム・シーボルドは、「物凄《ものすご》い権力だった。アメリカ史上、一人の手にこれほど巨大で絶対的な権力が握られた例はなかった」と評した。

アメリカ政府がマッカーサーの使命を定めた二つの重要文書がある。

(1)「日本降伏後初期のアメリカ政策」
これは、日本改革の「枠」を確立した。国務省、陸軍省、海軍省が合同で作成し、一九四五年八月二十九日に、フィリピンのマニラにいたマッカーサーに無線で伝えられた。

(2)「日本降伏後の軍政基本的指令」
マッカーサーのために、詳細な手引きが書いてある。国務・陸軍・海軍三省調整委員会（通常SWNCCと略される）が起草し、統合参謀本部が十一月三日に承認した。

日本がマッカーサーの判断にゆだねられたことが、彼の権力を絶対的なものにし、事実、彼の個人的な考えが「法の力」を持った。彼が法であった。

アメリカ上院のバーク・ヒッケンルーパー議員（アイオワ州選出、外交関係委員会）が一九五一年五月、マッカーサーに「日本で全権を持ち行動したのか」と尋ねた。

「その通り。私が日本人に出した様々な布告、声明、宣言について、私よりも上の権力にお伺《うかが》いをたてることはなかった」とマッカーサーは答えた。

2　マッカーサー対連合国

トルーマン大統領がマッカーサーに「もし各国間に意見の相違が生じた時は、アメリカの政策が事を決定する」と伝えたように、日本占領は連合国共同の仕事だという見せかけは最初からぐらついていた。

マッカーサーにとって幸いなことに、アメリカとソ連の間には意見の相違が絶えなかった。アメリカだけが日本を支配するのだというマッカーサーの確信は、一九四五年九月八日付（厚木上陸の九日後）の彼の命令に判然《はっきり》と出ている。

「我が国（アメリカ）の国旗を掲げよ。東京の太陽の下で、栄光溢れる我が旗を靡《なび》かせよ。抑圧された人々の希望の象徴であり、正義の勝利の印となるように」

日本国民よ、アメリカの星条旗を見て、新たな希望に燃え、アメリカが正義の国であると思い知れ、と言っている。

日の丸は「悪」の象徴であるから、掲揚禁止となった。

自分の独裁が他の連合国に邪魔されないように、マッカーサーは外国の代表と日本政府が結ぶ全ての契約は必ずGHQを通じて行なうよう命令した。

他の連合国は、アメリカの独裁を妬《ねた》んだ。

特にソ連とイギリスは、日本占領で同等の役割を強く要請し、ソ連はマッカーサーから独立した軍隊によって北海道を占領することを要求した。マッカーサーは、これを一蹴《いっしゅう》した。

一九四五年十月中旬、トルーマンの使者エドウィン・A・ロック（元戦時生産局副長）が、中国（蔣介石《しょうかいせき》）の経済復興の使命を受け中国へ行く途中、東京に立ち寄った。

マッカーサーはロックに、「ロシア人が最高司令部（自分）の権力を弱くしたいと企《たくら》んでいるが、これは日本で共産革命を成功させるため、まず日本を崩壊させようとしているからだ」「極東は今やアメリカにとって最も重要な地域であり、自分は朝鮮半島の三十八度線に重大な関心を寄せている」「三十八度線でロシア人は、大量の兵器を集結させており、私（マッカーサー）がこれまで見たなかで最大の戦車も含まれている」と伝えた。

「マッカーサーはアメリカとソ連が極東で衝突した場合、中国北部が極めて重要になるから、ロシア人が満洲で何をしているかを知りたがっている」とロックはトルーマン大統領に報告した。

だが、トルーマン大統領とバーンズ国務長官は、「日本占領に参加させよ」というソ連、イギリスの要求に応える準備を始めていた。

日本がミズーリ号上で正式に降伏した二日後の九月四日、アメリカ陸軍省は「我が政府は極東委員会をワシントンで開くことについて、中国、イギリス、ソ連と話し合いに入った」とマッカーサーに伝達した。

一九四五年十月十一日、陸軍省は極東委員会設立についての交渉に使うため、マッカーサーに次の四点の質問を出した。十月十三日、マッカーサーは返答した。

これら、二通の機密電文を合わせると、次の対話となる。

陸軍省「国際連合加盟国政府の代表（大使）あるいは軍司令部の中で、あなたが日本で推し進めている政策に反対している者がいるか」

マッカーサー「一人もいない」

陸軍省「連合国の代表たちは、あなたとあなたの部下に接触し、占領上の問題について論議できるのか」

マッカーサー「私および私の部下全員への接触は完全に自由である。我々は外国代表たちと長時間にわたる会議をしばしば開いている。彼らとの関係はとても良い」
陸軍省「あなたの司令部は日本駐在の外国代表の活動にどんな制限を課しているか、もしあればの話だが」
マッカーサー「作戦上の必要からくる以外は全く制限はない。制限があるとすれば、それは我が軍にも同様に適用されている。外国人に対しても、アメリカ人と同様の便宜が提供されている。これらには鉄道、水道、地上および空中の輸送が含まれる」
陸軍省「現在行なわれている占領政策に対し、他国政府が不満を抱いているようなことを何等かの形で示した者はいないか」
マッカーサー「誰もいない」
マッカーサーの返答は全て「嘘」に近い。
ソ連代表の不平不満は、ヒステリー状態であった。
イギリス外相、ソ連外相、アメリカ国務長官は、一九四五年十二月二十六日、モスクワで会合し、日本占領を共同で運営するために「極東委員会」と「対日理事会」を設立した。これで、ソ連とイギリスの不満は納まったと思われた。
納まらなかったのはマッカーサー。彼はバーンズ国務長官がソ連と接触することすら望まなかった。
モスクワ会合が始まる二カ月前、十月二十二日、バーンズと駐ソ大使ハリマンがスターリンと話し合いに入ることを知った時、マッカーサーは陸軍省に「対日理事会には反対である」と言い、ソ連やイギリスが占領行政に首を突っこんでくると、「指令の統一という基本原則が壊される」と警告し、さらに、バーンズの提案は「最高司令官（マッカーサー自身）が降伏条項を達成するのを不可能にするだけでなく、日本の支配さえも疑わしくするものだ」と非難した。「私は心底からいかなる変更にも反対する」と再度強調した。

バーンズはトルーマン大統領と協議の後、マッカーサーの異議を却下し、「対日理事会は設立される」と返答した。

マッカーサーの失望は深かったが、対日理事会（Allied Council for Japan, ＡＣＪ）は「最高司令官と協議し勧告する」だけとなった。そして、それはマッカーサーの支配が絶対的な東京に置かれた。彼は、対日理事会を思いのまま牛耳ることができた。

しかし、遠く離れたワシントンの旧日本大使館に置かれた極東委員会（Far Eastern Commission, ＦＥＣ）は、強力な権限を持っていた。

極東委員会は、⑴「日本占領に関する政策を作る」⑵「マッカーサーが出した指令や政策決定の検査をする。彼の行動を、加盟メンバー国の要請に基づいて調査する」。これはマッカーサーにとって脅威である。

一九四六（昭和二十一）年二月二十六日、極東委員会が初の会合を開いたとき、バーンズ国務長官は、「アメリカ政府は日本占領は連合国全体の責任であると思っているし、この責任は今や極東委員会のあなた方のものである」と述べた。

マッカーサーは「この責任」は自分一人のものと信じていた。

四月十三日、マッカーサーは、極東委員会議長フランク・R・マッコイ少将（アメリカ人でマッカーサーを英雄と崇《あが》めている男）に、「極東委員会は政策を立案するだけの機関で、日本の行政には何の権限をも持っていない」と断言し、「極東委員会は、最高司令官あるいは日本政府から、事前の承認を求める権限を与えられていないというのが私の考えだ」と言い切った。マッカーサーは、自分より強力な権限を持っている極東委員会の議長に毒づいている。

マッコイは陸軍大学卒で、一九二三（大正十二）年の関東大震災の日本救済委員長を務め、一九三二（昭和七）年には、「満洲事変」を調査した国際連盟のリットン調査団の一員であった。リットン報告書で、「日本は満洲から撤退せよ」と断言されたため、松岡洋右《ようすけ》代表（後、外務大臣、A級戦犯）は、国際連盟会場から退場し、その後、日本は連盟からも脱退した。

バーンズ国務長官は、アメリカ議会の非公開の席（一九四五年十二月）で、「あの男（マッカーサー）はうまく職務をこなしているが、あいつはいつも花形役者（a prima donna）になりたいのだ。私は彼を三十年に亘って知っているのでよく分かるのだが、彼はとんでもないことをし、途轍《とてつ》もない過ちを犯す可能性が非常に強い」と言った。

マッカーサーを大英雄と崇拝している陸軍省は、バーンズの悪口をマッカーサー元帥に伝えた。

過ちを犯すかどうかは別にして、アメリカだけで日本を単独占領するというマッカーサーの理由は実に簡単であった。

「アメリカは太平洋戦争の勝利に最も貢献しただけでなく、日本占領からくる負担も殆《ほとん》ど一人で背負っているのだから、占領政策を作る道義的かつ正当の権利を主張するのが当然である」

これは、マッカーサーが陸軍省次官ウィリアム・H・ドレイパーに送った極秘の電報である。ドレイパーは、占領中、三度東京でマッカーサーと対談している。ドレイパーは経済専門家であった。

マッカーサーは『回顧録』のなかでも、「連合国のなかに、我々が必要とした時に軍隊を派遣してくれた国はひとつもなかった」と繰り返した。こうした発言でさえ外交辞令であった。個人的に、マッカーサーは「極東委員会は討論集会に成り下がった」とか、「対日理事会の唯一の貢献は妨害と中傷だ」と罵っている。

しかし、マッカーサーと極東委員会との摩擦の噂が広まった時、彼は一九四六年六月十四日のマスコミ発表で「何の擦《す》れ違いもない」と否定した。

極東委員会と対日理事会は、マッカーサーの権力独占に対し、どうすることもできなかった。極東委員会は強い権限を持っていたかもしれないが、それは日本から海を越え、大きな大陸の遠い東海岸のワシントンに置かれた。

マッカーサーは戦闘の余燼燻《よじんくすぶ》る戦場の司令官で、即座にものを決めた。

極東委員会は、トルーマンがすでに一九四五年九月六日に承認した「初期対日政策」を二年二カ月経った後、やっと承認した。その二年二カ月の間、マッカーサーは既に数々の重要な決定（例、日本国憲法）を下していた。にも拘らず、極東委員会の承認文を「近代史における偉大な政策決定文書のひとつ」と称えた。

極東委員会と対日理事会設立は、「日本占領は連合国軍によって行なわれている」ことを宣伝するアメリカの掛け声だけに終わった。アメリカ政府は「戦利品・日本」を、ソ連と山分けしようと思っていなかった。この姿勢は、マッカーサーが共産主義の拡大を警戒するにしたがって、さらに硬化した。

事実、陸軍省軍事情報局はトルーマンに、「ソ連のプロパガンダは日本におけるアメリカの威信を切り崩《くず》す努力を強めております」と報告し、また、ソ連政府の機関誌『イズベスチヤ』がマッカーサーの日本降伏一周年（一九四六年九月二日）の声明を「アメリカが日本を次の戦争への踏み台にしようとするものだ」と非難したことを伝えた。冷戦が熱くなりだした。

トルーマンは、大統領特別顧問クラーク・M・クリフォードにソ連の動きについて報告書を作成するよう命令した。クリフォードは、トルーマン、ケネディ、ジョンソン、カーター大統領に仕え、ジョンソン政権の国防長官も務めたが、一九九二年、金融汚職で有罪になった。この事件はアメリカで大々的に報道されたスキャンダルだ。一九九八年、九十八歳になる二カ月前、死去した。

クリフォードはトルーマン大統領に悲観的な報告を提出した。

「ソ連の指導者は、アメリカや他の資本主義国家との戦争は不可避だと信じております。この戦争に備え、軍事力の強化と勢力圏の拡大に全力をあげており、彼らはあらゆる暴力手段を使って、敵と思ういかなる国をも攻撃するでしょう」

クリフォード自身が草案を書き設立された巨大スパイ機構のCIAも「ソ連は、アメリカが日本を対ソ連の強力な攻撃用の要塞《ようさい》にするつもりだと信じている」と、クリフォードの結論を支えた。

ソ連は懸命に軍事力の増強をしていたが、原子爆弾を持っていなかった。

陸軍省軍事情報局はトルーマン大統領に、「アメリカは、核の独占によって極めて有利な地位にあります。この独占が続く限り、アメリカには外部からの攻撃はあるとは思われません。しかし、この核独占が失われた時は、アメリカは侵略戦争を企む国家の最初の攻撃目標になるでしょう」と警告した。

アメリカは恰《あたか》もソ連に威圧をかけるかのように、一九四六年七月一日から十二年間、南太平洋の美しいビキニ環礁で原爆・水爆の実験を二十三回行なった。

ソ連が原子爆弾を開発する危険は差し迫っているのか。

「情報に通じた人たちによれば、五年から十年後というところではないか」と、一九四六年十月二十四日に軍事情報局は予測している。それから、三年後、トルーマンはソ連が原子爆弾の実験に成功した、との報告を受ける。

原子力時代の夜明けにあって、アメリカの国防は、原子爆弾の独占をできる限り長く維持することによって達成できると考えられた。アメリカの考えは、広島に原爆が投下された二日後、チャーチルがトルーマンに伝えた理想的な思いとは大違いである。

チャーチルは、八月八日には、驚くほど楽観的だった。

広島に Little Boy が落とされた後、長崎にファット・マンが落とされる前の、八月八日だ。チャーチルはトルーマンに機密電報を送り、「広島への攻撃は、この新しい力が正義の力となるか邪悪の力となるか、の可能性を持っていることを証明した。あなたと私は、この大戦争を統括する政府の元首として、世界の平和を促進するために、この偉大な力を我々の国益達成のためではなく、人間性を守る道具として利用する意思を表明した共同宣言を発表すべきだ」と述べた。

それから七カ月後、一九四六年三月五日、チャーチルはミズーリ州フルトンのウエストミンスター大学で、スターリンの冷酷な政府を厳しく攻撃した「鉄のカーテン」の演説をし、「国際連合は武装し、キリスト教文明を共産主義の脅威から護らねばならない」と言った。トルーマン大統領も聴講していた。

トルーマンは、国連加盟国に原子力エネルギーの情報を提供すべきではないかというスティムソン陸軍長官の提案について、閣僚全員に意見を差し出すよう求めた。

「独占を」という意見もあれば、「完全公開」という意見まで様々だったが、ソ連の侵略的政策との絡《から》みで、トルーマンがアメリカの原爆独占を続ける決定を出すのは当然であった。

一九四七（昭和二十二）年九月二十六日、新設された国家安全保障会議（National Security Council, NSC）は、ホワイト・ハウスでの最初の会合を開いた。そこで、CIAの最初の正式報告（CIA・1）が提出され、アメリカの外交政策が明確にされた。

「ソ連封じ込めという観点から、地域の重要順位は、(1)西ヨーロッパ、(2)中近東、(3)極東となる。日本は、ソ連極東地域に対抗する力として早く発展する資質を持つ唯一の地域なので重要である」

一九四八年四月二日、NSCの九回目の会合で、行政担当長官（纏《まと》め役）シドニー・サワーは「ソ連に指導された国際共産主義運動の目的は世界支配である」と再確認した。

アメリカが戦闘態勢に入る時の台詞である。

3　敗戦国とマッカーサー

「民主主義」という言葉は熱狂的に持て囃《はや》され、国民を惨めな現状から解放し得ると思われた。日本人の思想と行動、特に著名な人々の言動は、戦前に遡《さかのぼ》って「民主主義の立場」から検閲された。民主主義の力は、明治初期の「文明開化」と「富国強兵」に匹敵し、「民主主義」に反論しようとする日本人はいなかった。

マッカーサーは「民主主義」で、何をしようとしたのか。彼の雄弁な演説は、日本の将来に対する幻想的な夢を伝えていた。一九四五年九月二日、日本が戦艦ミズーリ号で降伏文書に署名した数分後、マッカーサーはアメリカ国民に向かってラジオ放送した。

「今日、銃声は止んだ。大きな悲劇は終わった。偉大な勝利が勝ち取られた。空はもはや死を降らせることはなく、海は商業のためにのみ使われ、人々は明るい日差しのなか怯《おび》えることなく堂々と歩くことができる。今、全世界は平和の静けさを味わっている。今、ここに、神聖な使命は達成された」

「今日、我々は九十二年前のペリー提督《ていとく》のように東京に立っている。彼の目的は友好、貿易、商業に対して鎖国のベールをとらせ、日本に文明と進歩の時代をもたらすことだった。しかし、悲しい哉《かな》、西洋科学の知識は人間の抑圧と奴隷化の道具となった。表現の自由、行動の自由、思想の自由は、教育の抑圧や迷信の強制によって、さらに、暴力によって否定された」

「我々はポツダム宣言で、日本国民がこの奴隷状態から解放されるのを実現すると約束した。私の使命はこの約束を速《すみ》やかに達成することである。日本軍隊の解体もすばやく実行する」

「今日、自由は攻勢に出ている。民主主義は前進している。今日、ヨーロッパでもアジアでも、屈従から解き放たれた人々は、自由の甘き香りと恐怖からの解放を味わっている」

マッカーサーがペリー提督に敬意を表したのは意味深長だ。ペリーは、極東でアメリカの国益と武力を象徴した人物であり、領土拡大を正当化した帝国主義という後戻りのきかない道を開いた人物であったからだ。ペリーを引きあいに出すことによって、マッカーサーは日本の鎖国の最後の扉を壊し、「品位と正義の原則を具体的に表現した簡単な哲学」（マッカーサー自身の台詞）を日本人の頭の中へ叩きこむつもりでいた。

マッカーサーは、日本の奴隷的な封建主義が「日本の悲劇」を齎《もたら》したと断言し、「アメリカ」は「民主主義」の模範で、民主主義が「今日のアメリカの強さを齎した」とも言った。

彼の日本観は厳しい。

「日本は二十世紀の文明社会ということであるが、実体は、西洋諸国が四百年も前に捨てた封建社会に近い国だった。日本の生活には、それよりさらに古く、どうしようもないものがあった」

日本は「殆ど神話の頁《ページ》を捲《めく》るようなもの」であり、日本人は「外部の世界がどうなっているか、殆ど理解していない」と扱《こ》き下《お》ろした。

同じ頃、日本降伏直後、来日した外交官ジョン・K・エマーソンは「現在、日本人は政治的に無知であるだけでなく、政治に無関心である」とバーンズ国務長官に書き送っている。

エマーソンは占領開始直後来日し、四カ月滞在。一九四六年二月十五日、帰国し、国務省日本部次長となる。彼の東京での後任にウィリアム・シーボルドが送られてきた。シーボルドはマッカーサーの政治顧問（外交局長）になる。

エマーソンは、ケネディ大統領に駐日アメリカ大使として任命されたハーバード大学教授であったライシャワー大使の「参謀」として活躍した。その後、フーバー研究所研究教授となった。私は、時々昼食を共にした。エマーソンは、戦前、日本でグルー大使の下でも勤務していた。エマーソンは一九八四年に死去。彼の貢献を讃える記念碑がフーバー研究所の中庭に慎ましく建てられている。

マッカーサーによれば、このように無知な日本は「全体主義および軍国主義支配から国民を解放し、そして、政府を内部から改善する世界一の、絶好の実験室となった」。

　日本列島大改革が始まる。

「第一に、軍事力を破壊せよ。戦争犯罪人を処罰せよ。議院内閣制を確立せよ。憲法を近代化せよ。自由選挙を行なえ。女性に選挙権を与えよ。政治犯を釈放せよ。農民を解放せよ。自由な労働運動を確立せよ。自由経済を奨励せよ。警察官による弾圧を廃止せよ。自由で責任ある報道を発展させよ。教育を自由化せよ。政治権力を地方行政化せよ。宗教を国家から分離せよ」

　マッカーサーは、「日本の降伏」を軍事的敗北だけでなく、「信仰の崩壊」と見た。

「この崩壊により、日本国民の中に道徳的、精神的、さらに肉体的にも完全な空白が生まれた。この空白状態の中に民主主義を注ぎ込んだ」と言った。

　マッカーサーの言う「民主主義」とは、「アメリカの政治、社会文化および経済体制」で、「ほぼ二百年近くもの間、相次ぐ戦争の危機と平和のなかで勝ち取られたものであり、あらゆる試練を通して、他のいかなる政治哲学よりも健全であることが判然《はっきり》証明されたもの」だった。

「アメリカ民主主義の純粋性は、誰にとっても疑いのないところだ。それは全ての人種と文化をひとつの社会に纏《まと》めたアメリカの経験で示されている。この精神を大切にする者は、より高い威厳のある目的へ向けて向上する」「日本人がこの精神を受け入れれば、この生き方を固く守り、慈《いつく》しみ、大切にするようになる」「なぜなら、ここに日本の救いがあり、ここに日本の平和と幸福を得る機会があり、ここに文明の遅れたアジアの人々が、より高い文明を作れる希望があるからだ」

一九四七年三月の記者会見で、マッカーサーは「もしあなた方がアングロ・サクソンの民主主義を信じるのなら、その民主主義はこの地に根付こう」「私は心から、絶対にこの地に根づくと信じている」と断言した。

マッカーサーは、日本人の魂の空白状態を埋める宗教を用意して、日本に上陸した。「キリスト教は、それ自身の中に戦争を嫌悪する精神をもっている」とマッカーサーは信じていたので、キリスト教の伝道により、日本の「敗戦世代を治めるだけでなく、次の世代に対しても完全な精神改革を引き起こすこと」を試みた。

この精神改革が、日本人を「封建的な隷属から自由へ、神話教育や古臭い宗教儀式の幼稚さから真《まこと》の知識と真実の成熟へと導き、また、戦争は避けられないとする盲目的な運命論から平和は達成できるとする現実的な考えへと解放する」と言った。

マッカーサーは、彼の日本占領がなぜ世界史上最も素晴らしいのかを誇らしげに、「日本から闘う意思と能力を抹殺するためにとった厳しい政策を別にすれば、連合国の政策は報復に基づくものではなく、キリストが人間愛を説いた〈山上の垂訓《すいくん》〉に示された不滅の愛に頼ったものである」と説明した。

それ故、「世界一の大実験室」を「神話教育によって成長を妨げられてきた民族に、キリスト教の理想を実際に見せることで、新たな文明と真理の高揚とを齎す絶好の機会だ」と見た。

マッカーサーにとって、キリスト教は、「アメリカの家庭の最も高度な教養と徳を反映するもの」であった。彼は「アメリカ」と「キリスト教」を同一視し、この「素晴らしい精神性」、即ち「キリスト教」を極東アジアに広めることがアメリカの義務と考え、「極東においてはまだ弱いキリスト教を強化することができれば、今、戦争運命論の餌食《えじき》になっている何億という文明の遅れた人々が、人間の尊厳、人生の目的という新しい考えを身に付け、戦争の魔性に抵抗できる精神力を持つようになるであろう」と宣言する。

日本人の間にキリスト教を伝道するために、マッカーサー自身「ある種の神学者にならなければならなかった」と告白し、「できるだけ大勢の宣教師が日本へ来てくれるように努力した」「機会さえあれば、私は来日して来た牧師たちに日本で働く必要があると言った。〈宣教師が沢山来てくれたら、それだけ多くのアメリカ兵が国へ帰れるのだ〉と。ポケット聖書連盟は私の要請に応えて、日本語訳の聖書一千万冊を配ってくれた。それで、日本の精神的再生が徐々に進んだ」と回想した。

GHQの教育顧問は、「マッカーサーの名は殆ど神のような祈りの言葉となり、アメリカは正しく〈神の国〉と呼ばれるに相応《ふさわ》しくなった。他の連合国は存在しないのと同様である」とまで言った。

アチソン政治顧問はマーシャル国務長官に、「益々《ますます》多くの日本人が、黄金律『己《おのれ》の欲するところを人に施《ほどこ》せ』を戒律《かいりつ》とするキリスト教に改宗しています」と報告した。

東京にいた占領当局者たちは、自分たちをキリスト教徒の十字軍戦士と信じ、日本を聖戦の場と見たのだろう。日本で宗教改革を起こすつもりだったのだ。

4 「日本人は十二歳」

自分自身がキリスト教と民主主義の権化となり、日本の救世主になりたいというマッカーサーの願望は、日本人に知られていた。

ある日本人が、「米国大統領閣下」に宛《あ》てた手紙がこれを諂《へつら》い気味に表わしている。「もし閣下が引き続き日本に食糧とキリスト教の教えを送って助けて下さるならば、破滅した日本はやがて生き返り、世界の平和に貢献できるでしょう」。また、別の日本人は「我々はマッカーサーを、イエス・キリスト二世だと思っています」と述べた。

しかし、多くの日本人が聖書を受け取ったのは、タバコの紙がヤミ市では高いため、その代わりに聖書の薄い紙を使うからだった。私も近所の大人たちが辞書や聖書の薄い紙で刻《きざ》みタバコを巻いているのを毎日見ていた。

民間情報教育局（Civil Information and Education Section, ＣＩＥ）が、一九五〇（昭和二十五）年四月に出版した『キリスト教布教団体と宣教師についてのハンドブック』によれば、一九四八（昭和二十三）年十二月三十一日当時、日本人キリスト教信者数は三十四万二千六百七人であった。この数字は、日本国人口八千万人の〇・四パーセントで、マッカーサーが日本に来る前と殆ど同じだった。

この芳《かんば》しくない改宗率は、マッカーサーにも報告されていたのであろう。彼はアメリカの宣教師に、「私が持っている権力を使えば、天皇と七千万人の日本人を一夜でキリスト教徒にできる」とぼやいている。また、世界的に有名な宣教師のビリー・グラハムに、「天皇がキリスト教を国の宗教にする意思があることを私に個人的に言ってきたが、どんな宗教であれ、それを国民に強制することは間違っているからと、この申し出を断った」と話した。グラハムは、一九一八年生。アメリカで最も有名な宣教師だ。

「キリスト二世」は別にしても、マッカーサーはスポーツマンシップの象徴として日本の若者に「広報」されていた。一九四七年八月、大阪で初の「マッカーサー杯」（テニスと卓球）が行なわれ、知事や文部省代表を含め多数の役人たちが開会式に出席した。アメリカ陸軍のブラスバンドが演奏し、ＧＨＱの体育教育の係員が、「スポーツにおいて、日本が過去の成果を残すことができたのは幸いである。統制と封建的観念から完全に解放されたら、スポーツは民主主義の実践に多大の貢献ができるだろう」と述べた。

開会式に携《たずさ》わった日本人の一人は、このアメリカ体育教育官に「アメリカのバンドの応援を受けた雄々しい式典を見て、多くの参加者が喜びと感謝で涙を流しました」。また、「もしマッカーサー元帥が日本のオリンピック参加を許可して下さったら、我が国のスポーツマンは喜びと感謝でほとんど気も狂わんばかりになるでしょう」とも言っている。勝者には大きなマッカーサー・メダルが授与され、参加者全員に小さなマッカーサー・メダルが贈られた。

この年（一九四七年）の夏、終戦後、初の日本人英雄が誕生した。

古橋広之進《ふるはしひろのしん》（十八歳）である。

彼が八月八日、東京・神宮プールにおいて四百メートル自由形で四分三十八秒八の世界新記録を出した。神宮プールは占領軍専用だったが、この大会のため、特別許可が下りた。

日本中が沸《わ》き返った。翌日の午後五時半、古橋は自分の世界新をさらに〇・一秒縮めた。

私は六歳だった。ラジオ実況放送で興奮した。近所でも大人たちは、歓声を上げ、お祭り騒ぎであった。

翌一九四八年七月二十九日から八月十四日まで、ロンドンでオリンピックが開催されたが、イギリスは、戦犯「日本」を拒絶した。

八月五、六日、古橋と彼の良きライバル橋爪四郎《はしづめしろう》（日本大学で同窓生）は、千五百メートル自由形で従来の世界記録を二十秒も縮め、古橋十八分三十七秒〇、橋爪十八分三十七秒八と、世界の競泳界の常識を打ち砕いた。

ロンドン・オリンピックの金メダリストは、古橋より四十秒も遅かった。

古橋の大活躍はまだ続き、その翌年かつての敵アメリカに招待され、八月十六日、ロサンゼルスで世界新記録を五つも作り、「伝説」となる。アメリカ全土で「フジヤマのトビウオ」と愛をこめた称賛を受けた。古橋と橋爪は、敗戦国日本に輝かしい希望を齎《もたら》した国民的英雄である。

学問の世界でも国民的英雄が一人出た。一九四九年十二月十日、スウェーデンの首都ストックホルムで、湯川秀樹《ゆかわひでき》（四十二歳）京都大学教授が、ノーベル物理学賞を受賞した。日本人で最初である。

マッカーサーは、日本人の素晴らしい業績には目もくれず、ひたすらキリスト教を伝道することに熱中し、日本の学校教育を思いのまま操った。キリスト教の冒瀆を仄《ほの》めかすようなものに、彼がいかに素早く反応したかを示す例をひとつ挙げておこう。

一九四七年後期、GHQ・CIE（民間情報教育局）の承認を得て、文部省が高校の選択科目用に『西洋の歴史』を発行した。この本に「我々は福音書に書いてあること（キリストの誕生、キリストが行なった奇跡、キリストの復活）をすべて信じることはできない」との一行があった。

「これはキリストに対するだけでなく、アメリカのキリスト教徒に対する耐えられない侮辱である」と、ジョージア州メイコンのマジョリー・ベンソンが、一九四八年一月十四日、マッカーサーに抗議の手紙を出した。占領下の日本とアメリカとの個人的交流が皆無の時、ベンソンがどのようにしてこの教科書の英語版オリジナルを入手したのか、解らない。

教科書は日本人が日本語で書き、それが英訳された。英語版をGHQが検閲し、筆を入れた。その「GHQ版」が日本語に翻訳された。GHQ版が「原本」である。

マッカーサーは、すぐさまCIE局長ドナルド・R・ニュージェントに、日本の教科書全部を検閲しているはずなのに、どうしてこのような記述が出てくるのかと尋ねた。

動転したニュージェントは徹底的に調査をし、一月二十六日に、マッカーサーに長い覚書を書いた。

「CIEが命令したのに、日本の著者と出版社の誤りで削除しなかったので、彼らは当局によって厳しく叱責《しっせき》されました」「善後策として、文部省にこの教科書全部を回収するよう命じようかと思いましたが、そうしないことにしました。そうすると、大衆の議論がこの問題をめぐって起きる、と思うからであります。また、この教科書は一九四八年三月以降は使われないことになっています」「実際、日本の教育課程と教科書に含まれているキリスト教の内容は、他のどの宗教より多いのです」

自分の説明が「事件に対する言い訳ではありません」と強調した。マッカーサーの伝道の情熱を充分に知っているニュージェントは、「今回の事件で最高司令官にご迷惑がかかりましたならば、私は全責任を負う用意がございます」と覚書を結んだ。

ニュージェントは覚書に、ベンソン宛の返信の草案をつけたが、マッカーサーはこれを使わず、二日後（一月二十八日）、ベンソンに「幸いなことに、誤りは初版が出た直後、発見され、これを是正する措置が直《ただ》ちにとられ、著者と出版社は厳しく懲戒された」と書いた。

彼の伝道活動と日本における成果をもベンソンに説明した。

「我々は、日本が敗戦で完全に精神的空白状態にあること、また日本の国防の基礎となった誤った観念が敗戦によって消滅させられたことを嬉しく思っている。日本の将来を作り直す仕事に携わっている我々アメリカ人との接触を通じ、日本人の心に、アメリカの家庭から生まれた気高い影響が染み込み始めている。……多数の日本人がキリスト教徒になりつつあり、全国民がキリスト教を理解し、実践し、慈《いつく》しむようになってきている」

日本国民は異教徒で、文化も遅れている故、宗教戦争に敗《やぶ》れ、征服される運命にあったのか。

だが、「なにはさておき、最も重要なことは、我が西海岸に将来脅威が及ばないように国家の安全を守ることである」とマッカーサーは真意を表明した。

この「国家の安全」が、アメリカの日本占領の最も重大な目的であった。事実、トルーマンは、マッカーサーに次のような指令「初期対日政策」を出している。

「日本が二度とアメリカにとって、世界の平和と安全にとって、脅威とならないようにする。……国連憲章の理想と原則に示されたアメリカの目的を支持する平和的で責任ある政府を樹立すること」。日本をアメリカの属国にする決意の声明だ。

占領中のマッカーサーは、「征服者の風格」という幻想にひどく侵されていたのではないか。例えば、国家の行事の場を除いては、彼は決して日本人と同席しなかった。一九四五年九月から一九五〇年六月二十五日（朝鮮戦争開始）の間、彼が東京を離れたのはわずか二度である。

一度目は、一九四六年七月四日、フィリピンの独立記念式典に出席するため東京を離れた。二度目は、韓国（大韓民国）の成立の時、一九四八年八月十五日、マッカーサー夫妻でソウルでの式典に出席した。韓国が、八月十五日（日本降伏の日）を建国の日に選んだのは、偶然ではない。韓国では、この日を「解放記念日」と呼ぶ。この式典で、マッカーサーは祝辞を述べる。

「過去四十年間、私は諸君の愛国者達が外国勢力の抑圧的なきずなを断ち切ろうと努力して来たことを称愛の念をもって見守ってきた」（原文のまま。『朝日新聞』一九四八年八月十六日）

東京を離れたのが二回しかないどころか、一九三七（昭和十二）年五月、ジーン夫人との結婚式にフィリピンからニューヨークに帰ってきた時を除いては、彼はアメリカの土を十四年間も踏んでいない。

彼は広島と長崎を訪問しなかった。

彼は東京から離れて駐在しているアメリカ部隊を閲兵しようとしなかった。

自分の執務室に電話を引くことすら許さなかった。

アメリカの優れたジャーナリスト、ジョン・ガンサーによれば、「マッカーサー元帥は、自分の事務室では殆ど一回も電話を利用しなかったし、一人の秘書もおかず、演説も自分で書き、元帥宛の通信文も全部自分で読み、元帥宛の個人的な手紙も、自分以外のいかなる他人にも封を切らせなかった」。

マッカーサーは、日本人と殆ど会っていない。会うのは、天皇陛下、首相、外相、両院の議長ぐらいで、それも、公式の仕事上で必要な時だけに限られていた。

マッカーサーは、皇后陛下とも会ったことがない。マッカーサー夫人と令息アーサーは、天皇にも、皇后にも、皇太子にも会っていない。

マッカーサーは、雲上の人であった。

マッカーサーが日本人と会おうとしなかったのは、自分は東洋人の心を完全に理解しており、東洋人は、力や権威で操《あやつ》った方が、より効果的に統治できる、と判断したからである。

トルーマンの特使で中国経済復興の命を受け、東京に立ち寄ったロックは、「元帥（マッカーサー）は、東洋人は劣等感に悩んでおり、それ故、戦争に勝てば、幼児的残虐性を剝き出し、敗ければ奴隷のように服従し、殺されようが、面倒を見てもらおうが、それを運命だとして、自らを征服者の手に委ねる、と語った。元帥は、この態度が日本中に広まることを望んでいない」とトルーマンに報告している。

この日本人観は、一九四五年十月、占領が始まったばかりの頃のものである。

彼の日本人観は、六年間の「東京生活」を通じて変わることはなかった。

朝鮮戦争の戦略をめぐり、トルーマン大統領に楯突《たてつ》き、解任された後、マッカーサーは、大英雄として帰国した。ホノルルでも、サンフランシスコでもニューヨークでも、彼の行く先々で盛大な歓迎会が行なわれた。それを十分堪能《たんのう》した後、彼はアメリカ上院軍事委員会と外交関係委員会との非常にまれな合同公聴会に出席し、日本人について評価を下した。

「もしアングロ・サクソンが、科学、芸術、神学、文化などの分野において四十五歳だとすると、ドイツ人は我々同様十分成熟している。しかし、日本人は歴史の長さにも拘《かかわ》らず、まだ勉強中の状態だ。近代文明の尺度で計ると、我々が四十五歳であるのに対し、日本人は十二歳の子供のようなものだ。勉強中は誰でもそうだが、彼らは新しい手本、新しい理念を身につけ易い。日本人には基本的な思想を植えつけることができる。事実、日本人は生まれたばかりのようなもので、新しい考え方に順応性を示すし、また、我々がどうにでも好きなように教育ができるのだ」

マッカーサーは、「十二歳の単純な日本人の心」を巧みに操るために、彼が目に見えぬ存在になればなるほど、日本人の権力に対する伝統的な態度に支えられて、マッカーサーの権威はより一層拡大していた。彼の歌舞伎役者のような仕草《しぐさ》と宣教師並みの熱情は、征服者の風格という「姿」を一層鮮やかにした。彼はこの非民主主義的な「方程式」に気づかなかったのだろう。

ジョン・ガンサーが、マッカーサーを「太平洋のシーザー」と呼んだのはまさに的を射ている。事実、マッカーサーは、自分をアレキサンダー、シーザー、ナポレオンと比較し、自分の方が上だと思っていた。自らを疑うことなく、自分の使命の純粋性を信じたことは、非凡な指導者としての強さとなり、彼に独裁的な政治を続けさせる力ともなった。

マッカーサーは、自分がなし遂げた偉大な業績を疑わなかった。

一九五一（昭和二十六）年五月、彼はアメリカ上院議会で「偉大な社会革命がそこ（日本）では起きた」と述べ、自分が始めた「日本革命」は、「イギリス国民に自由を齎《もたら》したマグナ・カルタ、フランス国民に自由と博愛を齎したフランス大革命、地方主権の概念を導入した我が国の革命（独立戦争）、我々が経験した世界の偉大な革命とのみ比べることができるのだ」と断言した。

マッカーサーの業績をいかように分析し、非難しても、彼の「日本革命」は日本国民に考えてもみなかったほどの厖大な自由を与えた。

　政治顧問事務室（ＰＯＬＡＤ）付きの外交官マックス・Ｗ・ビショップは、自由の洪水の中で溺《おぼ》れそうな日本を見た。

「日本の大衆にとって、新たに輸入された自由を理解し、吸収するのに必要な十分な時間がなかった。日本人には、自由の体験と個人主義の体験が不足している。問題は、将来、民主主義的意識が大衆の間に生まれるか、それとも、急進的な指導者の下《もと》での全体主義社会へ逆戻りするかである」

　ビショップは「アメリカには隠された意図がある」と日本国民が疑っていることを心配し、バーンズ国務長官に「日本人には、アメリカが描いている日本の未来像が見えていない」と伝えた。ビショップは、戦前一九三五（昭和十）年末から一九四一（昭和十六）年二月までアメリカ大使館で日本語の専門家として勤務していた。

　マッカーサーに「十二歳の少年」と言われて、侮辱されたと思っていない日本人が今でもいる。

　著名な評論家の鶴見俊輔《つるみしゅんすけ》氏は、「『十二歳の少年』の一行が独《ひと》り歩きし、日本人が誤解した。ゆっくりと証言全体を読めば、非常な好意をもって日本人を弁護しているのがわかる。しかも、的を射ていた。この誤解は解くべきだ」と言う（『朝日新聞』一九九五年四月二十五日）。

　私は、マッカーサーの長い証言全文を読んだ。マッカーサーが弁護しているのは自分自身の業績である。

日本の政治家や企業人が、中国人や韓国人を「好意をもって、十二歳の子供」だと発言したら、「謝罪」では済《す》まないのではないか。また、鶴見氏は、マッカーサーの日本人評価は「的を射ていた」というが、ナチス・ドイツ国民は熱狂的にヒトラーを支持し、ヨーロッパを踏みにじり、ユダヤ民族の殺戮《さつりく》に全力を尽くしたが、彼らは四十五歳で、日本人は十二歳か。

残酷無比の武力を使い、アジア、アフリカ、中東を植民地にし、大帝国になったイギリスは四十五歳で、日本人は十二歳か。マッカーサーは、わずか十二歳の少年により、バターンで死ぬ思いをさせられたのか。

日本の伝統文化は、歴史の長さ故に可能な、深い洗練を受け、世界に誇るべき燻《いぶ》し銀の華《はな》として開花している。

5　アメリカ兵の手本

日本が自国の将来に疑いを持ち、アメリカに「隠された意図」があるのではないかとビクビクしていたからと言って、日本だけを責めることはできない。アメリカ占領軍の兵士たちの目に余る行動は、日本人の疑いをさらに深めた。

ＧＨＱの教育担当官ハワード・ベル博士は、一九四七年九月、北海道に調査旅行に行き、驚くべき報告書を書いた。

「スウィング将軍指揮下の第百八十七空挺歩兵連隊の存在は、札幌市民を恐怖のどん底に陥《おとしい》れている。連隊の若い兵士は、抵抗しない日本人を軍事訓練の練習相手にしている」

「最も多い犯罪は破壊と暴行である。兵士たちは血を求めて外出する。彼らは日本人を殴打し、ナイフで刺し、さもなければ袋叩きにする。〝腕試し、やってみるか〟と挑発したり、勝手な理由か、あるいは全く理由もなく、暴行するのだ。兵士たちは店に入り、好きなものを取り、ガラスの一、二枚も代金代わりに割っていく。婦女子は暗くなってからは滅多《めった》に通りにでない。その結果、皮肉なことに、我々が〝命令し、教育する〟ことになっている住民は、これらのギャングたちからアメリカ人およびアメリカ式生活様式の教訓を学びとっている。ここの兵士たちは明らかに、民主主義や立派な行為というものを全く理解していないし、しようともしない」

「当局に犯罪届を出す日本人は殆どいない」

「米兵が関係した犯罪は、五分の一も警察に通報されていない」

一九四七年九月一日から十六日までの間、「十六件の犯罪が報告されたが、容疑者の兵士が逮捕されたのはただ一件、郊外でスピードを出して日本の婦人を死亡させた事件だけだった。他の事件はすべて〝MP（Military Police、アメリカ軍憲兵）に通報〟で終わっていた」。

ベル自身、札幌で、アメリカ軍のジープによる事故を目撃した。ジープがとても混雑した市場通りを突っ走ろうとして、日本人の男一人を跳ね飛ばした。ジープはそのまま行こうとしたが、ベルが強く抗議し、そのはねられた男を病院へ連れていけと説得し、やっとこの男は病院へ運ばれた。「ジープの運転手と乗客はMPであった」とベルは嘆いた。

婦女暴行も日常の茶飯事《さはんじ》であり、新聞の記事にもならなかった。当時、検閲されている新聞には、日本婦女が暴行された記事なぞ、載せることはできなかった。

アメリカ兵のジープに轢《ひ》き殺された最も有名な人物は、「爆笑王」といわれ、絶大な人気を一身に集めていた落語家の第二代目三遊亭歌笑《さんゆうていかしょう》であろう。一九五〇（昭和二十五）年五月三十日、午後七時半すぎ、彼は、評論家大宅壮一《おおやそういち》との対談後、銀座通りを横切ろうとした時、アメリカ兵のジープにはねられ、即死した。犯人は轢き逃げし、事件はそのまま迷宮入り。『朝日新聞』は「小型自動車にはねられ即死した」と報道し、アメリカ兵の「ア」の字もなく、「ジープ」もない。『朝日』は「事後検閲」もなくなっていた当時、自主検閲をしていたのであろう。

もう一例を挙げてみよう。

海軍将校として東京へ来て、東京で退官し、弁護士として東京に住み着いたアレックス・ペンドルトンは、チャールズ・S・マーフィー（トルーマンの行政補佐官）に「容認できないGHQの横暴」について手紙を書いた。マーフィーはトルーマン大統領に、「ペンドルトンは大変なインテリです。極めて大袈裟に言う傾向がありますが、彼の批判には、さらに調査を必要とすべき確かな背景があるように思えます」と進言している。

ペンドルトンは訴える。

(1)「マッカーサー司令部の日本人に対する態度は、初めからとても厳しく、日本人は、その性格、教育、社会における地位に関《かか》わりなく、犬のように扱われている。GHQ職員の地位がいかに低く、あるいはその行動がいかに不公正であっても、どうすることもできない」

(2)「日本人にとって報道・言論の自由は存在しない」

(3)「賄賂《わいろ》が必要なことは常識になっており、当然のことと考えられている」

(4)「既に金銭的に欠乏した人々から不必要に財産を没収することが横行している」

(5)「我々が早く新たな行動をとらなければ、日本国民は、共産主義者からくるどんな誘いをも歓迎する」

(6)「今、日本に共産軍が侵攻してくれれば、アメリカに怯《おび》えている多くの人たちの温かい歓迎を受けるだろう。アメリカ本土のマスコミが伝える以上に、我々が日本人を共産主義に駆り立てている」と警告した。

「非アメリカ的」振る舞いに及んでいるアメリカ兵たちのことを、雲の上にいたマッカーサーは恐らく知らされてはいなかったのだろう。一九五一年五月五日、アメリカ上院の外交・軍事両合同委員会の公聴会で、「日本人はアメリカの生活様式だけでなく、アメリカ人の人格をも賞賛し、敬服している。特に、アメリカの家庭内における信仰の深さには強い感銘を受けている」と断言した。

第三章　「精神を破壊せよ」

1　日本の原爆製造案

「日本を完全武装解除し、非武装化する。軍国主義者たちの権威と軍国主義の影響を政界、経済界、社会生活から完全に抹殺する」

「軍国主義と侵略を推進した諸機関を徹底的に潰《つぶ》す。……日本は陸軍、海軍、空軍、秘密警察機構を持ってはならない。いかなる形でも民間航空を持ってはならない」

これは、アメリカ政府の公式宣言である。この政策を実行するため、マッカーサー司令部は、「逮捕、拘留されるべき日本人」と「廃止する団体」のリストを作った。恥と罪悪感に悩まされていた日本も懸命に協力し、日本潰し作戦は猛スピードで進んでいった。

アメリカが日本の原爆製造の能力について強い関心を持っていたのは当然であろう。

アメリカ科学情報調査団は、占領開始と同時に、日本で調査に取り掛かり、団長のマサチューセッツ工科大学（ＭＩＴ）学長カール・Ｔ・コンプトン博士は、一九四五年十月四日、トルーマン大統領に次のような報告をした。

「日本の原子物理学者たちは、原爆製造に結びつく科学的事実を熟知しております。彼らの計算では、反応速度が遅すぎて爆発には至らないという誤った結論に辿《たど》り着き、日本は原爆製造から手を引きました。しかし、日本の原子物理学者たちは、エネルギー源として、石炭に代わるウラン235を製造するため、試験的な製造施設に着手しましたが、我が空軍の東京空襲で、この核研究施設は破壊されました。これが日本の原子力開発への努力を潰しました」

ウラン235は原爆の原料。アメリカ政府の心配が終わったわけではない。日本の科学者たちが核分裂について研究していることは、重大問題であり、放置しておけない。

「コンプトン報告書」から二十七日後、十月三十一日、統合参謀本部は極秘命令でマッカーサーに、「原子力やそれに関連した全ての研究施設を接収し、研究に従事した者全員の身柄を拘束せよ」「原子力に関連した研究活動を禁止せよ」と指示した。

一九四五（昭和二十）年十一月二十四日、マッカーサーは統合参謀本部に「十一月二十日、サイクロトロン五基接収、十一月二十四日、取り壊し始まる。内訳は、東京の理化学研究所サイクロトロン二基、大阪帝国大学の二基、京都帝国大学の一基である。付属データも押収した」と報告した。サイクロトロンは、原子アトムを破壊し、人工的に放射能を起こさせる装置。壊され、東京湾に捨てられた。

四日後、マッカーサーは参謀総長ドゥワイト・D・アイゼンハワー元帥から極秘要請を受け取った。

アイゼンハワーは、マッカーサーの後輩で、ウエストポイント陸軍士官学校を卒業し、一九三五年から四年間、フィリピンでマッカーサーの参謀を務めた。ナチ・ドイツとの戦いで才能を発揮、一九四五年五月七日、ドイツの降伏を受け取った。参謀総長を一九四五年から四八年までし、その後、コロンビア大学学長を、一九五三年に大統領になるまで務めた。一九六〇年、若いケネディに引き継がれる。

アイゼンハワーは、「アメリカで組み立てるため、無傷のままサイクロトロンを日本から船積みすることが可能か」「我々は東京の理化学研究所の大型サイクロトロン、あるいは大阪帝国大学の二基のうちのどちらかに関心がある」と言った。

遅すぎた。一基も残っていない。

十二月三日、アメリカの報道筋に「なぜ検査もせず壊したのだ」と突っつかれた陸軍省は、マッカーサーに「指令はサイクロトロンを取り壊せというものではなく、〈接収せよ〉というものだった」「取り壊しにかかった貴殿の理由を明らかにせよ」と求めた。

同日、マッカーサーは返電し、「陸軍省内に何らかの誤解があるようである。……十一月九日（サイクロトロンに関する最初の命令が出された九日後）、機密防止措置のとられた特別チャンネルを通じ陸軍長官から特命を受け取った。……サイクロトロンの取り壊しを命ずるものであった。あなたはこの命令をご存じないようである。……私はサイクロトロンの取り壊しには反対だったし、そのようなことをする意図もなかった」「真相の究明を求める」と陸軍省に迫った。

「貴殿が正しい」と陸軍省は次の日、マッカーサーに回答した。

同日、ロバート・P・パターソン陸軍長官は記者会見で、「陸軍省は問題を深い配慮も払わず処理してしまい、取り壊しは、判断の誤りによるものだった」と認めた。パターソン長官は、自分が出した命令にマッカーサーは的確に従ったともつけ加えた。

十二月十五日、統合参謀本部はマッカーサーに、「現在拘束している日本の原子力研究者たちを釈放せよ」「ウランとトリウムの在庫すべてを押収せよ」「公表してはならない」との命令を出した。

東京のGHQは目を光らせていた。経済科学局（Economic and Scientific Section, ESS）局長、ウィリアム・F・マーカット少将は、一九四九（昭和二十四）年四月十八日、陸軍省に「日本でのあらゆる研究活動に監視を怠らず、現在禁止されている原子力研究についても、その形態がどうであれ、厳しく禁止している」と報告した。

一九五一年六月、占領も終わりに近づいてきていた時、サイクロトロンを日本で再建する話が持ち上がり、実現した。アメリカから来日していた一九三九年ノーベル物理学賞受賞者のアーネスト・O・ローレンス博士（サイクロトロンの発明者、カリフォルニア大学）が尽力した成果であった。

2　「敗者の美学」

「日本が今や資源にこと欠き、経済も壊滅状態なので、非武装化は何の問題もない」とマックス・W・ビショップは、一九四五年十二月という早い時期にバーンズ国務長官に報告している。しかし、「平和で民主的な日本」を建設するアメリカの計画に対して、「三つの強い勢力が邪魔をしている」と警告した。

「第一に、アジアのどの国にもある〈外国人排斥〉の風潮、第二に、日本国民の心の中にある国家主義的な、野心に満ちた危険な衝動、そして、第三が、革命に向かおうとする過激な共産主義の動き」である。

「国家主義的な危険な衝動」とは、日本人の「愛国心」のこと。

ビショップは、「日本で失敗すれば、太平洋地域における我が国の政策の崩壊をもたらし、ソ連の軍事的地位増大に寄与することになります。我々はアメリカとか、日本とかいった局地的なものではなく、世界を巻き込んで大博打《ばくち》を打っているからです」とバーンズ長官に訴えた。

敗《やぶ》れた日本をアメリカの支配下に押さえこむのは、難しいことではない。しかし、日本国民が敗戦の悲劇から立ち直り、占領の屈辱を克服し、国土の復興に成功した時、日本はより一層強い国になっているのではないかとアメリカは恐れていた。日本国民が誇り高い民族であることは、この戦争で恐ろしいほど解った。再び強力になった日本は、アメリカに復讐を仕掛けてくるのではないか。日本から根本的に「愛国心」を取り除く方法はないものか。

このような不安に駆られたマッカーサーとアメリカ政府は、「狂信的な軍国主義」（日本人の愛国心について常に使われたアメリカの台詞《せりふ》）を抹殺すべしと全力を尽くした。

ＧＨＱ民政局はそれを、「精神的武装解除」と言う。正にその通り。

日本国民に軍国主義の邪悪さを教え込まなければならない。失敗は許されない。

マッカーサーは、精神的武装解除の「第一歩」として、時を移さず「悪人追放」に取り掛かった。日本国民の誰を追放するのか。

「愚かな計算《もくろみ》のために、日本帝国を絶滅の淵に導いた独《ひと》り善《よ》がりの者ども」と「日本国民を欺《あざむ》き、世界征服に駆り立てた者ども」である。

厚木に上陸して十二日後、九月十一日の朝、マッカーサーは、元首相東條英機《ひでき》陸軍大将（六十二歳）が日本の戦犯第一号だ、と言った。

その日の午後四時十五分、占領軍の警察ＭＰ（Military Police）たちが逮捕のため同大将の邸宅に着いた時、東條は刀ではなく、メイド・イン・ＵＳＡの32口径のコルト拳銃で自決しようとし、心臓を撃ち損ない、肺を撃った。

ＭＰと一緒に連合軍従軍記者数十名も来ていた。

鮮血に染まり重体でありながら、横たわったままの東條はこれらの記者たちと会見し、「大東亜戦争は敗けたとはいえ正しい戦だったと自分は信じて居る」「戦争責任者の引渡しは当然行うべきものではあるが、自分としては勝者の法廷に立つことは出来ない」「自分は初め切腹するつもりであった、しかし切腹は往々死損なう場合があるので拳銃をもって自殺をはかったけれども即死出来なかったことは誠に残念である」と話した（原文は旧かな。『讀賣報知』一九四五年九月十二日）。

この拳銃は、東條の娘婿古賀秀正《ひでまさ》参謀少佐（近衛《このえ》第一師団）が、天皇陛下の玉音《ぎょくおん》放送（降伏放送）を聞いた直後、割腹し、さらに口中を撃ち抜き自決した時に使われたものだ。

東條は横浜のアメリカ陸軍の野戦病院でアメリカ軍医の手当てを受け、回復した。アメリカ兵からの輸血をも受けた。病院で「容体良好」の東條は、第八軍司令官アイケルバーガー中将に陣太刀を送り、「迷惑をかけて申訳ない」と言った（『讀賣報知』一九四五年九月十五日）。『ニューズ・ウィーク』誌は、「浅はかな東條は〝ハラキリ〟と呼ぶ古い日本の儀式・切腹という何世紀にも亘《わた》る先例があるのに、自殺しようとしても死にきれず、畳を血で汚しただけである」と痛烈な批判をした。

運命は、東條に優しくはなかった。

一九四一（昭和十六）年、東條が陸軍大臣であった時、日米開戦の前、彼が陸軍の全兵士に丸暗記させるほど徹底させた「戦陣訓」に日本兵の「玉砕精神」の支えとなった有名な一句がある。

「生きて虜囚《りょしゅう》の辱《はずかしめ》を受けず、死して罪禍《ざいか》の汚名を残すこと勿《なか》れ」

軍人東條が自決に失敗し、生き恥を曝《さら》したことは、日本国民に強烈な屈辱と失望感を齎し、また多くの人たちは怒りにも似た感情を味わった。

かつての武士たちが大切にした「敗者の美学」を汚《けが》した「東條」はきたない言葉になった。

これを聞いたマッカーサーは、「作戦」が思った通りに進んでいる、とほくそ笑んでいたに違いない。

ポツダム宣言受諾の八月十四日、阿南惟幾《あなみこれちか》陸相（五十九歳）は、「一死以《もっ》て大罪を謝《しゃ》し奉《たてまつ》る」「神州不滅を確信しつつ」との遺書を残し、翌日未明割腹した。「古武士的規制式でみごと割腹」と『讀賣報知』（一九四五年八月十六日）は称えた。

真珠湾奇襲の時に陸軍参謀総長だった杉山元《はじめ》元帥（六十六歳）は、九月十二日、拳銃弾を四発胸に撃ち込み自決。啓子《けいこ》夫人は、純白の死装束をつけ、仏前に正座し、短刀で心臓を一突きし、夫の後を追った。

九月十三日、元厚相、陸軍軍医中将小泉親彦《こいずみちかひこ》（六十二歳）は、自宅で軍刀で切腹し、さらに頸動脈を切り、自決した。

翌十四日、戦犯と指名された元文相橋田邦彦《くにひこ》（六十三歳、医学博士、日本の実験生理学の祖）は、毒薬で自決した。

同日、吉本貞一《よしもとさだかず》大将（五十九歳）は、軍刀で割腹し、さらに拳銃で胸を撃ち自決した。「割腹は型通り軍刀で左の脇腹《わきばら》から右へ向って真一文字にえぐり、さらに上方へかぎの手に切りあげ、終ると刀のきっ先の血汐をガーゼでぬぐいとり少しも取りみだしたところなく鞘《さや》に納め、ついで六連発拳銃で寸分の狂いもなく心臓部を貫いた、まことに武人にふさわしい見事な最期を遂げたのであった」（原文は旧かな）と『讀賣報知』（一九四五年九月十五日）は吉本大将を絶賛した。

国民は、このような自決を当然の「ケジメ」として受け取った。と同時に、自決した人たちに深い畏敬の念を感じていた。私の両親もそう言っていた。

気を良くしたマッカーサーは「追放の網」を広げ、その網は「軍国主義、過激な国家主義を熱狂的に唱道した日本人」にまで及んだ。日本国民全員か。

天皇退位の噂が広がり始めた。

マッカーサーが一九四五年十二月二日、天皇に近い側近三人を戦犯とした時である。天皇の側近、木戸幸一《きどこういち》（五十六歳）の名がマッカーサーのA級戦犯リストに載ると、次は天皇自身か、という不安が日本国民の間に横切《よぎ》った。木戸は、京都帝大在学中、近衛文麿と親交を深める。一九四一年十月、第三次近衛内閣が日米交渉打開に失敗した後、東條英機を首相に推挙《すいきょ》したのが木戸だった。

天皇を戦犯として裁判にかける、というわずかな兆候《きざし》だけで、日本中は大混乱に陥る精神状態であった。「天皇裁判」は当時可能であったのか。マッカーサーの天皇の取り扱いいかんで、日本国民の占領政策に対する反応そのものが決定しそうであった。

日本降伏前、一九四五年七月三日、国務省はポツダム会議に臨んだトルーマン大統領に進言する。

「日本の無条件降伏、あるいは完全敗北と同時に、天皇の憲法上の権限は停止されるべきである。政治的に可能で、実際に実行できれば、天皇とその近親者たちは身柄を拘束し、東京から離れた御用邸に移すべきである」「天皇を日本から連れ出さなくてもよい」「もし天皇が日本から逃亡したり、あるいはその所在が不明の場合には、天皇のとるいかなる行動も法的有効性を持たないことを日本国民に伝えるべきである」「中国およびアメリカの世論も次第に天皇制の廃止に傾きつつある」

しかし、国務省は、「天皇制廃止は問題解決にならない」とみた。「日本国民は現在、天皇に狂信的ともいえる献身の感情を示している」からだ。国務省の勧告は、天皇を戦争犯罪容疑から外《はず》すことを意味したわけではなかった。

事実、占領が始まった二カ月後の一九四五年十月二十六日、アメリカ政府はマッカーサーに、「天皇ヒロヒト」は戦犯として裁判にかけられることから免れているのではない、天皇に対する裁判は、アメリカの占領目的から切り離されたものではない、と通告した。

アメリカ国民の世論調査（一九四五年六月二十九日、終戦二カ月前）によれば、「天皇処刑」三十三パーセント、「裁判にかけろ」十七パーセント、「終身刑」十一パーセントと、厳しい意見が強かった。

3　天皇とマッカーサー

「大物戦犯」が次々と逮捕されていた頃、一九四五年十二月十八日、「徳川ナリヒロ」伯爵（生資料ではローマ字でNarihiro）は、事前の約束も取らずに、ＧＨＱの政治顧問事務室（Office of Political Advisor, ＰＯＬＡＤ）を訪ね、ジョージ・アチソンに面会を求めた。「ナリヒロ」は東久邇《ひがしくに》稔彦《なるひこ》と親しかった。アチソンとジョージ・Ｋ・エマーソンが徳川に会った。

徳川は、「天皇はご退位の用意があり、当然の成り行きとしてそうする覚悟である」「東久邇宮が平和条約が結ばれるまで首相として留まることが最善の策である」と進言した。

天皇が退位された後、「東久邇しか日本政府と国民を治める人はいない」とも言った。東久邇は、陸軍大学卒業後、一九二〇年から一九二七年までフランスに留学、明治天皇の第九皇女と結婚。

アチソンは、東久邇が日本の国を統治できるとは思っていず、マッカーサーとバーンズ国務長官に、「日本国民が今、東久邇宮の指導力に深い信頼を寄せているとは考えられません」と助言をした。

アチソンは、同じ秘密メモの中で、もっと恐ろしい発言をしている。

「東久邇公の戦犯としての問題もまだ未解決であるし、特に彼がアメリカの飛行士たちを死刑にした責任の疑いも晴れておりませんので、彼は日本政府のいかなる重要な地位に就くことも適しておりません」

また、アチソンは、一九四六年一月七日、マッカーサーに極秘メモを書き、「私の信念ですが（アメリカの同盟国も強く要求していることですが）、問題がなければ、天皇は戦犯として裁かれるべきであります」「日本が真に民主主義国家になれるのであれば、天皇制は消滅しなければなりません。これは私の持論です」と言った。

アチソンは、自分の考える解決策が、「理想的ではあるが、天皇を裁けば、ひどい混乱を引き起こし、多くの親日家たちも、政府を維持できるだけの人物を見いだすことは不可能だ、と思っています」と理解していた。

それ故、「天皇の利用価値」につき、「我々の目的を遂行するにあたり、（天皇が我々への）助力を惜しまないことを表明し、その取り巻き連中よりは、一見民主化を推し進めたいと努力している天皇を利用するのは当然でありますが、これは、極めて慎重に取り扱わなければなりません」と勧告した。

その天皇の利用価値も危なっかしいものになってきた。

「天皇は近い将来、退位したいと思っている、と信頼できる筋から伝えられております」

天皇はなぜ退位を考えていたのか。

「外国からの強い批判に煽《あお》られ、戦犯と決めつけられるのではないかとの不安のためだと思います」「もし、我々が天皇をいつまでも利用するつもりなら、降伏の諸条件を遂行するために在位が望ましいと、天皇に伝えておくべきであります」と勧告した。

マッカーサーは、日本に上陸して僅《わず》か五カ月後、日本国民の日常生活の中で、その精神文化の中で、天皇がいかに重要な存在であるかを完全に把握していた。天皇を死刑にすれば、日本は崩壊し、マッカーサーの統治は不可能となる。天皇は生かしておかなければならなかった。

ソ連、中国、イギリス、オーストラリアは、天皇を戦犯として裁くことを要求している。アメリカ国内でも、政府内でも、天皇を戦犯として裁いたほうが良いという意見が強くなってきている。

トルーマン大統領は、一九四五年十月十八日の記者会見で、「日本国民が自由な選挙で天皇の運命を決定する機会を与えられるのは良いことだと思う」と言った。

一九四六年一月二十五日、マッカーサーは、陸軍省宛に三頁《ページ》にびっしりと文が詰まっている極秘電報を打った（全文は附録①に記載した）。この電報が天皇の命を救う。

「天皇を告発すれば、日本国民の間に想像もつかないほどの動揺が引き起こされるだろう。その結果もたらされる事態を鎮《しず》めるのは不可能である」「天皇を葬《ほうむ》れば、日本国家は分解する」

連合国が天皇を裁判にかければ、日本国民の「憎悪と憤激は、間違いなく未来永劫《えいごう》に続くであろう。復讐のための復讐は、天皇を裁判にかけることで誘発され、もしそのような事態になれば、その悪循環は何世紀にもわたって途切れることなく続く恐れがある」「政府の諸機構は崩壊し、文化活動は停止し、混沌無秩序はさらに悪化し、山岳地域や地方でゲリラ戦が発生する」「私の考えるところ、近代的な民主主義を導入するという希望は悉《ことごと》く消え去り、引き裂かれた国民の中から共産主義路線に沿った強固な政府が生まれるだろう」

そのような事態が勃発した場合、「最低百万人の軍隊が必要であり、軍隊は永久的に駐留し続けなければならない。さらに行政を遂行するためには、公務員を日本に送り込まなければならない。その人員だけでも数十万人にのぼることになろう」。

陸軍省をこれだけ脅かした後、「天皇が戦犯として裁かれるべきかどうかは、極めて高度の政策決定に属し、私が勧告することは適切ではないと思う」と外交辞令で長い電報を締めくくった。

マッカーサーの描いた「天皇なき日本」の悪夢に満ちた絵は、彼の期待どおりの奇跡を齎した。

この電報を受け取った陸軍省は、すぐさま国務省（バーンズ長官とアチソン次官）との会議を持つ。国務省と陸軍省は、天皇には手をつけないでおくことに合意した。

東京裁判のため、アメリカから首席検察官ジョセフ・B・キーナンが、一九四五年十二月六日午後七時、厚木に三十八名の部下を引き連れて降りたった。彼は、シカゴのマフィア、アル・カポネを告発し、この全米で最も悪名高いギャング王を牢に放り込んだ。また、検事総長の補佐官として、全米のギャングや誘拐事件を担当し、才能を発揮した。彼は、暴力団専門であった。日本のA級戦犯はギャング集団と見られていたのだろう。

翌十二月七日、帝国ホテルで記者会見をした。十二月七日は「真珠湾攻撃」の日（アメリカ時間）。

問　「天皇陛下をどうか」
答　「自分の口からは何ともいえない」
問　「戦争犯罪人の追及はいつまで溯《さかのぼ》るのか」
答　「一九三七（昭和十二）年七月である（筆者註・近衛文麿が首相のとき起こった盧溝橋《ろこうきょう》事件にまで溯る）」
問　「真珠湾攻撃の責任は」
答　「真珠湾攻撃の責任は爆弾を投下したその人ではなく攻撃計画を立案、実施した人である、自分は日本の侵略戦争、宣戦布告なき戦争を挑発したその罪過《ざいか》を指摘したいと思う」（原文は旧かな。『朝日新聞』一九四五年十二月八日）

真珠湾攻撃の前日、ワシントンの日本大使館の職員たちは、職務怠慢（同僚の送別会パーティに出席中）のため、重大な最後通牒《つうちょう》の翻訳に取りかからず、アメリカ政府に宣戦布告書を手渡すことが遅れ、「日本人、卑怯者め！」の汚名を、永遠に被《き》せられた日本国民に対する責任をとったのか。

東京裁判の首席検事キーナンは、「卑怯者」を死刑にするために来たのだ。

その日本大使館職員の一人、責任重大の一等書記官奥村勝蔵《おくむらかつぞう》は、失脚するどころか、天皇陛下とマッカーサーの歴史的な会見の通訳として抜擢《ばってき》された。抜擢したのは、驚くなかれ、吉田茂外相である。

日本海軍が秘策に秘策を練った真珠湾奇襲につき、ワシントン大学で私の担当教授アレックス・エデルスタイン博士から興味深い話を聞いた。彼は、真珠湾内に停泊していたアメリカ太平洋艦隊の航空母艦（三隻）の水兵であった。

一九四一（昭和十六）年十二月五日、金曜日の朝の話。

「俺たち、大声で上官に文句を言ったんだ。『日曜日は外出禁止だ』と命令されたからだ。その上、『明日、土曜日の朝から演習がある』とのありがたいご命令をもいただいた。俺には美しい彼女がいたんだ。週末しか逢えないのに！　それも、空母三隻だけに演習命令だ。パー土曜日、パール・ハーバーからずっと離れた海原へ一晩かけてお出掛けしましたネ。パール・ハーバーに帰ってきて、俺たち水兵は、助かったと思ったと同時に、なぜ空母だけを助けたんだと不思議に思ったよ」

ルーズベルト大統領は、日本が真珠湾へ向かっていることを知っていて、製造するのに時間と銭《かね》がかかり、戦略上重大な機動力を持つ空母だけは隠しておいたのだ。しかし、アメリカが日本の暗号を解読していることを日本側に感づかれないように、他の軍艦を湾内に残しておいた。アメリカ海軍史上、日曜日に演習したのは、この時が最初で最後だ。日本の零戦は、三隻の空母を沈めに来たのだ。必死になって探したのだが……。ルーズベルトは、日本海軍があれほどまでの大打撃を与えるとは思ってもみなかったのだろう。日本人大嫌いのルーズベルトにとって、神からの贈り物が絶妙のタイミングで届いた。

日本政府の宣戦布告が真珠湾攻撃の後、アメリカ政府に手渡された。

東京裁判が、一九四六年五月三日に始まった。

六月十八日、キーナンは「天皇を戦争犯罪人として裁判にかけない」と言明した。キーナンは、マッカーサーの電報で説得されたアメリカ政府の命令に従っていただけだ。天皇処刑を望んでいた他の連合国は、説得されて沈黙するか、なおも要求し続けると、無視された。

ソ連は、一九五〇（昭和二十五）年二月一日に、天皇を戦犯として裁けと要求してきた。

アメリカ国務省は二月三日に返答し、「ソ連の天皇戦犯裁判要求はソ連地区に抑留されている日本人捕虜三十七万余名への関心を外《そ》らすために行なったものである」とソ連の要求を無視した。

極東国際軍事法廷（東京裁判）は、天皇の側近たちの「戦争犯罪」の資料集めに全力を挙げて続行していたため、天皇退位の噂は燻《くすぶ》り続けた。

東京裁判の判決（一九四八年十一月四日）が出る五日前の十月二十九日、マッカーサーとシーボルド政治顧問（外交局長）は、天皇退位の可能性について話し合った。

シーボルドは、マッカーサーの推薦で政治顧問になった。「シーボルドは素晴らしい判断力、指導力、極めて強い責任感を常に発揮してきた」と、マッカーサーは最大の称賛を国務省へ送った。これで、シーボルドは、一九四八年八月ハワイ真珠湾沖で飛行機墜落死したジョージ・アチソンのあとを継いだ。シーボルドはメリーランド大学を卒業し、戦前アメリカ大使館付き海軍将校として十年間、日本に滞在した。戦時中、アメリカ海軍に従軍した。

マッカーサーは、「天皇は退位を考えているだろう。あるいは、このA級戦犯裁判で出る判決が厳しすぎて、精神的緊張に耐えられず、心理的な冷静さを失い、自殺さえ考えるかもしれない」と言った。しかし、退位の噂はどれも「作り話でまったく実体はない」と自分を励ました。

マッカーサーは、天皇退位の可能性は作り話ではないと知っていたのだ。マッカーサーには天皇が必要なのだ。マッカーサーも必死である。

「天皇の退位は政治的な混乱を引き起こすだろう」とか、「私は天皇に思いとどまらせるため全力を挙げるつもりだ」とシーボルドに話した。

天皇も、A級戦犯判決が出るとすぐさまマッカーサーを訪問するつもりでいた。その時、天皇が「退位」を口にされると、マッカーサーは天皇に、「退位の考えは馬鹿げたことで、とんでもないことであるばかりか、日本国民にとっても、ひどい仕打ちとなる」と言うつもりだった。

シーボルドは、国務省の友人に書いている。

「マッカーサー元帥の意見は、私の考えとまったく同じなので、非常に嬉しかった。元帥の意見がアメリカ政府の見解でもあるようです、と私が言ったところ、元帥は他の意見はありえないと断言した。天皇退位は間違いなく日本の共産主義者たちを有頂天にし、大混乱を齎すもの、という点で私と意見が一致した」（全文は附録①に記載した）

その後、マッカーサーと天皇は会談し、退位の噂は消えていった。

マッカーサーが陸軍省に打電した長い極秘電報は、天皇を救った「蜘蛛《くも》の糸」だったのか。いやそうではない。今にも切れそうな細い「糸」にぶら下がっていたのは、マッカーサー自身だった。

＊

東京裁判（正式名は「極東国際軍事裁判」）は、一九四六年五月三日に、東京市ケ谷の陸軍省大講堂で開始された。この建物は、三島由紀夫が、一九七〇（昭和四十五）年十一月二十五日、割腹自殺するところである。

A級戦犯二十八人の「平和に対する罪」の審議が、約二年十カ月間続く。

裁判中、大川周明《しゅうめい》は発狂し、免訴となる。大川は、東大卒で法学博士。軍事国家主義を正当化し、軍部では「理論家」として大切にされた。大東亜戦争の推進者、一九五七年十二月二十四日歿。

松岡洋右《ようすけ》は、十四歳で渡米し、皿洗いなどをし、苦学の末、オレゴン大学法律学部を卒業。満洲鉄道の社長等を歴任する。日独伊三国同盟を締結した時の外務大臣。裁判中の一九四六年六月二十七日、肺結核で東大病院で死去。

永野修身《おさみ》も病死。永野は、海軍元帥で、真珠湾攻撃の最高責任者であった。裁判中の一九四七年一月五日歿。

残った二十五人に対する判決が、一九四八年十一月四日に発表された。判決文の朗読だけで、四日から十二日までかかった。

七名、絞首刑。十六名、終身禁錮《きんこ》。二名、禁錮刑七年、二十年。

天皇の側近、木戸幸一は終身禁錮刑。一九五五（昭和三十）年十二月仮釈放。

マッカーサーは、判決文に目を通し、「判決どおり宣告刑の執行をせよ」と命じる。

一九四八（昭和二十三）年十二月二十三日、午前零時一分より、巣鴨拘置所の中庭に作られた十三階段の絞首台で、絞首刑（death by hanging）が最初の四人、次の三人の順で執行される。十二月二十三日は、今上天皇（当時皇太子）のお誕生日である。この日を選ぶマッカーサーだ。

厚い雲が垂《た》れこめ、星も見えず、十二月末であったが、風が暖かかった。

絞首台に登る前、「死刑囚」たちは、「天皇陛下万歳、大日本帝国万歳」と三唱した。

土肥原賢二《どいはらけんじ》（六十五歳、陸軍大将、満洲事変の計画に参加、日中戦争推進）
東條英機（六十四歳、陸軍大将、真珠湾攻撃、日米開戦の責任）
武藤章《むとうあきら》（五十六歳、陸軍中将、日中戦争、日米開戦を積極的に支持）
松井石根《いわね》（七十歳、陸軍大将、南京大虐殺の罪）
連合国軍からの立会人は、対日理事会議長シーボルド政治顧問、ソ連のデレビヤンコ中将、中国の商震、イギリス連邦代表のパトリック・ショー。
そして、次の三人の処刑。
板垣征四郎《いたがきせいしろう》（六十三歳、陸軍大将、満洲事変の計画と推進）
廣田弘毅《ひろたこうき》（七十歳、元首相、侵略戦争を積極的に謀議）　文官としてただ一人、死刑。静子夫人は、東京裁判が始まった十五日後、昭和二十一年五月十八日に服毒自殺。
木村兵太郎《へいたろう》（六十歳、陸軍大将、戦争推進の罪）
午前零時三十五分に終了した。死体は火葬にされ、灰は誰も知らない場所か、東京湾に捨てられた。東條と他の六名の遺灰は存在すると主張する人もいる（佐藤早苗『東條英機の妻勝子の生涯』河出書房新社、一九九七年を参照）。
七人の最後については、処刑の行なわれた二十三日の午後、花山信勝《はなやましんしょう》博士が、東京大学印度哲学研究所で行なった内外記者団との会見に詳しく記述されている（『朝日新聞』一九四八年十二月二十四日）。花山は、七人の最後の三日間を巣鴨で一緒に過ごした教誨師《きょうかいし》で、東京帝大の教授でもあった。

巣鴨の絞首台の跡には、経済大国日本のキラキラと輝く享楽の館《やかた》「サンシャイン・シティ」が現在建っている。

A級「極悪戦犯」は、まだ十九人残っていたが、マッカーサーは、この七人の処刑の翌日、十二月二十四日、クリスマス・イブ、生き残っていた十七名を全員釈放した。

熱烈なるキリスト教徒のマッカーサーは、「やりすぎた」と良心の呵責《かしゃく》に耐えられず、その罪悪感から「己」を解放するために、これら十七人のA級戦犯に特赦を与えたのだろうか。そうであろう。それ以外、釈放する理由もない。

戦後、首相になった岸信介《きしのぶすけ》も釈放されたその一人。「日本財団」の創立者の笹川良一《ささがわりょういち》もその一人。一九七六（昭和五十一）年のロッキード事件に深く関わった児玉誉士夫《こだまよしお》もその一人。

B・C級戦犯という人たちもいた。B・C級は、捕虜虐待、民間人の殺害、略奪などの行為をした罪を問われた。終戦と同時に、国内および外地で捕らわれた日本人「戦犯」だ。

一九九八（平成十）年六月十二日に、五十年を経て外務省がやっと公開した資料によれば、連合軍七カ国がB・C級戦犯五千七百二人を裁判にかけ、四千四百四名が有罪判決を受け、その内、九百八十四名が死刑にされた（『産経新聞』一九九八年六月十四日）。

アメリカは、百四十三名の日本人B・C級戦犯を死刑にした。イギリスは、二百二十三名。オーストラリア、百五十三名。オランダ、二百三十六名。フィリピン、十七名。中国（国民政府）、百四十九名。

外務省はすでに、一九五〇（昭和二十五）年四月五日現在のB・C級戦犯につき詳しい統計を発表している（『毎日年鑑』一九五一年、一一〇頁）。一九九八年に公開された数字とほとんど同じだ。フランスは五十二人に死刑を宣告し、二十人を処刑した。

ソ連と中国（北京政府）で戦犯として裁《さば》かれ、死刑になった日本人の数は、未だに不明である。スターリンは、戦犯でなくとも捕虜なら殺しても問題はないと思っていた。毛沢東も自国民数百万人を粛清《しゅくせい》したと言われている。彼等にとって、日本人は全員戦犯だったのだ。

東條英機について、一言。

自決に失敗し、東條はコルトの弾丸が貫通した肺の傷よりも、激痛であったに違いない屈辱を味わった。「死に損ない」の汚名を着せられた東條は、東京裁判で勝者連合軍の怨《うら》みと報復を一人で受ける姿勢を見せた。

「我国にとり無効かつ惨害を齎した昭和十六年十二月八日に発生した戦争は、米国を欧州戦争に導入するための連合軍側の挑発に原因し、我国としては、自衛戦として回避する事ができなかった戦争であると確信する」「……開戦決定の責任も、また内閣閣員及び統帥部の者の責任であって、絶対的に陛下の御責任ではない」（冨士信夫《ふじのぶお》『私の見た東京裁判』下　講談社、一九八八年）

死刑を覚悟していた東條は、戦争の全責任を一身に受け、天皇陛下を護《まも》り、少しでも「汚名」を拭《ぬぐ》いたかったのであろう。

一九四五年九月十一日午後四時十五分に「死に損なう」前、東條が書いた遺書には「自衛戦」のことは記してあるが、「陛下の御責任」については何も触れていない。しかし、次の一句がある。「戦争責任者ヲ追及セント欲セバ我ニ在ラズシテ彼（英米人）ニ在リ」。

一九九八（平成十）年五月、映画「プライド　運命の瞬間《とき》」が東映で製作された。「東京裁判」が主役である。世界的に有名な週刊誌アメリカの『タイム』（一九九八年五月二十五日号）は、一頁全部を使い、厳しい東條批判をし、映画をも扱《こ》き下《お》ろした。そのうえ「日本」までが攻撃の対象になった。

「驚くべきことは、日本国内でのこの映画が何等非難を受けていないことである。これは、声の大きい右翼連中が自分たちの考えを日本社会に押しつけている証拠である。……そして、マスコミも何等批判もしない」

映画一本、それも戦後初めて東京裁判を見直してみようとする試みに対して、これほどの反応を示すアメリカのマスコミは、東條や東京裁判に関するアメリカの観念が戦後五十余年間全く変化していないことを克明に表わしている。

アメリカでは、中国系アメリカ人、アイリス・チャンの書いた ***The Rape of Nanking***（南京大虐殺）がベスト・セラーである。美女のチャン女史は、二〇〇四年十一月九日に、カリフォルニア州サンホゼ市（自宅）の郊外で、自分の車の中で、拳銃で頭を撃ち自殺した。うつ病が原因だと言われている。

中国・上海も日本攻撃に出る。

一九九八（平成十）年七月七日、七夕《たなばた》の日、盧溝橋《ろこうきょう》事件の六十一年目の記念日、中国で全国統一大学入学試験が行なわれ、上海地区の国語の試験で、この映画「プライド　運命の瞬間《とき》」が作文問題として出た。上海での受験者は四万五千五百六十人、全国では計三百二十万人。

中国の国営通信社である新華社電（東京発）が「日本で東条英機を美化する映画を上映」と記事を書き、これが五月九日付の中国各紙に掲載された。「……日本は無罪と主張する。戦犯東条英機を褒《ほ》めたたえ、南京大虐殺を否定するなど、日本が引き起こした侵略戦争を否定、美化するものだ」という記事である（『朝日新聞』七月九日）。

日本国民の精神文化に多大な影響を与えた「東京裁判」を再考する動きが、戦後五十余年経《た》った日本で起こるのは当然であり、それは東條個人を美化するためのものではない。国の歴史を振り返り、国運の興亡につき、新しい世代が再考察をして何が悪いのか。

国の歴史とは、国民の夢とロマン、栄光と失望、誇りと屈辱を顧みることである。この弛《たゆ》まぬ探求により、我々の精神文化は浄化され、本質が純粋な形として浮き上がり、我々も「真実」に近づいてゆく。

隣国に、アメリカに、とやかく言われることでもなく、文句を言われたからといって、我々が慄《おのの》いて急ブレーキをかけ、健全な考察を中止することでもない。諸外国が東京裁判について、今でも異常に神経過敏になっているのには、それらの国々の歴史認識の裏側に、何か後ろめたいものが、亡霊のように、東京裁判に関わった全ての国々を脅かすからだろう。

4　官僚の追放《パージ》

「好ましからざる日本人」の追放が、いかに広範囲なものであるかが明らかになった。

マッカーサー司令部に指導され、日本政府は公共企業体の職員五千五百二十人、衆議院選挙（一九四六年四月十日）の立候補者三千三百八十四人、貴族院議員全員を審査した。政策立案に携《たずさ》わる者のうち八百十四人、国会議員九人、衆議院選挙立候補予定者二百五十二人は追放され、一九四五年十月四日の「治安維持法廃止の指令」で引っかかった六千二百二人も公職から追放された。政府職員十八万六千人が配置転換となり、陸海軍人全員が公職から追放された。

パージが行なわれている一方で、マッカーサーは、衆議院議員選挙の実施を一九四六年四月十日と決めた。マッカーサーはこの選挙が非常に大切であると言った。

その理由は、「(1)信頼を失った政治家たちが齎した混乱を払拭《ふっしょく》する　(2)戦争犯罪行為で手を汚した人物たちを排除する　(3)新しい政治家たちを紹介する　(4)日本国民の政治的思考を評価する　(5)国民に対して責任を取る政府を確立する　(6)法律の制定が国民の意思を反映される場を提供する　(7)長い間抑圧されていた政治思想に発言の機会を与える　(8)連合軍司令部指令の遂行に必要な法律を用意する　(9)天皇の勅語《ちょくご》や布告に頼るという非民主的やり方を排除する」ためだ。

総計二千七百七十人の候補者たちが、衆議院の四百六十六議席をめぐって争った。二千六百二十四人は新候補であった。

この選挙では、選挙投票者の数が爆発的に膨《ふく》らんだ。戦前の日本で投票権を持てたのは二十五歳以上の男子だけだったが、戦後初の四月十日選挙では、二十歳以上の男女が投票した。千三百五十万人から三千七百万人へと増えた。

マッカーサーは、この選挙を新憲法草案についての「国民投票」と呼んだ。新しい衆議院は、マッカーサーが日本政府に起草を命じた憲法草案（自分の草案）を審議する予定である。

選挙の結果は、新人三百七十七人、再選三十九人、旧国会の元議員四十八人、それに票数不足によるやり直し選挙で当選した二人となった。

女性も初めて立候補し、候補者七十八人のうち三十九人が当選した。

もう一つ注目すべきことは、戦前・戦中と、非合法秘密結社でしかなかった共産党が、百四十三人の候補者を立て、五人を国会に送りこんだことだ。選挙結果はマッカーサーを満足させた。

極東委員会、特にソ連は、選挙が反動保守派の意のままになったものと非難したが、マッカーサーはソ連の遠吠《とおぼ》えと無視した。この選挙の二日後、エマーソンも「もし国会が満足すべきものでないなら、マッカーサー元帥は、解散させ、再度選挙を行なうつもりだ、と語った」と国務省内部メモに書いている。

マッカーサーの絶対的権力は、吉田茂（六十八歳）にも明らかだった。

吉田は東京帝国大学で政治学を専攻し、外務省に入り、イギリス、イタリアの各大使を務める。加瀬俊一《としかず》氏は、「私は吉田さんにとても気に入られたようでした」と私に話された。この加瀬は、情報部長として一九四五（昭和二十）年九月二日、米戦艦ミズーリ号上での降伏文書調印に随員として列席した。

吉田のライバル、鳩山一郎がマッカーサーに追放されたため、自由党党首になった吉田が新首相に任命された。吉田は一九四六年五月十日、「わが親愛なる元帥様」に手紙を書き、自分が首相になってもよいかどうか、「あなたの意見をお聞かせくださるようお願いいたします」と求めた。「No objection from SCAP. Best of luck.（反対しない。幸運を祈る。マッカーサー）」というのが答えだった。

マッカーサーの返答の仕方は、吉田への手紙ではなく、吉田の手紙の空白に手書きしたものだった。アメリカでは、これは目上の者が目下にする。

陸軍省軍事情報局は、「戦前、吉田は英米両国との友好関係を望んでいたため〈リベラル〉のレッテルを貼《は》られたが、現在の日本政治家の中では保守派と見られている」とマッカーサーに報告している。

パージ（追放）はさらに拡大され、地方行政府から好ましからざる人物たちを探し出した。GHQ民政局は、選挙が始まる前に、地方政界から「約七千人」、経済界から「約六百人」、マスコミから「二百人」を追放したと発表した。

国務省の調査分析局は、「軍国主義者たちを追放することで得られる直接的な効果は、心理的なものである」と読んでいたが、心理的なものを遥かに越えていた。

異常な現象が現われた。筋金入りの社会主義者、片山哲《てつ》が、一九四七年五月、首相になった。日本で初めての社会主義者の総理である。片山は、東京帝大法科卒業後、弁護士を開業し、一九二六（大正十五）年、社会民衆党結成に参加し、同党書記長を務める。

社会党の擡頭は、日本の保守主義者たちを追放しすぎたために起きた好ましからざる結果、とマッカーサーは受け止めた。

片山が首相になった翌日の五月二十四日、熱烈なキリスト教徒マッカーサーは、日本国民に向けて次のような声明を出した。

「片山氏が首相になったことは、政治的にも大きな意味を持っているが、それ以上に大きいのが精神的なものである。歴史上初めて、日本はキリスト教徒の政治家に率《ひき》いられることになった。この事実は今やこの国に完全な信仰の自由があることを証明している」

マッカーサーは、キリスト教徒の首相誕生の重要さは日本だけに限られたものではないと信じ、「今や東洋の三大強国にキリスト教徒出身の首相、中国の蔣介石、フィリピンのマヌエル・ロハス、日本の片山哲が誕生したことは広く国際的な観点から見ても意義が深い。これは聖なる教えが確実に広まっている証《あかし》であり、東洋と西洋の人々が人間の心という面で共通点を見いだすことができ、抑圧によって権力拡大を狙っているイデオロギー主義者たち（共産主義者たち）に対抗し、難攻不落の防壁をついに築き上げるという希望を齎《もたら》すものということを、明確に裏付けるものである。これは人類の進歩である」と断言し、自分を納得させていた。マッカーサーは、このような長い文を書くのが好きだった。

一九四七年六月一日、片山首相は、気も遠くなりそうな幸福感に浸りながら、マッカーサーと同じ台詞《せりふ》を国民に言った。

「極右極左に偏《かたよ》らず、特に共産党に対し明白な一線を画し中道を歩む意向である」「私は民主的政府はキリスト教の愛と勤労主義の精神とによって貫かれているものと信じている」「新憲法下に選ばれた最初の民主政府の首班として、私は日本国民に代わって、日本の民主化に大きな援助をなして来たマックアーサー元帥に深甚な感謝を表明する」

片山内閣は、依然影響力を持った自由党（吉田）にボイコットされながら、経験と人材不足で四苦八苦していた。悪いことには、深刻になった食糧危機の最中に、派閥抗争が起き、人気下落に拍車をかけた。片山内閣発足四カ月後には、国民の内閣支持率はわずか二十二パーセントで、五十四パーセントが不支持だった。九カ月後、一九四八年二月十日、片山内閣は総辞職した。

当時、誰が政権の座についても、文楽の人形のように、マッカーサーに操《あやつ》られた。日本国民もそれを知っていたにも拘らず、選挙があると投票所に足を運んだ。政治家を投票で選ぶという新しさが「民主主義」に参加している、という当座の満足感を与えたのであろう。

マッカーサーは日本の政治家たちの一言半句に耳を傾け、「戦前」の帝国政府を思い懐かしむような者がいると追放した。それを意識していた代議士たちは、マッカーサーの命令を喜んで実行に移し、似たような台詞さえも口にした。天皇もマッカーサーを支援されていた。

5「神道」――悪の偶像

「精神的武装解除」の当然の成り行きとして、マッカーサーは日本政府による神道の支持を廃止した。天皇大権を支える精神文化の基盤を打ち砕くためである。

マッカーサーが容赦なく攻撃したのは、「家柄、血統、あるいは特別の生まれを理由に、日本の天皇が他国家の首長より優位にあるという説」である。

輝かしい過去が葬《ほうむ》り去られ、天皇大権が抹殺されれば、日本は再び強力な国家になることは出来ない、と恐れた日本政府は、抵抗したいと思っていたが、マッカーサーが怖くて動けない。

ビショップはそのような日本を感じ取り、アチソンとバーンズ国務長官に「日本を『強力』な国家として将来再建したいという願望と決意が現在、日本で強く脈づいております」と報告した。

日本の保守派たちは、アメリカが日本文化と日本国家の「魂」を破壊することに心の底で強い憤《いきどお》りを感じている、と国務省の情報調査課（Office of Intelligence Research）も察しており、「日本の指導者は占領軍による数々の改革に反対し……吉田内閣は、これらの改革を止めるのは無理としても、その影響を食い止めようとした」と述べた。

日本側の抵抗でたじろぐマッカーサーではない。より攻撃的になった。

一九四六年十一月一日、マッカーサーは文部省と内務省に、「戦歿者追悼式《せんぼつしゃ》を禁止せよ」との共同通達を学校関係者や政治団体に出させた。さらに、十一月六日、信仰の自由を犯す者（キリスト教を迫害した日本人たち）を罰し、隣組が金を集めて神社に寄付することを禁止させるよう、日本政府に命令した。日本政府にも神社に財源的援助をしてはならぬと命じた。アメリカ軍政局（第八軍が日本に駐留）も日本人の戦歿者追悼式を全て禁止するとの指令を出した。

平成日本は、占領軍が一九四六年に出した命令に今でも従っているのだろうか。

マッカーサーが神道を激しく攻撃したのは、天皇制と神道の起源は実質的には同一のものであり、天皇が神道の祭式の対象であるという理由である。「神道への反対は国賊だ、と決めつけた陰険なイデオロギーの圧制から、日本国民を解放するためである」と言った。

しかし、GHQは、神道の隠れた力について強い関心を示した。神道にこそ日本の凄《すさ》まじい戦闘精神を駆り立てた神秘的な力があると信じたからだ。GHQの民間情報教育局（CIE）の宗教部は、神道を広範に調査し、分厚い報告書を幾つも作成した。

6　飢餓と暴動

占領下の日本経済をどうするのか。

ポツダム会議へ出席するトルーマン大統領のために国務省が書いた台本には、「占領軍の必要を満たし、軍政部の作戦の妨げにならないように、日本国民の飢餓や疾病《しっぺい》の発生を防ぎ、日本経済は管理されるべき」とある。

この「管理」とは、「日本が再び経済戦争を仕掛けないよう手を打つ。日本に航空機産業を許さない。日本から重工業の力をも奪う」ということだ。

トルーマンが承認した「軍政基本指令」は、もっと冷酷に、「日本の苦境は自業自得である。連合国軍はそれを修復する責任を負うつもりはない」「貴下（マッカーサー）は、日本の経済復興または日本経済の強化に何らの責任も取らなくてよい」「日本国民に、ある一定の生活水準を維持しなければならないという義務を負うものではない」「日本の生活水準は、日本が全ての軍事的野心を捨て、人的資源ならびに天然資源を平和的生活のためにのみ使い、心より連合国と協力することにかかっている」と断言する。

アメリカ政府は、日本の食うや食わずの自給生活により、日本帝国の内部崩壊が早められ、日本民主化が促進されると期待した。「労働、工業、農業分野の民主化が実行されるべきである。また、経済組織についても所有権や経営権が拡散されることが望ましい」と国務省は言う。

同じ論法で、マッカーサーは時を移さず、一九四五年十一月六日、「財閥解体」指令を出し、「収益と、生産・営業手段の所有権拡散を許す」「平和と民主的勢力の成長を助ける経済制度を日本国内で促進する」と宣言した。

解体されつつある日本経済に強い危機感を持ったビショップは、アチソン政治顧問に「日本の経済は背骨を抜き取られ、優秀な頭脳と優れた指導力も奪われ、経済活動に対する意気は上がらず、優柔不断と成り行き任せの態度が広がっている」と伝えた。

アチソンは、トルーマン大統領にあてた手紙の中で、「日本政府は国民に十分な食糧を供給できないので、我々の政治目的を推進するうえで必要な基盤を維持するためには、望む望まないにかかわらず、我々が救助物資を供給しなければならないでしょう」と進言している。

日本人は生きるために食物を探し漁《あさ》った。完璧なまでに破壊された都市での生活は特に悲惨だった。米を持っている農民たちは紙幣を信用しない。都市の住民たちは絹の着物や金銀、宝石を持ち、食糧を手に入れるために超満員の汽車に乗って田舎へ行った。「買い出し」である。

私の両親も古びたリュックサックを背負い、農家へ足を運んでいた。私も時々連れて行ってもらった。母は高価な着物と、薩摩芋《さつまいも》とか南瓜《かぼちゃ》、ジャガ芋を交換していた。当時、私が食べていたサツマイモは、今スーパーで売っているようなドカッと大きなものでなく、親指ぐらいの細いものだった。大きくなるまで待てなかったのだ。

政治顧問事務室に勤める日本人調査員（スパイ）が、一九四五年十二月にそのような列車に乗り込み、次のような報告を提出した。

「東京・上野駅は想像を絶した生き地獄である。秩序は完全に崩壊している」「誰も自分のことだけを考えている。汽車を待っている大勢の乗客たちは、改札口が開けられるや、窓から汽車に我先と乗り込む。あくどい闇《やみ》商人たちは列車で往復し、闇市で高い儲《もう》けのある米やリンゴを東京へ運んでいる。列車内で交わされる会話の中で、政党、婦人参政権、次期選挙といった政治の話題は全く出ない」「農民たちは都市から買い出しに来た人たちに物凄い値段を吹っ掛け、大儲けをしている。そしてこれは当然だとうそぶいている」

都市に残っているものといえば、B29が落とした焼夷弾の残骸だけだ。

マサチューセッツ工科大学学長カール・T・コンプトンは、アメリカ空軍の爆撃の見事さに驚き、トルーマン大統領への報告書の中で、「自分の目で確かめた破壊の方が、偵察写真に基づく報告よりずっとひどく、東京及びその周辺都市は二百十平方マイルの全域のうち、約八十五平方マイルが灰の山です」と記述した。

エマーソンはバーンズ国務長官に、「経済の危機、飢餓の恐怖、闇市をあてに生きる狂気じみたその日暮らしの生活が、日本社会のあらゆる階層に広がり、全ての日本人の考え方を左右しております。……政党、選挙、民主主義、天皇といったようなことは、茶碗が空《から》の時には空理空論の類《たぐ》いであります」と報告した。

マッカーサーは、「私が真っ先に手をつけたことの一つは、日本人たちに食べさせるために軍用台所を立てたことだった。もしそれをやっていなかったら、何千人という日本人が餓死していたことだろう」と述べている。マッカーサーは、占領軍が使用していない多くの旧日本軍の飛行場を、野菜の栽培用地として使えと指令した。食糧要求デモが起きないようにするためだった。

戦略諜報局（OSS）は、一九四六年四月、「日本国内の食糧はこの先六カ月間、都市住民の必要最小限も満たせない。都市に広がる食糧不足の危機を救うには輸入によるしかない」とマッカーサーに進言している。第八軍対敵諜報部の報告はさらに悲観的で、一九四六年七月八日現在、「食い繋《つな》げる食糧は東京地区では四・二日分しかない」。他の主要都市も同様の苦境に直面していた。

マッカーサーは、食料品、特に缶詰、玉蜀黍《とうもろこし》、小麦粉をアメリカから輸入し始めた。彼は、食糧を積んだ宝船が、横浜か神戸に入港する度に、そのことを大々的に報道した。これにより飢えた国民と占領軍との関係は良好なものになったし、マッカーサーの権力と威信も高めた。

一九四六年五月二十九日、吉田首相は「我が親愛なる元帥様」宛に手紙を書き、「元帥の深い配慮があったからこそ、我々は暴動が起こるほど差し迫った危険な状況を和《やわ》らげることができました」と、百十四万キロの小麦粉に対する「深い感謝の念」を伝えた。

一九四六年七月五日、衆議院は、マッカーサーがアメリカから多量の食糧を輸入し、国民の危機を救ってくれていることに「深い感謝の念」を表した。

しかし、マッカーサーが最も関心を持っていた政治改革には、日本国民は無関心だった。国民の気持ちを端的に示した例として、B29の大空襲を受け、いまだ復興もままならぬ福岡市の市長選挙が挙げられる。七十五パーセント以上の有権者たちが棄権したので、市長選は無効となった。

食糧不足は学校の生徒たちをも巻き込んだ。文部省は降伏直後、全国の県知事と学校長に、

「児童生徒を食糧増産のために働かせるように」と奨励し、さらに十一月、文部省は、食糧生産のために「体育の時間」を労働奉仕の時間にせよ、と再度通達を出した。

京都帝国大学は、食糧不足を理由に、文学部を一九四五年十二月末から二カ月間閉鎖すると発表し、他の学部にも同じ措置が取られた。

文部省は、一九四六年六月、全ての学校に夏休みを早く始めるよう指示した。

小学校の児童については、GHQの援助を得て、一九四七年から学校給食が始まった。私が小学校一年生の時だ。給食のことは鮮明に憶えている。一日で一番真剣になる時だった。

アメリカから直輸入のスキム・ミルクという脱脂粉乳が、アルミニウムのお椀一杯。強い臭味《くさみ》があり、色は真っ白でなく、うすい茶色だった。先生が、「体に良いから、飲め！」（当時の言葉で、「滋養《じよう》がある！」）と言われても、飲みたくないと泣いている子も大勢いた。飲めない級友のミルクは、全部私が飲んでやった。「コッペ」という、アメリカからの直輸入の小麦粉（メリケン粉）で作られたスカスカのパンの半分と、命をかけて守る価値があった匙《さじ》一盛《ひと も》りの甘いイチゴジャム。そして、炒《い》ったアーモンド（みんなの大好物）二個、または、甘酸っぱい乾《ほ》しリンゴの細長い切れ三本だった。給食は全てアメリカからの食べ物だ。

私の家の近所には、鼠《ねずみ》の皮を剝《は》ぎ、その肉を唐揚にして美味しそうに食べていた人たちもいた。「ちょうだい」と言ってみたが、無視された。

また、大正七（一九一八）年にアメリカから持ち込まれた二匹の食用蛙《がえる》が、日本で無数に繁殖していたので、これに目を付けたある農学博士が、「栄養失調の救い神」と色々な料理法を研究し、「天麩羅《てんぷら》が一番美味しい」と発表した。

私は、殿様蛙の腿《もも》を焼いて食べた。淡泊な味がした。私が疎開していた岡山県の田舎町には食用蛙はいなかった。いたら、食べている。既に食べ尽くされていたのか。

「食糧不足は事実である」と、教育調査員カール・C・リーブリックは、アチソンに報告した。「子供たちは栄養失調の症状を見せている。体育の授業が制限されているのは止むを得ない。学校は生徒を家に帰して食事させるために授業時間を短縮している。授業は正午頃終わる。栄養失調は何も学校の生徒だけでなく、大学教授たちにもその症状が見られた」。

大学教職員の生活も、激しいインフレと物不足で容易なことではなかった。当時、教授の月給は二百円。実質的な生計費は約三百四十円。東京で一カ月約百三十円。小学校教師の月給はさらに低く、生きているのがやっとの有り様だった。東京で一カ月約百三十円。地方ではもっと低く、ある県では、小学校教職員の月給は五十八円（一九四六年六月現在）で、教員たちが知事に出した要求額は月九十円。

地方の学校教員の悲惨な有り様は、岩手県の教員が『讀賣報知』（一九四五年十二月十二日）に書いた投書の中に表われている。

「このまゝ放任して置けば教員はミーラになってしまう。新興日本の教育が重要視さるるとき全く寒心に堪えない。国民学校教員の下級なる者は月俸三十円だ。それに臨時手当十円に勤勉手当三円、計四十三円である。労働者の日給にも劣るのである」（原文は旧かな）

月給四十三円では、当時の食品価格に照らしあわせれば、死に物狂いで食糧をかき集めなければならなかった。「米は一升十五円、鰯《いわし》一匹一円、卵一個一円十銭」。

この教員は、「児童と一緒に収穫した農作物を買った売ったで社会的に問題視される状態だ」と嘆いた。さらに「従来は如何に不平不満でも訴えることは不可能であった。『やれ赤化だ』『やれ悪化だ』と校長や上司の目が光る。勿論投稿など大の禁物であった」（『讀賣報知』名は、一九四二年八月五日から一九四六年四月二十日まで続き、同年五月一日から『讀賣新聞』に改名する）。

生きることに必死になっている教員たちは、一九四五年十二月二十日、文部、内務、大蔵の各大臣に対し要求を提出した。

(1)五百パーセントの賃上げ　(2)教員が通勤し、職務を果たすのに必要な仕事着、地下足袋、雨具、自転車の支給　(3)教員用地の拡大と教員用住宅の確保　(4)大学教授から小学校教員に至るまで全教員の地位と給料を一つの基準で決定すること　(5)誰でも能力と経験に応じて最高の地位まで昇進できる機会が与えられること　(6)全教員の給料は国から支払われること　(7)教員は自分の地位を失うことなく、学校や他の機関で研修を受けられること。

食糧を確保するため、教員たちは全国的な労働組合を組織し始め、この動きは、戦後日本で最も行動的な組合へと発展してゆく。ＧＨＱは、教員の政治団体や組合結成を民主主義の現れと読み奨励した。教員たちを完璧に統制していた文部省も、すぐさまＧＨＱに従い、教員たちが組合を作るのは「望ましい」と言い、教員たちに一九四七年の総選挙では立候補するよう励ました。

しかし、現状は好転するどころか、さらに悪化していった。GHQ内部報告によれば、飢えで通勤途中に栄養失調で倒れる教師たちが出始めた。日本中で教員たちの辞職が急激に増え、「新生日本建設」にとって深刻な事態が起きたのは当然の成り行きだった。

大学生の受けた打撃も大きかった。政治顧問事務室付きのエマーソンは、学生たちと対談し、彼等の発言を内部メモに記し、ワシントンへも報告している。

「殆どの学生たちは、体力の消耗を防ぐため日曜日には寝ている」「学生たちの誰一人として、日に二食以上食べていない。良書を読み、勉強し、政治運動に参加したいと思っていても、食物のことで頭が一杯で、本を読むなどの意欲もおきない」「現在日本の国民の頭の中にあるのは、衣食住のことのみだ。民主主義について考える余裕はない。腹も十分満たされていないのに、民主主義への建設的な足取りを踏み出せるはずがない」

民間情報教育局（CIE）も同意見だった。「学生たちの窮状はひどいものだ。多くの学生たちは家で学問を続けるか、学校を止めてしまうか、どちらを選択するかを迫られている」。

一九四九（昭和二十四）年六月になっても、東京大学大学院生（スギ・マサタカ、生資料からの音訳）は、GHQに「勉強したいと思えば、食物か本かのつらい選択に苦しまなければならない」と手紙を書いた。

一九四五年の農作物の収穫は、冷害と、台風の被害と、肥料不足で大きな打撃を受けた。この年の夏、冷害は富山、岩手、青森の各県と、北海道に大きな被害を齎《もたら》した。九月十七、十八日にかけて西日本、特に広島県を襲った「枕崎台風」は、死者・行方不明者三千七百五十六人の犠牲者を出し、田畑にも大打撃を与えた。その一カ月後、十月十日から「阿久根台風」が鹿児島に上陸し、死者・行方不明者四百五十一人が出た。田畑も水浸《みずびた》し。

収穫が良好だったとしても、マッカーサーは「一九四六年の日本国民のぎりぎりの生存」を確保するため、百五十万トンの食糧輸入を計画していた。が、不作のため、四百万トンまで殖《ふ》やさねばならなかった。

一九四六年五月一日、過去十一年間で初めてのメーデーが行なわれ、五十万人が皇居前に集まり、「民主主義」と、さらに切実な「食糧」を要求した。

食糧事情が悪化し続けているのを熟知していたマッカーサーは、五月六日、アメリカ食糧使節団団長として訪日した、元大統領ハーバート・フーバー飢饉《ききん》緊急委員会長に、現状を説明する。

「いま日本で予測されている大量餓死が現実のものとなれば、占領の目的達成は不可能となるのみならず、極東および全世界において連合軍も収拾不可能な事態が生じます」「日本は、連合国軍の支配下にある巨大な強制収容所であります」。しかし、「日本国民を些《いささ》かも優遇しようと思っていません」「占領の目的を達成するに必要な量だけの食糧を要請しているだけです」と強調した。

この会見直後、フーバーも日本への食糧輸入は、「日本の秩序破壊や悪疫流行を避けるためであり、日本の食糧不足は日本の再建の障碍となる」と言った。

フーバーは、苦学してスタンフォード大学を卒業し、鉱山技師となり、新しい発掘技術を発明し、廃坑になった金山を買い、大金持ちになった。一九二九年から一九三三年まで大統領を一期務めた。ルーズベルトに敗れる。その後、人道的な活動を世界中で行なう。スタンフォード大学フーバー研究所の創立者。

マッカーサーは、陸軍省には強烈な電報を送った。「食糧を送るか、兵隊を送れ」。

飢えた国民の度重《たびかさ》なる食糧要求デモは、マッカーサーをひどく苛立《いらだ》たせた。

五月十九日、約二十五万人のデモ隊が再度皇居前に集結した。天皇が何を食べているかと、強引に皇居の台所に侵入する者が出たり、吉田首相の官邸に乱入する者が出たりした。

マッカーサーは、日本人の暴動には我慢ならなかった。社会的平静を保持しているという彼の統治の体裁《ていさい》をぶち壊すことになる。自尊心が許さない。

翌日、マッカーサーは警告を発する。

「組織された扇動の下で、集団的暴行と暴力による脅迫への傾向が増大しつつある。これは日本の発展のため重大な脅威を齎《もたら》すので、日本国民に十分に注意をするよう警告する」「民主主義による合理的な自由はこれまで全て許されていたし、今後も許されるであろう。規律なき一部分子が現在行なおうとしている暴力の行使は許されない」「占領の基本的目的と連合国軍の安全をも脅《おびや》かすからだ」「少数分子どもが、この最低限度の自重をしなければ、私はかかる憂うべき事態に対して、しかるべき措置をとらざるを得なくなろう」と威《おど》した。

「組織された扇動」「規律なき一部分子」「少数分子ども」という言葉は、攻撃的な日本の共産主義者たちを指していた。

翌々二十一日、待っていましたとばかりに、対日理事会のソ連代表クズマ・デレビヤンコ中将は、マッカーサーに、「貴殿の声明に関するより詳細な情報が欲しい。日本国民には、占領体制への脅威の兆候など見られない。もし、そのような兆候があるとすれば、問題の声明は貴殿ではなく、対日理事会から出されるべきものだろう」と攻撃に出た。

翌二十二日、マッカーサーの政治顧問アチソン（対日理事会議長）は、デレビヤンコに、「貴殿は明らかに元帥の声明を誤解している。マッカーサー元帥の行動は、占領体制と占領軍を保護するために取られた安全上の措置である」と素っ気無く返答した。アチソンの言い分は説得力に欠けていた。占領軍は、竹槍《たけやり》さえ持たない日本国民が、食糧要求デモを起こしたぐらいではびくともしない強力な軍隊だった。藪蚊《やぶか》が騒いでいるぐらいのものだった。

マッカーサー声明の理由は、アチソンとマッカーサーがともに抱いている「共産主義、ソ連、デレビヤンコ大嫌い」を公表しただけのことだった。

アチソンは、バーンズ国務長官に本音をぶちまけた。

「デレビヤンコと四百人以上にのぼる彼のスタッフは、日本におけるアメリカの力に対し、不平不満を絶えず宣伝し続けてきました」「デレビヤンコは、日本人の間に不和をまき散らすことだけに熱心で、過激な共産主義宣伝活動を行ない、我々から不必要な情報提供を要求したり、激しい批判的声明を出すなどして、対日理事会をマッカーサー元帥を尋問する場として利用することに没頭しております。彼の手下どもは、日本人を扇動し、集団暴力行為をやらせようとし、彼自身、日本の共産主義者によるデモを公然と弁護し、対日理事会での演説や、元帥宛の書状などで、日本政府や議員たちを〈反動勢力〉として執拗《しつよう》に攻撃しております」

さらに、アチソンを怒らせたのは、イギリス連邦の代表で、オーストラリア人のマクマホン・ボールが、デレビヤンコに同調する気配を見せることだった。「彼は常にソ連代表を支持し、ソ連代表から賞賛の笑《え》みを受けて喜んでいます」とバーンズ長官に報告した。

GHQの対敵諜報部（Counter Intelligence Section, CIS）の調査では、一九四五年九月から一九四六年五月までの間に行なわれた食糧要求デモで、「脅威的」なものは僅か二十件だった。

アチソンはバーンズ長官に、「これら事例の一つ一つは食糧不足に対する日本国民の強い不満の表れでしょう。当然のことですが、こうしたデモは、日本共産党員によって組織、指導されたものであり、騒乱と暴力行為の増大化を示しておりましたので、マッカーサー元帥の適切な声明は、日本国民に抑制効果をもたらしました」と報告した。

日本の飢餓が共産党に利用されているというマッカーサーの判断は、日本国民にとって不幸だった。しかし、アメリカ政府は、日本国民から食糧要求デモ以上のものを予期していた。アイゼンハワー参謀総長からの、マッカーサー元帥宛の極秘電報（一九四五年九月二十四日付）がそのことを示している。占領が始まって僅か一カ月目のことである。アイゼンハワー（トルーマンの後、大統領になる）は、トルーマンの同意を取った後、命令を出す。

「日本国民、または日本政府が、封建的で絶対主義の風潮を修正するために武力を使っても、占領軍の安全を脅《おびや》かさず、占領の目的達成の妨げにならなければ、最高司令官（マッカーサー）は干渉すべきではない」

日本国民が国内で武力革命を起こすことも期待していたのだ。マッカーサーは、上官の命令を無視した。

7「東洋人の心を操る天才」

日本人の武器は、装飾用刀剣を含め、いち早く占領軍に没収されていた。現在、日本の名刀の殆どは、イギリスの大英博物館とアメリカの美術館にある。

「日本国民の武力の行使」を窺《うかが》わせるものは何一つなかった。

この異常な静けさは「奇跡以外の何ものでもない」とGHQは評価している。誰がこの奇跡を起こしたのか。「マッカーサー元帥が東洋人の心を見事に操ることによってこの奇跡を齎《もたら》した」とGHQは断言する。

『朝日新聞』は「天声人語」（一九五一年四月十三日）で、GHQと同じ考えを明言した。マッカーサーがトルーマン大統領の命令にたびたび背《そむ》いたため、解任され、本国へ召還されたのを憂えた『朝日新聞』は、次のようにマッカーサーを高く評価した。

「マ元帥は確かに優れた心理学者であった。磁力のように人を魅きつける哲人的性格は、日本人を協力者とすることに成功した。日本人が復興への熱意を振い起し生気を取りもどすについては、マ元帥に負うところ多大だった」

この讃美の一カ月後、マッカーサーは「日本人の知的水準は十二歳の少年ぐらいだ」とアメリカ議会で発言した。マッカーサーは、「日本国民によって始められる改革」など必要としなかった。日本国民が介入してくると、彼の計算が狂う。

厚木上陸直後から、マッカーサーは、「狂気の軍国主義日本」国内で、反乱もゲリラ戦も起こさせず、法と秩序を維持することに成功した。この成功が、彼を思い上がらせた。彼は自分のやり方に疑念をもたず、民主主義をあたかも柔らかな粘土であるかのように弄《もてあそ》び、日本国民が行なったかもしれない社会改革に伴う混乱よりも、自分の独裁統治による安定を選択した。

「法と秩序」を守るため、マッカーサーは、天皇、内閣、国会、そしてマスコミを駆使し、自分の「思い」や「夢」を政策化し、日本の法律にした。一つの政策が失敗しても、マッカーサーと日本国民は、閣僚や国会議員の入れ換《か》えで手品のように事態を変えられると考えた。政策の非現実性などは問題にはならなかった。「マッカーサーは正しい」。常に、である。

彼の純粋かつ誠実な行動は、民主主義と平和のためである、と受け取られた。しかし、彼の純粋さ故、彼の言行は独善的なものになり、いかなる反対も押し潰《つぶ》してしまった。

飢えの悲鳴に過ぎなかった「日本国民の暴徒騒乱」に対するマッカーサーの厳しい警告は、彼の政策を絶えず批判する共産主義者への嫌悪を表明したものであり、また、日本占領が規律正しいものであるという印象を世界に示したいという彼の強い願望をも反映していた。

しかし、空《す》きっ腹の日本人に「社会的平静」を強要したことにより、「民主主義」は、腹一杯食えるお金持ちだけにしか関係ないものと見えたのではないだろうか。

深刻な経済状況は、共産主義者の扇動があろうとなかろうと、悪化していったのだ。

一九四五、四六年と絶望的な食糧危機が続き、そのまま師走《しわす》になり、翌年はさらに悲惨になるのではないかと恐れていた国民を、一九四六年十二月二十一日、南海大地震が襲う。四〜六メートルに達する津波が、静岡から九州に至る海岸線を走る。死者、千四百三十二名。家屋全壊、一万五千六百四十軒。

日本政府（吉田内閣）が麻痺したかのように茫然《ぼうぜん》としている間、国民の不満は、日毎《ひごと》に募り、ついに全国の労働組合は、一九四七（昭和二十二）年二月一日にゼネストを行なうと宣言した。

ゼネスト（全国で全ての産業の「脈《みゃく》」を止めるストライキ）を黙って傍観するマッカーサーではない。彼は赤がかっている労働組合から「宣戦布告」されたと思ったのだ。ゼネストの前日、一月三十一日午後二時三十分、彼は「現在の貧しい衰弱した日本で、このような致命的な社会的武器を使用することは許さない」と断言した。「この恐ろしいゼネストに関係しているものは日本国民の極少数に過ぎない。しかし、この少数の人間は、一握りの者たちが日本を戦争の惨禍《さんか》に導いたために生じたと同じような状態に日本国民を陥れることになるかもしれない」。

彼は「検閲された民主主義」のジレンマを察知していたので、「私は非常緊急対策として、今回、止《や》むを得ず、かかる措置を取ったが、これまで労働者に与えられてきた行動の自由を抑制する考えはない」と付け加えた。

同日、一月三十一日の夜、全官公庁共闘議長伊井弥四郎《いいやしろう》は、MPに連行され、午後九時十一分、NHKのスタジオでゼネスト中止を放送させられた。泣きながら、「一歩退却二歩前進、労働者、農民万歳」と叫んだ。

マッカーサーは、日本の共産主義者に責任がある、と名指しはしなかったが、日本国民は彼の真意を見逃さなかった。

マッカーサーが「ストを行なう労働者の合法的権利」に土壇場《どたんば》で干渉したことは、日本国民に、「民主化」はアメリカの国益に沿ってのみ実行されるものという現実を見せつけた。この労働者の失望と怒りが、二カ月後の一九四七年四月の総選挙で、社会党内閣出現に大きく寄与した。

マッカーサーの日本経済無力化作戦は続けられた。

一九四七年二月二十日、マッカーサーはアメリカ議会に、「降伏以来、日本国内での経済的封じ込めはさらに強化されている。他国との貿易・金融取引が我々の命令で禁じられたため、(日本は) 経済的に絞め殺された状態である」と書き送った。

一カ月後の記者会見で、彼は「いかなる武器も、たとえ原爆でさえ、経済戦ほどの致命的打撃は与えない。原爆は数千人を殺すが、飢餓は数百万人を殺す」と日本経済抹殺の成功について話した。

しかし、マッカーサーは、占領下日本と韓国に食糧を確保するため懸命に動いた。彼が一九四八年度予算の見積りを陸軍省に送付した時、陸軍省は日本と韓国向け救済予算として九億ドルを議会に計上した。

一九四七年二月十四日、アイゼンハワー元帥はマッカーサーに、「議会はこの金額を五十パーセント削減しようとしている……日本と韓国での破滅を意味することになろう」と打電した。

二月二十日、マッカーサーは、アイゼンハワーとハワード・C・ピーターソン占領地域担当次官に、「もし全額得られないのなら、我々の勝利は部分的に完成しただけであり、一つの戦争から次の戦争までの間、単に休戦しているだけだと言ってもよい」と返電した。マッカーサーの熱烈な「直訴《じきそ》」は七頁《ページ》にものぼる。

翌日、アイゼンハワーはマッカーサーに、「貴殿の素晴らしい陳述書に感謝している。貴殿の陳述書は、議会に予算案を提出する際、重要な資料となる」と返電した。

トルーマン大統領は、日本の食糧事情に関する数多くの緊急報告を受け取り、日本人が飢餓寸前であると思っていた。彼の特使で中国経済復興のため中国に派遣されていたロックは、東京でマッカーサーとGHQの経済科学局長レイモンド・C・クレイマー大佐（初代局長）と会った。

ロックの大統領宛の報告は、「たとえ必要な輸入物資（四百万トンから八百万トン）が送られて来ても、人々の手に食糧や衣料品が渡るまでには、さらにひどい飢餓が蔓延《まんえん》するでしょう」「もし我々が日本の食糧供給に失敗すれば、高い死亡率と国内の騒乱をもたらし、絶望的な状態になるでしょう」と書いてある。

一九四七年六月十九日、アチソン政治顧問はトルーマンに、「我々が好むと好まざるとに拘《かかわ》らず、今の日本は、アメリカの経済的責任であります。この国が最小限、自立できるまで援助し続けることがアメリカの国益だと思います」と勧告した。

同年九月十四日から十五日にかけ、「カスリン台風」が東京、埼玉を襲う。死者・行方不明者千五百二十九人。農作物も大打撃を受ける。

トルーマン大統領は、「日本で餓死を防止するためには、食糧の供給が絶対に必要であることを強調する劇的な広報をアメリカ国内で行なう必要がある」と考えた。

一九四七年十月十四日、陸軍省はマッカーサーに、「大統領は飢餓状態を示す写真を要求されておる。特に子供、女性、老人、パンを待つ行列、衰弱し切った状況を強調する写真である。本物の写真でなければならない。古い写真は使用してはならない」と打電した。

十月十六日、ＧＨＱの公衆衛生福祉局は、マッカーサーに「飢餓状況を示す写真は一枚もありません」と報告してきた。なぜないのか。

「食糧輸入が続行される限り、起こりえないでしょう」

次の日、マッカーサーは陸軍省に返答した。

「日本の飢餓状態は日本国内の食糧資源を最大限活用した結果、一九四七年末には辛《かろ》うじて回避された。アメリカからの最小限の食糧輸入も効果があった」「その結果、餓死寸前の状態を示す写真は得られなかった」

しかし、日本への食糧輸入を続行するため、彼は陸軍省に次のような提案をした。

「(大統領の)広報活動では、餓死と社会騒乱はアメリカからの援助によって未然に防止された、ということを理解させるべきである。飢餓状態は過去二カ月間、なんとか避けられたものの、栄養失調は現在、日本国中に蔓延している」「もしアメリカから最小限の食糧輸入がなければ、飢餓状態はさらに悪化しよう」と威《おど》し文句で締め括《くく》った。

マッカーサーは、日本の惨めな現状を示す証拠写真を提出したくなかった。自分の統治能力の「欠陥」を曝《さら》け出し、アメリカ国民に知られてしまうのではないかと恐れたのだ。強敵日本帝国を破り、「軍国主義日本」を「平和を愛する民主主義日本」へ改善した「大成功」を持って本国へ凱旋《がいせん》し、大統領になるつもりだった。事実、一九四八年と一九五二年の二度、共和党の大統領指名候補になろうとしたが失敗した。一九四八年と言えば、マッカーサーが東京で君臨している真っ最中の時だ。それでも大統領になろうとした。

マッカーサーは「ジャップ(日本人をとても軽蔑した語)がアメリカ国民の首に纏《まつわ》りつく信天翁《あほうどり》にならないよう、日本経済の成長を望んでいる」とロック特使に言ったが、彼の「経済政策」は、日本経済を破壊し、アメリカから食糧を輸入し続けることであったため、結局ジャップを「信天翁」にしてしまった。これで、日本国民を操るのが楽になった。飢えている日本国民は、マッカーサーからの「餌」により、家畜のごとく飼い馴《な》らされた。

一九四八(昭和二十三)年六月二十八日、大地震がB29の空襲から立ち直っていない福井市を襲う。死者、三千八百九十五人。

同年九月十三日から十七日にかけ、「アイオン台風」が関東・東北に上陸し、死者・行方不明者八百三十八人を出す。収穫前の田畑は壊滅状態になる。

日本経済の復興を促進したほうが良いというアメリカ軍人もいた。

占領が始まったばかりの一九四五年十月初旬、GHQ経済科学局長クレイマー大佐は、マッカーサーの前で、「アメリカが日本で好ましくない産業を排除する姿勢を取っている限り、他の危険ではない産業に〈青信号〉を出しても良いと思います」と進言した。

クレイマーは「日本人の産業力、規律、正直さ」を高く評価して、「日本人は他の極東アジア人より遥かに優秀であり、生まれついてのアジアの指導者である」と言い、「一九六〇年までに日本は世界貿易面でかつてないほど大きな地位を占めるであろうし……海外貿易でアメリカおよびイギリスにとって重大な競争相手となろう」とさえ予見した。原爆の使用についてもクレイマーは、アメリカ政府が原爆を戦争終結の理由に使ったが、「原爆は降伏をわずか数日早めただけだった」と論じた。

彼の率直な見解は、マッカーサーを怒らせたに違いない。二カ月後、クレイマーは日本から追い出され、本国アメリカへ帰国した。代わって、日本軍の攻撃でフィリピン・バターン半島で撤退（夜の闇に隠れ逃げた）という屈辱を嘗《な》めさせられたマッカーサーの側近ウィリアム・F・マーカット少将が日本経済抹殺役の経済科学局長となった。

もう一人の日本経済促進論者は、マックス・W・ビショップ。彼は一九四六年一月、マッカーサーの政治顧問アチソンにGHQの財閥解体は、極度の経済危機を齎し、それが共産主義を助長することになろうと忠告した。

また戦前、ジョセフ・グルー駐日アメリカ大使の書記官で、一九四六年当時政治顧問事務室（POLAD）に駐在していたロバート・A・フェアリーも、国務省とアチソンに、「日本の経済悪化の責任は、明らかにアメリカの対日経済政策にあり、これは日本で共産主義擡頭《たいとう》を促すことになろう」と言い、財閥解体を中止しなければ、「現在日本国民が持っている、親米、親民主主義、反ソ、反共産主義の態度が転換する」と警告した。彼の報告書は秘密扱いにされずにワシントンに届いたが、到着後直ちに「機密」のスタンプを押された。

陸軍省軍事情報局も同様な見解を示し、「日本におけるアメリカの威信は疑いもなく、日本が直面している経済問題を解決できるかどうかにかかっている」と判断した。

ケネス・C・ロイヤル陸軍長官も、惨憺《さんたん》たる日本経済の原因は急激な財閥解体にある、と信じていた。彼は戦争省次官の時、訪日（一九四六年三月十日〜十四日）し、マッカーサーと会談し、日本を視察した。彼はマッカーサーが余りにも絶対権力を手に握っていることに恐れを抱いた。「戦争省 The War Department」は一七八九年八月七日に設立され、一九四七年九月十八日に「陸軍省 Department of the Army」に改名され、「国防省 Department of Defense」の一部になる。

陸軍長官になったロイヤルは、マッカーサーの財閥解体を中止させるため、マッカーサーと仲の悪い国務省の応援をたのみ、自分の考えを私的電報でマッカーサーに伝えた。マッカーサーの返答と合わせると、次の対話となる。

ロイヤル「財閥解体はアメリカ的ではない。なぜならば、没収された財産への賠償が不十分だからである」

マッカーサー「財閥解体は民主的資本主義の下《もと》、企業の自由、政治の自由を破壊するイデオロギーおよび制度の広がりを防止するための堅牢《けんろう》な防波堤の役目を果たす」

（ロイヤル陸軍長官の期待に反し、国務省はマッカーサーを支持し、「もし、十分な賠償金が支払われたら、旧財閥は再び完全なる力を取り戻し、経済独占の旧地位を維持することになるので、不十分な賠償は当然であり、財閥解体は健全なアメリカ的なもの」と言った）

ロイヤル「連合国軍最高司令官の財閥解体計画はやり過ぎだ」

マッカーサー（返答なし）

（国務省「マッカーサー元帥がやり過ぎるとは信じがたい」）

ロイヤル「財閥解体は日本の経済復興を妨害する」

マッカーサー「解体の実施が遅れれば、日本の経済復興は重大な危機に曝《さら》されることになろう」

（国務省「解体の遅れは、日本人ビジネスマンの間に、アメリカは本当に財閥支配から解放してくれるのだろうか、財閥が再び復興し、彼らの手で報復されるのではないか、という恐怖を作り出すことになる」）

ロイヤル「財閥解体を調査するため、一般市民から成る委員会を設立すべきである」

マッカーサー「計画が失敗するか成功するかは、日本が政治と経済の自由を選択するか、それとも自由というものが架空でしかない社会主義を選択するか、の問題である。既に実行中の政策を再検討することは、政策の成功を疑わしめることになろう」

（国務省「そのような委員会は機密を漏らしてしまうし、日本人もアメリカが解体計画に不安を抱いていることを知れば、我々の政策が成功するとは考えられない」）

国務省の高官たちは、マッカーサーの財閥解体続行に同意し、ジョージ・C・マーシャル国務長官がロイヤル陸軍長官に対し、反対意見を撤回するよう勧告した。

マーシャル元帥は、アメリカで英雄的な存在である。国務長官を一九四七年から一九四九年まで務め、在任中の一九四七年六月五日、ハーバード大学の卒業式祝辞演説で、有名な「マーシャル・プラン」を提案し、ヨーロッパの復興に尽力した。その貢献が評価され、一九五三年ノーベル平和賞が授けられた。

マッカーサーの財閥解体は続行され、日本の経済を一層麻痺させた。混乱を続ける日本経済は、マッカーサーが忌《い》み嫌《きら》う共産主義の成長を促したばかりではなく、財政的重荷をアメリカに背負わせることになった。日本人は、アメリカからの食糧輸入に感謝はしたが、この恥ずかしい依存を心から歓迎したのではない。しかし、日本国民のアメリカ依存は、マッカーサーの日本統治を容易にした。

驚くべき抗議が、社会党の片山首相から届いた。

一九四七年九月四日の朝、片山首相は、財閥解体について話し合いたいとマッカーサーに会見を申し入れてきた。マッカーサーは片山に会いたくなく、「一日中忙しい」と一蹴した。

同日、片山首相は「親愛なる陸軍元帥閣下」と書簡を送り、財閥解体をこれ以上続行することは、「すでに瀕死の日本経済をさらに弱らせ、日本の自立能力、競争力を剝奪し、日本を永久にアメリカの施《ほどこ》し物に頼る国に変えてしまうことになります」「私は総司令部が、日本の産業界にそういう事態にならないという保証を与えるべきだと思います。日本企業を不必要に分散することは、総司令部の意図ではないと信じております」とまで言った。

同月十日、マッカーサーは、「日本を平和で民主的な新しい方向へ導くための私の努力は、繰り返すまでもなく、あなたは良く知っているであろう」、日本が「連合国軍の政策に従うことが、日本人の誠実さを世界に納得させることになるのである」と説教し、「現行の財閥解体政策を修正すれば、不必要な疑惑を生み、その結果、より一層厳しい解体が実行されることになろう」と脅した。社会主義者の片山に、マッカーサーは聞く耳を持っていなかったのだ。

8　国務省も恐々《こわごわ》

アメリカ政府は、八千万人の日本国民に食糧援助を続けることが不可能であることは解っていた。しかし、復興の兆《きざ》しは、東京では起こらない。マッカーサーがワシントンからの具体的な改善政策を徹底的に無視するからだ。彼は自分が日本の状態を一番よく知っていると信じていた。その通りかもしれないが、彼は「食糧を送れ」と要求をするだけで、ワシントンには情報を提供しなかった。

マッカーサーとワシントンとの不十分な意思疎通《そつう》は、マッカーサーのせいだけではない。ワシントンのマッカーサーに対する畏敬が、彼の傲慢な態度を煽《あお》ったのだ。

ジョージ・F・ケナンは、国務省政策企画部長として、ディーン・アチソン国務長官に、「日本で彼の高い地位および彼の威信を保持する必要性が高まってしまったために、アメリカ政府がもはや彼の行動を押さえることができなくなってしまっている」「ワシントンは彼の気持ちを傷つけないように、とても気を遣い、彼の好きなようにやらせてしまった」と述べた。

ジョージ・ケナン（一九〇四年生まれ）は、アメリカの著名な外交官であり、歴史家でもある。英才ケナンは、第二次大戦中、モスクワにアメリカ大使館を設立し、それまで犬猿の仲であったソ連との関係を改善する。その時、四十歳。だが、モスクワ滞在中、ソ連政府の自国民に対する残酷さを目の前に見て、ケナンは猛烈な反共闘士となる。国務省の政策企画部長の時、外交分野で絶大な影響力を持つ月刊誌『フォーリン・アフェアーズ』（一九四七年七月号）に、匿名《とくめい》「X」で論文を書き、ソ連封じ込め政策を提唱し、大論争を巻き起こした。このケナンの提案が、戦後アメリカの対ソ外交政策となる。彼は、一九五三年駐ソ・アメリカ大使になるが、数カ月にして、ソ連政府にモスクワから追い出される。一九五七年に出版された彼の本はその年、ピューリッツァー賞を受けた。

そのケナンが、「国務省は数年にわたり我慢し、マッカーサー元帥の性格を良く知っていたので、見て見ぬ振りをしていた」とアチソンに言った。国務省はどうすることもできなかったのだ。マッカーサーは、彼等が「見て見ぬ振りをする」のは当然と思っていたので（多分気づいてもいなかったので）、ワシントンになんら感謝する気持ちも見せなかった。

ケナンは、「彼がいかなるときも我々外交政策の任務に当たっている者たちとの理解を深めるための努力を自分から進んでしたことは一度もない」と回想している。ケナンは、二〇〇五年三月十七日に百一歳で死去した。

国務省が苦慮している間、国防省（陸軍省）は何をしたか。

アチソン国務長官は、「マッカーサーの問題が持ち上がってくる度に、国防省は彼に対して毅然たる態度をとることは極めてまれであった」と不満を漏らした。ディーン・G・アチソンは、マーシャルの後を継いで、国務長官を一九四九年一月から一九五三年末まで務める。ソ連封じ込め政策を強化した。一九七〇年に出版した彼の回顧録はピューリッツァー賞を取った。

駐ソ・アメリカ大使、商務長官、そしてトルーマン大統領の親友として相談役を務めた、大富豪のウィリアム・アベレル・ハリマン（ニューヨーク州知事をも歴任）も、「国防省がマッカーサーに対して柔らかい子山羊《やぎ》の手袋を嵌《は》めて腫《は》れ物に触《さわ》るような態度」を示したと言い、「我が参謀総長は、常にマッカーサーを恐る恐る手厚く扱い、送られるべき命令、確固たる伝達を決して送らなかった」とも言った。「全くその通り」とアチソンも同意見だ。

ケナンは退任間近いマーシャル国務長官に、「マッカーサー元帥の指揮下に置かれた機関ではなく、独立して国務省に報告する特別大使を東京に常任させてはどうか」と進言したが、マーシャルは無視するような素振《そぶ》りを見せた。ケナンは、「マーシャル長官がこの勧告を受け入れなかったのは、彼がマッカーサーの性格を知っており、彼の同意を得られないであろう政策を、いくら提案しても無駄だと解っていたからだろう」と述べている。

ケナン自身が、一九四八年三月一日から二十三日まで、マッカーサーと協議するため東京に派遣された。公職追放や財閥解体に関して、マッカーサーの説明を聞きに来たのだ。

マッカーサーとの話し合いは、ケナンによれば、「サンフランシスコ講和条約起草のために必要な下調べ」でもあった。ケナン訪日の成果は、最高機密文書の「アメリカの対日政策に関する勧告書」である。国務省は一九四八（昭和二十三）年六月、これを国家安全保障会議に提出した。

国務省（ケナン）の勧告は、次の通り。

「日本の経済回復がアメリカの最も重要な目標とされるべきである」「アメリカの長期援助に支えられ、日本の対外貿易の復興が促進されるべきである」「我々は日本政府に、経済再建の成功は生産を向上し、厳しい勤労、最小限のストライキ、インフレを抑制し、高い輸出水準を維持しようという日本人の確固たる決意と努力次第であること、を明確にするべきである」

一九四八年六月八日、陸軍省は、この国務省の「勧告書」をマッカーサーに打電した。マッカーサーは何もしない。国務省からの「勧告」など必要ないと思っている。

六カ月後、十二月十日、アメリカ政府（トルーマンと国務省）は、陸軍省起草の「日本における経済安定化」と題する「命令」をマッカーサーに打電した。

「あなたは、日本の輸出生産を最大限増強すべく、日本の財政、物価、賃金安定を早急に達成するよう、しかるべき措置をとり、経済安定政策の速やかなる実施を日本政府に指示せよ」

大統領命令である。マッカーサーも動かずにいられない。

十二月十九日、マッカーサーは吉田首相に書簡を送る。

「アメリカ国民が日本国民の生命を維持するため、懸命な努力をしている時、日本国民の最大限の勤勉が要求されて当然であり、不必要な政争、目的を弁《わきま》えない労働争議、また破壊的思想の圧力は徹底的に回避されなければならない」「誰もが分かる言葉を使っていえば、それは政治的自由を楽しめるぐらいの経済的自給自足を速やかに確立することである」

いかにしたら日本が自給体制を確立しうるかについては一言もなく、「一国民の生計が他国の慈悲に依存しているかぎり、いかなる政治的自由も存在しえない」「経済的発展が邪悪で破壊的思想に対する強固な防壁」であると言う。

この経済的安定を達成するためには、現在の「自由社会に与えられている特権と自由を暫《しばら》く失うことになるであろう」「生産を妨害するストライキは絶対に許されない。政党紛争をすることも絶対に許されない。反対意見も絶対に許されない。この目的達成を遅らせたり、邪魔したりする動きは、公共の福祉を脅かすもの故、許されない」「日本国民よ、死に物狂いで働け。さもなければ、日本は破滅するだろう」。

しかし、国務省と陸軍省は、マッカーサーがこの経済再建計画を実行しないのではないかと心配していた。

W・W・バターワース極東担当次官は、アチソン長官に「マッカーサー元帥は、我々の日本再建計画に最初から抵抗していた」と訴えた。ロイヤル陸軍長官は、できるだけ早く東京でマッカーサーと会うことにした。出発前、彼はアチソン国務長官と協議をする。

9　ドッジ特使と経済再建

一九四九（昭和二十四）年一月二十五日、バターワースはアチソンに、「ロイヤル長官訪日の目的は、経済再建計画を確実に開始させることであります。ご承知のように、長官はマッカーサーの財政顧問として日本に残留することになっているデトロイトの銀行家、ジョセフ・ドッジ氏を連れて訪日されます」と説明した。

ドッジはデトロイトの出身。高校卒で大学に進学していない。デトロイトの銀行で使い走りから始め、実力だけでトップに昇る。全米銀行家協会会長も歴任した。一九四五年の夏から一カ年間、占領下のドイツで金融安定策で実績を挙げ、日本へ派遣される。

ロイヤルとドッジの訪日が緊急になったのは、バターワースによれば、「マッカーサー元帥が最近、東京で経済委員会を設立したことを我々が非公式に知ったからです。議長役にマッカーサーの側近ホイットニー将軍、委員は、マーカット将軍、フォックス将軍がなり、この委員会はドッジが作成するであろう勧告案をマッカーサー元帥が見る前に有耶無耶《うやむや》にする目的で設立されたからであります」。

マッカーサーの側近マーカットは経済科学局長であり、数々の「最悪の侮辱的言葉を吐き、陸軍省、国務省、その役人たちを、物凄く軽蔑している男」として、国務省では既によく知られていた。日本の絹産業を促進するため、国務省から日本へ派遣されたピーター・F・マガナは、日本滞在中、厖大な時間とエネルギーをマーカット少将の妨害と闘うために費やした。

一九四九年一月二十六日、アチソンとロイヤルは、ロイヤル長官のオフィスで昼食をとりながら会談した。陸軍次官ウィリアム・H・ドレイパー将軍が、両長官に日本通貨の安定、日本の対外貿易促進の必要性を説明した。

同じ日、アチソンはトルーマン大統領に、「フォレスタル次官（ジェームズ・V、陸軍次官）と私は、ドッジ氏とマッカーサー元帥の関係を明白にすることが非常に大切だと考えます。ドッジ氏がマッカーサーと直接に話し合えれば、彼の仕事はスムーズに進むでしょう。しかし、最近設立された経済委員会によってドッジ氏の行動が邪魔される羽目に陥れば、彼の仕事は極めて困難になるものと考えます」と伝えた。

トルーマンはドッジに、「大臣」という地位（ドッジ特使）を与えたので、彼はマッカーサー元帥と直接対談できた。

一九四九年二月一日、ドッジはロイヤル長官とともに東京に到着した。一カ月後、三月七日、彼は「ドッジ・ライン」と呼ばれる厳格なインフレ抑制措置を発表した。日本政府がそれを拒否することは許されなかった。

ドッジは新聞声明でこれを明確にした。

「日本が毎年、アメリカから受け取る数億ドルにのぼる援助は、アメリカ国民および企業に課せられた税金からである。その税金は、アメリカの労働者の賃金、企業と産業の利潤から支払われてきた。アメリカ市民は日本国民同様、税金を支払うことを好まない」

四月四日、吉田首相は、ドッジ耐乏計画の持つ激しさを衆参両院で説明した。

国務省はその説明に満足し、「現在の経済危機を克服するために必要な避けがたい苦痛を説明する率直な努力」と評価した。この苦痛を伴う措置は、吉田内閣（自由党）を苦しめた。

それは、国務省が分析しているように、「ドッジ氏とＥＳＳ（経済科学局長・マーカット少将）は、吉田に選挙公約の撤回、もしくは大幅な変更を強制した」からだ。

同じような「ＧＨＱの強制行為が、片山、芦田《あしだ》内閣崩壊の大きな原因となった」のだが、国務省は吉田首相が選挙公約（減税）を破ることについては、「吉田首相の地位と威信は、彼に取って代われる者がいないほど高かった」ので、心配していなかった。

ドッジが日本の国家予算の健全化を進めている間、陸軍省と国務省は、日本へ「労働使節団」を派遣することを計画していた。マッカーサーとドッジは、この計画に強く反対した。

ロイヤル陸軍長官は、この使節団を日本へ送り、共産主義と闘うための「草の根」運動を始めさせるつもりだった。彼は共産主義が日本の労働運動の六十パーセント以上を牛耳っていると信じていた。

占領日本から帰国し、国務省の極東局に配属されたマックス・W・ビショップも、「私が東京にいた時、GHQ内には共産主義に対し余りにも甘い無防備な考え方が蔓延《はびこ》っていた」と言った。国務省内で、対共産党強硬派のビショップと柔軟派のエマーソンが激しく対立する。中国大陸が毛沢東に乗っ取られた時、エマーソンの負けが決定的となる。

マッカーサーは当初、ドッジの訪日を歓迎しなかったのだが、日本経済の安定でドッジの果たした業績は高く評価した。一九四九年五月二日、彼は陸軍省に、「今日のドッジ氏の帰国は、占領体制への明白な損失であります。この重要な公務に大統領がドッジ氏を任命されたことへ、私の新たなる感謝を表明いたします。ドッジ氏が見事にスタートさせてくれた仕事を大成功させるように、できるだけ早い機会に再び日本を訪れてくれるようにとの私の心からの願いを大統領に伝えて欲しい」と打電した。

トルーマンはルイス・A・ジョンソン国防長官に、「私は、ドッジが日本に戻って欲しいと強く願っている」との書簡を送った。

トルーマンとマッカーサーが「ドッジ・ライン」を厳しく推進したのは、強い資本主義経済の日本がアメリカにとって脅威となる可能性は、経済的に弱い日本が共産主義の餌食《えじき》になる可能性よりも小さい、との判断を表わしていた。

ドッジが、一ドル＝三百六十円と為替レートを決め、マッカーサーが一九四九年四月二十三日に日本政府に指令を出した。

一九四七年九月初旬、アメリカ中央情報局（ＣＩＡ）は、日本経済の重要性を明確に認識し、第一回国家安全保障会議に「占領の終結後、日本の経済問題が未解決であれば、ソ連の猛烈な浸透が容易になるであろう。ソ連の支配下での日本の復興は、中国と太平洋地域におけるアメリカの戦略的地位を脅かすであろう」と警告した。

さらに一九四八年三月、ＣＩＡは、中国大陸での蔣介石の国民党政府の崩壊は「間違いなく六カ月以内」と予見していた。正に、その通りになった。

一九四九年十月一日、毛沢東は北京で、中華人民共和国の建国を宣言した。蔣介石と国民党軍は台湾へ追い出された。

ドッジは、一九四九年十月三十日～十二月五日と、一九五〇年十月七日～十二月四日の二度日本に戻って来た。

日本は再び明治初期を思い出させる「富国強兵」へと運命づけられていったのだが、アメリカの国防計画から独立したものではなく、日本列島はアメリカ軍の世界戦略のアジア基地として繰り込まれることになる。日本の指導者たちは、ドッジ・ラインの意義を見逃さなかった。彼らは、日本がアメリカを必要としたように、アメリカも日本を必要としていることを確信した。

ＣＩＡは、一九四八年四月二十二日、国家安全保障会議で「日本の指導者たちは最近、明白に独立心を見せ始めてきた。これは、中国、朝鮮半島で米ソ関係がさらに悪化すると読み、アメリカが日本を東アジアの強力な砦《とりで》にしたいと思っていることを彼らが理解していることを反映している」「日本は復興のためにアメリカから援助を最大に引きだすため、アメリカの弱みにつけ込んでくるだろう」と鋭く警告した。

アメリカ議会は、ドッジ・ラインが奇跡を生むだろうと期待していた。願望が現実化する前に、議会は対日援助額の削減を提案した。

一九四九年五月二十五日、陸軍省占領地域担当次官、トレイシー・S・ボルヒーズは、「議会が陸軍省の要求した予算を大幅に削減しようとしております」とマッカーサーに伝え、この削減が「占領政策にひどい悪影響」を齎すことになることを議員に認識させるためのあらゆる努力をする、と確約した。

対日援助費をめぐって、アメリカ政府から毎年強い圧迫を受け、怒り心頭に発していたマッカーサーは、議会に次のように返答した。

「ドッジ使節団の厳しい財政安定化計画は、アメリカが経済復興基金を日本に与えてやるという約束の上に基づいている」「もし、この約束が破られるようなことがあれば、全ての復興計画は事実上崩壊したのも同然となろう」

アメリカ議会はマッカーサーの抗議を認め、マッカーサーの原案を通した。

一九四九年十二月、マッカーサーは、アメリカ海外援助基金のうち対日援助金の大幅削減という事態に、また直面した。今回は、フランク・ペース予算局長が、ガリオア基金（アメリカ陸軍予算の占領地域に対する救済資金）の内、対日経済援助はこれまでの三億ドルから九千七百万ドルに削減するという。

十二月十六日、マッカーサーは激しい怒りを矢のごとく打電した。

「占領政策に対し、また極東の民主化促進に対しても、これ以上、悪意に満ちた攻撃は考えられない。この重大な国際危機の時代にアメリカが財政援助を取り消すことを真剣に考えているとは全く信じられない。この削減がなされれば、日本の復興を完全に潰《つぶ》してしまい、ひいてはアジアにおけるアメリカの指導的役割を放棄することになろう。我々が慎重に考慮し、提出した対日見積予算案から七十パーセントも削減する措置は理解できないし、東洋人には政策の放棄としか理解されないだろう」

このマッカーサーの怒りは、ボルヒーズ陸軍次官宛の五頁《ページ》に亘《わた》る個人的電報の中に続けられた。

翌日、ボルヒーズは、マッカーサーに嬉《うれ》しいニュースを伝える。

「グレー陸軍長官（ゴードン・グレー）の個人的努力により、彼の助力はどんなに評価してもし過ぎではないほど優れたもので、ＢＯＢ（Bureau of Budget 予算局）による再検討が残されてはいるが、ペース予算局長と合意に達し、大統領予算教書に、三億二千万ドルのガリオア予算が復活することになりました」。二千万ドル多くなっている。

対日ガリオア救済の、一九四五年九月から一九五一年六月までの総額は、二十億ドル。

日本はこれを、マッカーサーとアメリカ政府からの贈与と思っていたが、占領が終わり、一九五三（昭和二十八）年に、アメリカ政府は返済を要求した。一九七三（昭和四十八）年までに日本は、四億九千万ドルを返し、それで手が打たれた。

マッカーサーは、ワシントン官僚連中を無知な集団で、日本の知識に欠けているのに、介入することだけには才能を発揮し、結果的に、自分の偉大な業績を邪魔する輩《やから》と見ていた。彼の見解は変わることはなかった。皮肉にも、プリンストン大学とハーバード大学卒の文官ペース予算局長は、一年四カ月後（一九五〇年四月）、三十八歳で陸軍長官に任命され、二十世紀の偉大な軍人マッカーサー（七十歳）の「上官」となる。この二人の関係は、朝鮮戦争（後述参照）での戦略を巡り、マッカーサーが解任されるまで続く。

10　地主が悪い

日本人労働者を資本主義者にするというマッカーサーの思いからすれば、彼の土地改革は輝かしい成功だった。

占領開始から三カ月目、一九四五年十二月九日、マッカーサーは、「日本帝国政府は、民主化の復興と強化への経済的障害を排除し、人間の尊厳に対する敬愛の念を確立し、日本農民を数世紀に亘《わた》り、封建的抑圧に隷属させてきた鎖を断ち切り、土地を耕作する農民がより平等な機会を与えられ、労働の成果を収穫できるよう、しかるべき措置をとれ」と命令を出した。

これは不在地主が、耕作している小作人たちに農地をただで手渡さなければならないという意味。不在地主たちの寛大さに対する報酬は、マッカーサーが「世界最良の耕作者」と称賛した農民の顔に浮かんだ狂喜を寂しく見ていることだった。

マッカーサーは農地改革の成果を、『回顧録』の中で次のように評価した。

「土地の再分配は、日本農村地帯における共産主義の浸透を防ぐ強固な防壁を築いた。今や、この国の農民一人一人が正当な権利を要求できる資本家になった」

しかし、不在地主への補償は何もなく、日本の「農地改革」自体が共産主義的であるという批判が、アメリカ国内で一時的だが、高まった。

『ニッポン日記』と題されたベストセラーを書いたマーク・ゲインは、農地改革につき「書きすぎた」ため、マッカーサーの逆鱗《げきりん》に触れ、ひどい目に遭《あ》わされる。

「戦争に敗けたからと言って、なぜ何百年も持っていた土地を取り上げるんだろう」と不在地主だった私の母は時折呟《つぶや》いていた。

＊

「パージ（追放）」は、日本人の大好きな「清潔感」を呼び起こす言葉だった。降伏の恥を禊《みそぎ》にかけたような心理であったのだろう。

マッカーサーの追放政策は、日本帝国の「癌《がん》細胞」、戦争を支援したと思われる全ての日本人を一掃するのが目的だった。

「戦争を支援した」の定義は広く、曖昧だった。当然、抗議する人たちもいたが、重病の癌を手術するためには、多少の健康な血と肉の生贄《いけにえ》も止むを得ないとGHQは考えていた。

マッカーサーは、「戦犯狩り」を行なうため、国家委員会、県委員会、市委員会の設立を日本政府に命じた。彼は、「日本破局の張本人」を追放すれば、その浄化作用による心理的満足感から、日本国民は恩恵を得るだろう、と判断した。

『ジャパン・タイムズ』の編集者、河合一雄《かわいかずお》は、「数百万の人たちが、文庫本サイズの質問書に履歴をこと細かに記載し、身の潔白を証明しなければならなかった。質問に対する答えは、英語で書かなければならなかったので、数少ない英語の通訳やタイピストを探して、狂気のように走り回る現象が生じた」と、その当時を振り返っている。

大蔵省も警視庁も英文タイピストと通訳の大募集を行なっていた。「男子五十五歳以下」と、当時としては高年齢の者をも必要としていた。若い人たちは、敵国の言葉、英語を教えてもらっていなかった。

英語が良くできた吉田首相はマッカーサーに手紙を書き、戦争の全責任は「一握りの職業軍人、高級官僚、右翼の政党、財閥の一部」だけにあり、「日本国民はナチ・ファシスト党員とは全く違い、彼らは何も悪いことをしませんでした」と説明した。

マッカーサーは即座に返答し、「例外をつくる理由は全くない」。吉田は「我々の努力は水泡に帰した」と回想した。「追放」は二年間続いた。

エドウィン・O・ライシャワー（ハーバード大学教授、元駐日アメリカ大使、戦後、最も有名な大使。一九九〇年、九十歳で死去）は、この徹底的パージを次のように弁護した。吉田の弁解を逆手にとり、「日本の場合、ドイツのナチ党のような判然《はっきり》した識別票がなかったので、山羊《やぎ》の群れから羊を選び出す仕事を容易にするため、当局としては漠然ではあるが全容疑者を一網打尽《いちもうだじん》にできるような指令を出さざるを得なかった……。ほぼ二十万人が公職から追放された」。三十万人とも言われている。

東京に駐在していたアメリカ国務省のロバート・フェアリーは、バーンズ国務長官にあてた長い（二十頁《ページ》）メモ（一九四六年四月十七日付）の中で、「追放されたのは保守的、もしくは右翼的思想を持つ日本の有能な指導者のほぼ全員だった」と述べ、追放に反対する意見を述べた。「これは二つの理由で不幸なことだった」と続ける。

第一の理由は、「旧指導者に取って代わった者たちは能力がなく、非常にいい加減な『自由主義者』である。戦争遂行に当たっては責任が大きくなかったが、旧指導者と同様、熱烈なる戦争信奉者であった。そのような連中が、旧指導者に取って代わったことは、日本の改革を成し遂げる上で、障碍となったし、今後も障碍となろう」。

第二の理由は、「将来、日米関係を親密にするために、この追放政策が占領目的のために絶対必要でないのなら、アメリカは日本国内の権力抗争で、左翼を支援するだけであり、追放はアメリカの国益にそわない」。

フェアリーの見解は、その後「レッドパージ（赤狩り）」と同時に行なわれた「軍国主義者」の「追放解除」を予告した。

一九四八年五月、このアメリカの国益に合わないかもしれない軍国主義者追放が終了した時、ＧＨＱは自画自賛した。

「混乱も、無秩序も起こらず、共産主義も殆ど擡頭しなかった。……占領初期の麻痺状態に比べれば、経済は生命力を回復した。……各分野で新しい指導者となった人たちは、一九四五年八月、九月当時の指導者に比べれば、質的に向上し、彼らの目は未来の建設という一点に集中している」

マックス・ビショップは、「日本の政界、官僚、財界の『浄化』のためにＧＨＱがとった手段は、たとえれば、新しい道路を作る時、土木技師が事前の調査もせず、邪魔になるものをブルドーザーで十把一絡《から》げに取り除いたようなものだ」と批判した。

マッカーサー自身の評価は、一九四九（昭和二十四）年一月二十三日、ドレイパー陸軍次官に宛てた私的秘密電報の中で明らかにされている。

「日本における追放政策は、日本の復興に何等悪影響も齎《もたら》さず、日本の政治的、精神的、文化的改新に多大な恩恵を与えた」

しかし、マッカーサーは、『回顧録』の中では、「この追放政策が賢明だったかどうか、大きな疑問を持っていた。新しい日本の再編成に当たって多くの掛け替えのない人材を失うことになったからだ」と書いている。

「新しい指導者」吉田茂は、政敵（鳩山一郎）の追放で首相になることが出来た男。吉田は自伝の中で、「パージが日本のあらゆる分野を民主化するにあたり、多大な影響を及ぼしたことを認めざるを得ない」と述べた。

追放大賛成だったマッカーサーは、「追放反対」になる。

追放大反対だった吉田は、「追放賛成」になる。

名誉を求め、歴史に名を残そうとし、己の信念を都合よく忘れ去り、「己」を新しく書き改める。これは人間の性《さが》か。それとも、「偉人」になりたいという切ない願望の底知れぬ落とし穴なのか。

11　東京ローズ

日本帝国の対連合軍プロパガンダのために、日本の特別高等警察（思想犯専門の警察）に強制され、「東京ローズ」にされた美しい日系二世アメリカ人アイヴァ・トグリ（戸栗）・ダキノ（一九四五年四月十九日、同盟通信で働いていた日系ポルトガル人ダキノと結婚）は、一九四五年九月五日、アメリカの「国賊」として横浜で逮捕された。マッカーサーの日本上陸から僅《わず》か六日しか経《た》っていない。

彼女は、カリフォルニア大学ロサンゼルス校（名門ＵＣＬＡ）で医学部へ入るため生物学を専攻していた秀才で、運悪く一九四一年七月に叔母の見舞いに日本に来ていた。真珠湾攻撃が十二月に起こる。

特高に捕まり、「東京ローズ」にされる。その時、二十六歳。

東京ローズはもう二人（アメリカ人とカナダ人の女性）いた。他の女性は「アメリカ市民権」

を放棄したが、彼女はしなかった。母国アメリカに対する愛国心が強かったのだろう。彼女はアメリカ市民のまま、終戦を迎える。その「市民権」故、国賊としてアメリカ本土へ連行されることになる。

巣鴨収容所に抑留され、丸一年間「国賊」の容疑で過酷な仕打ちを受けた。しかし、マッカーサーのGHQは彼女が母国アメリカを裏切ったという証拠を立証できず、一九四六（昭和二十一）年十月二十五日に「容疑なし」とのお墨付きで釈放した。

アイヴァはアメリカに帰国したいと申し出るが、「アメリカ人か、日本人か、はっきりした証拠のパスポートが無い」と言われ、帰国させてもらえない。彼女は、一九四一（昭和十六）年の七月に出国した時、米国パスポートを貰う時間がないため、「アメリカで生まれ、アメリカに住所がある」という紙一枚の証明書を手にして、横浜に着いた。一九四一年十一月にアメリカに帰国したいと申請した時も、帰れなかった。この正式なパスポートを持っていないことが彼女の人生を狂わす。

一九四七（昭和二十二）年の春に彼女は妊娠し、翌一月に男の子を出産するが、その乳児は三カ月で死亡。悲劇はまだ続く。

「東京ローズ」をみすみす逃してしまうのは許せない、と勝手に判断したのがアメリカの著名なABCラジオ放送記者のウォルター・ウィンチェルである。彼は極度の人種偏見に満ちた放送を全米で繰り返し、マスコミを煽動し、とうとうFBI（連邦警察）まで動かし、アイヴァ・トグリをアメリカに連れ戻して裁判にかけることに成功した。アイヴァはサンフランシスコへ船便で連行された。

一九四九年七月五日、彼女が三十三歳になった一日後、サンフランシスコで裁判にかけられた。日系に対する人種差別からか、「東京ローズ」への復讐からか、アメリカ政府は弁護側の証人を脅《おど》したり、脅迫したりし、検察当局も証人たちに嘘の証言をして被告を不利にすれば金をやると言ったり、AP通信社の記者にまで賄賂《わいろ》を使おうとした。

この無茶な裁判は十三週間続き、当時の金額では厖大な七十五万ドル（平成の金額に換算すると、十～十一億円）も費やした。裁判長は、最初から彼女を有罪にするつもりで、十二人の陪審員が無罪にできないような指示を与えるが、陪審員は「国賊」の罪状八件（有罪は死刑の可能性あり）に「無罪」、アメリカの「士気を落とそうとした罪」に「有罪」を言い渡した。「禁錮十年、罰金一万ドル、市民権剝奪《はくだつ》」。

彼女は六カ年刑務所で過ごす。看守たちからも好かれるほどの模範囚であった。

戦後、政治家や軍人が栄光を求めている間、東京ローズの哀れな運命は、大きな歴史の流れの中、忘れ去られてゆく。

「東京ローズ」は、一九五六（昭和三十一）年一月二十八日にウェスト・バージニア州にある連邦刑務所から釈放されたが、あのABCニュースのウォルター・ウィンチェルが白人優越主義の悪霊のように付きまとい、アイヴァに関して悪意に満ちた嘘を流し続けており、彼女は刑務所の門を出るやいなや、米法務省から「日本へ強制送還をする」との通告を手渡される。強制送還を取り下げさせる裁判には勝ち、彼女は母国に留まった。

彼女は「アメリカ人」ではなかったのか。アメリカ人だったので、「国賊」の裁判にかけられたのだ。刑が終わると、「日本人」として母国アメリカから追放されるのか。それだけではない。一万ドルの罰金も支払えと迫られる。この罰金は、日本からの移民であった彼女の父親が亡くなった一九七二（昭和四十七）年に、彼女の遺産を金に換えて、連邦政府に支払われた。東京ローズは、まだ、終わりではない。

生き埋めにされていた無罪の信念は正義を求め、四〇年間窒息しそうな屈辱に耐えていた。そして、最後には正義が勝つというおとぎ話のような奇跡が起こった。戦争中アリゾナの収容所に送られていたアイヴァの父親（母親はアリゾナへ輸送されている間に死亡）と日系アメリカ人たちが真実を追究し続けた結果、一九七七（昭和五十二）年一月十九日、フォード大統領が陳謝の意を込めて、彼女に恩赦を与えた。この恩赦もアメリカ史上、初めての出来事である。「国賊」が恩赦になったのは、アイヴァが初めてだ。アメリカの人種差別の残酷さを見せつけた悲劇である。教訓になるのだろうか。

＊

一九四五年、天皇からマッカーサーへ「権力」が移った。

これは、一八六八年の徳川幕府から明治帝国政府への権力の移転劇に似ている。

帝国政府が権力を中央集権化したのに対し、マッカーサーはその分散化を試みた。

この違いは表面上だけだ。マッカーサー自身が全能の権力者（独裁者）だったため、権力の分散は起こらなかったし、彼も自分の権力を分けるつもりはなかった。

マッカーサーは、自分が独裁者ではなく、日本国民と日本政府の民主化のための支援者（レフリー）である、との印象を作り上げるため努力したが、それはみせかけだった。日本国民は、彼がアメリカの国益のために日本を使い、天皇さえも利用していることを十分に知っていた。

マッカーサーが日本の政治・社会制度を利用することは、日本の混乱を最小限に留めるためにとられた賢明な判断であったが、彼は日本国民の間に潜む権力に服従する性格を改善するどころか、助長してしまった。

一八六八年、徳川幕府から明治帝国政府への大転換が行なわれた時でさえ、国民は国家の「権力」に対する態度を変える必要を感じなかった。権力の交代を国民が容易に受け入れたことは、日本人の「忠誠心」が「権力」そのものに対してであることの強力な証拠である。

この伝統に照らしてみると、マッカーサーは日本国民の間に二つのマッカーサー観をつくり出した。

(1)　外国人であるマッカーサーは、「日本」を理解できない。それ故、彼は国家の最高権力を握るには不適格だ。単なる軍事的勝利で、自動的に正統な支配者とはなり得ない。敗北は単に物質的敗北だ。

終戦直後、『産業経済新聞』（『産経新聞』）は社説で次のように言った。

「民族の文化は決して死滅することなく、いかなる外圧もこれを破壊できない。民族の文化は、民族の内なる力を意味する。強力で繁栄している民族が文化的に貧しい民族であることはありうるが、逆に逆境と困窮の中で暮らしている民族が、独自の高い文化を保持することは可能なのである」

この『産経』社説は、アメリカ政府のスパイ機関OSSが、一九四五年八月十七日付報告書、「降伏に対する日本の『反応』」中で英語で引用したものだ。その英文を私が日本語に再翻訳したので、原文と多少違っているかもしれない。『産経新聞』本社に原文があるかと尋ねたら、一九四二（昭和十七）年十一月一日から一九四八年五月十九日までのものは、「本社にも残っておりません」とのことだ。

(2) マッカーサーは「敗北した軍国主義者」よりは悪くない。マッカーサーは、「民主主義」を象徴する存在として受け入れられた。

マックス・ビショップは、こうした日本の態度を鋭く観察し、日本人は「戦争を始めた理由や責任よりも、戦争に敗けた理由や責任に重要性を置く」と国務省に報告した。エマーソンも、「日本人の苦々しさと怒りの感情は、以前の敵から、日本の軍人、政治家たちに向けられた」と言っている。

小学生の頃、私は叔父や隣人に戦争の話をしてくれとせがんだ。彼等は「勝ち目のない戦争を引き起こし、明治以来、日本が獲得した全てを失った」と敗けた指導者たちを非難した。日本帝国がこれまで勝ってきた戦争には文句をつけなかった。さらに、彼等は、東條が自殺未遂をし、最も重要な名誉である「最期」を汚《けが》し、自宅でアメリカ軍憲兵に逮捕されたことに腹を立てていた。「武士道」は、未だに日本国民の意識の底流に存在しているのだろう。

日本国民は、新しい指導者（マッカーサー）と新しい政治思想（民主主義）を受け入れた。国民の忠誠心と服従心は変わることはなかった。恰《あたか》も、「民主主義」に忠誠を誓うかのように……。こうした日本人の性格は、民主主義を熱心に受け入れる姿勢は見せたが、アメリカが望んでいた「日本の政治的再教育」には役立たなかった。

日本国民が忠誠心を旧体制から新体制へ無批判に移したということは、状況次第で速やかに適応しうる日本人の性格を例証したにすぎない。日本人の民主主義への熱狂は表面的なものであったのだが、GHQの高官たちは殆ど気がついていなかった。それどころか、この表面的な熱狂は、マッカーサーを喜ばせた。

アチソンはトルーマンに、「アメリカ政府の指令を実行するために用いた戦術は、期待以上に成果を挙げています。現在、我々の政策は、期待を遥かに超えて大きな成功を収めております。その成功への重大な障碍が起こるとすれば、それは経済的なものでしょう」と報告している。

この眩《まばゆ》いばかりの成功は、誰によって齎《もたら》されたのか。

「マッカーサー元帥が注意深く、過激にならず、知恵と洞察力をもって推し進めた結果です」とアチソンは断言した。

しかし、エマーソンは「現実」を見ている。

「GHQによる検閲、および日本人の権力者に諂《へつら》う態度が、占領政策への批判を圧《おさ》えた。日本国民は、マッカーサーの権力は避けられないものであり、アメリカ人の意志に従って動くのが最も安全であると考えている。このような態度が征服者への無気力な依存を促進している。だが、こうした風潮なので、日本人は我々の教育と指導を受け入れる用意ができている」

このアメリカの「教育と指導」は、マッカーサー民主主義の隠された作戦、「思想の検閲」となって浮上した。

第四章　マスコミ・報道の自由

1　自由の枠・「だめ」の十項目

「戦え！　天皇陛下のため、皇国のため、一億特攻！　一億玉砕！」と、つい前夜まで、飢え、疲労困憊《こんぱい》した国民を鼓舞《こぶ》していたマスコミ（新聞、ラジオ、雑誌）は、惨敗・降伏と同時に、今までの「犯罪」が敵に発《あば》かれるのではないかと慄《おのの》き、息を潜めていた。

すると突然、敵将マッカーサーが「言論の自由、報道の自由」を奨励すると宣言した。恐怖から解放されたマスコミは、恰《あたか》も己の過去を浄化するかのように、「恥」を拭《ぬぐ》い去るかのように、「日本帝国」「軍国主義者」「国家主義」を攻撃し、「マッカーサー元帥様」と「民主主義」の熱狂的なファンになった。「真の恥」は、その貞節のない身売りだ。

ポツダム宣言には、「言論、宗教、思想の自由、そして基本的人権が確立されねばならない」「日本国民の自由意思によって選出された平和を愛し、責任ある政府が樹立されない限り、連合国軍は日本から撤退しない」と明記されている。

トルーマンがマッカーサーに打電した命令書、「初期対日政策」の中にも、「日本国民の個人の自由、基本的人権の尊重、特に宗教、集会、言論、報道の自由は奨励され、民主的な代議士制度も創設される」「日本国民は、アメリカや他の民主主義国家の歴史、制度、文化、偉業などを学ぶ機会を与えられる」と書いてある。

マッカーサー自身も、同じ考え方だった。彼は日本を「西洋諸国が四百年も前に捨てた封建社会に近い国」と見做していたので、日本の前途は多難であった。マッカーサーは、降伏直後の日本帝国政府の行動を見て、自分の「日本観」が正しかったと思った。

鈴木貫太郎《かんたろう》首相は、八月十五日に内閣総辞職に先立って、日本国民に向かって、ポツダム宣言を受け入れても、天皇陛下の大権に何ら変化はありえない、と断言した。彼の言葉では、「忍苦以て国体護持」。

鈴木は、海軍大将であった。日清戦争、日露戦争で勇敢に戦う。一九三六（昭和十一）年の「二・二六事件」では、陸軍のクーデター兵たちに襲われ、重傷を負う。一九四五年四月、組閣し、本土決戦体制の強化を図るが、七月に突き付けられたポツダム宣言を「黙殺」し、原爆投下を招いた。

また、「降伏内閣」の東久邇《ひがしくに》新首相も、最初の声明の中で、天皇大権を擁護しつつ、明治憲法は施行され続けるべきだと言った。

八月二十一日には、日本政府は英語による海外向けの放送の中で、恰《あたか》もアメリカを説得するかのように、「明治憲法は、天皇大権が内閣、枢密院、議会を通して施行されると定めており、国民の政府への参加を謳《うた》っている。従って、明治憲法は進歩的な憲法といえる」と解説した。

日本政府は、「言論の自由」を恐れていたのだろうか。いや理解していなかったのだろう。八月二十五日、東久邇内閣は、「言論、出版、集会、結社の監視に関する今後の政策は、治安維持法の精神に基づいて行なわれる。結社については、申請があれば許可されるが、言論および出版の自由に関しては、公共の利益から見て判断される」と宣言した。

治安維持法では皇室を言論で冒瀆した者は死刑になる可能性もあった。

日本の実情を知るにつれ、マッカーサーは、日本の政治思想だけではなく、まず日本文化を破壊し、それから「民主改革」を行なう決意を固めていった。

OSS（米戦略諜報局）は、「日本の指導者たちは、根本的な政治機構の改革ではなく、表面を変化させることで、ポツダム宣言の条件を満たしうる、と思いこもうとしている」と鋭く指摘している。占領開始から、日本はアメリカに見通されていた。

マッカーサーは、一九四五年九月十日、「報道・思想の自由」に関する指令を発した。
(1)　日本帝国政府は、真実でないことや公安を害するニュースを防止するため、新聞、ラジオ、その他の媒体に必要な命令を出せ。
(2)　連合国軍最高司令官（マッカーサー）は、言論の自由に対する制限を最小限に抑える。敗戦から立ち直り、世界の平和愛好国の仲間入りをめざす「新生日本」の努力を妨げない限り、連合国軍は日本の将来について自由な論議を奨励する。
(3)　論議を許されない事項は、公式に発表されない連合国軍部隊の動静や、連合国軍に関する虚偽もしくは破壊的な批判や噂などである。

(4) ラジオ放送は、ニュース、音楽、娯楽番組を中心とする。ニュース解説および情報に関わる放送は、東京スタジオ（NHK）からのものに限る。

(5) 最高司令官は、真実でないことや公安を害する報道を行なう出版物と放送局に対して、発行または業務の停止を命ずる。

この指令は、日本のマスコミを大混乱に陥《おちい》らせた。

日本の新聞等は、戦時中極めて効果的な政府の宣伝機関の役割を果たしてきたが、「マッカーサー民主主義」になると、「何を書いても自由」と考える風潮が横行していたからだ。マッカーサーが考えていた「自由」を誤解した報道機関は、何と声高に大東亜戦争を弁護した。

たとえば、日本最大の国営通信社「同盟」は、戦争の終結が連合国の軍事的優越性によってではなく、寧《むし》ろ天皇の「大御心」によって齎《もたら》されたので、占領軍は日本帝国の「客」にすぎない、と報じた。

「同盟」は、マッカーサーから与えられた言論の自由を最大限に利用し、(1)日本は原子爆弾さえなければ戦争に勝っただろう。原子爆弾は余りにも恐ろしい武器で、野蛮人だけが使える。(2)日本は連合国と対等の立場で交渉できる。(3)アメリカおよび連合国軍部隊は、残虐行為を行なっている。(4)ソ連および他の連合国はアメリカの独占的支配に反対し、啀《いが》み合っている。(5)占領軍の到着以来、犯罪が増加している、などといった情報を国民に伝えた。

ＧＨＱは、こうした日本の「精神分裂的なあがき」を、「民主主義のための検閲」を実施する絶好のチャンスととらえた。

九月十五日、陸軍対敵諜報部の民間検閲主任、ドナルド・フーバー大佐は、日本政府の河相達夫《かわいたつお》情報局総裁、大橋八郎日本放送協会（ＮＨＫ）会長、古野伊之助同盟通信社長を呼びつけ、「マッカーサー元帥は、日本政府および新聞、ラジオの九月十日の指令に対する対応に満足しておられない」と前置きし、「元帥は報道の自由に強い関心を持ち、連合国もそのために戦ってきた。しかし、お前たちは、報道の自由を逸脱する行為を行なっており、報道の自由に伴う責任を放棄している。従って、マッカーサー元帥はより厳しい検閲の実施を指令された。元帥は、日本を対等と見做していないし、日本はまだ文明国の仲間入りをする資格はない、と考えておられる。この点をよく理解しておけ。新聞、ラジオに対し百パーセントの検閲を実施する。嘘や誤解を招く報道、連合軍に対するいかなる批判も絶対に許さない。同盟通信社は昨日、公安を害する報道を行なったことで業務停止処分を受けた」と通告した。

同盟の古野社長が平に謝り、業務停止は一日で許してもらった。同盟は、海外ニュースを送ることも禁止された。同社で「百パーセント検閲」を実施するため、アメリカ陸軍の検閲官が派遣され、社内に常駐することになった。同盟は、一九四五年十一月一日付で、時事通信社と共同通信社に分割された。

『朝日新聞』（一九四五年十月七日）は、フーバー大佐と会見し、次のような人物評を記事にした。「艶《つや》のいい丸顔に微笑をたたえて部屋の入口まで記者を出迎え、抱くようにして椅子をすすめるあたり、どこからみても軍人ではない、……もともと彼は新聞人だ、……ものごしといい口調といい実に柔和な感じを与える人である」（原文は旧かな）。

フーバーの方が完全に一枚上手《うわて》だ。フーバーは一九三一（昭和六）年、ピューリッツァー新聞賞を獲得している。

GHQは、「ニュース」「真実」「公安」を判断するという微妙な仕事を自ら行なうことになり、日本人記者たちに、それらをどう記事にするかといったことまで指示した。

マッカーサーが「日本の将来について自由な論議をせよ」と言ったのは、日本国民の間で日本帝国の「偶像」、天皇に対する批判が巻き起こることを期待したからだ。ところが、『朝日新聞』（九月十四日付）は、天皇批判ではなく、「原子爆弾の非人道性はもとより全人類の認めるところである。われわれは敢然とその非を鳴らさなければならぬ」と断言した。

九月十六日、GHQは「比島《フィリピン》戦における日本軍の典型的残虐行為」という報告書を日本で大々的に公表した。日本占領下のフィリピンでの日本兵の残酷さが、犠牲者の「告白」により、暴露されたという「事実」を羅列《られつ》したものだ（『讀賣報知』、一九四五年九月十六日付に詳しく掲載してある）。

翌日、『朝日』は論説を混ぜた記事で意見を吐いた。

「今日突如として米軍がこれを発表するにいたった真意はどこにあるかということである」

「聯合軍上陸以来若干の暴行事件があり、……暴行事件の報道と、日本軍の非行の発表とは、何らかの関係があるのではないかという疑問を洩《も》らす向もある」「日本軍の暴虐は比島における民心をつなぎ得なかった一原因であった……この点は若干事情を異《こと》にするとはいえ、今日日本における聯合軍についてもあてはまることであり、日本が新たな平和への再出発にあたり、聯合軍側があくまで人道に立って正しく行動してもらいたいと要望している」（原文は旧かな）

『朝日新聞』は勇気があったのか、マッカーサーを知らなかったのか。フィリピンはマッカーサーの「第二の母国」だ。

翌日、マッカーサーは、『朝日新聞』を二日間の発行停止処分にした。『朝日新聞』は、一九四五年九月十九日、二十日、印刷されていない。

マッカーサーは、九月十五日から発行を開始した『ジャパン・タイムズ』（英文紙）について、好ましからざる社説のゲラ刷りを提出しなかったとして、発行を一日停止した。日本の報道機関が彼の九月十日の指令と、フーバー大佐の警告を理解しなかったためか、マッカーサーは、九月十九日に「プレス・コード」（新聞条例）を発令した。

(1)　ニュースは、絶対に真実でなければならない。
(2)　公共の治安を乱す事は掲載してはならない。
(3)　連合国軍に関して、破壊的または誤った批判をしてはならない。
(4)　占領軍に対して破壊的な批判を加えたり、疑いや怨念を招くようなものを掲載してはならない。

(5) 公式に発表されない限り、連合国軍部隊の動静を報道してはならない。
(6) ニュース記事は、事実通りに掲載し、意見を完全に除《のぞ》いたものでなければならない。
(7) ニュース記事は、いかなる政治宣伝とも結びついたものであってはならない。
(8) ニュース記事の一部を特定の政治宣伝のため誇張してはならない。
(9) ニュース記事は、事実の一部を省略することで曲《ま》げられてはならない。
(10) 新聞作成において、特定の政治宣伝をするために一つのニュース記事を不当に大きくしたりしてはならない。

プレス・コード発表にともない、マッカーサーは日本国民に、「プレス・コードは、日本の新聞に自由な新聞の責任について教育するために作られた」といい、そして「あらゆる新聞のニュース、社説、広告はもとより、日本で印刷される全ての出版物に適用される」と説明を付け加えた。

日本帝国政府は「言論の自由」を圧《おさ》えつけていたが、マッカーサーは「民主主義のために」同じことを繰り返そうとしている。マッカーサーは、日本のマスコミが自分の監視の下、再び効果的な宣伝機関になることを望んでいた。

マッカーサーは、九月二十二日、「ラジオ・コード」を発表した。

プレス・コードと酷似していた。GHQは、日本放送協会（NHK）を完全に支配下に置く。マッカーサーは日本国中に指令を伝達するため、日本政府に家庭用ラジオ修理用部品、真空管の生産および配給計画を同年十二月一日までに提出するよう命令した。

そして、電波を厳しく支配し、海外放送開始の許可を求める日本政府の要請も速《すみ》やかに拒否した。日本の海外放送は、一九五一（昭和二十六）年十二月まで許可されなかった。それは、サンフランシスコ平和条約に日本が調印した後であり、その時でさえ、放送時間は一日五時間だけで、日本語と英語だけに限定されていた。

一九四五年九月二十四日、マッカーサーは「政府から新聞の分離」という新たな指令を発し、日本政府による新聞、通信社へのいかなる支配をも取り除いた。

検閲はなくなったのか。そうではない。

マッカーサーは、「日本国内でのニュース報道は、現在の日本政府に代わり、我々が満足できる言論機関ができるまで厳格な検閲下でのみ許される」と厳命している。同日、マッカーサーは「検閲に関する説明」という覚書を出し、日本の報道機関や政府に「書いてはならないこと」の内容を徹底周知させた。

日本の報道機関に対する検閲は、マッカーサーの独断ではなかった。アメリカ政府の「軍政基本指令」は「民主主義のための検閲」を実施するように促している。

「あなたは軍事安全を確保し、占領目的を達成するために、郵便、通信、ラジオ、電話、電報、電信、映画、新聞などを含む民間の通信に関して、最小限の検閲を実施する」

しかし、人間の愚かさの故か、「検閲」には「最小限度」というものはない。検閲は検閲者側の利益を最大限にするため実施される。マッカーサーも同じだった。

検閲は過去の日本帝国の遺産に留まらず、アメリカ民主主義の現実となる。

「言論の自由」の精神に触れたばかりの日本のジャーナリストたちにとって、厳しい夜明けだった。

2 天皇の悪口を言え

一九四五年九月二十七日、朝十時十五分、天皇は、黒のモーニングコートとシルクハットを召《め》し、マッカーサーをアメリカ大使館内の、一九三〇（昭和五）年に建てられた大使専用の住居（マッカーサーの宿舎）に訪問された。

外も内も、アメリカ大使に相応《ふさわ》しい、優雅で風格のある館《やかた》である。

宮内省は、天皇の訪問を「非公式なお出まし」と国民に説明したが、日本国民はこれまでこうした前代未聞の天皇の行動を聞いたことがなかった。

外国人が天皇に表敬訪問するのが礼儀である。

天皇のマッカーサー訪問という公式発表によって、日本国民は、いまや誰が日本の「元首」であるかを悟《さと》った。

マッカーサーは、日本国民に自分の「力」を示すため、天皇を入口で出迎えなかった。マッカーサーの副官二人（ボナー・フェラーズ代将、通訳フォービン・バワーズ少佐）が正装の天皇を出迎えた。

マッカーサーと天皇は、三十五分間、天皇の通訳（奥村勝蔵）を通し、会談した。

奥村は東京帝大卒。一等書記官として、ワシントンの日本大使館で、一九四一（昭和十六）年日米開戦の時、日本政府の宣戦布告をアメリカ政府に渡すのが遅れた職務怠慢という大失態に関与していた。第四回目（一九四七年五月六日）の天皇・マッカーサー会見の通訳もするが、奥村はこの内容をマスコミに漏《も》らした。バレて、懲戒免官処分になった。開戦時の大ドジで免官にならなかったのが不思議である。不思議はまだ続き、占領が終った直後の一九五二（昭和二十七）年十月十七日、吉田首相は奥村を外務次官に就任させた。

マッカーサーは後に、「私は、占領当初から天皇を粗野に扱ってはならない、天皇の最高権威者としての名誉を重んずるように指示してきた」と語っている。「回顧録」「自伝」というものは注意して読むべきか。歴史の証言として信頼できない時もある。

しかし、この会見で、天皇陛下が言われた言葉が、軍人マッカーサーを感動させた。

天皇「私は、日本国民が戦争を闘うために行なった全てのことに対して全責任を負う者として、あなたに会いに来ました」

マッカーサー「この勇気ある態度は、私の魂までも震《ふる》わせた」（マッカーサーの『回顧録』）

この会見で、「戦犯天皇」に対するマッカーサーの考えも変わっていった。

ジーン夫人と令息アーサーは、赤いカーテンに隠れ、この歴史的な対面を見ていた。

今は、この赤いカーテンは取り払われ、無い。白っぽい、クリーム色の短いカーテンだ。誰も隠れることはできない。会見した部屋は、天井の高い、美しく大きな応接間で、暖炉もある。最近（一九九五年）、改装され、楕円形の窓際に立っている真白であった古代ギリシア風の柱は、赤土色の大理石に見せるように着色されている。

翌日、九月二十八日、『朝日』『毎日』『讀賣報知』の三大紙はこの会談を報道し、二十九日には、二人が並んで立っている写真を掲載した。占領開始直後、国務省から派遣された日本通のエマーソンが、「モーニング服を着た哀れな小男のそばにそそり立つ、開襟《かいきん》の軍服姿のマッカーサー元帥」と描写した有名な写真だ。

日本政府（山崎巌《いわお》内務大臣）は、三紙が天皇の神聖を汚《けが》したとして、発行停止処分にしようとした。

マッカーサーは、九月二十七日（天皇との面会日）付で、「新聞および言論の自由の促進」という新たな指令を出し、自分と天皇の写真を掲載させた。

追い打ちをかけるかのように、マッカーサーは、「最高司令官からの命令がない限り日本政府はいかなる新聞記事に対しても罰則を加えてはならない」と命令し、同時に、日本政府が報道を取り締まるために作った戦前の法規十二条を廃棄した。まだ気が納《おさ》まらないマッカーサーは、日本政府に「毎月一日と十六日に、今回の指令および九月十日、同二十四日の各指令に基づいてとった政府の措置のくわしい報告書」をGHQに提出するよう命じた。マッカーサーは、日本政府を全く信用していない。

一方、東久邇《ひがしくに》首相は九月二十九日、各官庁の新入省者六十五人に、「まず、第一に官吏は天皇陛下の官吏であるという自覚を持っていただきたい」「国体観念を持つことが最も大切である」「天皇陛下に奉公するのが官吏たるの本分である」と訓令した。

マッカーサーは、敗戦国の首相がこのような台詞《せりふ》を公の場で吐《は》くのを嫌悪していた。

十月四日、米軍機関紙『スターズ・アンド・ストライプス』は、山崎巌内務大臣とのインタビューを掲載した。

「思想取締の秘密警察は現在なお活動を続けており、反皇室的宣伝を行なう共産主義者は容赦なく逮捕する。また政府転覆《てんぷく》を企《たくら》む者の逮捕も続ける……政治形態の変革、とくに、皇室廃止を主張するものはすべて共産主義と考えて、治安維持法によって逮捕される」と山崎は断言した。

「政府転覆を企んでいた」マッカーサーは、直ちに山崎を馘《くび》にした。公職追放である。

東久邇内閣が「政治の自由」に関しては沈黙を続け、「天皇の神聖さ」だけを強調しているのに業《ごう》を煮《に》やしたマッカーサーは、日本国民がかつて夢想だにしなかった広大な「民権」を与えると宣言した。エマーソンが「占領下の最初の政治的爆弾」と名付けた重要な指令である。

一九四五年十月四日、厚木上陸後、僅か三十四日目にして、大改革の命令だ。

この長文の「爆弾宣言」は、東久邇にとって決定的な屈辱だった。

アチソンはバーンズ国務長官に、「我々は、日本政府が自発的にポツダム宣言に謳《うた》われた改革に着手することを望んでいましたが、東久邇内閣は、四十五日間の任期中、改革に全く着手せず、マッカーサー元帥の命令によって行動しなければならないという屈辱にあう破目《はめ》に陥ったのです。この屈辱故に、東久邇内閣は総辞職に追い込まれました」と報告している。

マッカーサーは日本政府に、「思想、宗教、集会および言論の自由を妨げてきた法令を直ちに廃止し、天皇、皇室および日本帝国政府に関する自由な討論を奨励せよ」と命じた。

天皇に関して自由な討論をした者に死刑を科す、と圧力をかけてきた治安維持法をはじめ十六の法令の撤廃を指令し、思想統制に携《たずさ》わってきたあらゆる機関の即時解散をも命じた。悪名高き「特高」も十月六日に廃止された。

「危険思想」の取り締まりに才能を発揮した内務省は、危険と見做され、権限を剝奪され、一九四七（昭和二十二）年十二月三十一日に廃止された。

「政治的爆弾」は、「弾圧法令によって投獄され、拘禁《こうきん》されている全ての人を直ちに釈放せよ」と続く。「政治犯」を釈放せよ、との命令だ。「直ちに釈放」は、「一週間以内、十月十日まで」

マッカーサーの決意は、最後の一行に表われている。

「この指令に携わる日本政府の全ての役人は、指令の精神と内容に厳密に従わねばならない。従わない者には個人的に責任をとらせる」。「責任をとらせる」には、最近、日本で使われ始めた「accountable」という単語が使われている。これは義務的な責任の要素の強い言葉だ。「accountability」も「責任」と訳す。

この「十月四日の指令」は、GHQや日本の自由主義者によって「日本のマグナ・カルタ（権利の大憲章）」と呼ばれ、日本の政治に測《はか》り知れない影響を与えた。

長く弾圧されてきた共産党は、この指令を輝かしい新世界への宣言として歓迎し、占領軍を「解放軍」と呼ぶほどだった。十月十日に約五百名の政治犯が釈放された。その日、共産党は、東京・飛行館ホールで「自由戦士出獄歓迎人民大会」を開いた。事実、刑務所から釈放されたばかりの日本共産党員たちは、第一生命ビル（総司令部）の前で、「解放軍司令官」マッカーサーに聞こえよとばかりに「万歳」の三唱までした。

何と、皮肉なことか。マッカーサーは勝ち目のない絶望的な戦いでも、「バンザイ」を叫びながら突っ込んで来た勇敢な日本兵に身が震えるような恐怖を体験させられてきたのだ。彼は二度と、それも東京で、「バンザイ」は耳にしたくなかったのではなかろうか。ましてや、共産党員たちから。

府中刑務所から釈放された共産党の指導者、志賀義雄《よしお》は、共産党員の釈放に尽力したのはジョン・エマーソンだったと言った。

エマーソンは、一九七八年、フーバー研究所で私に「志賀の説明は、作り話！」と強く否定した。普段、おっとりとしていて、感情的な物の言い方をしないエマーソンは声を震わせ、「この出鱈目《でたらめ》の志賀発言のため、私は一九五〇年代にアメリカ国内に吹き荒れたマッカーシーの赤狩りに引っ掛かり、大使に任命されることはなかった」とも言った。

志賀は、東京帝大卒業後、共産党に入党した。十八年間服役。一九四六年、衆議院議員になり、当選六回する。

「志賀の説明」は、まんざら出鱈目《でたらめ》でもない。

エマーソンは終戦直前、中国に渡り、野坂参三や他の日本共産党員たちと会い、対談をしている。その直後に、志賀や徳田は解放されたのだ。

一方、日本の保守派は、天皇大権が崩壊し、日本は無政府状態に陥るのではないかとの恐怖に駆られていた。日本のマグナ・カルタの二日後、十月六日、東京帝国大学教授でアメリカ憲法の権威、高木八尺《やさか》がアチソンとエマーソンに会い、「日本の指導者たちは、天皇および皇室についての自由な論議を許したあの指令以来、皇室の将来について深い憂慮の念を抱き始めている」と訴えた。高木は、「八月十五日の降伏詔勅（玉音放送）の中に天皇陛下が退位したいという意志を明白にすべきかどうかで、八月十四日の御前会議で審議されたが、反対する閣僚が多く、明文化されなかった。今でも天皇陛下が退位されたいと望んでおられることは事実である」と言った。

近衛文麿や木戸幸一らの信任厚い高木は、「日本の民主主義を自発的に発展させる方が、アメリカに強制された改革よりもずっと好ましい」と強調したが、「近衛公は公職から引退されるべきであり、過去の罪に対して責任を取られるべきです」と断言した。

近衛文麿は、十月二十四日、記者会見で、天皇陛下が「御退位遊ばさるることは国際信義の上からも軽々しく実行できるものではない」と言った。これは、近衛が「真実」を言えないので、「嘘」を吐いた。

だが、マッカーサーは、旧体制擁護を少しでも仄《ほの》めかす日本人の真意を疑った。日本政府（幣原《しではら》内閣）が警察力の増強を求めた時も、マッカーサーは即座にその要求を拒否した。増強どころか、マッカーサーは、悪名高い「憲兵隊」の廃止を計画し、十一月四日、日本政府に憲兵隊幹部全員の名前、肩書き、現在の任地などを報告せよ、と命じた。日本政府は速やかに従った。マッカーサーはこの報告書に基づいて、翌一九四六年一月十六日、憲兵隊を廃止した。

エマーソンは同二月、バーンズ国務長官に報告する。

「天皇についての自由な論議を許す、という一項は、日本の支配階級を戦慄させました。彼等はこの自由は国家危機を引き起こし、無法状態を生み出し、政治的混乱を生む、としきりに我々を説得しようとしておりました。この指令により、日本人は天皇制（Emperor System）に対する疑問を抱くようになったかもしれませんが、国家の危機といった憂慮すべき事態は何も起こりませんでした」

宮内省は、「新しい天皇」の広報に全力を挙げ、学校、地方自治体、外国の大使館、領事館にある天皇陛下の写真は新しいものと替えても宜《よろ》しい、と通達した。天皇の服装は、軍服ではなく、平服に変わっていた。

3　共産主義者たちよ、活発にやれ

マッカーサーは、十月四日の指令によって、日本のマスコミが劇的に「変身」することを期待していたが、日本の報道機関は長い「禁欲」のために、「自由」の悦びをどう受けとめてよいのか解らず、うろたえた。

東京・内幸町《うちさいわいちょう》の東京放送会館に陣取ったGHQ・CIE（民間情報教育局）の初代局長ケン・ダイク准将《じゅんしょう》は、十月二十四日、日本の主要新聞の編集責任者とNHKの首脳陣を呼びつけ、「自由で独立した報道機関を樹立する責任を果たせぬのなら、できる者たちに道を開けろ」と命令した。

アメリカではメジャー・リーグの実況放送をしていたダイク准将は、日本の報道機関が、マッカーサーによる十月四日の言論の自由に関する指令を「意識的に無視し、お粗末でおざなりのコメントしか行なっていないし、また、マッカーサー指令の歴史的重要性について、国民に何の説明もしていない」と叱責《しっせき》した。

「マッカーサー指令は、共産主義の弾圧を目的としたものでは断じてない。最近釈放された政治犯の多くが共産主義者であることが、このことを判然《はっきり》と証明しているではないか」

ダイク准将の叱責はまだ終わらない。

「戦争犯罪人に関する全面的かつ率直な論議が行なわれていない」「天皇制の改革を主張する論文や投書が新聞には意図的に掲載されない、と多くの苦情が民間情報教育局に寄せられている」

それでも、ダイクは最後に、「GHQは日本の報道機関のあるべき姿の青写真を押しつけることは望んでいない」と言っている。

しかし、GHQは既に一カ月前から日本の報道機関に対して、プレス・コードを適用して検閲を始めており、「あるべき姿の青写真」を焼き付けるのに懸命であった。

民間情報教育局の広報担当者、ドン・ブラウンは「我々は毎日、日本の新聞記者たちと会議し、一週間に一度は新聞、雑誌の編集長と会って、ジャーナリズムの向上について話し合っている」と述べた。ブラウンは、国務省に所属していた。『ジャパン・アドヴァイザー』紙の編集を担当して、日本滞在が永かった。

マッカーサーの「マグナ・カルタ十月四日指令」は、日本の報道機関に影響を与えはじめた。

十月二十一日、『朝日新聞』の編集責任者が総退陣した。『毎日新聞』でも十一月二十六日、従業員の要求で重役陣が退陣した。

『讀賣報知』では、社長の正力《しょうりき》松太郎が退陣を拒否したため、激しい労使紛争が続き、GHQもこの紛争には深く関わった。この労使紛争は、マッカーサーが、一九四五年十二月四日、正力を戦争犯罪人に指名し、逮捕したことで決着する。正力は、東京帝大法学部卒。警視庁官房主事等を務め、読売巨人軍の前身を創設。占領後、自民党の衆議院議員として連続五回の当選。戦後日本の指折りの大物実業家であった。

アチソンは、一九四六年一月七日、バーンズ国務長官に「讀賣は、二カ月間で、超軍国主義の積極的な戦争推進派から、日本の大新聞の中で、最も自由主義的な新聞に変わりました」と報告した。また、一九四五年十二月九日付の手紙でも、「新しい雑誌では〝新生〟が最も楽しみです」「〝新生〟は木戸幸一侯爵の戦争責任をはじめ〝軍国主義と歩調を合わせて踊った政府高官たち〟といった論文を掲載しております」と述べている。

十月四日の「権利の大憲章」は、日本政府に全ての政治犯の即時釈放を命じている。日本の「政治犯」とは、日本帝国の政策に反対した人たちである。彼等は共産主義者と社会主義者だった。それが今や、勇敢な「自由の戦士」と見做《みな》され、英雄視された。「敗けた日本国民」が賊軍で、「官軍」は勝った共産主義者たちだ、というような印象を国民に与えた。

日本共産党の指導者、徳田球一《きゅういち》は、刑務所から釈放される直前、同盟通信とのインタビューに応じ、「一九二九（昭和四）年に日本全国で約一万人の共産党員が逮捕されたが、そのうち二百人が警察の拷問で死亡、別の二百人も刑務所内の栄養失調や虐待で死んだ」「二千人の政治犯がまだ刑務所に拘留されている」と話した。

徳田球一は、日本大学夜間部に学び、法律学科を卒業し、弁護士になる。一九二二（大正十一）年、モスクワの極東民族大会に出席し、帰国後、共産党を創立する。その翌年、検挙され、十カ月で出獄。一九二七年、モスクワのコミンテルンで活躍するが、一九二八年の「三・一五事件」でまた検挙され、マッカーサーに釈放されるまで、十八年間もの獄中生活を送った。一九五〇年六月、マッカーサーの「レッドパージ」で迫害され、地下に潜入し、北京で一九五三（昭和二十八）年十月十四日に客死《かくし》した。

マッカーサーが政治犯を即時釈放することで、日本国民にアメリカの民主的意図を明確にさせることができると考えたのは当然である。陸軍省軍事情報局も「日本共産党は日本の政治思想に健全な刺激を与える」と信じていた。

マッカーサーの「祝福」を受け、夢心地の共産主義者たちは、猛烈な宣伝活動を開始した。しかし、共産主義者たちを釈放して一カ月もしないうちに、GHQは動揺し始めた。

アチソンは、一九四五年十月五日にトルーマン大統領に宛てた手紙の中で、「不幸にして、最も積極的で声の大きいのは共産党の連中であります」と嘆いた。さらに、「共産党の指導者たちの凄《すさ》まじい気力は一目瞭然《いちもくりょうぜん》であります。通常の人間の肉体と精神を完全に破壊したであろう十八年間の独房監禁にも耐え、釈放が決まると、刑務所の外に出る前に演説を始めました。共産党はソ連との結びつきを否定しておりますが、今後、問題を引き起こす可能性が大いにあります。もし、日本にソ連の占領軍が駐留するようなことにでもなれば、共産党を勢いづかせ、ソ連共産党との関係が強化することになるでしょう」と警告している。

自信と野望に燃えている共産党は、一九四五年十二月八日、東京・神田の共立講堂で、「戦争犯罪人追及人民大会」を開き、「食糧を奪いとった天皇の戦争責任を追及」することを決議した。

マッカーサーは十二月十九日、「釈放された政治犯の被選挙権の回復」指令を発した。共産党員も国会議員になれる可能性がマッカーサーに保証された。「マッカーサー元帥様、万歳！」と叫んだ共産党員たちの気持ちも理解できる。

ビショップ（国務省から東京GHQへ派遣された外交官）は、一九四五年十二月三十一日付の国務省への報告書の中で、「最も精力的な活動は共産主義者によるものである。共産主義者たちは、ここ数カ月のうちに次々と刑務所から出獄し、党員も百倍以上に増えている。今や共産党は一回の会合に、五千人の熱狂的な党員、支持者、聴衆を集めることができるようになった」。

共産党の機関紙『赤旗』は、一九三五（昭和十）年以来発刊停止となっていたが、出獄を前にして、徳田や志賀らが獄中で再刊第一号を準備し、一九四五年十月二十日に印刷を再開した。二カ月後には、『赤旗』の発行部数は九万部となり、翌年二月には二十五万部にまで増えた。だが共産党員数は、僅《わず》か六千八百人にすぎなかった。

日本共産党はＧＨＱの願望を実行するかのように、日本帝国の精神的な柱であった天皇に対して集中的な攻撃を開始した。

政府の弾圧や残虐な拷問にも政治信念を曲げなかった共産主義者たちは、無敵に見えた日本帝国が敗北したことで、「共産主義の支配」という歴史的必然性を肉眼で見たと思ったのだろう。弾圧に屈せず、戦争にも反対したという事実が、戦争に協力し、惨敗した者たち（国民全員）に対して優越感を持たせた。共産主義者たちは、自分たちの「殉教の歴史」を巧みに利用した。「我々が最も苦しみ抜いたので、我々だけが正義を独占できるし、またすべきである。正義のために死んだ者だけが、そうした権利を持ち得るのだ」と……。

共産党は容赦なく、天皇に激しい非難を浴びせ続けた。共産党の攻撃は、エマーソンによると、「逆に日本人の心を傷つけ、天皇擁護の気持を強めさせた」。陸軍省軍事情報局も、秘密報告書の中で同じような分析をしている。

当時行なわれた世論調査によると、言論を抑圧されていた知識階級ですら、天皇制反対は僅かに十パーセントにすぎなかった。マッカーサーも「日本国民の九十五パーセント以上は明らかに天皇制を存続しようとしている」と認めている。

天皇は、日本国民にとって余りにも神聖な存在だった。天皇を侮辱することは、国民の強い反感をかった。国民には既に別の「悪者」がいた。戦争に敗けた軍国主義者たちだ。

日本共産党はこうした国民の感情を読めなかった。読み違った。共産党の読み違いは、マッカーサーの「勝ち」となる。というのも、共産主義者たちは、マッカーサーの「民主主義」で合法化されたが、依然として国民には嫌われた。マッカーサーの思う壺であった。

野坂参三《のさかさんぞう》が、一九四六年一月十二日、中国の延安から釜山《プサン》経由で、帰国した。引揚船「黄金丸」で博多港に上陸した。野坂の父が付けた名は「参弎《さんぞう》」であったが、帰国二日後の一月十四日、自ら「参三《さんぞう》」と改めた。

野坂は、慶応義塾を卒業し、一九一九（大正八）年にイギリスに渡り、イギリス共産党に入党した。そのため、イギリスから追放され、ソ連に入る。一九二二年、帰国し、慶応の講師となり、日本共産党結成に参加する。一九三一（昭和六）年、神戸から夫人とともにソ連に逃亡し、モスクワでコミンテルンの中央委員に選出された。

アメリカ陸軍省軍事情報局の秘密報告書『インテリジェンス・レビュー』誌（一九四六年四月十一日）によれば、野坂は、一九三五年、密かに帰国し、地下工作を四三年まで続けたあと、また、中国に戻り、日本軍に対する抵抗戦線に従事した。

日本軍を敵として戦ったので、マッカーサーから帰国を許されたのだろう。野坂は、博多に上陸した二日後、一月十四日、マッカーサー司令部に表敬訪問をしている。卓越した政治的「手品師」である野坂は、共産党は「大衆と国民の党であらねばならない。それには人民から愛される党であり、共産党と聞いて国民が逃出すような印象をあたえてはならない。もしそのような事があればそれは吾々党員の罪だ」と宣言した。

「愛される共産党」という台詞《せりふ》が大流行する。

野坂の登場によって、日本国民は、「共産主義者は天皇の首に手をかけない」といった印象を持ち、共産党への反感は和《やわ》らいでゆくようにみえた。

エマーソンは、「野坂の戦術は、国民の共産党への支持を増大させるだろう」と予見した。陸軍省軍事情報局も、「野坂の臨機応変《りんきおうへん》の才能、紳士的言動、穏やかさは、日本国民に不愉快な思いを起こさせてきた他の共産党指導者とは際立った対照をみせている」と分析している。野坂参三は、この時、既にソ連の、スターリンの直参《じきさん》スパイであった。

野坂は、一九四六年一月十二日に帰国するが、その前年十月から十一月にかけ、モスクワを極秘に訪問し、スターリンと会見していた。

一九九四（平成六）年、日本共産党が出版した『日本共産党の七十年・1922～1992』（上）に興味をそそる記述がある。

「ソ連崩壊後、日本共産党が入手した各種の内部資料によって、野坂のモスクワ滞在中に、ソ連情報機関の工作員、内通者としての任務をあたえられ、野坂がこの任務に忠実にしたがったことが明白になった」「野坂は勝手に『日本共産党』を名のり、モスクワからの資金援訪問の事実を、野坂は、四十数年にわたって党指導部にかくしつづけ、八九年に完結した自伝『風雪のあゆみ』にも書かなかった」「野坂は駐日ソ連代表部にいた情報部員をつうじて、モスクワに手紙を送り……徳田、志賀をセクト主義と批判して自己の役割を誇大に宣伝するなど、ソ連の秘密工作員としての活動を開始した」

野坂参三がスターリンのスパイとは、戦後五十年間、日本中誰も知らなかった（一九九三年、野坂は百一歳で死去した）。

日本共産党は、野坂を迎えて活気づき、昭和天皇は少なくとも退位し、皇太子へ譲位すべきである、と党中央委員会は声明文を発表した。

日本の保守層にとって、共産党の公然たる天皇攻撃は、死刑にすべき不敬罪と映《うつ》った。現に、共産党機関紙『アカハタ＝ＡＫＡＨＡＴＡ』の編集局長は、不敬罪で訴えられたが、検察当局は一九四六年十月九日、同事件の起訴を取り下げることを決めた。

同日、マッカーサーはこの起訴取り下げを「新憲法の基本精神に沿った注目すべきものだ」と称賛し、「新憲法下では、あらゆる国民は法の下に平等であり、たとえ天皇でも普通の国民以上に法律上の保護は与えられない」と言った。

マッカーサーはこの事件を、日本国民に民主主義を教育する良い機会と考え、「政府高官や政治制度を自由に批判することが、民主的政府の生存と成長にとって最も大事なことである。民主主義は……全ての国民が自分の考えを自由に主張できないようでは、生き残ることができない」と強調した。

こうした雰囲気の中では、マッカーサー司令部もアメリカ政府も共産主義を嫌悪しているとは、共産党主義者たちは思ってもみなかったのは当然かもしれない。

『赤旗』は、一九四六年一月八日、『アカハタ＝ＡＫＡＨＡＴＡ』に改名された。カタカナ・ローマ字論者の徳田球一の発案である。一九四七年七月十六日、このローマ字をとり、『アカハタ』になる。『赤旗』に戻ったのは、一九六六（昭和四十一）年二月一日。

共産主義者を刑務所から釈放した数日後に、マッカーサーは、トルーマン大統領の中国経済復興の特使エドウィン・ロックに、「共産主義者の地下活動を憂慮している。日本の進歩派の多くは共産主義に同調しており、日本の共産主義者はモスクワによって指導されている」と語っている。

日本共産党の爆発的な政治活動は、日本の保守層の恐怖を掻《か》き立てた。日本最大の政党、自由党の党首で、首相確実と思われていた鳩山一郎は、一九四五年十一月二十五日、秘書を伴って、ＧＨＱ民政局を訪ね、自分の考えを説明した。アチソン政治顧問も出席した。ＧＨＱ側は鳩山を「尋問した」と言っている。

鳩山「個人の自由は保証されねばならない」

民政局「では、なぜあなたは、公然と共産主義者の自由を否定するのか」

鳩山「日本の共産党は、アメリカやイギリスの共産主義者とは違って、非日本的な政党で外国勢力の手先となり、しかも外国から活動資金をもらっている」「これらの連中は、何年も刑務所に入っていて、ごく最近出てきたばかりなのに、すでに、活発な政治活動を行なっている。五十万円もする印刷機も買い込んだ。どこからそんな大金を手に入れたのか！　ソ連からカネをもらっているのに違いない」「日本人は、すぐ興奮し、情緒不安定で移り気な国民だ。一つの方向に動きだすと、真っしぐらに進む傾向がある。いま日本人は、急速かつ急激に左に向かう危険に直面している。また日本人の国民性として、いったん権力の座につくと、権力を持たない人たちの人権を否定し、弾圧する傾向がある。だから日本では〝多数による独裁〟に対して何らかの歯どめを設ける必要がある」

鳩山自身、「権力の座についたものが、権力のないものを弾圧する日本の国民性」を良く知っていた。彼は文相時代、一九三二（昭和七）年から三三年にかけ、政府にとって都合の悪い教授たちを京都帝大から追放した中心人物だった。滝川幸辰《ゆきとき》教授の罷免《ひめん》に関する事件である。GHQ・民政局は、この事実を知っている。エマーソンも、この事件につき国務長官に報告している。

開放的に喋《しゃべ》った鳩山を、GHQは「信念や指導力に欠け、政治家というよりも政治屋。口数は多いが、話す内容は論理性に欠ける」と酷評している。

鳩山は「公職追放」になるのではないか、という噂が広まりだした時、「僕は絶対大丈夫だ」と言っていた。マッカーサーは、鳩山が首相に選ばれる前日（一九四六年五月四日）、彼を公職追放処分にした。

鳩山一郎は、東京帝大卒で、弁護士をし、一九一五（大正四）年、衆議院議員となる。当選十五回。一九三一（昭和六）年の犬養毅内閣、一九三二年の斎藤実内閣の文相となる。戦時中は軍部に対抗した。勇気のある行動であった。終戦直後、一九四五年十一月に日本自由党を結成するが、公職追放中に首相の座を吉田に奪われる。吉田と犬猿の仲になる。一九五四（昭和二十九）年十二月、首相になり、一九五六年十二月第三次鳩山内閣まで継続する。

鳩山に代わって首相の座についたのは、吉田茂（六十七歳）。

日本の保守層の共産主義に対する恐怖心を端的に表わしたのは、吉田首相の一九四六年十一月二十七日付のマッカーサー宛の書簡だった。「わが親愛なる元帥様」で始まるこの書簡で、吉田は検討中だった刑法草案に「不敬罪」を加えるよう強く求めた。

「日本における天皇の地位は、まことに崇高であり、天皇が日本人の精神的、道徳的崇拝の中心であることは否定できません。天皇に対する暴力行為は、国家に対する反乱という性格を持っており、一般国民に対する暴力行為よりも厳しい罰則があってしかるべきと考えます」「より厳しい罰則は、日本国民の倫理観からみても自然であり、これは皇室全体についても当てはまります」

吉田は自分が大使として赴任していたイギリスを引き合いに出し、「イギリスのような君主制の国ではどこでも、国家元首に対する暴力行為は特別の条項を設けております」と訴えた。

吉田の訴えは、日本の検察当局が『アカハタ』の編集局長を含む日本人五人に対する不敬罪容疑を起訴取り下げにし、それをマッカーサーが評価した直後であった。

マッカーサーは異例の長い時間（三カ月）をかけて検討し、一九四七年二月二十五日、吉田に返書を送った。

「天皇には、一般国民に与えられる法律上の保護と全く同じ保護のみが与えられる。さもなければ、国民は法の下に平等である、との基本理念に背《そむ》くことになる」「まして天皇以外の皇室メンバーに特別の保護を与える理由など全くない」

マッカーサーは吉田の「理論」を逆手にとって、「あなたが指摘するように日本国民の天皇に対する尊敬と愛情が十分な砦《とりで》となるので、封建的な宗主権に類似するような刑法上の特別条項は必要としない」。

天皇への「不敬罪」は、「日本国民の倫理観からすれば当然かもしれないが、天皇自身が一九四六年一月一日の布告（人間宣言）の中で、日本人の倫理観は、世界的に認知された倫理観とは大きくへだたっている、と認めているではないか。また、あなたが例として引き合いに出した国の法律には、元首に関する特別の条項はないし、日本の置かれている現状とイギリスを比較することはできない」と説教した。

最後に、「アメリカの経験から見ても、元首に対する犯罪も一般の刑法によるのが適当だ」と断言し、不敬罪に関するあらゆる罰則を廃止せよと命じた。

吉田首相は、マッカーサーに再考を促すのをしばらく待った。日本共産党の精力的な宣伝工作が高まるにつれ、マッカーサーも窮地に陥って、再考せざるをえなくなることを確信していたからだ。

一九四八（昭和二十三）年八月六日、対ソ連との冷戦が険悪になり、マッカーサーが日本共産党の非合法化を真剣に検討していた時、吉田は「共産党に対して素早く、効果的な行動をとれるように、日本の警察と占領軍のより緊密な連携《れんけい》」の必要があり、その為に、警察権力を強化したいと提案し、マッカーサーの許可を求めた。

二日後の八月八日、マッカーサーは、「私の支持の下《もと》、現在の警察は占領軍部隊の介入なしで、いかなる騒乱にも対抗できる能力を持っている」と吉田の要請を拒否した。

日毎《ひごと》、精力的になる共産党の活動は、日本の民主化にとって厳しい試練となってきた。占領軍を「解放軍」と絶賛した日本共産党は、アメリカ政府とマッカーサーが待ち望んでいた偶像破壊者であり、日本帝国の「要《かなめ》」である天皇および皇室に猛攻撃をし続けた。

だがワシントンも、東京のマッカーサー司令部も、日本で共産主義を助長していることに焦《あせ》りと当惑を感じ始めていた。このジレンマは、マッカーサーが日本の保守層の熱烈な支援を得て実行した「レッドパージ」で、共産主義者たちを公職から追放するまで続いた。「レッドパージ」は、日本国民に戦前の危険思想に対する弾圧を思い起こさせ、共産主義は再び、殉教のイデオロギーとなってゆく。

4　検閲方法

ＧＨＱの検閲は、日本におけるアメリカ製民主主義の実態を判然《はっきり》と示している。

ＧＨＱは、一九四五年十月四日、日刊紙『朝日』『毎日』『讀賣』『東京』『日本経済』の編集者たちを呼び、翌五日から事前検閲を実施する、と通達した。といっても、事前検閲は、既に第八軍対敵諜報部の指揮下で行なわれており、この日は、今後、ＧＨＱ民間諜報局の民間検閲支隊（Civil Censorship Detachment, ＣＣＤ）が検閲を担当すると通達しただけだ。

ＧＨＱの「事前検閲」とは、新聞や雑誌の編集者が、印刷予定の全ての記事のゲラ刷りを二枚ずつＣＣＤに提出する。アメリカ人スタッフがゲラ刷りを英語に翻訳し（日本側の翻訳を信用していない）、検閲官が削除すべき個所に赤インクで印《しるし》をつける。ゲラ一枚は新聞社に返され、残りの一枚は発行された記事と照合するため、検閲官の手元に残される。編集者たちは読者に自然に見えるように、削除された個所は全面的に書き直しさせられた。いかなる場合でも、削除された個所を黒インクで塗ったり、白紙のままとか、あるいは×××のように検閲されたことが分かるようなことは許されなかった。全面書き直しのあと、最終ゲラ刷りは再び民間検閲支隊に提出された。

「英語やフランス語の外国ニュースに関しては、事前検閲のため原文の提出でよいが、発刊する場合は、日本語への正確な翻訳について、編集者に責任がある」となっている。

GHQの検閲は、小さな出版物にも及び、出版後ただちに二冊を民間検閲支隊に提出し、編集責任者の名前、発刊の日付、電話番号、発行人の住所を明記することを義務づけられた。

GHQのマスコミ支配への飽《あ》くなき執念は、明治政府が一八七五（明治八）年に公布した「讒謗律《ざんぼうりつ》」（名誉毀損に関する刑法）と「新聞紙条例」を思い起こさせる。

「新聞紙条例」には、新聞あるいは雑誌の筆者は（投稿者も同じ）、内外の政治、財政、人情、世相、学術、宗教および官民の権利に関する問題など全ての記事について姓名、住所を明記しなければならない、といったGHQと同じような内容の条項がある。

『社会タイムズ』によると、GHQの検閲に引っかかる記事は、

(1) 米軍兵士の犯罪を扱った記事
(2) 米軍兵士の私生活について、好ましくない印象を持たせる記事
(3) 占領軍の行為について、日本人の不満や憎しみを掻《か》き立てるような記事
(4) 占領軍の失敗によって、日本人に損害を与えたことを報じた記事
(5) 食糧不足の深刻さに触れた記事
(6) 公式声明の出る前に、連合国の政策を報じた記事
(7) 連合国軍内部の内輪《うちわ》もめを暴露した記事（占領の初期には、ソ連を非難した記事は検閲で削除されたが、一九四六年後半からは出版を許された）
(8) 連合国の政策を批判した記事
(9) 日本の内政問題にGHQが干渉していることを書いた記事

(10)　戦争犯罪人を擁護している印象を与える記事
(11)　憲法草案は連合国の強制による産物であることを仄《ほの》めかした記事
『朝日新聞』は、次の事項を加えている。
(12)　中国の内戦に米ソが関与していることを報じた記事
(13)　戦争犯罪人の指名に影響を与える記事
(14)　公式声明の出る前に、戦争犯罪人の逮捕を報じた記事
(15)　日本帝国の過去の戦争を正当化しようとした記事

中山研一氏の『現代社会と治安法』(岩波書店、一九七〇年)によると、GHQは一九四五年九月から一九四六年一月までに、六百七十に及ぶ新聞記事を拒否した。

これらは、マッカーサーがマスコミの力を十分認識しており、彼が自分の評価に関していかに過敏に反応したかを示すものだ。「アメリカ帝国主義」という言葉はタブーだった。「アメリカ」と「帝国主義」という二つの言葉は矛盾している、というのがマッカーサーの考えだ。

原子爆弾も検閲の格好の対象だった。例えば、松浦総三氏は『占領下の言論弾圧』(現代ジャーナリスム出版社、一九六九年)の中で「原爆は、戦争を短縮したのであり、平和のために投下された」という記事だけが許可された、と書いている。

ロバート・リフトンは、***Death in Life: Survivors of Hiroshima***(『生きながらの死―ヒロシマの生存者たち』一九六七年)の中で、「原爆に関する検閲は、原爆について書くことは、日

本人の報復心を煽《あお》る結果になるとの恐怖心が大きな動機となっていた。だが、原爆の破壊力のあまりの物凄《ものすご》さをみて、アメリカ人が困惑し、自責の念にかられたことも、原爆を検閲の対象にさせた」との見解を述べた。

アメリカが原爆について、いかに神経過敏になっていたかを示すものとして、一九四七年四月に行なわれた広島市長選で、ある候補者がラジオで話をしている途中に、GHQが放送中止を命令した事件があげられる。その候補者が原爆について肯定的なことを言わなかったからだ。

広島と長崎の惨状の記録映画製作について、伝説的なエピソードが残っている。

三十人以上の日本人カメラマンが、核物理学者、医者、生物学者、建築家たちの協力を得て、一九四五年八月から十二月にかけて、記録映画にとりかかった。ところが、十月二十一日、アメリカ軍憲兵（MP）が長崎で撮影中のカメラマン一人を逮捕し、飛行機でGHQ（東京）に連行。GHQは直ちに撮影中止を命じた。映画製作者たちはGHQに、「世界の歴史ではじめて核爆弾の洗礼を受けた国民として、後世にその記録を残しておきたいと願う日本人の気持ちを理解して欲しい。この記録は人類の将来のためのものだ」と訴えた。真に、勇気のある抗議だった。

GHQは、この記録映画の作成は、陸軍戦略爆撃班の仕事だとしながらも、その価値を認めて、日本人の記録映画完成を許可した。

一九四六年二月、「原子爆弾の効果」と題する三千三百五十五メートルの映画（総撮影フィルム一万五千二百五十メートルから編集）がGHQに提出され、直ちにワシントンに送られた。

総撮影フィルムのうち、日本人の手元に残ったフィルムは無いと思われていたが、日本の撮影班は、GHQの命令を無視して、完成した映画の半分以上を隠していた。秘密は占領終結まで守られた（松浦著『占領下の言論弾圧』参照）。

「原子爆弾の効果」は、一九六七（昭和四十二）年九月三日、日本国民の要求によって日本に返還された。だが、日本政府（文部省）は、この映画は原爆の被害に遭った人たちのプライバシーを侵害し、余りにも残酷な場面がある等の理由を挙《あ》げて、映画の極く一部しか公開しなかった。

原爆に関するGHQの厳しい報道規制は、一九四九（昭和二十四）年九月二十五日にソ連が原爆保有を宣言するまで続いた。アメリカによる核独占が終わり、GHQの「核検閲」も緩んできたが、アメリカの対ソ連警戒心は極度に高まった。

CIA長官ヒレムコーターは、既に一九四九年四月二十日、国家安全保障会議（NSC）で、アメリカはソ連の核攻撃への報復を検討する必要がある、と進言している。

GHQの検閲によって「悪い本」の烙印《らくいん》を押された二、三の例を挙げてみる。

アースキン・コールドウェルの『タバコ・ロード（*Tobacco Road*）』（一九三二年）は、日本語への翻訳を許可されなかった。この本は、アメリカ社会の貧民の世界を克明に描いていた。

マルクスの『資本論』も一時発刊停止にあった。GHQは、日本の出版社にソ連に住んでいるマルクスの親戚から翻訳許可をとれ、と命令した。しかし、このバカげた要求は、出版社にとってはさほどの障碍とはならず、寧《むし》ろ、GHQに恥ずかしい思いをさせることになった。まだ諦めないGHQは、駐日ソ連代表からの正式の翻訳許可証を取りつけろと要求した。ソ連は喜んで許可証を発行した。

また、マッカーサーは、占領開始から外国ニュースの日本への流入を統制した。外国雑誌、本、映画、ニュース、写真に関し、マッカーサーは「回覧11号」を出し、「占領目的に害を与えないかぎり、日本での刊行を認められる」と述べた。

誰が「害を与えない」と判断するのか。「GHQが判断する」と言明している。

一九四五年九月から五〇年十二月までの間、日本で翻訳・発行を許可された外国書の統計をみると、アメリカのものが圧倒的に多い。アメリカ千五百八十三冊、フランス六百五十七冊、イギリス四百五十二冊、ドイツ四百六十六冊、ソ連二百八十八冊、イタリア六十四冊、中国五十二冊、その他二百八十二冊。GHQの民間諜報局も大変な仕事量を抱え込み、苦労したことだろう。

日本の警察も、GHQの検閲に参加したくて、一九五〇年一月、当時日本でベスト・セラーだったノーマン・メーラーの著書『裸者と死者』（一九四八年出版）を発売禁止にした。GHQは日本警察の早合点を「反民主主義的」と叱り、発売を許した。

日本の警察当局は、同年六月二十六日、これまたベスト・セラーだったD・H・ローレンスの『チャタレー夫人の恋人』（一九二八年出版）を発売禁止とした。GHQは日本警察の措置を認めた。『チャタレー夫人の恋人』は、アメリカでも発売禁止となっていたからだ。

十五万部売れた『チャタレー夫人の恋人』は発売禁止だけではなく、「猥褻《わいせつ》」であるとして、訳者伊藤整《ひとし》と、日本の出版社（小山書店）社長小山久二郎の二人は検察庁から起訴され、最高裁へ持ち込まれ、占領が終わってから五年後の一九五七（昭和三十二）年に判決が出た。両者とも有罪。『チャタレー夫人の恋人』は「猥褻」。

私は大学生の時、この本を読んだが、こじつけても「淫《みだ》らで、汚い」とは思わなかった。

ちなみに、一九五〇年度のベスト・セラー一位は、谷崎潤一郎《たにざきじゅんいちろう》の『細雪《ささめゆき》』（中央公論社）であった。

映画も当然、マッカーサーの検閲の対象となった。一九四五年十月十六日、占領が始まって一カ月後、「映画産業に対する日本政府の統制撤廃」指令を出し、「国家主義的、軍国主義的、封建的」という理由から二百三十六本の映画を上映禁止にした。その中には、日本人の大好きな「サムライ映画」も多数含まれていた（占領下の日本映画検閲については、平野共余子《ひらのきょうこ》『天皇と接吻』〔草思社、一九九八年〕が抜群の研究書である）。

ＧＨＱの検閲は、切手や紙幣のデザインにまで及んでいる。

「事前検閲」は、一九四八年七月五日に中止となった。ワシントンからの提案だ。

同年六月八日、マッカーサーは、「米国の対日政策に関する提案」と題する国務省から国家安全保障会議（ＮＳＣ）に提出された極秘文書の写しを陸軍省から受け取っていた。国務省は、「文学作品の検閲および報道の事前検閲は中止すべきである。しかし最高司令官が事後検閲による監視や郵便物の検査を行なうことはこの中に含まれない」と事前検閲の中止を促した。

GHQは左翼雑誌を除いて、事後検閲に切り替え、一九四九年末から占領の終結（一九五二年春）にかけ、徐々に事後検閲も緩和した。

「事前」から「事後」検閲へ変わって、報道がもっと自由に行なえると思った編集者や新聞記者は、「事後」はとても扱い難《にく》い、という意外な現実に突き当たる。事後検閲になると、GHQを通過するかどうかは発刊するまで分からない。即時発刊停止、または没収処分になるかもしれない。発刊停止に遭うと、金銭的損失は莫大で、それがマスコミを抑えるのにはとても有効であった。

事後検閲下では、編集者たちは、必要以上に用心し、絶対安全だと思われる記事だけを掲載した。

さらに、極度の紙不足の折り、GHQは新聞用紙の割当てを思想統制のため、効果的に使った。

5　マッカーサー（大蛇）対マーク・ゲイン（小蛙）

マッカーサーのマスコミに対する異常なほどの神経過敏さは、日本のジャーナリストに対してだけではなかった。在日外国特派員に対しても厳しい監視を続け、しばしば「好ましくない」ジャーナリストを追放処分にした。

占領日本を鋭く分析した『ニッポン日記』（一九四八年）を書いた『シカゴ・サン』紙の特派員マーク・ゲインに関するエピソードは、「悪い報道」に対するマッカーサーの「容赦なし」を示す格好の例といえる。ちなみに、『ニッポン日記』は、占領中、出版禁止であった。サンフランシスコ平和条約が調印された直後、一九五一（昭和二十六）年に翻訳出版された。ベストセラーとなる。

ゲインは、一九四五年十二月五日、厚木に上陸した。

ことの発端《ほったん》は、有力紙の『ワシントン・ポスト』が、ゲインの『シカゴ・サン』紙の農地改革についての記事を転用掲載したことからだった。一九四六年六月四日付の東京発で、ゲインは「GHQの高官たちの間では、土地所有者から小作人たちへの土地の分配は〝共産主義〟の臭いがすると見るものが多い」と書いた。

バーンズ国務長官は、極東委員会（ワシントンの旧日本大使館が事務所）に追及され、六月八日、東京のアチソン政治顧問にこの記事の内容について真偽の調査を求めた。

アチソンは直ちにバーンズ宛に返信電報を送り、「この記事は全くデタラメです。……この記事の筆者、マーク・ゲインは信頼のできない記者で、占領政策に対して悪意に満ち、かつ破壊的な記事を書き続けています。ここ東京で彼は、モスクワの指令を受けた共産主義的傾向の持ち主との疑いを持たれています」と個人攻撃を始めた。

ゲインは二度GHQに呼ばれ、宣誓の上で訊問を受けた。ゲインはこの「犯罪人扱い」について本社に報告。『シカゴ・サン』紙は直ちに陸軍省に抗議し、陸軍省は十月九日、マッカーサーに説明を求めた。

マッカーサーは、同二十二日、陸軍省に「安全保障上の明白な規則違反について調査するため、ゲインを訊問した」と返答した。さらに、「ゲインはこれまでも規則違反の常習者だった。彼の経歴をみると、彼の政治思想も危険である。GHQの報道担当官は陸軍省にゲインをこの地域から追放するように提案したことがある。彼は疑いもなく、占領軍に対して偏見を持っており、今回の一件は〝報道の自由〟の問題とは何ら関わりはない。彼の記事は、占領軍の権威に対しては破壊的な影響をもたらしている」。

陸軍省は、十一月二十八日、『シカゴ・サン』紙の編集局長からの報告として、「マーク・ゲインは純粋に経済上の理由で東京特派員の地位から外《はず》された」との電報をマッカーサーに送った。しかし、『シカゴ・サン』紙は、「ゲインは帰国するか、アジアに定住するかが判然《はっきり》するまで、我が社の社員として扱う」との立場を堅持した。

マッカーサーはそれに満足せず、翌日、陸軍省あて機密電報を送り、「ゲインは共産主義的陰謀の中心人物とみられ、彼の活動は占領政策に対して重大な脅威となっている。この地域での彼の活動は絶対に認められない。直ちに本国に帰還させることが望ましい」とゲインの即時国外追放を強力に要求した。

この電報の直後、ゲインは『シカゴ・サン』紙を解雇され、特派員の資格も失った。

さらに、陸軍省は十二月八日付マッカーサー宛の電報の中で、「ゲインは最早《もはや》『シカゴ・

サン』紙の特派員でもなく、アメリカの一市民として極東で生活する法的資格はなくなった。できるだけ早くアメリカへの帰国命令を出すか、彼の望む他の地域に移住させてもらいたい」と、マッカーサーを喜ばせる「人事処理」を伝えた。

一方、ゲインは『コリアーズ』誌に同誌の日本特派員にしてくれるよう運動していた。それを嗅《か》ぎつけたマッカーサーは、陸軍省にゲインからの申請があったかと尋ねた。陸軍省は、「そうした話はこちらでは聞いていない」と回答した。

同じ十二月八日、マッカーサーは陸軍省宛に、「ゲインと彼の妻に対して、十二月十五日まで有効の上海への出国許可証が発行された」と伝達した。

ゲインはカナダへ移住し、一九八〇年来日した。一九八一年死去。

「ゲイン潰《つぶ》し」は、マッカーサーがとった極端な例ではなかった。

マッカーサーは、新聞に関する「ブラック・リスト」を作成しており、それが陸軍省との交信中に出て来た。

陸軍省は、一九四六年十一月一日、マッカーサーに十二人のアメリカのジャーナリストの太平洋（日本、朝鮮、フィリピン）取材旅行を歓迎するよう求めた。

マッカーサーは、記者たちが占領政策について嗅《か》ぎ回るのを好まなかったが、翌日、陸軍省に返電し、「陸軍省の要請なので反対はしない」「訪日するグループの中に一線の記者は加えず、新聞発行者と編集責任者に限定して欲しい。また、占領政策に敵意を持っている新聞は加えないでもらいたい」と注文をつけた。

「占領政策に敵意を持っている新聞」として、『クリスチャン・サイエンス・モニター』『ニューヨーク・ヘラルド・トリビューン』『シカゴ・サン』『サンフランシスコ・クロニクル』『デーリー・ワーカー』を挙げ、「これらの新聞記者や社説は偏見に満ちているだけでなく、全くの出鱈目《でたらめ》や捏《で》っち上げの記事を書く」と口汚く罵《ののし》った。

このマッカーサーの秘密電報が洩《も》れ、アメリカで著名な記者のドルー・ピアーソンが、『フィラデルフィア・レコード』紙に十二月三日付で全文を暴露《ばくろ》した。

『サンフランシスコ・クロニクル』紙の編集長、ポール・スミスは翌日、「もしピアーソンの記事が事実なら、マッカーサー元帥の謝罪を強く要求する。元帥は日本の最高司令官であり、重大な国家的責任を負ってはいるが、同時に一介の市民でもある」と陸軍省に激しく抗議した。

陸軍省は同日、マッカーサー宛に電報を送り、「陸軍省はあなたが党派性のない『クリスチャン・サイエンス・モニター』や、共和党系の『ニューヨーク・ヘラルド・トリビューン』を排除したことに驚いている。また、ポール・スミスが編集長をしている『サンフランシスコ・クロニクル』も共和党系であり、しかもスミス編集局長は海兵隊と海軍で見事な武勲に輝いた人物である」と再考を促した。マッカーサー自身も共和党系。

陸軍省は、日頃からアメリカ陸軍の大英雄と崇拝しているマッカーサーに注文を付けることを極端に嫌がってきたが、判然《はっきり》した提言をせざるを得なくなった。

ロイヤル陸軍長官は同九日、マッカーサー宛電報で、「ピアーソンの記事に名前が挙がっている新聞も取材旅行に加わることが望ましい」と勧告した。マッカーサーは同日、「陸軍長官の要望に従います」との電報を送り返した。

一九四七（昭和二十二）年一月、マッカーサーのブラック・リストに載っていた新聞も含めたジャーナリストたちが来日、陸軍省が予想したように、この旅行は大成功に終わった。

この成功に気をよくした陸軍省は、同年五月三十日、再びマッカーサーに、太平洋地域での新しい取材旅行団の受け入れを要請した。陸軍省はこの要請を陸軍長官名で行ない、「アメリカの卓越したジャーナリストを日本と朝鮮旅行に招待することについてご意見をうかがいたい」と恐る恐るマッカーサーの同意を求めた。

ジャーナリストの扱いにうんざりしていたマッカーサーは、翌三十一日、「GHQのスタッフは忙しすぎて、ジャーナリスト連中の質問や疑問に答えて、彼等が先入観として持っている占領政策に対する誤解を一掃するだけの時間的余裕がない」と断り、「この電文の内容が外部に洩れないよう万全の注意を払って欲しい」とわざわざつけ加えている。

だが陸軍省は、「著名なジャーナリストの取材旅行は、日本で何が行なわれているかをアメリカ国民に理解させるのにも役立つ」とマッカーサーを説得し続けた。陸軍省は六月十二日、重ねて要請し、マッカーサーも日本訪問を七月に延ばすことを条件に、しぶしぶ承諾した。

一九四八年一月十五日、陸軍省は、新たな報道関係者の太平洋地域での取材旅行にマッカーサーの協力を求めた。「ＧＨＱの担当者は多忙のため、ジャーナリストたちの面倒をみている暇はない」と断った。マッカーサーが心配しているような記事が、東京からアメリカへ送られ、彼の「記者不信」は募《つの》る一方だ。

例えば、マッカーサーのブラック・リストに載っていた新聞『デーリー・ワーカー』は、一九四八年一月三日付の紙面で「東京の高級将校たちは（大統領候補の）ウォーレスやアイゼンハワーに関する記事をも検閲している」「米軍機関紙『スターズ・アンド・ストライプス』もマッカーサーの第一子分であるホイットニー准将の検閲下にある」とＧＨＱを非難した。

陸軍省はただちに、マッカーサーの説明を求めた。

一月八日、マッカーサーは怒りをこめた電報で、「この記事には信憑性《しんぴょうせい》が全くない。『スターズ・アンド・ストライプス』は、私からも完全に自由であり、編集方針は編集者の判断に任《まか》せられている」と突き返した。

『シカゴ・デーリー・ニューズ』紙のケイズ・ビーチ特派員は、六月二十四日付の記事で、「ＧＨＱの首脳陣は、アメリカ国民に日本で何が起こっているのかを知らせたがらない。ここ数週間、私の数度にわたる重要な問い合わせにも、回答を拒否し続けている」と強い不満をぶちまけた。

「一体どうなっているのか」。陸軍省は七月九日、マッカーサーに質《ただ》した。

マッカーサーは翌日、「ビーチの記事には何らの根拠もない。同特派員がこうした記事を書いたのは、事実関係のデータ収集に手間どったため、理由にもならない苛立《いらだ》ちのためと思われる」と高姿勢で回答した。

しかし、特派員たちの不満は続いた。

陸軍長官ロイヤルは、日本でのマッカーサーの「全能」を要注意と思っていたので、特派員たちの不満が積もりに積もって、陸軍省自体に対する批判が高まるのを恐れた。

ロイヤルは一九四八年七月二十三日、マッカーサー宛に私信を送り、「我々は、この問題がアメリカ国民の基本的権利に関わるものと考えるので、もし正確な情報を得るために他の手段がなければ、連邦議会の調査に委《ゆだ》ねたいと思っている」と議会まで持ちだして説得に努めた。

同じ日、マッカーサーは、ロイヤルに次の「情報」を送った。

「特派員たちの批判には全く根拠がない。GHQは占領に関して十分な広報活動を行なってきたし、あらゆる公開された資料は報道陣が利用できるよう万全の努力をしている」

マッカーサーは本当のことを言っていない。だがワシントンのロイヤルは、東京のマッカーサーに「効きめのない脅《おど》し」をするのが精一杯だった。

実際、外国特派員も時々、怪しげな報道をした。

一九五〇（昭和二十五）年五月一日、日本の労働者は全国でメーデーの祝賀行事を行なった。東京の皇居前広場には、およそ六十万人の労働者が集まった。「平和と独立を闘い取れ、全面講和の促進」をスローガンとし、社会党の浅沼稲次郎《あさぬまいねじろう》、共産党の野坂参三が祝辞を述べ、盛り上がった。

浅沼は、早稲田大学の学生時代から労働運動に精力的に参加する。戦後、日本社会党結成に尽力し、戦後初の衆議院議員選挙に当選。一九六〇（昭和三十五）年の日米安保闘争で大活躍。我々、大学生の絶大な信望を受けていた。同年十月十二日、東京日比谷公会堂で党首立会《たちあい》演説で登壇中、極右少年山口二矢《やまぐちおとや》に刺殺された。全国のテレビ放送で、その悲劇の瞬間を国民は目撃した。私自身、大学一年生の十八歳の時だった。私の「英雄」の一人が亡くなったと思った。山口は、練馬の少年鑑別所で、十一月二日、首吊り自殺をする。

一九五〇年五月一日、メーデーの祝日、ABC News（アメリカの三大ネットワーク）のウォールター・ウィンチェル記者は、「東京での共産主義者の暴動によって、十四人のアメリカ兵士が重傷を負って病院に運ばれました。みなさん！　アメリカ兵は警棒と催涙弾だけを武器として戦っています。彼らは拳銃を使うことができないのです！」とラジオでセンセーショナルに報じた。ウィンチェルは、全米に大きな影響力を持っていた記者で、二十年間続いた自分のラジオ番組も持っていた。

陸軍省はマッカーサーに真偽を確かめた。マッカーサーは翌日、回答を打電した。

「ウィンチェルの報道は完全な作りごとである。東京のメーデー集会では、暴動や騒乱は全くなく、日本降伏以来最も静かで、秩序正しい集会だった。ウィンチェルの捏《で》っち上げ放送は、国際関係を破壊し、今日の世界を悩ませている緊張をより激化させることに狙いがある」

また、『フィラデルフィア・インクワイヤラー』紙のダントン・ウォーカー特派員は、同月十七日付の紙面で、「東京に駐留している米軍部隊の休暇は、連日にわたる共産主義者の暴動のためすべて取り消されている。先日の暴動によって、十四人の米軍兵士が負傷して病院に運ばれた。米軍兵士は拳銃の使用を禁止されているので、暴徒を鎮圧するため催涙弾と警棒だけを使用している」と報じた。

マッカーサーは同十八日の陸軍省宛の電報で、「この記事はウィンチェルの放送内容と同じであり、日本および極東におけるアメリカの地位に損害を与えようとする陰謀の疑いが濃い。報道機関に浸透を図《はか》るのは共産主義者の常套《じょうとう》手段であり、彼等の目的はアメリカの国家機関に対するアメリカ国民の信頼を損なわせることにある。こうした状況に対応するため、陸軍省がより積極的な行動をとるべきだと考える」と強い警告を発している。

五月二日付の日本の新聞は、メーデー集会を詳しく報じたが、「共産主義者の暴動」というくだりは一行もなかった。暴動がなかったからだ。

皮肉なことに、マッカーサーは翌三日、日本共産党は憲法上、問題のある存在かもしれない、との見解を明らかにした。

アメリカ兵士と日本共産主義者の最初の衝突は、同年五月三十日に起きた。この衝突でアメリカ兵五名が軽い怪我をした。八人の「共産主義者」（内、立教大生が二人）が逮捕され、翌日から占領軍の軍事法廷で裁判になり、六月四日、全員に有罪の判決が出る（重労働十年から五年の刑）。

厚木に上陸して、四十日後の一九四五年十月十一日、マッカーサーは「日本国民は、精神を奴隷状態に置こうとする政府の思想、言論、信仰の弾圧や統制から自由でなければならない」と断言し、日本国民が夢想もしなかった知的・政治的自由を与えた。

それ故、「言論の自由」について厳しい検閲を実行したのは、日本国民の能力を無視したことだけでなく、民主主義への冒瀆でもあった。

マッカーサー自身の理想と、日本の現実の間に走った亀裂は、深かった。

第五章　「マッカーサー直筆」憲法

憲法は、国の「魂」。憲法を書くことは、国という肉体に魂を入れること。

憲法は、国の「人格」「品性」を表わす。

憲法は、国民の伝統と夢、道徳と知恵。

憲法は、我々が文化の高揚を求め、国の繁栄と安全の理想郷へ向け、歩む時の道しるべである。

マッカーサーは厚木上陸直後、「日本の魂」「憲法」に、手をつけた。

日本国憲法は日本国民が書くべきだと認識していたマッカーサーは、民主主義が日本で自然に湧き起こってくる可能性はない、と都合よく情勢判断をし、「民主主義が育つのを手助けするだけではだめだ。確実に成長するのを見極めねばならない」と言った。

GHQ民政局によれば、「(憲法改革の)問題は地方自治をゆるやかに育《はぐく》み、政治的成熟を待ち、その後、我々の助言によって憲法を作り、新しい社会を築くか、さもなくば、速やかに現存の(明治)憲法を解体し、その跡に新憲法を作るか、である」。

マッカーサー元帥は「速やかに憲法改正すべし、と最も賢明な道」をとられた、と民政局は自画自賛している。なぜ「速やか」が最も賢明なのか。

「ゆるやかな自然な民主主義の成長」では時間がかかりすぎるし、「反動内閣、枢密院《すうみついん》、天皇たちが一夜にしてその成果を潰《つぶ》してしまうかもしれない」という懸念からだ。すなわち、「日本民主主義のゆるやかな自然成長」は占領開始後、数週間の時間しか与えられなかった。

1　近衛文麿を殺したのは誰か？

「私は東久邇《ひがしくに》内閣に憲法改正の草案をつくるように命じた。ポツダム宣言が要求している政府、社会ができるように、と命令した」とマッカーサーは言っている。

東久邇内閣の無任所大臣であった近衛文麿《このえふみまろ》は、一九四五（昭和二十）年十月四日、マッカーサーとジョージ・アチソン政治顧問に面会し、敗戦日本の将来についての助言を求めた。この会談は、午後五時から六時三十分まで続く。

近衛は、マッカーサーが「憲法は改正すべきである。改正には自由化をふんだんに取り入れるべきである」と言ったと確信した。

近衛文麿は、京都帝大卒で木戸幸一の親友。第一次近衛内閣の時、日中戦争が起こり、彼の発言が戦争を悪化させた。第三次内閣の折、日米関係の打開に失敗し、総辞職し、東條英機に引き継がれる。東條を首相に推挙したのが木戸幸一。

三日後の十月七日、近衛はアチソンと秘密会談をもった。

アチソンは、アメリカが最低限必要と考えていること、⑴超憲法的なものの除去、⑵政府に対する軍部の影響の抹殺、⑶人権の保障、を強調した。

十月五日、東久邇内閣は無残にも崩壊する。マッカーサーが十月四日に発令した人権・市民権全開の「政治的爆弾」の爆風に堪《た》えられなかったのだ。

九日、幣原《しではら》喜《き》重郎《じゅうろう》内閣が成立した。近衛は内大臣府御用掛《ごようがかり》になった。極めて強力な地位である。その権限は憲法改定などを含んでいなかったが、近衛はそれに着手した。

一方、十月十一日、マッカーサーは、幣原首相に、一八八九（明治二十二）年の明治憲法を改正せよと命じた。幣原は、東京帝大卒。外相を永く務め、親米英でもあった。サンフランシスコ平和条約に関しても奔走した。日本の卓越した外交官の一人、一九五一（昭和二十六）年死去。

同十月十一日、近衛は天皇から憲法草案に着手するよう正式に命令を受けた。

同じ日に、憲法改正の公式委員会が二つできあがった。

二日後、幣原内閣はマッカーサー指令に従って、国務相松本烝治《じょうじ》博士を「憲法問題調査委員会」の委員長に任命した。

松本は、東京帝大卒。同大学の助教授をした後、満洲鉄道の副社長になる。その後、関西大学長、中央大学、法政大学の教授も務める。破産法の権威で、日銀参与にもなった。田中耕太郎（文部大臣、第二代最高裁判所長官）は、松本の娘婿。

著名な憲法学者、美濃部《みのべ》達吉《たつきち》（東京帝大教授で貴族院議員を歴任）は、明治憲法を改正しなくても日本の民主主義的改革は可能であると主張し、松本を支援した（達吉は、元東京都知事の亮吉《りょうきち》の父）。

憲法改正に携わる委員会が同じ日に二組できたため、それぞれの長《おさ》、近衛文麿と松本烝治は犬猿の仲となる。

近衛は、一九三七（昭和十二）年七月七日の盧溝橋《ろこうきょう》事件の時、日本が中国の泥沼にはまりこんだ時の首相だ。「東亜《とうあ》新秩序」を唱え、大東亜戦争への道を開いた中心的人物だとアメリカは認識していた。彼が新憲法の起草者に任命されたことは、日本ばかりでなく、アメリカでも猛烈な非難の声が上がった。

一九四五年十月二十三日、アチソンはマッカーサーに、「近衛公に対し日本国民から批判が上がっているが、現在のところ、何も変える理由はないと思います」と楽観的な報告をする。

また、同日、アチソンはマッカーサーに報告する。「近衛公の秘書から聞いたことですが、まもなく近衛公はマッカーサー元帥にお会いし、アメリカから著名な憲法学者を一人招聘《しょうへい》し、日本憲法改革の手助けをしてくれるようにお願いするつもりだ、ということです。私は、これはとても望ましいことだと思います。今、日本人が改正している憲法案が、我々の政策と合っているかどうかを知るためにも、この憲法学者招聘は、良い考えだと思います」。

これはマッカーサーとアチソンが、近衛の憲法改正の任務を確認していたことを示す。マッカーサーは、自分の「憲法案」を既に頭の中に持っていたので、アメリカから誰も招く必要はないと思っていた。実際、誰も招かれなかった。マッカーサーとアチソンは、日本のマスコミの批判を無視したが、アメリカ本土の新聞論評については敏感になっていた。

十一月二日、バーンズ国務長官はアチソンに『ニューヨーク・ヘラルド・トリビューン』紙の十月三十一日付社説を送りつけた。

「極東で最もバカげたアメリカの失策は、近衛文麿公を新憲法起草者に選んだことである。まさに、少年院の院長に殺し屋を選んだようなものだ。日本の民主憲法を起草する者として、アメリカのお墨付《すみつ》きで、彼を選んだのは愚の骨頂である」

アチソンは十一月五日、トルーマン大統領に書簡を送り、自分は「愚の骨頂」にかかわっておりません、と逃げを打つ。

「近衛公の活動には奇妙なものがあります。十月四日、彼は招待もされていないのにマッカーサー元帥を訪問しました。私も同席しました。元帥は政府の行政機構を改革すべきであると言いましたが、近衛の通訳は咄嗟《とっさ》に正確な訳が思い浮かばず、脳裏をよぎった言葉『憲法は改正すべきである』と口にしてしまいました（通訳はこの件についてのちに私に証言しています）」

この通訳は奥村勝蔵。天皇とマッカーサーの歴史的な初対面の時の通訳である。一九四一年十二月七日（ワシントン時間）、日本大使館の一等書記官でありながら、東京からの最後通牒を翻訳し遅れ、戦中、戦後の日本に計り知れない悪評を齎《もたら》したのが、この奥村。近衛とマッカーサー・アチソン会談を奥村が通訳し、記録した。外務省資料の『近衛国務相、「マックアーサー」元帥会談録』である（NHK「日本の戦後」取材記、上『日本分割』学習研究社、一九七八年参照）。

アチソンはトルーマンに弁明を続けて、「近衛は三日後、私のところに来て憲法改正に関し、私の〝助言〟を求めました。私は、彼と彼の同伴者たちに、一般論の形で明治憲法の中で悪いと思う点を伝えました。その後、彼は天皇から憲法改正に着手するように任命されたのです」。

だがアチソンは、近衛に既に暗黙の了解を与えていたので、次のような弁解となる。

「この任命は、将来問題を起こすかもしれませんが、日本政府を利用して、我々の目的を達成する限り、また、その目的に向かって彼等が努力しているのを許す限り、この重大時期に近衛の邪魔をするのは賢明とは思われません。彼は天皇の信頼を得ており、彼自身、封建領主である反動派の重鎮《じゅうちん》です。彼はまだ、逮捕されていません。もちろん、上手く立ち回り、生き逃れようとしております。彼を重要な任務に用いた後、彼の背後に一矢を打ち込むというような道徳的問題には、私自身関わりたくないのです」

きれい事ばかり言っている時ではなかった。「憲法」はアメリカにとってあまりにも重大問題で、「封建領主」の近衛にまかしておくには、危険がありすぎた。

一九四五年十一月七日、このジョージ・アチソン（George Atcheson、東京で政治顧問）は、ワシントンのディーン・アチソン（Dean Acheson）国務次官（後長官）に個人的秘密書簡を送った。アチソン次官が、（ジョージ）アチソンをGHQ内の政治顧問に任命した人物である。

東京のアチソン政治顧問は、「我々は、憲法改正問題で心を痛めております。近衛は高木（八尺）教授を我々のところに使者として送り、憲法草案数本がすでに用意されていると伝えさせ、さらに、我々の助言を求めてきました。しかし、我々はもうすでにマッカーサー元帥から近衛と話をすることを禁じられています」。

アチソンは、マッカーサーの「国務省いじめ」を訴えるかのように、「マッカーサー元帥、彼の参謀本部、そして彼の枢密院か元老のように振る舞う〝バターン・クラブ〟の者たちは、国務省がこの問題から手を引くように願っております」とワシントンに報告する。

バターン・クラブというのは、フィリピンのバターン半島で本間雅晴中将の率いる優勢な日本軍との激戦に敗れ、オーストラリアに逃れたマッカーサーと、その取り巻きに対する半ば称賛、半ば自虐的なニックネーム。マッカーサーの「I shall return.（余は帰ってくる）」はフィリピン国民への彼の有名な約束で、守られた。

アチソンは続けて、「我々は日本人筋から、近衛公の委員会が、今月末（十一月末）までに政府に提出する草案を完成したがっていることを知りました。天皇のお墨付きを得た草案発表前に我々の考えを浸透させたいなら、即刻、行動をとるべきであります。天皇のお墨付きを得て公表された草案を修正するのは、大変困難であり、不幸な政治的結果を招き、我々の目的達成を妨げるでしょう」。

十一月二十二日、近衛は草案を完成し、天皇に提出した。

一八八九年帝国憲法の最初の十三条は手つかずに残っていた。天皇大権は変更なし。

「近衛、役に立たず」とマッカーサーは決断した。荒療治が必要となった。アチソンの言うように、「即刻」に。

二週間後、十二月六日、マッカーサーは近衛を二百八十六人の戦犯容疑者の一人に指名し、十二月十六日正午までに巣鴨刑務所に出頭するよう命じた。

十六日早朝五時過ぎ、近衛は杉並の自宅で青酸カリで服毒自殺した。千代子夫人が六時過ぎに発見し、医師が呼ばれた七時二十分にはまだぬくもりがあった。知らせを受けたアメリカのMP憲兵たちは、近衛家に土足で這入《はい》り込み、日本人の弔問客《ちょうもんきゃく》は誰一人家に入れなかった。

日本国民は衝撃を受け、悲しんだが、翌日の『朝日新聞』は社説で、近衛の屍《しかばね》に痛烈な言葉を浴びせた。

「大戦の前提となった支那事変は近衛内閣の時代に発生したのである」「近衛公その人の性格が、自ら戦争を好まない事は、十分諒解出来るが、その性格の弱さが、ずるずる戦争激発を容易ならしめたことは事実である」「近衛公が政治的罪悪を犯し、戦争責任者たりしことは一点疑いを容《い》れない」「近衛公自身は、戦争犯罪を自覚せず、……」「降伏終戦以来、戦争中上層指導の地位にありしものの、一人の進んで男らしく責任を背負って立つものがない」「廃徳亡国の感、いよいよ深きを覚える」（原文は旧かな）

近衛は、遺書を残している。

「僕は支那事変以来、多くの政治上過誤を犯した。これに対して深く責任を感じているが、所謂戦争犯罪人として米国の法廷において、裁判を受けることは堪え難いことである。殊《こと》に僕は、支那事変に責任を感ずればこそ、この事変解決を最大の使命とした。そして、この解決の唯一の途《みち》は、米国との諒解にありとの結論に達し、日米交渉に全力を尽したのである。その米国から今、犯罪人として指名を受けることは誠に残念に思う」「戦争に伴う昂奮《こうふん》と激情と、勝てる者の行き過ぎた増長と、敗れたる者の過度の卑屈と、故意の中傷と、誤解に基づく流言蜚語《ひご》と、これら一切の所謂、世論なるものも、いつかは冷静を取り戻し、正常に復する時も来よう。その時初めて、神の法廷において正義の判決が下されよう」

誰が近衛文麿を追いつめたのか。

外相だった吉田茂は、「何もわからない」と言う。

マッカーサーは、分厚い『回顧録』（一九六四年）で新憲法について長々と述べているが、近衛については一言もいわない。

近衛は、マッカーサーの期待に沿う憲法を書くのに失敗したが故、死に追いこまれた、と考えるのが自然である。

2　松本（日本政府）草案の即死

日本政府の憲法問題調査委員会は、三カ月間（一九四五年十月中旬から翌年一月中旬）、閣僚たちと頻繁《ひんぱん》に会議をし、天皇大権と民主主義の間に存在する溝を、どのような言葉で埋めることが出来るかと苦悩する。その間、各政党も競《きそ》って独自の提案を出した。

GHQ民政局は、各党の新憲法草案を分析する。

「天皇は臣民《しんみん》の輔翼《ほよく》に依り憲法の条規に従い統治権を行う」と断言した進歩党の草案は、「全提案の中でも最も保守的」であり、「天皇大権がそのまま残っている」「個人の自由、民主的手続きにも欠けている」と非難された。

「天皇は統治権の総攬《そうらん》者なり」と言明した自由党案は、「進歩党案と五十歩百歩である」と一蹴された。

社会党案は、民政局の受けが良かった。

「人権は経済的保障とともに規定されていた。司法権の独立もある。国会は三分の二の多数決で憲法改正ができる。個人の尊重に基づいた政府の機構ができている。国会が国家権力の最高機関になる。市民的自由も完全に保障されている。天皇は政治権力から切り離されている」

「主権は人民にある」と宣言した共産党の提案は、「主権は人民にあり……天皇制は廃止する。基本的人権の完全実施、ことに経済的裏付けに注意を払っている」と褒《ほ》められた。

共産党案がGHQにとっては最良のものであったが、共産党案であるが故に、そのようなことは口が裂けても言えない。日本共産党は、極悪人スターリン・ソ連の出店だとGHQは思っていた。

しかし、アチソン政治顧問はマッカーサーに、「共産党案を除けば、社会党案だけが、天皇と人権について我々の意図に近いものです」と白状している。

市民団体もさまざまな草案を公表したが、民政局は、(1)不当な捜索、押収《おうしゅう》から保護される権利の条項がない、犯罪の追及、刑の執行に際して個人の保護条項がない、(2)婦人参政権、婦人の社会・経済・政治的平等の提案がない、(3)地方自治の提唱もない、と指摘した。

GHQの落胆《らくたん》が見える。日本国民の思想的盲点を見せられた思いであったのだろう。

マッカーサー自身は、憲法改革にどれほど関与していたのか。

「私は憲法問題調査委員会の審議に全く関与しなかった。私の部下も誰も関与しなかった」とマッカーサーは『回顧録』の中で断言している。彼の回想は、己の偉業を護るための大失態の隠蔽《いんぺい》か。

一九四六年（五月頃）、マッカーサーはバーンズ国務長官に、自分がいかに深く憲法問題に関与しているかを説明する。「初期の段階から幣原内閣の草案ができる一九四六年三月四日まで、私は頻繁に大臣たちと個人的に会い、憲法改革に必要な諸原則につき説明をした」。

マッカーサーの幕僚の関与についても、「この初期の段階で、政治顧問（アチソン）は国務省の指令で日本の政治指導者と会談した」とバーンズ長官に報告している。

マッカーサーとアチソンは、松本憲法問題調査委員会が、幣原内閣の閣僚たちと密接に協議しているのを十分知っていたので、彼らもまた大臣たちとたびたび私的協議を行なったのである。これらの会合で、日本政府の考え方を正確に把握《はあく》することができた。

アチソンは早くも、一九四六（昭和二十一）年一月七日、マッカーサーに警告する。

「政府案（松本案）は、現憲法（明治憲法）の最初の四条について原則的に手をつけないことになっております。これら四条は、我々が（敵として）戦ってきた神聖日本国の礎石《そせき》であり、柱です」「現政権下では、自発的な民主的政府を形成できるような改正は望めません」と嘆き、既にGHQが直接介入することを仄《ほの》めかした。

「近衛悪夢」が彼らを悩ませていたのだろう。

アチソンの警告から三週間後、一九四六年二月一日、松本草案が『毎日新聞』にスクープされ、その英訳が翌日マッカーサーに手渡された。

日本の憲法学者の三カ月の懸命の努力を結集したものである。

マッカーサーは激怒した。「旧明治憲法の言葉を換えたものにすぎない」「三カ月かかって、憲法は全く同じである。いや、悪くなった」。

民政局も「松本案は、最も保守的な非公式草案よりもはるかに遅れたものである」と絶望感を表現した。

マッカーサーは松本個人を攻撃し、「極めて反動的（an extreme reactionary）であり、独断的であらゆる審議を牛耳《ぎゅうじ》っていた」と言った。

民政局の松本評価は、「天皇制（Emperor System）護持と国体維持に最も熱烈で、完璧な保守派である」。

松本草案の何がマッカーサーをかくも怒らせたのか。

松本草案、「天皇ハ至尊ニシテ侵スヘカラス」。

明治憲法、「天皇ハ神聖ニシテ侵スヘカラス」。

この言葉の曲芸がマッカーサーの逆鱗《げきりん》に触れた。

一カ月前、一九四六年一月一日、天皇陛下自らが自己の神性を否定（人間宣言）され、マッカーサーも閣僚たちと幾度も個人的会議を行なった後での草案である。

マッカーサーの失望の言葉を二、三引用すれば、松本草案の息の根を即座に止めた理由が分かる。

「天皇大権には手を触れていない」「〝陸海軍〟が〝軍隊〟になっただけである」「松本草案は国民の少ない権利をさらに減らし、義務を増やしただけである。権利の絶対保証は全くない……。憲法をこの国の最高法とする規定がない。この欠陥は致命的である」「建物の内部構造を変えないで、玄関だけを新築する彼らの技術は見事である」

吉田首相は、「松本博士は、『草案が公表されれば、あらゆる方面から修正が要求されるから、原案には改正をできるだけ少なくするほうが得策である』と私に説明した」と回想している。

民政局は、その松本の説明を、次のように解釈する。

「抜本的改正を行なうと、穏健派を激しく動揺させ、民主主義に反対する態度をとらせることになろうと松本博士は説明しているが、これは反動派が、民主的政府の樹立に反対する時、繰り返して使う言い訳である」

当時、政府の意図は、「絶対必要とされる改革以外は何も変えないという方針だった」と吉田は回想しているが、これが本音だ。

松本自身、一九四五年十二月八日、衆院予算委員会で「天皇が統治権を総攬《そうらん》せられるという大原則は何等《なんら》変更する必要もないし、また変更する考えもない」と証言している。吉田自身も「政府の思いは、明治憲法の基本原則を変えず、ポツダム宣言条項を満足させることだった」と白状した。

ＯＳＳ（アメリカ戦略諜報局）の調査分析課は、既に一九四五年九月（占領が始まり、わずか一カ月後）、「日本支配層は政治機構を改革しなくても、政治のやり方を変えさえすれば、ポツダム条項の要求を満たすと考えているようだ」と日本政府の意図を見抜いていた。

吉田も松本も、明治憲法は民主主義の聖典だと思っていた。吉田によれば、「明治憲法は明治天皇が政治を司《つかさど》るにあたっての日本国民との約束を前提にしている。民主主義という言葉を使わなくとも、民主主義はこの国の伝統の一部をなしており、ある人たちが誤解しているように憲法改正によって導入されるものではない。そういう事実をくどくど説明する必要はない」。

明治憲法のどこが悪いのか。「この基本法の精神は不幸にして、時の流れとともに歪曲《わいきょく》され、国家的悲劇へと導かれていったのである」。吉田は「時の流れとともに明治憲法の精神が不幸にも歪曲される」ことのないように明治憲法の改正を行なうべきではないか、とは思ってもみなかった。

3　マッカーサー『回顧録』の欺瞞

マッカーサーは、「日本政府に対し最も有効な手段は、私自身が……憲法草案を用意することである」と決断した。マッカーサーは気が変わったのではない。

マッカーサーが、一九四五年十二月二十六日のモスクワ協定（極東委員会設立）により、「憲法問題は自分の占領業務ではない」と言ったが、これは外交辞令を述べただけだ。

この馬鹿げた協定で、アメリカ政府は、日本占領を独断で行なうべき正当な特権を恥ずかしくもなく売り渡した、というのが彼の真意であった。

一体全体、「日本帝国を打ち破ったのは誰なのか」。

モスクワ協定に基づき、憲法改正について、自分はいかなる行動もとらないと言ったのは、嘘だった。

事実、マッカーサーと彼の部下たちは、新憲法草案に関して日本の指導者とたびたび会い、協議をしていたので、マッカーサーは松本が、自分の考えを反映するものと期待していた。

裏切られたと思ったマッカーサーは、憲法改正に手を出さないとの態度をかなぐり捨て、第一子分の民政局長ホイットニーに、自分の直筆《じきひつ》のノートを手渡し、憲法草案を書けと命じた。

マッカーサーの手書きのノート。（英語の原文は、附録①に載せた）

Ⅰ

「天皇は国家の元首の地位にある」

「皇位の継承は世襲による」

「天皇の義務と権能は、憲法に従って行使され、憲法に示された国民の意思に応じたものでなければならない」

Ⅱ

「国家の権利としての戦争行為は放棄する。日本は、（国際）紛争解決、および自衛のためでさえも、その手段としての戦争を放棄する。国の安全保障のためには現在世界に生まれつつある高い理念、理想に頼る」

「陸、海、空軍は決して認められない。またいかなる交戦権も与えられない」

Ⅲ

「日本の封建制は廃止される」

「皇族以外の爵位は現存のものに限る」

「今日以後、貴族特権は政府もしくは民間機関においてなんらの権力も持たない」

「国家予算はイギリスの制度を見習う」

民政局は、六日間で憲法草案を完成し、一九四六年二月十日、マッカーサーに提出した。マッカーサーの承認を得て、ホイットニーは「マッカーサー草案」を松本と外相の吉田に手渡した。二月十三日午前十時のことである。

吉田は、その日のことを忘れたくても忘れられない。

「ホイットニー准将は私に、GHQが松本草案に満足していないので、このモデル草案をもってきた。この草案に基づいて、できるだけ早く、改正案を作成せよと命令した。草案はアメリカ政府ならびに極東委員会の承認を得るであろうと言い、もし日本側が即刻改正案を提出しなければ、天皇に何が起こってもGHQは知らないぞ、とまで言った」

ホイットニーは、「内閣が草案を差し出さねば、マッカーサー元帥はこの草案を（政府を通さずに）国民の前に提出する用意がある」と言った。日本保守派は、天皇を救うためならば何でもすることを、GHQは毎日のように見ていた。新憲法は天皇の命と交換だったのか。

ホイットニーが吉田に、「マッカーサー草案は極東委員会の同意を得るだろう」と言ったのは、謀略である。

マッカーサーは、機能的には存在さえしていなかった極東委員会と、憲法改正について協議する気持ちのかけらさえなかった。彼は『回顧録』の中で、「占領（政策）が極東委員会の審議に頼っていたら、ソ連の拒否権で、新憲法は金輪際《こんりんざい》できあがらなかっただろう」と本心を明らかにしている。

「マッカーサー草案」を手渡された時、ホイットニーによれば、吉田と松本は「目に見えてうろたえ、問題を閣議で論議しなければならないと言った」。

「四十八時間以内に返答せよ」とホイットニーは吉田に命令する。内閣も大衝撃を受けた。日本政府は、革命的なマッカーサー草案を基礎とした新憲法を作る心構えは全くできておらず、ＧＨＱと交渉し、妥協策はないものかと探りはじめた。

松本が妥協を求め、ホイットニー准将に会いにいった時、「マッカーサー草案はまとまった法体系であり、その一部を変更することは全体に悪影響を与える」とホイットニーは突き返した。

日本政府は「吉田外相が松本支持の保守派の急先鋒」（ＧＨＱの台詞《せりふ》）となって手を打ったが、マッカーサーには妥協する意図など全くないことを悟《さと》る。

日本政府は新憲法支持派と明治憲法擁護派に分裂した。

マッカーサー草案を受け取った一週間後、二月二十一日、幣原首相は行き詰まってマッカーサーの助言を求めた。

翌日、幣原はこの会見について閣議で説明する。

「マッカーサー元帥は日本の幸福を第一に考えており、ことに天皇陛下と会ってから、天皇を護ることが非常に重要であると思うようになった。しかし、極東委員会の対日感情がなお強く、ことにソ連、オーストラリアは日本がやがて強国になり、連合国に報復するのではないかと懸念しており、極東委員会が天皇を裁判にかける可能性をなくすため、マッカーサー草案では、意識して天皇の定義を国家の象徴とし、戦争放棄条項を強調したのである」

民政局は、「ＧＨＱは幣原内閣の苦境に介入することを望んでいない」と、事実を曲《ま》げて記述した。しかし、悪質だったのは、マッカーサーがまだ一度も会合を持っていない極東委員会を飽《あ》くことなく利用したことだ。彼はこの委員会を極めて軽蔑していたのだからなおさらだ。

「マッカーサー草案」から二週間後、一九四六年三月二日、最初の日本政府案がどうにか作成された。同草案は三月四日、マッカーサーに渡された。松本案は、二度と持ち出されなかった。

マッカーサーの側近（ホイットニーたち）と日本側との間で緊密な討議が行なわれ、三月五日、第二の日本政府草案、いわゆる「内閣草案」ができあがった。

「内閣草案」は、マッカーサー草案に極めて良く似ていた。当然である。即日、マッカーサーはこれを承認した。

幣原首相と閣僚は、その内閣案を読んで涙に噎《むせ》んだ。

しかし、幣原はAP記者に、「日本側が天皇の新しい定義として国家の象徴を提案した」と語っている。そう言え、とマッカーサーからの厳命だったのだろう。

天皇が「国家の象徴《シンボル》」という発想は、当時の日本人には不可能な考え方だ。「シンボル」はアメリカ人の発想だ。

幣原内閣の苦悩は続いた。内閣案を拒否するかどうかではなく、完全受諾か条件付きかで苦しんだ。最後の手段として、幣原は吉田を伴い、三月五日の夜遅く天皇を訪問した。

天皇は「この草案を支持する」と言われた。

翌三月六日午前、幣原内閣は同草案を公式決定した。全文が三月七日、全国に発表された。

『朝日新聞』は「画期的な平和憲法」として歓迎した。そして、八日の社説では、「政府草案という限りにおいて、それは天降りともいえようが、……われわれはこの草案を以て、国民が論議研究するに足りる高い価値《かち》を持っていることを断言し得る。これは幣原内閣単独の力のよくなし得る所でなく、……アメリカの強力な助言が役立っているとみるべきである」(原文は旧かな)と明言した。

同草案と共に天皇の「お言葉」が発表された。

「朕曩《さき》ニ……日本国政治ノ最終ノ形態ハ日本国民ノ自由ニ表明シタル意思ニ依《よ》リ決定セラルベキモノナルニ顧ミ日本国民ガ正義ノ自覚ニ依リテ平和ノ生活ヲ享有《きょうゆう》シ文化ノ向上ヲ希求《ききゅう》シ進ンデ戦争ヲ抛棄《ほうき》シテ誼《ぎ》ヲ万邦《ばんぽう》ニ修《おさ》ムルノ決意ナルヲ念《おも》ヒ乃《すなわ》チ国民ノ総意ヲ基調トシ人格ノ基本的権利ヲ尊重スルノ主義ニ則《のっと》リ憲法ニ根本的ノ改正ヲ加ヘ以テ国家再建ノ礎ヲ定メムコトヲ庶幾《こいねが》フ……」

天皇と同時にマッカーサーも声明を発表した。

「私は、天皇ならびに日本政府によって作られた新しい憲法が、私の全面的承認を得て、日本国民に提示されたことに深い満足をもつ」

一九四六年六月二十六日、「政府草案」は日本国会の審議のため提出された。マッカーサーの声明が草案に付けられていた。「いま議会に提出された政府憲法草案は、日本の文書であり、日本国民のためのものである」。

衆議院は、八月二十四日まで討議を続け、四百二十一対八で採択した。反対票八のうち六票は共産党であり、同党は皇室廃止と日本の自衛権の承認を要求していた。九月と十月、貴族院が最後の仕事として審議し採択した。この後、貴族院は廃止され、参議院の誕生となる。

十一月三日（明治節）、天皇は同法を公布し、一九四七（昭和二十二）年五月三日憲法が施行された。

今日まで、修正は全くされていない。

アメリカ憲法は、既に二十七条項の修正がなされている。

マッカーサーは、日本新憲法を「占領の最も重要な成果」と自賛した。

吉田首相も、「太平洋戦争終結後の最も重要な改革である」と同意見を述べた。

マッカーサーがいかに嬉々としていたかは、彼の五月二日の吉田首相宛の書簡に現われている。彼はそれまで禁じていた「日の丸」の掲揚《けいよう》を許可した。「国旗掲揚を、日本の恒久平和時代の到来を記念するものとせよ」。

吉田も嬉々としている。「日本国を代表して、閣下が日本国民に国旗掲揚を国会議事堂、最高裁、首相官邸および皇居の中で無制限に掲揚できるよう許可されたことに対し、私は深い感動と称賛の意を表明いたします」「翻《ひるがえ》る国旗は日本国民に真の民主的で平和な国になるよう、より一層の努力を鼓舞《こぶ》することは間違いありません」。

マッカーサーの武勇を疑う者は誰一人もいない。だが、死が間近に迫り、己が歩いてきた道を振り返ると、悔《く》いを残す行ないが亡霊のように現われてくるのだろう。

「私は、アメリカ製の日本憲法を作って日本側に押し付け、それを私の命令で採択させるということはしなかった。憲法改正は日本人自身が強制されずに行なうべきものだった」と自伝の中に書き込んでも、自分が書いた「占領憲法」の怨霊《おんりょう》から逃れきれない。

4　極東委員会とマッカーサーの喧嘩

マッカーサーが、占領政策決定権を持っている極東委員会と、事前協議もなく、一九四六年三月六日に憲法草案を承認したことは、「政策決定者は誰なのか」という厄介《やっかい》な問題を引き起こした。

四日後、極東委員会は、「この承認は日本国民に誤解を与え、極東委員会がこの草案に同意をしていると受け取られる恐れがある」と抗議した。

この誤解を解くため、極東委員会は、マッカーサーが日本国民に、「この承認は今後、国会に提出される他の草案を排除するものではない」と声明を出すよう要請した。

マッカーサーがそのようなものを出す訳がない。同草案のみが、日本国会の審議すべき唯一のものだった。事実、この草案は、マッカーサー自身の会心の作品だ。

さらに、極東委員会は、「同草案がポツダム宣言に合致しているかどうかを検討するので、最終草案を委員会に差し出せ」と要求した。

二日後、三月十二日、バーンズ国務長官は極東委員会に、「憲法が採択される前に、極東委員会に審議してもらう」と確約した。

バーンズの約束も極東委員会を満足させなかった。憲法採択に決定的な影響を及ぼす戦後初の衆議院の選挙が、一カ月後の四月十日に予定されていたからである。

マッカーサー自身も、この選挙が「事実上、国民投票の意味をもつ」と言っていた。

三月二十日、極東委員会は、草案が日本国民に提出されてから選挙までの期間が短すぎ、「反動的保守政党」だけが有利になり、「この草案賛成派に政治的利点を与えることになるので、選挙を延期せよ」と強く要求した。

これと同じ台詞《せりふ》が、四月十日付ソ連紙『イズベスチヤ』の社説になっていた。モスクワのアメリカ大使館は、マッカーサーと国務省にそれを打電した。

「もし選挙の結果、占領目的に不利になるようなことがあれば、私（マッカーサー）は国会を解散し、再選挙をさせる」と反論し、極東委員会を無視した。

マッカーサーは、全候補者の徹底的な人物調査を行ない、好ましからざる候補者を追放した。選挙は予定通り、一九四六年四月十日に実施され、その結果はマッカーサーを満足させ、彼は「民主主義は前進した」と述べた。

しかし、ソ連紙『プラウダ』は選挙結果について、「日本帝国主義の犯罪に責任ある反動政党の支配を再確認し、マッカーサーは彼らを支持した」と手厳しく批判した。

極東委員会は、憲法草案の変更は不可能と認め、質問作戦に出る。選挙の二日後、四月十二日、極東委員会はマッカーサーに質問状を打電した。

(1)「他の草案が、いかなる方法で日本国民に知らされ、討議されたのか」

(2)「日本国民が、新憲法を検討した時、いかなる民主主義的原則を適用したのか。その証拠は」

(3)「日本国民はどのような方法で、皇室を廃止し、民主改革するよう鼓舞《こぶ》されたか」

極東委員会は、「マッカーサー自身がワシントンに来られないのなら、幕僚のメンバーを送り、質問に答えよ」と要請した。

この侮辱に耐えられるマッカーサーではない。激怒したマッカーサーは、極東委員会議長のフランク・R・マッコイ（アメリカ陸軍少将）に、個人的秘密電報を送った。マッコイ宛にしたのは、彼が自分を崇拝していることを知っていたからだ。事実、マッコイが極東委員会のアメリカ代表に任命された時、彼は「任命を受諾する前に、あなた（マッカーサー）と事前協議することができなかったことを残念に思います」と、マッカーサー元帥に伝えてくれるように陸軍省に要望している。

マッカーサーは、極東委員会に対する怒りをマッコイにぶちまける。

「日本国民によって採択された憲法改正に関し、私はいかなる措置もとらない、というのが私の意図であった。それはまたアメリカ的な政策である。しかし、極東委員会は、日本国民が草案を採択する前に、委員会の同意が必要であると、しつこく要求している。これはアメリカ政府に政策変更をさせようとするものだ。極東委員会の態度は、我々の占領行政に計り知れない害を与える。なぜなら、委員会の態度は、日本国民に、憲法草案は連合国軍に銃剣を突きつけられて、丸呑みさせられたものである、との偏見を起こさせるからだ」

「私が政府草案を個人的に承認したのは、民主的改革のため因習《いんしゅう》、偏見、反動と戦っている自由勢力を精神的に力づけるためで、私の承認によって連合国、または最高司令官自身が、介入した訳ではない。私は諸原則に同意を示したのみである」

マッカーサーの怒りはまだおさまらない。

極東委員会は、「何ら行政権限をもっていない」「それは最高司令官（マッカーサー自身）のみにあるのだ」「同委員会は、最高司令部あるいは日本政府のとるいかなる政策にも、事前承認を要求する権力も持っていない」「最高司令官の権威をこのように侵害することは……最高司令部の権威を脅《おびや》かし、日本政府と国民を混乱させようとするものである」。

怒りは続く。

「大切なことは、日本におけるアメリカの影響力と権力の保持である。日本におけるアメリカの優勢……を崩壊させようと計画的に集中攻撃が行なわれている。それは極東委員会の中に、外交と同志愛という衣《ころも》をつけ、はっきりと存在している。私はあなたがアメリカ政府の立場、政策を守るため、拒否権を含むあらゆる方法をとることを切に要望する」

マッコイ少将は直ちに国務省極東局のジョン・C・ビンセントに相談した。

ビンセントは、四月十九日、バーンズ国務長官にメモを書き、

「(a)マッカーサー元帥は憲法草案に承認を与えるべきでなかった (b)彼の弁護は当を得ていない」「(日本でのアメリカの権力保持について) マッコイ少将はマッカーサー元帥同様、責任を十分自覚しているものと確信します。私もそうです。しかし、同時に、留意しなければならないことは、日本占領は連合国全体の責任であることがすでに合意されている点でありま

す」

ビンセントは進言する。

「マッカーサー元帥に次のことを保証すべきです。我々は彼の行政最高責任者としての立場を守る必要について十分認識していること、日本におけるわが国の影響力保持の重要性も意識していること、であります。……極東委員会の三月二十日の政策決定（選挙延期）は、モスクワ協定違反ではないと率直に指摘すべきでしょう」

翌日、マッコイはマッカーサー宛の個人的返信案を書いた。ビンセントがそれに手を入れ、バーンズが「訂正通りＯＫ」とサインした。

「私（マッコイ）は、あなたが直面しておられる困難をはっきりと認識しております。国務省、陸軍省もこのことをよく理解しております。我々一同は、あなたが確立した政策、および極東におけるアメリカの重大な国益を守るというあなたの決意に同意し、あなたの立場を守る覚悟です」

マッコイは、極東委員会に検討する権限があることも伝えようとする。

「我々の見解はあなたの見解と一致しています。つまり、委員会は新憲法案がポツダム宣言と降伏文書に反しない限り、あなたの政策に口を出すべきではないということであります。……ここでもう一度お伝えしたいことは、私は絶えず、アメリカの利害を念頭におき、あなたを護るために全力を尽くすつもりです」

マッコイ委員長が極東委員会を代表して、マッカーサーの「横暴」を叱責するはずだった。

これでは叱責どころか、マッコイとマッカーサーの間に陰謀が成立したようなものだった。

それ故、マッコイは、極東委員会がマッカーサーに質問状を出した四月十二日から一カ月半も過ぎた五月二十九日に、極東委員会に経過報告をする。

「彼（マッカーサー）は極東委員会と緊密な連絡をとり、理解し合う必要については十分に認識している。彼はできるだけの努力をする用意がある。……しかし、彼が憲法改正問題に関して、彼の代理として、部下をワシントンへ派遣することはできない。なぜなら、彼はこの問題に個人的に関わっており、彼の見解を代弁できる者は他にいないからである」

アチソン政治顧問は、マッカーサーを支持して、極東委員会を攻撃した。

彼は、一九四六年六月二十一日、国務省の占領地域担当次官、ジョン・H・ヒルドリングに手紙を書き、援護を要請する。

「（極東委員会が）日本での状況について認識を欠き、誤解から生じる理解しがたい態度には、我々も非常に悩まされている。……マッカーサー元帥およびGHQの誰も憲法を〝押しつけよう〟とする考えは毛頭なかった。……草案は日本の文書であり……私は極東委員会のアメリカ代表が、委員会のメンバーたちを再教育するよう願っている」

マッカーサーは、極東委員会を「苛《いじ》め」すぎたと思ったのか、バーンズ国務長官に弁解を試みている。「日本の憲法改正に関する極東委員会の権限は、指針的な政策案だけに限られるのは明らかである」。

マッカーサーは、委員会側にそのような政策案がないことを知っており、

「極東委員会からかかる政策指導がないので、私は、ポツダム宣言、降伏条件を、私の解釈に従って実施する限り、明らかに制約を受けない。……私はアメリカ政府から受け取った指示に従って忠実に行動してきた」と説明した。

マッカーサーが、強硬な態度に出たのは、彼が幣原首相に言ったような「日本の幸せに絶大な関心」を抱いたからではなく、占領で最も重要な成果（新憲法）をめぐり、極東委員会と争ったからだ。極東委員会が日本占領の政策決定機関として動き始める前に、彼は最も華々しい業績を自分だけで成し遂げたかったのである。

極東委員会は、一九四六年二月二十六日、ワシントンで第一回会合を行なった。

それまでに、マッカーサーは松本草案を拒絶し、ホイットニーにマッカーサー草案を用意させ、それを幣原内閣に押し付けていた。同内閣は、受諾か拒否かではなく（拒否は選択外）、「国家の象徴」としての天皇の解釈をめぐって悶々《もんもん》としていた。

二月二十六日までには、マッカーサーはまだ機能していない極東委員会を持ち出し、極東委員会は皇室廃止ばかりでなく、天皇自身の死刑さえ考えており、もし日本政府がマッカーサー草案を拒否すれば、自分としてはどうすることもできない、と日本政府を恐喝《きょうかつ》していた。

二月二十六日までに、「最も重要な成果」は事実上、完成していたのである。

かくて、マッカーサーは誇らしげにバーンズ国務長官に報告する。

「この件（憲法改正）に関しては、迅速《じんそく》に行動することが最も重要である。日本国民は目下、全く非民主的な憲法下で苦しんでおり、改正が遅れれば、改正を望んでいない者たちを援護するだけである」

マッカーサーは俊敏さと強引さをもって圧勝した。

吉田は、マッカーサーがなぜこのように早急に動いたか分からないと言いながら、「どの国の軍人にも共通の、性急さによるもの」と推測している。問題の焦点は、軍人マッカーサーの「性急さ」ではない。

新憲法の完成によって、極東委員会にはもはや重大な政策決定はほとんどなくなった。マッカーサーがのちに極東委員会を「討論サークル」と呼んだのも当然である。

しかし、この討論サークルは執拗《しつよう》に生き続け、一九四八（昭和二十三）年十一月に新憲法の国民投票を企画した。

アリス・ダニングは、上司の国務省極東・アジア局長マックス・W・ビショップに極秘の覚書を送り、「憲法はアメリカによって鼓舞《こぶ》、促進された文書であり、日本国民が同文書に対し反対投票することは、数がいかに少なくとも、アメリカに反対する者に、武器を供給することになる」と警告した。国民投票は見送られた。

5　人　権

新憲法は、注目に値《あたい》する二点の特徴をもっていた。

第一は、日本史上、例のなかった人権・市民権の保障である。

GHQ民政局は、国民の人権をめぐって日本政府が示した態度につき、次のように批判した。

「国民に保障された基本的人権が躓《つまず》きとなっている。日本政府は、国民が自由を乱用するのではないかと恐れ、行き過ぎを防止する法的措置がとられなければ、行政が麻痺《まひ》するのではないかと心配ばかりしている」

日本国民は、乱用できるほどの自由を手にしたことはなかった。

「行き過ぎを防止する法的措置」とは、かの悪名高き思想統制の復活を狙ったのだ。それ故、GHQ民政局は、「個人的自由より国家優先論を前に出す傾向が強い日本政府の動き」に敏感に反応し、日本政府の意図を完全に封じた。

その結果をロバート・ウォード（アメリカの政治学者）は、「（憲法の）第三章は、市民的自由の擁護としては世界でも最も広範囲なものである」と的確に要約した。

「危険思想」というものは、日本ではもはやありえないことになった。しかし、GHQは、日本のあらゆる印刷物、教科書、ラジオの内容の事前検閲や手紙の開封に忙しかった。「危険思想」を探していた。

一つ余談。

日本の憲法は、アメリカの制度と同じように、最高裁判所に一切の法律を合憲か否かを決定する権限を与えている。しかし、「国会は国権の最高機関であって、国の唯一の立法機関である」と憲法が規定しているので、司法権優位と立法権優位の間で摩擦が生じる恐れもある。

最高裁判事十五名の指名に関して、マッカーサーと吉田首相の間でやりとりがあった。

一九四七（昭和二十二）年一月三十一日、マッカーサーは翌二月一日に予定されていたゼネストの中止を命じた。二月二日、彼は吉田に「総選挙の時期が来たものと信ずる。国民の意思の民主的表現をとりつける必要がある」と命令した。

マッカーサーは吉田内閣が、国民の信頼を失ったと感知したのだ。

四月二十日、参議院（貴族院にとって代わった）の初選挙が行なわれた。衆議院選挙が四月二十五日につづき、吉田の自由党は決定的に支持を失った。吉田は敗れることを知っていた。それ故、首相の地位を離れる前に、最高裁が自分の陣営に留まれるよう策を練った。

参議院選挙が終わり、衆議院選挙の二日前の四月二十三日、彼はマッカーサーに書簡を送り、「我が親愛なる元帥様、私は五月二日に最高裁判所長官と十四名の判事を任命し発表できると思いますので、この機会に前もって閣下にお伝えしたい」と申し出た。

五月三日は憲法施行の日であった。マッカーサーは即座に吉田の策をはねつけた。

「私は初の最高裁判所人事は、新憲法によって選ばれた内閣によって任命されるべきだと信じる。あなたの内閣によって任命された人物と最終的にはほとんど変わらないだろうが、日本の世論ばかりでなく、連合国全体の世論に対して与える印象は全く変わったものとなるだろう」

マッカーサーは、二日後の衆院選で社会党が政権を取り、片山哲内閣が誕生するとは思ってもみなかったのだろう。

6　第九条・軍人の白昼夢

第二の特徴は、「戦争放棄」の第九条である。「特徴」ではない。

第九条は昭和憲法の礎石《そせき》である。

第九条の上に「戦後日本」が作られた。

敗戦直後の虚脱状態にあった日本国民から、平和という甘い言葉を使い、「愛国心」と「誇り」を誘い出し、マッカーサーは素手で扼殺《やくさつ》した。その死体が第九条だ。

マッカーサーは、自分にはその責任がないと断言し、釈明をする。

最初の釈明。マッカーサーがトルーマン大統領に解任された三週間後、一九五一（昭和二十六）年五月五日、アメリカ議会の公聴会で、第九条は「幣原首相が新憲法の中に書き入れた」と断言した。

第二回目は、彼の『回顧録』の中で少々込み入った言い訳をする。

「（幣原首相は）一九四六年一月二十四日正午、私の司令部に来て、ペニシリンについて礼を言った。私は彼がどこか当惑げで躊躇《ちゅうちょ》しているのに気付いたので、言いたいことがあるなら率直に話すように勧《すす》めた。すると、彼は新憲法が最終決定する時には、いわゆる戦争放棄条項を含めるよう要求した。彼はまた、いかなる軍事機構も禁止するよう提案した」

この会見が一月二十四日に行なわれ、松本案がマッカーサーに提出されたのが六日後の二月一日である。幣原が「新憲法」として心に抱いたのは松本草案である。松本草案の他には政府案がなかった。また、彼は松本案に賛同していた。

幣原が「新憲法が最終決定する時には」と言ったと、マッカーサーがわざわざ『回顧録』の中で特記したことで、自分が隠そうとしていた真実を無意識にさらけ出してしまっている。幣原やマッカーサーがこの遅い段階まで（松本草案が出てくる六日前まで）、最も重大かつ理想的な条項（戦争放棄）を書き加えることを保留する理由もない。

さらに状況を探求してみると、次のことがわかる。

(1)　マッカーサーは、松本委員会で進行していたことについて何も知らなかった、と主張しているが、彼はバーンズ国務長官に一九四五年十月から一九四六年三月にかけ、「私は大臣たちに民主主義の原則について教育するため、彼らと幾度も個人的に会った」と述べている。

(2)　既に、一九四六年一月七日、アチソン顧問はマッカーサーに、日本政府（松本草案）が天皇大権を帝国憲法に規定されたままにしておくつもりだと警告している。マッカーサーにとって、これだけでも松本草案を拒絶する十分な理由となった。

(3)　幣原が戦争放棄を自発的に提案したとすれば、彼は松本草案のことを考えていたに違いない。当時検討されていたのは同草案だけであり、幣原は、自分が指名した松本と緊密な協議をつづけていたからだ。

松本草案は、「陸海軍」の代わりに「軍隊」という言葉を含んでいた。さらに、天皇は宣戦と条約締結権をもっており、緊急事態以外は国会の同意を必要とすることになっていた（どの国でも、「緊急事態」の下で戦争を行なうのである）。

この草案を見たマッカーサーは怒り、失望し、ホイットニーに日本が憲法上、戦争できぬだけでなく自衛さえもできぬようにせよ、と命じた。マッカーサーがホイットニーに書かせた草案では、「国権の発動たる戦争は放棄する……自衛のためでさえ……」となったのである。マッカーサー直筆のノートにもそう書いてある。

幣原は、一九四六年三月七日（マッカーサー草案と酷似した「内閣案」が公表された日）、AP記者に「GHQと内閣との審議中、日本側は戦争放棄条項に何の反対も表明しなかった」と語っている。日本側が提案したのなら、「GHQ側は反対しなかった」と言う。

吉田は、「それを提案したのはマッカーサー元帥であり……それに対し幣原男爵は熱意をもってそれに応じたという印象をもっている」と推測している。

マッカーサーが自衛放棄第九条と自分との関わりを否定しようとしたのは、己の名声にとって都合の悪い現実が次々と出てきたからだった。冷戦が激化し、中国が共産主義の下に大革命を成功させ、ソ連が原爆実験に成功し、朝鮮半島がいまにも戦争になりそうになり、あたかもアジア全土が共産主義の下に屈服させられるのではないかという情勢が目の前に展開したので、吉田首相に命じて警察予備隊を創設し、共産主義に対して国防・自衛をするようにと命令した。

警察予備隊がのちに自衛隊になり、第九条の精神を侵した。

即ち、マッカーサーは、自分の「読み」の甘さをさらけ出した。それ故に、マッカーサーは逃げ口上《こうじょう》を並べ立て、責任を回避しようとする。

「世界情勢が変わり、全人類が自由の防衛のため武器をもって立ち上がり、日本も危機に晒《さら》される事態となった時には、国の資源の許す限り、日本も最大の防衛力を発揮すべきである。憲法第九条は最高の理想から出たものだが、挑発しないのに攻撃された場合でも自衛権を持たないという解釈は、どうこじつけても出てこない」

「私はこのことを憲法採択の時に声明し、後に必要になったときに提案した」と『回顧録』の中で説明しているが、真実は、憲法採択の時ではない。それから三年以上たった、一九五〇（昭和二十五）年一月一日、日本国民への年頭メッセージの中で初めて明言した。

当時、アメリカとソ連は、アジア、ヨーロッパで覇権《はけん》を争い、朝鮮半島は今にも火を噴《ふ》きそうだった。

国の歴史は時折振り返ってみるべきだ。おもしろいことに突き当たる。

今現在、自衛隊大反対、第九条大賛成の日本共産党は、当時、自衛権まで放棄すべきではないと考えていた。

一九四六年六月二十八日、衆議院の憲法草案審議の際、野坂参三と吉田首相は戦争放棄について論議した。アメリカ陸軍軍事情報局は野坂を、「日本国民の人気をえている唯一の共産党指導者」と見ていた。野坂は、その時、既にスターリンのスパイであった。

野坂「戦争には我々の考えでは二つの種類の戦争がある。……一つは正しくない不正の戦争である。これは日本の帝国主義者が満洲事変以来起こしたあの戦争、他国征服、侵略の戦争である。これは正しくない。同時に侵略された国が祖国を守るための戦争は我々は正しい戦争と言って差しつかえないと思う」

吉田「国家正当防衛権による戦争は正当なりとせらるるようであるが、私はかくのごときことを認めることが有害であると思うのであります（拍手）。近年の戦争は多くは国家防衛権の名において行なわれたることは顕著《けんちょ》なる事実であります。故に正当防衛権を認めることが戦争を誘発するゆえんであると思うのであります」「野坂氏のご意見のごときは有害無益の議論と私は考えます」（拍手）

吉田の解釈は、マッカーサーの考えと全く同じであった。

一九五〇年六月二十五日、朝鮮戦争が勃発した。

七月八日、マッカーサーは吉田首相に緊急指令を出した。「私は日本政府が七万五千人の警察予備隊を創設するのに必要な措置をとることを認める」。海上保安庁も八千人増員することを命じた。「国内治安の維持と、日本の海岸線を不法入国や密輸から守るためである」。

七月十四日、吉田は国会で、朝鮮動乱は「対岸の火事」ではない、動乱は共産主義の脅威が現実的で差し迫ったものである、我々は共産主義侵略をこの目で見た、と述べた。

日本国民は、第九条は自衛のための戦争を否定するものではない、と言い出した「全能マッカーサー」も誤りを犯す一人の人間として見ることができた。

大きな戦争が終わり、戦場で輝かしい偉業を成し遂げた征服者が、敗戦国の瓦礫《がれき》と化した首都に立ち、自分が想像できる最も理想的な憲法を綴《つづ》り、永久平和の夢を書き込んだ。この夢は、生後千百六十四日にして厳しい現実に晒《さら》され、崩壊した。

第九条は、マッカーサーの亡霊が戦後日本に呪いをかけるかのように、「日本国民は、正義と秩序を基調とする国際平和を誠実に希求《ききゅう》し、国権の発動たる戦争と、武力による威嚇《いかく》又は武力の行使は、国際紛争を解決する手段としては、永久にこれを放棄する」とつぶやき続ける。

この意味不明の日本語ゆえ、マッカーサーの呟《つぶや》きが一層恐ろしく聞こえるのだろうか。第九条の非現実性が明白になっている今でさえ、「富国日本」はマッカーサーの呪いに縛《しば》られ、身動きもできず、かつての敵軍に国土を守ってもらっている。「占領」がいまだに終わっていないとは、このことだ。第九条があるかぎり、「戦後」も終わらない。

私が何故これほどまで強く第九条に反対意見を突きつけるのか。第九条は「平和の美徳」や「戦争の悪」という「善悪の問題」以前の問題であると思うからだ。

第九条は、「生きる本能」、命を護る「自衛本能」を否定する。

第九条は、男が女や子供を護る「本能」を「悪」とする。親が子を護る、子が親を護るという「生命」の自然な「本能」を、「戦争」「武力の行使」と卑下した幼稚な空想が第九条。

第九条は「本能禁止令」。

人間の本能を無視しているが故、第九条の非現実性が我々の日常生活を脅《おびや》かし、歪《ゆが》めている。

女性や子供を護る本能を萎縮させられた日本の男が、戦後日本を、勇気もない信念もない怯《おび》えた群衆にしてしまったのだ。

怯えた国民は、強い用心棒を雇う。高い銭《ぜに》（年間五千億円）を出し、強いアメリカ兵を雇う。日本を護るため、アメリカ兵がこの異郷の地日本で血を噴《ふ》いて死んでいっても、日本人は平気なのか。恥ずかしくもないのか。罪悪感も感じないのだろうか。

用心棒を雇い、飯を食わせ、銭もやる。この状態を「平和」と呼び、「平和憲法」「平和教育」と、恰《あたか》も平和踊りを輪になって舞っている日本国民は、賢いのか、狡《ずる》いのか。それとも、「亡国踊り」をしながら奈落の底へ堕《お》ちていっているのだろうか。

第九条は、日本を安全にするどころか、「生きるための自衛本能」を悪として否定している。第九条が、日本を潰《つぶ》す。

怖いのは、この生命の本能を嫌悪するように洗脳教育された日本国民が、白蟻《しろあり》が美しい建物をゆっくりと時間をかけて食い荒らすように、内側から「日本国」を崩壊させるかもしれないことだ。外観こそ美しいが内側の朽《く》ちた国が倒れるときは、一瞬の惨劇である。

*

「明治帝国政府は、国民道徳の検閲人、良心の見張り番人、国民の運命の裁断者として君臨し、国民に何らの協議にも参加させなかった」とＧＨＱは戦前日本を評した。

この厳しい批判は、GHQ当局者への警告ともなった。

「もし民主主義の提案者（アメリカ）が被占領国（日本）の政治形態を自由に選択する権利を無視し、アメリカの政治形態を押しつけたとしたら、極めて皮肉なことといわねばならない」

この謙虚さは、彼らの行動には何らの影響を与えなかった。

マッカーサーは、公然と日本国民の道徳の検閲人、良心の見張り番人、運命の裁断者となった。だが、「自由の精神」がマッカーサーの日本改革の中核になっていたのは確かである。一九四六年、新年の日本国民への声明の中で、マッカーサーは強烈にその自由を説いている。「軍国主義、封建主義、心身に加えられた枷《かせ》は完全に取り除かれた。思想統制と教育の悪用はもはや存在しない。全ての人間は今や何ら不当の抑制を受けることはなく、宗教の自由と言論の権利を手にした。集会の自由も保障された」

しかし、雄弁なマッカーサーは、日本人の知性を全然評価していなかった。「日本人は十二歳の子供」で、マッカーサーに甘えていれば全て無事に済んだのである。

帝国政権から外国軍政への激しい移行にも拘らず、大きな社会混乱はなかった。マッカーサーが、日本人に「試行錯誤《しこうさくご》」の失態を許さなかったからだ。「錯誤」は「騒乱」を招き、彼の日本占領を不完全なものにする恐れがあったからだ。日本全土を麻痺させたであろう「ゼネスト」の前夜に彼が介入したのは、この懸念を端的に現わした。

マッカーサーの雄弁は、彼の独裁政治のスタイルに見事に合った。彼の態度は、日本国民の目に民主主義の実質を示すものとしては映らなかったが、日本保守派の困惑をよそに、国民は新憲法を歓迎した。そして、国民が民主主義を理解しはじめた時、「配給された民主主義」の矛盾が余りにも歴然となり、アメリカの政策立案者の良心を痛めた。

このアメリカ人の「良心の痛み」を正直に、かつ清々しく告白した本が一冊ある。日本占領初期、GHQ・労働部で労働法立案に携《たずさ》わったヘレン・ミアーズ女史が帰国後、一九四八（昭和二十三）年に書いた ***Mirror for Americans : JAPAN***（『アメリカの鏡・日本』伊藤延司訳、アイネックス、一九九五年）である。

戦前から、占領中にかけ、アメリカ政府およびマッカーサーのGHQが「極悪・残酷日本人」観を創り上げ、それがアメリカ国民の常識となっていたが、ミアーズはその日本人観をぶち壊した。彼女によれば、ペリーの黒船から終戦までの日米関係は次のようなものだ。

アメリカ政府は、日本が朝鮮半島やアジア大陸へ侵略をしたから日米戦争になったとアメリカ国民と世界中に言い触らしているが、世界地図を見れば、どの国がアジアへ進出したか歴然としている。我々アメリカが遠く離れたアジアへ乗り込んでいったのだ。日本は、アメリカ大陸へも、ヨーロッパ大陸へも進出していない。アメリカは、アジアで日本が邪魔になったので、無理難題を投げつけ、日本を窮地へ追い込んだ。日本は、自衛のために闘うより他に生きる道はなかったのだ。アメリカは、勝つことの解っていた戦争に日本を引き摺り込み、日本を徹底的に破壊し、力尽き果てた日本兵と一般市民を殺しまくり、勝敗のついた後でも、原子爆弾を二発も使い、さらなる大量殺戮《さつりく》を実行した。占領下、GHQは狂気の軍国主義日本を民主平和国家にすると独善的な言葉を使っているが、すばらしい文化と長い歴史を持っている日本に武力でアメリカ様式を押しつけているだけだ。

アメリカ人によるこの卓越した本は、マッカーサーによる発売禁止、翻訳禁止の烙印を押された。占領下、この本が日本国民に読まれたら、彼の日本統治は崩壊していただろう。

ミアーズ女史が心奥深く感じた羞恥心にも似た良心の呵責《かしゃく》こそ、アメリカが日本に残した民主主義の貴重な教訓であったといえよう。

第二部　戦後の悲劇「平和教育」

明治天皇は、「国造《づく》り」のため「教育」を使い、大成功を収めた。

マッカーサーは、「国潰《つぶ》し」のため「教育」を使い、大成功した。

マッカーサーは、キリスト教文明の優越を信じ、それを日本国民に丸呑みさせるため、「日本の伝統文化」を「異教徒の偶像崇拝」と軽蔑し、破壊した。

この破壊は、脈々と流れ続ける歴史と、その永い年月ゆえに育《はぐく》むことができた独自の文化を持つ国に対する犯罪行為であり、国の尊厳に対する冒瀆でもあった。しかし、マッカーサーは、「精神年齢十二歳」の日本国民を真の文明開化へ導いていると信じ疑わなかった。

この破壊が表面的なものだけであれば、一九五二（昭和二十七）年のサンフランシスコ講和条約の発効で得られた独立と同時に、日本を建て直すことができたはずであったのだが……。

絶えず攻撃に出るマッカーサーは、「日本の伝統文化」を抹殺しただけでなく、その死体に「悪」「罪」「恥」という烙印《らくいん》を押した。さらに、学校教育を使い、日本の若い世代に、「日本は大罪を犯した恥ずべき国」「愛国心は戦争を引き起こす黴菌《ばいきん》」「日の丸は軍旗」「君が代は軍隊行進曲」と教え込んだ。

この洗脳には、「平和教育」という美しい熟語が付けられていた。

日本国民はこの「マッカーサーの呪文」に縛《しば》られ、今なお、「枷《かせ》」の鎖を断ち切れず、「国」の意識と行動に無残な後遺症を残したまま、二十一世紀の荒波に呑み込まれてゆく。

これを「戦後」の悲劇と言う。

「戦後」は、屈辱の歴史である。

*

日本降伏直前、ヘンリー・スティムソン陸軍長官は、トルーマン大統領に、「日本のリベラルが沈黙したのは拳銃で脅迫されたからであります。私の知る限り、日本人のリベラルな態度はナチ・ドイツのように自《みず》ら進んで堕落したものではありませんでした」と進言している。

それを受けるかのように、マッカーサーは、日本の教職者たちや学生に、政治活動や思想討論を活発に行なうことが民主主義だと宣言し、天皇・皇室・神道が討論の的《まと》になるのが望ましいと言った。

政治思想への飢えを必死に耐えていた知識層には、アメリカが「デモクラシー」の権化と見えた。彼らの無我夢中の熱狂ぶりは、苛烈《かれつ》きわまる思想統制の嵐にも拘《かかわ》らず、絶えることなく息づいていた自由への憧れが、夢が、突然「現実」になった時の驚きと喜びであったのだ。

勝者アメリカは日本の学校教育に素早く食い込んでいった。

日本国民の日常生活が地獄であったので、アメリカの目も眩《くら》むような富と武力に対して国民の間に劣等感がすでに出来上がっていた。マッカーサーは、この優劣の関係をさらに強化し、利用した。日本国民は「一億総懺悔《ざんげ》」をさせられ、マッカーサーの命令通りに従った。また、日本政府が永く抑圧していた国民の学習欲が、新たな題材を求め動き始めた。日本の学校に注入されたアメリカの「自由・平等」の理想が、知的飢餓の苦痛を和らげ、「アメリカ」自体が最も重要な課題になっていった。

日本国民がアメリカに示した態度は、欧米の知識（文明開化）が怒濤《どとう》のごとく流れ込んだ時の明治初期に似ている。

明治日本は自信がつくにつれ、日本人の伝統と理想、夢と野心を凝縮した明治憲法（一八八九年）と教育勅語（一八九〇年）を作り、国の独立と国の精神文化を護ろうとした。

占領が終わった一九五二年から、「アメリカの行き過ぎ」を是正《ぜせい》しようとする動きが出てくるのを予測するのは難しいことではなかった。

一九四五（昭和二十）年九月二十二日に「マッカーサー元帥の文部省」として、東京・内幸町に東京放送会館の中に設立された「民間情報教育局（Civil Information and Education Section, CIE)」が日本教育を担当した。

CIEは、毎日、文部省の役人たちと会い、またCIE局長は文部大臣と、教育部長は事務次官と、定期的に会合をもった。CIEの業務（使命）は、日本国民に「民主主義」を教えると同時に、「日本はアメリカに戦争を仕掛け、敗け、降伏した」という罪悪の現実を、マスコミや学校教育を通して日本国民に徹底させ、日本の教育の中に存在している「軍国主義、国家主義、軍事教練」を完全に取り去ることであった。

もう一つ大切な役割がある。

「マッカーサー元帥に、日本国民の世論の動向を具《つぶさ》に、かつ速やかに通報する」。マッカーサーが自分の人気を神経質に気にしていたことは有名であり、CIEの中に、「世論・社会調査部」が設立された。

戦争に敗けると、かつての味方を敵に「売る」者たちも出てくる。

退職した文部省高官二人が、一九四六年末、GHQに差し出した手紙（英文）は、文部省がアメリカの改革に絶望的な抵抗をしている官僚たちの巣窟《そうくつ》ではないかと感づいていたGHQの疑いを裏付けた。

その著者の一人、金子健二《かねこけんじ》は東京帝大英文科卒で、広島高等師範学校の教授をした後、文部省の督学官を歴任し、欧米に留学の経験もあった。もう一人、岩松五良《ごろう》も、東京帝大東洋史学を一九三五（昭和十）年に卒業し、海軍大学の教授をし、文部省実業学務局教育課長を歴任し、官房長をも務めた。

「文部省の官僚たちは非常に保守的で、現状維持に全力を尽くしております。彼らは日和見《ひよりみ》主義者である上、極めて親ナチ・ドイツ派でしたが、敗戦のため、今、親米の振りをしています。これはGHQが恐いからです。彼らが吐く台詞《せりふ》は彼らの信じていることとは違うので、細心の注意を払われるようにして下さい」

「文部省の高官は、ほとんど全員東京帝大卒であり、火曜クラブという名の学閥を作っています。これは邪悪な陰謀の温床で、教育界における地下帝国なのです」
「アメリカ人は率直で正直であるため、これらの礼儀正しく、微笑《ほほえ》みかけてくる者たちが危険な策略を秘めており、しかも、人を操る術《すべ》に長《た》けているので、騙されはしないか、と私たちは心配しております」

ＣＩＥ（二代目）局長ドナルド・ニュージェント中佐は、「これは日本側の情報だが、留意するべきである」と部下たちに警告した。

戦前の原形が残らないまでに日本教育を改革したＣＩＥの軍人たちは、どのような人物だったのか。当時、『ジャパン・タイムズ』の編集長であった河合一雄は手厳しい評価をしている。

「局長は海兵隊予備軍の中佐で、小さな町の高校の校長をしていた男。彼の部下も似たり寄ったりの連中だった。（日本全土に配属されていた）地方軍政部の教育担当将校は、もっと若く、経験も貧弱な者たちであった。アメリカ軍人の教育担当者たちの理想主義や仕事への献身的な情熱は良い模範になったが、日本の教育者、特に大学の教授たちは自分の学識や経験をハナにかけ、アメリカの教育担当将校を密《ひそ》かに見下す態度をとっていた」

終戦後、初の文部大臣であった前田多門《たもん》は、一九五六年（占領終結四年後）に「日本教育を担当したアメリカ人たちは、何の教育学の知識も経験も持っていなかった」と扱《こ》き下ろした。

洞察力のあった河合が「小さな町の高校の校長」と見縊《みくび》った男ニュージェント局長は、名門スタンフォード大学大学院を卒業していた。その後、一九三七（昭和十二）年から一九四一年三月まで、大阪商大と和歌山高商で英語、経済、地理と簿記を教えた。日本語もできた。それ故、開戦と同時に、海兵隊の対日諜報部員として活躍した。

日本側は、この男を甘く見すぎたのではなかろうか。敵を過小評価すると、惨めな結果が待っている。

河合と前田がこのような発言をしたのは、日本政府が「マッカーサーの行き過ぎ」を直そうとしていた時期であったことを忘れてはならない。

しかし、これほど「無知なアメリカ軍人たち」に改革された日本教育を、未《いま》だに変えようとしない、変える気もない、そんな日本には一体どのような評価を下すべきか。

第一章　教育勅語

1　「教育勅語」の運命

日本帝国の「魂」を明文化したものは、「明治憲法」と「教育勅語」である。

一八八九年の憲法は、天皇の神聖を明記した。

一八九〇年の教育勅語は、国民の天皇に対する忠誠心と愛国心を育《はぐく》むための「道しるべ」であった。

マッカーサーは、天皇の神聖と日本国民の忠誠心を壊すため、「明治憲法」を抹消した。「教育勅語」について、GHQはどう対処したのか。GHQは「教育勅語」の重要さを知らなかった。

降伏直後の混迷状態でも、いや、それ故日本政府は、教育勅語を護るために必死だった。終戦の詔書で、天皇は、「堪えがたきを堪え」「国体を護持し」「世界の平和と進歩のために努力するよう」と国民に求められた。

一九四五年八月十五日、午後三時二十分、鈴木貫太郎《かんたろう》内閣が総辞職した。しかし、四時間後、鈴木はラジオ放送で、日本はポツダム宣言を一つだけ条件をつけて受け入れ、それは天皇陛下の大権にはなんらの変化もない、という条件であると断言した。天皇が敗戦日本を統治すると言っている。

鈴木は、日本が「無条件降伏」をしたと思っているアメリカに反論をしていたのか。それとも、ポツダム宣言を「ignore（黙殺する）」という回答をアメリカ側に伝えたため、トルーマンに原爆を使用する絶好の口実を与えた鈴木は、最後の抵抗をしていたのか。

同日、太田耕造《おおたこうぞう》文相は、県知事と各学校長全員に、国民が「国体護持《ごじ》の一念に徹し」「国力を焦土の上に復興」することが、天皇の「御聖旨《せいし》にこたえる唯一の方法だ」と訓令した後、辞任した。

八月十八日、新文部大臣前田多門は、就任の記者会見で、「日本の教育の基礎は教育勅語と終戦の御詔勅抜きでは存在しえない」「今後の教育はますます国体の護持に努めると共に、平和国家の建設を目標としなければならない」と言った。

前田は、東京帝大法科卒で、内務省勤務の後、東京市第三助役、駐フランス大使館参事官等を歴任した。朝日新聞社の論説委員を約十年間した後、ニューヨークの日本文化会館の館長をも務めた。ニューヨークに在任中、真珠湾攻撃が起こり、交換船「浅間丸」で帰国した。GHQから見れば、数少ない親米の国際人であった。アメリカ国務省は、彼に大きく期待をかけていた。

東久邇《ひがしくに》新首相も、占領下でも天皇大権と国体にはなんの変更もないと宣言した。日本の指導者たちは、天皇大権は神聖にして不可侵であり、さもなければ「国家」は衰退すると国民にも自らにも言い聞かせ続けた。

だが、降伏直後、国民はあらゆるものに、特に政府に対し、憎しみにも似た不信感を抱いていた。国民は血を吐くような犠牲を払い、日本帝国に尽くした揚げ句の果て、前例のない無条件降伏で報いられ、「献身」に心身ともに疲れ切っていた。「降伏」という言葉は、誇り高き日本人の「戦記」にあってはならないものだった。人々は希望も夢もなく、ただ飢えていた。「教育勅語」が生きようが死のうが……という風潮が生まれたのも、無理からぬことであった。

前田文相は、「国民の無関心さこそ昨今の道徳的退廃の根本である」と嘆いた。

道徳の荒廃は、アメリカ兵が進駐してくることにより、よりいっそう悪化すると心配した日本政府（内務省）は、次のような「心得《こころえ》」を全国に徹底させようとする。

一　連合軍の兵士たちは「暴行、掠奪《りゃくだつ》」をしないと思うので、「住民は平常どおり安心して業務を続けられたい」

二　「勝手に住民が移動したりすると非常な混乱をするので治安上害がある。また皇軍が速やかに秩序正しく撤退するのに支障を来たすので沈着冷静に協力すること……」

三　「連合軍の進駐後も従来どおり、県庁、警察、憲兵が治安取締りに当たるから絶対に心配は要らない」

四　「住民は絶対に県庁、警察、憲兵などを信頼してつまらぬ流言」などを信じず、「大国民たる態度で冷静沈着に職場を守り、落ち着いて家業に励《はげ》め」

五 「……すべて当局の指示を守っていくことがたいせつである」

特に心配なのは「婦女子の独り歩き」である。婦女子の「心得」は、

一 「外国軍人に対して個人が直接折衝《せっしょう》することはつとめて避けること、但し、先方から求めてきたときは毅然《きぜん》たる態度を以て接すること……」

二 「国内の治安維持は従来どおり……決して動揺することなく、またみだりに住居を逃げ出すようなことをしてはいけない」

三 「どんな事があっても腕力沙汰に訴えてはならない……」

四 「特に婦女子は日本婦人としての自覚をもって外国軍人に隙《すき》を見せることがあってはならぬ」

五 「婦女子はふしだらな服装をせぬこと。また人前で胸を露《あらわ》にしたりすることは絶対にいけない」

六 「外国軍人がハローとかヘエとか片言《かたこと》まじりの日本語で呼びかけても婦女子は相手にならず避けること」

七 「とくに外国軍隊駐屯地《ちゅうとんち》付近に住む婦女子は夜間はもちろん昼間でも人通りのすくない場所はひとり歩きをしないこと」（『讀賣報知』一九四五年八月二十三日）

日本国民を道徳的に立ち直らせるために、前田文相は「教育勅語」に示された美徳と英知にしたがうべきだと、一九四五年十月十五日の新教育方針中央講習会の席上で全国の教育指

導者に言った。前田文相はさらに、帝国議会衆議院で、「不幸に致しまして一時反動時代におきましては、この教育勅語の謹解《きんかい》にすらよほど事を枉《ま》げた独善的、排外的な解釈も行われておったように考えられますので……この際におきまして教育勅語を再び虚心坦懐《きょしんたんかい》と申しますか、清明《せいめい》な心を以て一つ謹読《きんどく》をして見る、そこに本当に私共の申しております個性の完成とか、人格、自由の尊重とか言うものが出て来る」と己の信念を述べた。

日本の指導者たちが、まるで「戦旗」でもあるかのように教育勅語防衛に懸命になっている間、GHQの態度は「我、関せず」であった。アメリカ側の沈黙が、日本側を力づけ、マッカーサーの改革方針に恐怖の念を抱いていたが、この「独《ひと》り相撲」では日本は勝ったと思っていた。

教育勅語の全文。

朕惟《ちんおも》フニ我《わ》カ皇祖皇宗《こうそこうそう》国ヲ肇《はじ》ムルコト宏遠《こうえん》ニ徳ヲ樹《た》ツルコト深厚《しんこう》ナリ我カ臣民《しんみん》克《よ》ク忠《ちゅう》ニ克ク孝《こう》ニ億兆《おくちょう》心ヲ一《いつ》ニシテ世世《よよ》厥《そ》ノ美《び》ヲ済《な》セルハ此《こ》レ我カ国体《こくたい》ノ精華《せいか》ニシテ教育ノ淵《えん》源《げん》亦《また》実《じつ》ニ此《ここ》ニ存《そん》ス爾臣民《なんじしんみん》父母《ふぼ》ニ孝《こう》ニ兄弟《けいてい》ニ友《ゆう》ニ夫婦《ふうふ》相和《あいわ》シ朋友相信《ほうゆうあいしん》シ恭倹己《きょうけんおのれ》ヲ持《じ》シ博《はく》愛衆《あいしゅう》ニ及ホシ学《がく》ヲ修《おさ》メ業《ぎょう》ヲ習《なら》ヒ以《もっ》テ智能《ちのう》ヲ啓発《けいはつ》シ徳器《とっき》ヲ成就《じょうじゅ》シ進《すすん》テ公益ヲ広メ世務《せいむ》ヲ開キ常《つね》ニ国憲《こっけん》ヲ重《おもん》シ国法ニ遵《したが》ヒ一旦緩急アレハ義勇公ニ奉シ以テ天壌無窮《てんじょうむきゅう》ノ皇運《こううん》ヲ扶《ふ》翼《よく》スヘシ是《かく》ノ如《ごと》キハ独《ひと》リ朕カ忠良ノ臣民タルノミナラス又以テ爾《なんじ》祖先ノ遺風《いふう》ヲ顕彰《けんしょう》スルニ足《た》ラン

斯《こ》ノ道ハ実《じつ》ニ我カ皇祖皇宗ノ遺訓ニシテ子孫臣民ノ倶《とも》ニ遵守《じゅんしゅ》スヘキ所之《これ》ヲ古今ニ通《つう》シ

テ謬《あやま》ラス之ヲ中外ニ施《ほどこ》シテ悖《もと》ラス朕爾臣民ト倶《とも》ニ拳々《けんけん》服膺《ふくよう》シテ咸其徳《みなその》ヲ一《いつ》ニセンコトヲ庶幾《こいねが》フ

教育勅語の持つ重大さについては、京都第六軍軍政局のJ・J・シーフェリン司令官が、友人のケン・R・ダイク准将（初代CIE局長）に宛てた一九四五年十二月九日付けの手紙の中で、明確に指摘していた。

「教育勅語は日本国民にとって日本の〝ゲティスバーグ演説〟だ。だが、教育勅語は極めて国粋主義的であり、新しいものが必要だ」

ゲティスバーグ演説とは、一八六三年十一月十九日、リンカーン大統領が行なったもので、彼の有名な「人民の、人民による、人民のための政府」という言葉はこの時に使われた。この演説はアメリカの神髄《しんずい》を語ったものとされている。

シーフェリンは、「優秀な、ある日本人教育家（京都在）」に新勅語の起草を依頼した。この日本人は、大逆罪に触れることを恐れて、自分の名を出さないことを条件に新教育勅語の原案を一八九〇年の教育勅語に似た日本語と近代的な英語とで作成した。毛筆の見事な筆跡で書かれた日本語原文とその英訳文である。

私が、スタンフォード大学・フーバー研究所の公文書館で、それまで存在さえ知られていなかった「トレイナー文書」を虱潰《しらみつぶ》しに読んでいた時、この「京都勅語」を発見した。

シーフェリンは、この新教育勅語「京都勅語」を高く評価して次のように言う。

「SCAP（マッカーサー）がこれを拒否するようなら、大変な損失だ。SCAPがいま学校に浸透している日本人の権力に対する服従と尊敬の念を継続的に利用しようと思っているのなら、天皇に勧めて新しい勅語を出させるべきだ」「天皇が同封の勅語草案を使ってもよいと思う。要はスピードだ」「SCAPが日本人の考え方を無理のない方法で変えようと望むのなら、これ（京都勅語）しかない」

ダイク局長は、シーフェリン司令官の手紙を教育部に回したが、教育部は七カ月後の一九四六年七月まで何もしない。占領が始まってから一カ年近く、教育勅語は放ったらかしであった。これは異常とも言える程の長期間に亘《わた》る「無策」である。

GHQ内の教育部は、教育勅語の重要さを全く理解していなかったのだ。

GHQ・教育部が、日本帝国の教育の「魂」とも言える教育勅語につき、一言も発言しない間、日本帝国の土台が次々と毀《こわ》されていった。その破壊の最も大きなものは、マッカーサーの明治憲法書きなおし命令だ。日本政府が明治憲法の精神を護ろうと必死になっている時、マッカーサーは日本帝国の眼に見える「敵」、即ち天皇の「神聖」を攻撃する。

一九四五年十二月十五日、マッカーサーは、「神道」と国家を切り離せとの命令を下した。この卓越した軍人は、日本国民が偶像崇拝の神道の病に冒され、天皇のためなら玉砕さえも恐れない狂気の精神状態にあると思っていた。この恐るべき国民を弱体化せねば、アメリカが危なくなる。この命令で、天皇大権の精神的基盤を破壊する決意を明確にした。

直ちに、驚愕《きょうがく》するに値する「平伏《へいふく》」が日本国民に示された。

天皇陛下が一九四六年の新年のお言葉の中で自ら神性を否定された。

「朕《ちん》と爾等《なんじ》国民との間の紐帯《ちゅうたい》は、終始相互の信頼と敬愛とに依《よ》りて結ばれ、単なる神話と伝説とに依りて生ぜるものに非《あら》ず。天皇を以て現御神《あきつみかみ》とし、且《かつ》日本国民を以《もっ》て他の民族に優越せる民族にして、延《ひい》て世界を支配すべき運命を有すとの架空なる観念に基くものに非ず」（原文は漢字とカタカナ）

幣原喜重郎《しではらきじゅうろう》首相が起草した「お言葉」だ。

天皇は、「親子の愛」と「忠誠心」を強調された。失望のどん底に落ち込んでいる国民の間に極端に走る傾向が広がりだし、道徳観は失われ、社会思想の混乱の兆候《きざし》が見え始めたからである。

思想の混乱という表現でさえ、事態を甘く見過ぎたものであろう。怒濤《どとう》のように流れ込んできたアメリカ民主主義や、日本史上、初めて共産主義者が公然と政治活動をし始めたこと、そして餓えた国民が、帝国政府に抱いていた絶望感と憎しみが巷《ちまた》に溢《あふ》れ、国民は思考の混乱を超えた虚脱状態にあった。

天皇も、このような国情を十分認識しておられたのだろう。祖父である明治天皇の、一八六八（慶応四）年の「御誓文《ごせいもん》」が引き合いに出された。だが、この御誓文は、明治維新を成し遂げた若者たちが「天皇・皇室の栄光」を夢見て書き上げた宣誓であった。確かに、慶応四年三月十四日に出されたこの誓文は「広ク会議ヲ興シ万機公論ニ決スヘシ」と述べてはいたが……。

天皇陛下が御誓文を、「自由の聖書」として将来の日本に役立てようと唱《とな》えたことは、マッカーサーを失望させた。日本の指導者が民主主義を表面的にしか理解していないと思ったからだ。

同様に、第六軍司令官シーフェリンが、京都の教育家に書かせた新勅語でさえ、我々臣民《しんみん》は「御誓文」の真の意味を把握し云々《うんぬん》、と述べている。

屈辱的な敗戦ではあったが、日本帝国政府は天皇大権に変革があるべきだとは思ってもみなかった。彼らの目には、民主主義と天皇神格との間には何等の矛盾もなかったのだ。

マッカーサーは、「天皇の新年声明は真に喜ばしいものである」「天皇神性否定は健全な思想は抵抗し難いものであると言うことを鮮やかに証明している。健全な思想は止めようとしても、止めることができないものである」と述べた。

にも拘らず、前田文相は一月八日、天皇の人間宣言について極めて感情的な訓令を全知事と学校校長に発している。その要旨は次のようなものだった。

「天皇陛下が恐れ多くも国民に対し、現人神《あらひとがみ》という間違った考えから我々をぬぐい清めることによって、皇室と臣民との間の密接な関係を実現できる道をお教えになったことに、恐懼《きょうく》せざるを得ないのであります。我々国民は『明治の国是《こくぜ》五箇条の御誓文を遵守し……平和主義に徹し、文化の水準を昂《たか》め』るべきであります。『古来家を愛するの心と国を愛する心とは、我が国民道徳の特長』であるが、今後はこの愛を拡大して『人類愛にまで完成』しなければならない。我が国の『純正なる君民の関係は……架空なる神話伝説、偏狭なる民族優越感によりて成るものにあらず……』。私は、天皇陛下のご意思の大きさに深く感激し、今まで以上に天皇への献身に励む願いにかられているのであります」

『讀賣報知』は、「全く呆《あき》れ返ってものがいえない。その訓令の内容を見ても神懸《かみがか》りに囚《とら》われた時代錯誤に置かれていて、てんで新年の詔書《しょうしょ》の意義さえ理解していないものだ。……こんな馬鹿げた訓令を出されたんではやり切れないと思う」と怒り狂っている。

日本政府（首相、文相）が声を合わせて「教育勅語」の不滅を説き続けたことが、ついにGHQの不安を掻《か》き立て、この文書に対する強い疑惑を植え付けた。マッカーサーは、前田文相を公職追放にする。

やっと、一九四六年七月十日、CIE（民間情報教育局）の教育部の語学将校スコット・ジョージ中尉と、宗教部のW・K・バンスとが、「教育勅語」と学校に掲げられている天皇陛下のご真影《しんえい》について話し合った。

ジョージは、教育部長マーク・T・オア中佐に、「学校が天皇の写真を展示することに反対しない。それが宗教的崇拝の対象として扱われるのでない限り……」と意見を書き出している。

アメリカ側が話し合っている時、日本政府は天皇の新しいご真影が準備されていると発表した。軍服姿ではなく、平服姿の天皇になる。

ジョージは「新しいものが学校の壁にかけられるだろう」と語った。即ち、平服姿の天皇に問題はないという。しかし、「現在の教育勅語は新しい日本の基礎として適当な文章ではない」「新しい教育勅語を考慮しなければならない。日本国民がそれを求めるからだ」とオア部長に勧告している。

私は、オア氏にマッカーサー記念図書館でのシンポジウムで二度会った。とても気さくな人だ。初めて会った時、オア氏は、「Thank you very much for making me famous！（私を有名にして頂き、とても感謝しています）」と言われた。

それは、私がスタンフォード大学フーバー研究所出版から出した ***Unconditional Democracy*** のことを言っているのであって、私がその時まで埋《う》もれていた教育改革文書を発掘し、引用した折、「オア」の名前がたびたび出てきたからだ。その時まで、日本教育改革に携わったアメリカ軍人たちの個人名および彼等の書いたメモは殆ど知られていなかった。オアは終戦直後、一九四五年十月にＣＩＥに配属され、翌年六月から一九四九（昭和二十四）年二月まで教育部長を務めた。帰国後、ノース・カロライナ大学で博士号を取得する。

教育勅語に関して宗教部のバンスは、手厳しい発言をした。

「一八九〇年の教育勅語は日本人のラジカル（即ち、民主的）な傾向を押さえ込む目的で書かれた儒教的な文書である」「国家神道の聖書だ」「軍国主義者たちや超国粋主義者たちは、この勅語から（戦争遂行の）精神的弾薬を得ていたのだ」

当時、国会で「マッカーサー憲法」の審議が行なわれていたので、バンスは「どんなに広く解釈しても、教育勅語は新しい憲法草案の精神から外《はず》れている……公立学校で読み上げられるべきではないし、ましてや、教科書に入れられるべきではない。大学では歴史的文書として組み入れられてもいいが……」と強い意見をはいた。天皇の写真について、「文部省は学校で天皇の写真に生徒を礼させるのは禁じなければならない」と提案している。

良識のあったヘレン・ミアーズは言う。「日本の学童が天皇の肖像に最敬礼をしたのは、アメリカの学童が『国旗に忠誠を誓う』のと同じ国民的儀礼だが、私たちはそれを見ようとしない」。

オア教育部長は、部下たちにジョージとバンスのメモの検討を命じた。

CIE初代局長ダイクが日本降伏直後（十月十五日）に破格の月給三千二百円（当時の大学教授の月給は三百円）で雇ったイタリア人顧問アルンデル・デル・レは、オア部長に「新しい教育勅語が極めて望ましい」と主張した。高等教育課のエドウィン・F・ウィグルワースは、オア部長に「新しい教育勅語などは不必要だ。新しいものが出来たら、害悪さえあろう」と警告している。

2　田中耕太郎と教育勅語

GHQ・CIEが教育勅語をいかに埋葬するかを検討していた最中に、田中耕太郎《こうたろう》文相は、その再生の努力をしていた。田中は、一九一五（大正四）年に東京帝大法科を卒業し、一九二三（大正十二）年同大学教授になり、イギリス、イタリアに留学した。留学中、ローマ・カトリックに改宗、熱心なキリスト教徒となる。一九四五年十月、文部省学校局長、一九四六年五月、第一次吉田内閣の文部大臣、同六月より貴族院勅選議員。一九四七年、参議院議員、同院文教委員長として、教師検定にも深く関わる。

アメリカ国務省は、田中を「リベラル」と思っていた。アメリカが「リベラル」と考えていた日本人は、天皇を崇拝してはいけなかった。

一九四六年六月十四日、田中文相は地方長官会議で演説した。

「近来、国民道徳の頽廃《たいはい》は極度に達し……教育勅語の内容まで疑惑を以て見られ、また外国人が自国の元首に払っている尊敬すらも日本国民として天皇陛下に払わない者も少なくないのであります」

終戦の五カ月前、一九四五年三月に田中が書き、降伏後（同九月）に彼自身が書き改めた「日本君主制の合理的基礎」（『教育と政治』好学社、一九四六年）の中で、田中は、「我が日本帝国が、天皇の統治したまう所であり、それが肇国《ちょうこく》のはじめからの歴史的事実であり、またそれが、将来に対する不動の根本規範であることは、日本国民の血肉となっている信念である……然《しか》しながら我が国体に関してかかる信念を持つことを要求期待することが出来ぬ外国人に対しては、必ずしもその理論的基礎付けが必要でないとは云えない」と述べている。

「外国人」とは、マッカーサーである。

「国体」の真の意味をマッカーサーに説得できなければ、マッカーサーは皇室と国体を同時に廃止するかもしれない、と田中は懸念《けねん》した。

文部省は、既に一九三七（昭和十二）年、国体の決定版『国体の本義』を出版していた。

この本の中では、個人主義、民主主義、共産主義は日本の国体には害悪を及ぼす異物であると言明してある。しかし、「信じれば救われる」と言う言葉があるように、理論上の深い溝は、深い信仰によって埋められ、橋渡しされる。田中も例外ではなかった。

「我が固有の国体は、我が国民性が存続する限り、政治の安定及び国家の健全なる発達の為の必須条件、不可欠の支柱と云わなければならない」「明治維新の大業及び今回の太平洋戦争の終結のごとき大英断は、上御一人《かみごいちにん》の大号令に依るに非《あら》ずんば到底行わるることを得ず、邦家はこれに因《よ》って初めて永遠のアナーキーと独裁の交替の危険から救出され得たのである」

当然、田中文相の発言の全て、著作の全ては翻訳され、GHQに読まれていた。マッカーサーに筒抜《つつぬ》けである。

田中は、この説明でマッカーサーが「国体」の意義と教育勅語の重要さを理解すると考えたのだろうが、マッカーサーは田中のような考えこそが、日本を戦争へ走らせたと思っていた。これでマッカーサーは日本の「何」を殺せば、日本が簡単に潰《つぶ》れるか、初めて良く分かった。

これでは、「日本帝国の魂」を護ると言うよりも、田中文相は手の内を曝《さら》け出し、マッカーサーの日本抹殺を容易にしているようなものだ。

田中が教育勅語と国体を護ろうとすればするほど、それらの存在が危うくなっていった。

GHQが教育勅語について禁止令を出していないので、田中は、国会演説（一九四六年七月十五日）で、国民は教育勅語を絶対に護らねばならないと述べ、教育勅語は実践されるべきで、そのためには日本の古典やキリスト教の「聖書」などを取り入れ、教育の新しい基礎を作るよう努力しなければならない、と説いた。

この発言をしたタイミングとその舞台は劇的だった。彼は「マッカーサー憲法」を審議していた衆議院の委員会で、この演説をした。新憲法は国民主権を唱えていたが、教育勅語は天皇大権を擁護した文書であった。これを十二分に心得たうえで、田中は教育勅語の優越を主張していたのだ。田中の演説はＧＨＱの無策に挑戦した。

ＧＨＱの教育部は大騒ぎとなる。

『ジャパン・タイムズ』で田中の演説を読み、激怒したバンス宗教部長は、オア教育部長に「教育勅語は絶対に学校内に持ち込まれてはならない」と言った。

一九四六年八月六日、婦人教育担当のアイリーン・ドノバンが長いメモをオア部長に送った。オアはこれを教育部内で回覧した。この八月六日付の「ドノバン・メモ」が教育勅語の運命を決める。奇《く》しくも、広島の原爆一周年記念日である。

ドノバン女史は、「教育勅語をどう扱うべきかについて、日本国民の心の中に、そしてＧＨＱにも混乱が生じている。これは直ちに解決されるべき重大問題だ。我々の勅語政策の発表が九カ月も遅れたことで、既に難しい事態（田中演説）が生じている」と切り出した。「この勅語は、極度の西欧化に対する恐怖感から生まれたものである。……百三十語の漢字からなる勅語は日本民族主義のマグナ・カルタ（大憲章）であり、軍国主義者や超国粋主義者の行動や理論の源になったものである」。

勅語で強調されている「忠君」と「親孝行」について、「これらは西欧で理解されているようなものではなく、封建的な概念であり、四十七浪士の盲目的な忠誠であり、この忠誠の下《もと》、全ての罪悪は許された。また、親子の愛については天皇崇拝の宗教に結びつき、愛国主義の宗教を作り上げた。教育勅語が日本帝国の教育の源だとすると、一体全体、〝日本の教育哲学〟とはなんだと問い返さざるを得ない。真実を追究する精神が入り込む余地が一体どこにあると言うのだろうか」「より直接的な危険は〝一旦緩急《いったんかんきゅう》あれば義勇公《ぎゆうこう》に奉《ほう》じ以《もっ》て天《てん》壌無窮《じょうむきゅう》の皇運《こううん》を扶翼《ふよく》すべし〟という言葉の中にある」「日本人の道徳・倫理の目的は皇室の繁栄のためにだけある」と強い非難を浴びせた。「これは、新憲法の精神である一個人の権利という考え方と完全に食い違うものだ」。

二度に亘って、彼女は政治顧問事務室（ＰＯＬＡＤ）の法律顧問トーマス・ブレイクモアに相談した。彼は、「教育勅語は厳密な意味では法律ではなく、天皇の個人的宣言なので、新憲法が発令されても自動的には消滅しないものだ」と言った。

これはＧＨＱが教育勅語を禁止しなければならないことを意味していた。

教育部は、京都のシーフェリン司令官が九カ月前、ケン・ダイク局長へ送ってきた草案を持っていた。教育部は、これを「京都勅語」と呼んでおり、それをドノバンは「優《すぐ》れた文書だし、我々の慎重な検討に値するが、最良の策は教育勅語などなくすことだ」と言った。「もし九カ月前に、我々が教育勅語を廃止しておけば新しい勅語の必要もなかったろう」「だが、田中の面子《メンツ》は新しい勅語の発布で救われる」「何よりも大切なのは、田中が古い勅語を認めていることがそのままマッカーサーの政策だと思われてはならないことだ」。

教育部の部員たちは彼女のメモを読み、「古い勅語は直ちに廃止されるべきで、その代用品は不要である」「田中の面子など我々の知ったことではない」「私は百パーセント、（このメモに）同意する」「この重要な問題を早急に解決しなければ、事態は大変まずいことに、いやそれより悪いことになりかねない」と痛烈な意見を出してきた。

ジョセフ・トレイナーはオア部長宛メモで、「田中が古い勅語を強力に弁護したのは理由がある。我々が勅語の効力をなくすことにつき、何もしなかったからだ。勅語は感情的な重みのある文書で、この理由からも学校に置いてはならない」と言った。

一九三六年から一九四三年にかけて、日本占領下の台湾・台北帝大で英語を教えていたイタリア人デル・レもオア部長に、「早急に教育勅語と御真影に対する〝死刑宣告〟を用意するよう、文部省事務次官に命じるべきだ」と勧告した。

デル・レは、戦前、戦中、日本に雇われ、台北で教育勅語に基づき、教師をしていた。日本が降伏するや否《いな》や、アメリカ軍に鞍替《くらが》えし、高給を取り、教育勅語を殺せと言う。

一九四六年九月、文部次官は日本語と下手な英文で、オア部長に「死刑宣告」草案を提出した。させられた。デル・レは「英語の翻訳は不明瞭で弱々しいもの」と言い、彼は同僚と一緒に完全に書き直した。「疑いの余地を残してはならなかった」「地方や県庁でこの指令が有耶無耶《うやむや》にされる可能性をなくさなければならなかったからだ」と言う。

デル・レたちが教育勅語の「死刑宣告文」を書いている間、一九四六年九月二十八日に、文部省のシンク・タンクである教育刷新委員会特別委員会は、「勅語の取扱い」について、あたかも先手を打つかのように、勧告を発表する。

「式日に際して学校（国民学校から大学まで）の儀式で教育勅語を奉読することを禁ずる」

「しかし勅語を抹殺するわけではなく…… 〝天皇の御言葉なるが故に真理なのではなく、真理なるが故に真理なのである〟との立場から教育勅語の内容は適当に活かしてゆくこととした」

後、文部大臣になる森戸辰男《もりとたつお》も特別委員会の一員だった。GHQ・CIEから強烈な圧力がかかってきた。十日後、十月八日、県知事と全学校長に文部次官通達が出た。

「教育勅語を以てわが国教育の唯一の淵源《えんげん》となす従来の考え方を去って、これとともに教育の淵源を広く古今東西の倫理、哲学、宗教等にも求むる態度を探るべきこと」「その保管および奉読《ほうどく》に当たっては、之《これ》を神格化するような取り扱いをしないこと」

この通報は田中文相の誇りを著《いちじる》しく傷つけた。三カ月後、田中文相は辞任し、参議院議員になった。田中は、「教育は即ち政治である」と信じていたから、彼の教育から政治への「変身」は困難ではなかった。

彼は著名な『教育と政治』の中で、「教育の理念は政治の理念と同一のものであり、特定の思想家においてその者が懐抱《かいほう》する政治理念と教育理念との間に矛盾相剋《そうこく》があってはならないこと、及び特定の国家として一般政治の理念と教育の理念との間に矛盾相剋があってはならないのである」と断言する（引用文は「教育と世界観」と題されたものから。『中央公論』昭和二十一年四月号に発表され、『教育と政治』に転載されている）。

田中がこのように発言したのは、彼が初等・中等学校を総括する文部省で学校教育局長だった時だ。

田中文相が教育勅語を必死に守ろうとしたのは、別の理由があったのかもしれない。彼は憲法問題調査委員会の委員長（閣議任命）だった松本烝《じょう》治《じ》の娘と結婚していた。一九四六年の初め、松本は天皇大権と日本軍隊を明記した憲法草案を書いた。当時、外務大臣だった吉田は、松本草案を称賛していたのだが、「軍隊」と「天皇大権」は、マッカーサー憲法で抹殺された。

「憲法戦線」で敗れた保守派は、天皇大権を死守するため、教育の場を最後の戦場に選んだ。田中文相は、この大博打《ばくち》の重荷を一身に背負っていたのだ。

田中の運命に同情的な人もいる。元文部省高官二人がＣＩＥに出した秘密の「付け文」には、「田中は学者で優れた教授だったが、政治家として才能はなかった。彼の義父である百万長者・松本烝治の力で突然〝ライムライト〟を浴びる舞台に押し出されたのだ」。

田中文相が教育勅語を必死に守ろうとしたことで、ＧＨＱが教育勅語を葬り去る「死刑宣告」を齎《もたら》したことは、アメリカと日本の「認識」の落差を克明に表わすものであった。日本が「守りたいもの」は、アメリカが「殺したいもの」であった。

その「死」を確実にするため、ＧＨＱの強力な民政局が介入し、衆議院、参議院に圧力をかけ、一九四八（昭和二十三）年六月十九日、教育勅語を正式に葬り去る決議をそれぞれ別個に出させた。

3　吉田茂首相の賭け

吉田首相は、簡単には降参せず、教育勅語の死から一カ年後、一九四九（昭和二十四）年五月七日、彼は内閣の中に文教審議会を設立した。教育勅語の精神を別な形で復活させようとしたのである。

衝撃を受けたのはニュージェント局長。誰一人、事前に、彼の許可を得なかったからだ。高瀬荘太郎《たかせそうたろう》文相を呼びつけた。

ニュージェント局長の怒りと高瀬文相の屈辱を伝える極秘の対話記録（一九四九年六月八日）がある。

ニュージェント「新しい文教審議会に関してあなたから直接に報告はなく、新聞で初めて知り、非常に驚《くず》いている。文教審議会が文部省の仕事をするなら、文部省とCIEの密接な関係が崩れたことになる。もし文部大臣に相談せずに、総理大臣があなたの仕事をしているのなら、総理が教育問題を自分の手中に収めたことになる」

高瀬「総理は、日本国民の道徳的退廃を憂え、結局、教育に頼るほかないとの考えから文教審議会を設立しました」

ニュージェント「教育を通じ道徳を確立する方策について意見をきくのなら、なぜ首相は教育刷新委員会を無視したのか」

高瀬「文教審議会は教育刷新委員会のような公の機能を持っておりません。むしろ総理が道徳の問題につき個人的に意見を聞き、参考にするためのものであります」

ニュージェント「もし総理が意見等を必要とするならば、あなたがすべきであって、外部の人がすべきではない。GHQ内においても同様である。こと教育に関し、マッカーサー元帥に進言をするのは自分である。もし元帥が教育に関し、自分以外の人たちを任命されたとしたら、自分としては非常に恥ずかしい思いをする」

高瀬「ご趣旨はよく分かります。私も文教審議会の一員であり、総理との意見の交換も行ない、いろいろ相談を受けることになっています」

ニュージェント「新聞によれば、審議会は教育勅語にかわる新宣言を考えていると報じられている」

高瀬「私はそれについては相談を受けていません。官房長官が記者から質問を受けた際、個人的な意見として述べたものと思われます」

ニュージェント「もし文教審議会があなたに相談せず、新教育勅語を考えているとすれば、これは重大な事態である」

高瀬「教育勅語はすでに廃せられたので、総理は道徳確立のため、何か新しいよりどころを必要と考えられたのだと思います」

ニュージェント「我々が大きな関心を持っているのは、文教審議会と文部省とCIEとの関係である。もし総理からあなたに相談があったのであれば、あなたから私に連絡があったであろう。文教審議会について、あなたから報告を受けていない」
高瀬「審議会はまだ一度も開かれてません。教育勅語を新しく作ることを決定したという事実はないと思います」
ニュージェント「もしそうなら、首相が新聞の誤報を修正すべきではないか」
高瀬「修正すべきものであれば、官房長官がなし得ると思います」
ニュージェント「新聞記事によれば、文教審議会の第一の仕事は〝吉田勅語〟を作ることと伝えられている。GHQが重大な関心を寄せ、遺憾に思うのは次の理由による。第一に審議会の設置が決定後、既成事実としてGHQに報告されたことだ。第二に、すでに文部省、教育刷新委員会と国会文部委員会がある。一体全体、文教審議会はいかなる役割を果たし得るのであろうか。第三に、日本の新聞は〝教育宣言〟に対し、これは政治的な動きだと観測している。GHQが占領開始以来、特に努力してきたことは政治と教育の混同を避けることであった」
高瀬「総理は五月七日の閣議で国民の道徳退廃の現状を改善するために、審議会を設置しました。時間的に問題があり、私が事前に相談できなかったのは遺憾であります」
ニュージェント「本当のことを言えば、私はすでに、五月三日、文教審議会委員のリストを入手していた。そして委員の人物調査に一週間も費やした（いかにして入手したかは、触れていない）。私は日本の教育は文部省と教育刷新委員会で十分に運営されていると思っている。率直に言えば、文教審議会は存在する理由も、その価値もないと思っている」

新しい「吉田勅語」は作られなかった。一九四七年三月三十一日に公布された「教育基本法」は、夢想的な憲法第九条に基づいた教育宣言であった。

教育勅語の死と深く関わった田中耕太郎は、一九五〇（昭和二十五）年二月二十八日に第二代最高裁判所長官に任ぜられた。一九六〇年まで在任する。田中は経験の浅い政治家として出発したが、政治的にも幅のある発言ができるようになってきた。

彼が最高裁判所長官に任命されて間もなく、四月十一日、彼はアメリカの東部、フィラデルフィア在住の友人、ハーグ国際調停裁判所の判事マイケル・フランシス・ドイルに手紙を書いた。

「今、私は法の神聖さと正義をいかなる政治的な影響からも守り抜く重大な責任を感じています。私は世界の平和、そして我が国内での調和と安定のために、なにか貢献をし得るのではないかと考えています。私は、キリスト教に基づく自然法は人間にとって普遍なもので、人類の歴史を通じて変わることのないものだと信じていますし、この自然法が社会を無政府状態や道徳的腐敗から救い出す最も確実な方法だと確信しています」

ドイルは、田中の手紙をトルーマン大統領に送った。私は、この手紙をトルーマン大統領図書館で読んだ。田中が文相時代にこの言葉を口にしていたなら、マッカーサーは、彼を首相にしたかもしれない。

＊

新日本が、「永久平和」「民主主義」というアメリカ製の祝詞《のりと》を唱え上げている間、世界史上でも稀《まれ》な「国造り」、日本帝国を支えてきた教育勅語は「遺跡」となっていった。その遺跡も踏み荒らされ、跡形《あとかた》もない。今の若い世代は「教育勅語」という漢字も見たことがない。

これは、「世代間の断絶」というような生易しいものではなく、「日本史の断絶」「歴史の空白化」という亡国への前兆だ。

私は、教育勅語を復活せよと言っているのではなく、日本近代史にとって重大な文書である教育勅語の存在を学校で教えるべきだと主張しているのだ。

アメリカに「盲目的な忠誠心を育《はぐく》む」と烙印《らくいん》を押された極悪の教育勅語が死刑になった後、日本は「良い国」になったのだろうか。昭和・平成日本は道徳的に進歩した国になったのか。日本社会の倫理も成長したのか。

忠誠心は政治形態に関係なく、人間の間に、同国民の間に、自然に生まれてくる信頼の絆《きずな》である。

アメリカ国民もマッカーサー自身も、「忠誠心」や「愛国心」を非常に大切にし、アメリカの国益のために、日本帝国と大戦争をした。その尊い精神的な絆のために、アメリカも、日本も大きな犠牲を払った。

アメリカは、日本国民の愛国心だけが許せないのだ。怖いのだ。

第二章　民主主義か、餓死か

食べ物のことは良く覚えている。

一椀《わん》の芋粥《いもがゆ》がご馳走だった。白米だけの御飯は食べるには余りにも貴重で、米より麦の方が多いのが当たり前であった。夏になると、麦御飯は食べるには怖いような臭《にお》いがした。

廃墟と化した都市で、唯一の復興の兆《きざ》しは、あくどい闇市《やみいち》の繁盛ぶりだけであり、国民は飢えていた。マッカーサーは、日本国民に「日本の悲惨な現状は自業自得《じごうじとく》である」と言った。

日本帝国政府は恐れ戦《おのの》きながら、マッカーサーの命令に従っていることを表明するかのように、民主主義だけが唯一の生きる道だと強調し、日本国民を驚かせた。飢えた国民は、「民主主義」と「無政府主義」は同じであると日本政府から教育されていたからである。

GHQは、日本政府高官の発言を分析し、民主主義をどれほど理解しているのかを判断するのに使った。日本側はマッカーサーのご機嫌とりが容易でないことを思い知る。

マッカーサーは日本政府の声明に悉《ことごと》く文句を付けた。日本政府は彼の説教を鵜呑《うの》みにし、さらに多くの民主的な言葉を付け加える。「デモクラシー」を過激化させる方程式が動き始めた。

しかし、「デモクラシー、バンザイ！」は、日本の指導者たちの耳には国家崩壊への断末魔の叫びに聞こえた。天皇大権の運命はすでに瀕死の状態であり、政府が民主主義の白昼夢に耽《ふけ》っている余裕はなくなっていた。悪夢は新憲法で現実のものとなる。

神州不滅《しんしゅうふめつ》であるはずの大帝国が降伏したことで、国民の間には深い政府不信の念が生まれた。また、独断的であった文部省が混乱していることで、学生たちは自分たちの「権利」を声高く要求し始めた。「皇国の英雄」「聖戦のための犠牲」という考えは、溶けるかのように、国民の日常生活から消え去った。

GHQの命令で、「軍神」の銅像は次々に撤去される。

日本政府は「デモクラシー」とつぶやきながらも、茫然《ぼうぜん》としていた。だが、マッカーサーの命令には従おうと、文部省は、指令を雪崩《なだれ》のように教師や学生に浴びせた。恰《あたか》も、マッカーサー元帥に評価していただくかのように……。紙不足の最中《さなか》に起きた「紙によるデモクラシー」は、学生や教師たちをより一層混乱させた。

1 「日本人全員が戦犯だ」

戦後初の文相になった前田多門は就任演説（一九四五年八月十八日）で「科学教育」を充実させると宣言した。

その理由は、原子爆弾である。広島と長崎の惨状は、日米間の息を飲むような科学技術力の差を曝《さら》け出した。徳川末期、ペリーの黒い軍艦が日本を脅かした時のように……。

　広島と長崎を黒い灰の山にした原爆につき、大本営が八月十四日、降伏の前日に発表した「解説」は、国民に恐怖を与えないようにとの配慮もあったろうが、二国間の科学力の差を克明に見せつける。

「要するに敵が誇大宣伝するが如き絶対的威力を持つものであるということは出来ぬと同時に狼狽《ろうばい》することなく処置すれば被害を最小限度に止《とど》め得ることが出来る」「その閃光による熱線の人に対する被害は……方向が一定している点からすばやく物かげに隠れること或いは露出個所をおおうこと、而《しか》も白いものでおおうこと等によって十分被害を最小限度にとめることが出来る」（原文は旧かな。『讀賣報知』昭和二十年八月十四日）。

　一九四五年九月七日、『毎日新聞』は、原爆を持つ国は将来は大規模な武装を必要としなくなる、との社説を掲げた。

　科学熱に取り憑《つ》かれた文部省は、「文化的日本の確立」のため科学を専攻する学生に特別奨学金を支給することにした。「科学」は「文化的」と考えられ、文化的にも科学的にも成長した日本は、科学的に成熟しているアメリカに二度と無謀な戦争を仕掛けないと思われたのだろう。

　前田文相は、マッカーサー元帥が自分を注意深く見張っているのを知っていたので、彼がいかによく民主主義を理解しているかを印象づける努力をした。九月十五日、文部省は「新日本建設ノ教育方針」を発表した。「私自身が書いたもの」と前田は言った。

この「新教育方針」は、マッカーサーの教育改革に関する指令に先行するだけでなく、GHQ・CIE（民間情報教育局）が設置される七日前でもあった。

「新教育方針」は、終戦直後の日本政府の考えを凝縮している。

前田文相は、「今後ノ教育ハ益々《ますます》国体ノ護持《ごじ》ニ努《つと》ムルト共ニ軍国的思想及施策《しさく》ヲ払拭《ふっしょく》シ平和国家ノ建設ヲ目途《もくと》トシテ謙虚反省只管《ひたすら》国民ノ教養ヲ深メ科学的思考力ヲ養イ平和愛好ノ念ヲ篤《あつ》クシ智徳《ちとく》ノ一般水準ヲ昂《たか》メテ世界ノ進運ニ貢献スルモノタラシメントシテイル」と前置きし、具体的な発想を明文化する。「教科書ハ……根本的改訂ヲ断行シナケレバナラナイガ差当《さしあた》リ訂正削除スベキ部分ヲ指示シテ教授上遺憾ナキヲ期スルコトトナッタ」。

削除されるべき例として、国民初等科読本巻二の「兵隊ゴッコ」、巻四の「兄さんの入隊」、初等国語二の「潜水艦」、八の「南洋」、十一の「三勇士」等である。

前田は科学を讃美した。「科学ハ単ナル功利的打算ヨリ出《イ》ズルモノデナク悠遠《ゆうえん》ノ真理探求ニ根ザス純正ナ科学的思考力ヤ科学常識ヲ基盤トスルモノタラシメントシテイル」

「宗教」にも大きな期待をかけていた。道徳的な「新日本」は国民の宗教的な感受性を育成することで再建できるし、活発な宗教活動は「我国宗教ノ真面目《しんめんもく》ヲ」世界に示すことができると主張した。

前田文相の「新日本建設ノ教育方針」にはマッカーサーが喜ぶような言葉が鏤《ちりば》められてはいたが、前田の本心は、「今後ノ教育ハ益々国体ノ護持ニ努ムル」である。

前田は、絶望的になった国民が「日本帝国」の全てを拒否し、神聖な天皇大権さえも放棄してしまうのではないかと恐れたのだ。彼は、民主主義的な言葉がマッカーサーの改革への熱意を鈍らせ、目前に迫った国家解体を最小限度に押し止め得ると思ったのだろう。

読みが甘かった。アメリカ国務省の調査分析課は前田文相の作品を分析した。

「日本の政策立案者たちが国体を護持するためには、戦闘的な国家主義続行は当然と考えているフシが見える。……日本の指導者たち自身の存在が巨大な障碍《しょうがい》になりうるので、アメリカは用心しなければならない」

前田が軍国主義的な用語は削除すると明言していたにも拘《かか》らず、国務省の調査分析課は、「前田は、戦前のイデオロギーを述べるのに別の表現を使おうとしているだけで、日本の教育から軍国主義を効果的に抹殺するのには役立つまい」と一蹴《いっしゅう》した。

『讀賣報知』も社説（九月十六日）で前田文相の「教育方針」を痛烈に批判した。「問題の大きさを思うにつけても、失望は益々深まるのである。……国民に非科学的態度を植えつけて来た官僚諸君の手で、（根本的な刷新）が十分に成し遂げられるであろうか」。

日本政府が死守したい「モノ」と、アメリカが日本に放棄させたい「モノ」は同じであった。この擦《す》れ違いは日本政府のポツダム宣言の解釈から発生したであろう。

ポツダム宣言の中で、アメリカは「日本国政府ハ日本国国民ノ間ニ於ケル民主主義的傾向ノ復活強化ニ対スル一切ノ障礙ヲ除去スベシ」と言っている。

日本政府は、民主主義の権化と名乗るアメリカさえ、日本に「民主主義的傾向」が存在したことを認めたと読んだのだ。アメリカ政府が、民主主義と天皇大権は矛盾の最たるものだと考えていることを、日本政府は理解しきれなかった。

国務省調査分析課は、文部省がいまだになぜ「修身」と「国史」を改定する計画を立ててこないのかと焦《あせ》っていた。この二科目こそが、日本の狂信的な国家主義を作ったと見ていたからだ。さらに、「日本教育の解放」のためには、「外部の圧力」か「学生と教師の合同による要求」を使うよう勧告した。さもなければ、「戦後の若者たちが受ける教育は、戦前のものと違わないものになる。一方、自然科学教育だけは目覚ましい発展をし、日本はより危険なものとなろう」。

マッカーサーとGHQが抱く深い失望感を知らず、文部省は日本の教師や学生に訓示を出し続けた。十月三日、文部省は軍事訓練を廃止し、校内にいた軍事教官全員を馘《くび》にし、軍事教練用の兵器と施設を処分し、教師の再教育計画を発表した。また、文相が文部省関係の公共団体の長を任命することも廃止した。

翌日、マッカーサーは、日本政府の上に最初の「政治的爆弾」を落とした。東久邇内閣を潰《つぶ》した「権利の大章典」の指令である。

GHQ・CIEは、文部省が民主主義を理解しようともしていないと疑い、十月十三日に前田文相と文部次官たちを呼び付けて、「文部省省規変更に関して」と題された命令を突き付けた。「最も緊急なことは日本を再建して、平和的で文化的な国家に変えることである。この目的のために、文部省省規を徹底的に変える」。

（一）初等・中等教育を改革する。

（二）教科書を書き替える。
（三）日本人の道徳観を養い、日本文化を改善する。
（四）「修身」を教えた教学局を廃止する。盲目的な忠誠心を説いたからである。
（五）国粋主義を鼓舞《こぶ》した全ての研究所等を廃止する。
（六）教師たちに民主主義の信念を植えつける。
（七）文部省を六つの局に分け権限分化と民主化を進める。

これらの要求は前田文相を落胆させた。僅か一カ月前、自分自身が書き上げた「新教育方針」にGHQ・CIEが満足していると思っていたのだ。CIEは、前田には隠された意図（天皇大権の温存）があると疑いを持っていたので、彼の政策を完全に無視した。

日本側の努力に満足しなかったマッカーサーは、十月二十二日、教育指令第一号「日本教育制度に対する管理政策」を出し、議会政治、国際平和、個人の権威、思想、集会、言論、宗教の自由などの基本人権の思想に沿って教育を改定せよと命令した。

マッカーサーは、重要な心理作戦も忘れはしなかった。

学生や教師たち、そして全国民は、「軍国的指導者、ソノ積極的協力者ノ演ジタル役割並《ならび》ニ消極的黙認ニヨリ日本国民ヲ戦争ニ陥《おとしい》レ、不可避的ナル敗北ト困窮ト現在ノ悲惨ナル状態トヲ結果セシメタル者ノ演ジタル役割」を十二分に知らされることになった。

この原案を書いたCIEのロバート・キング・ホール中尉はダイク局長に、「占領が進むにつれ、予期せぬ事態が起こってくると思い、その時に、我々が自由に動けるように、意図的に曖昧にしておきました」と説明している。

マッカーサーは、日本国民と軍国主義者たちを対立させれば、「民主主義対ファシズム」という国内浄化が起こるのではないかと期待した。

日本国民は、恰《あたか》も突然登場した新興宗教のような「民主主義」へ限りなき望みをかけた。民主主義に熱心になればなるほど、敗戦の激痛と占領の屈辱を忘れ去ることができるかのように。

日本国民は、民主主義とアメリカを支持しなければ生きてゆけなかった。なぜなら、マッカーサーは、「消極的黙認ニヨリ」国家を戦争に導き、敗北という悲惨な結果を齎《もたら》した人々さえも追放すると言う。全国民が懲罰の対象だ。

マッカーサーの断罪の理由は、厳しかったが、的《まと》が外れていた。

民主主義の「魂」である「個人の良心」や「個人の自由」は、日本帝国では大きな役割を演じ得なかった。その必要もなかった。「天皇の聖旨《せいし》」「忠君」「国体」「大和魂」という全てを抱え込む概念が、天皇と国民（臣民）との間の絆《きずな》であった。「個人の良心」というものは、国家の福祉を犠牲にする危険な「利己主義」を意味するのでなければ存在し得なかった。そして、教育は、個人が国家と一心同体になるために使われた。国家の繁栄は臣民《しんみん》の誇りであり、国家あっての個人の存在であった。国家の「永遠の栄光」は、臣民が持つべき永遠の夢となった。

終戦直後の日本の社会状況は、アメリカ社会での個人・個性の尊重とは対照的なものであったが、マッカーサーは日本社会の中で「個人」を育めば、天皇大権は萎え凋《しぼ》み、やがてはアメリカ版民主主義が花を咲かせるだろうと思い付いたのは当然であった。日本政府もそれを知り尽くしていたので、主権在民に抵抗し、明治憲法と教育勅語を救おうと足掻《あが》いたのだ。だが、マッカーサーは「戦争犯罪人」の追及を続け、「日本民主化」が恰《あたか》も「敗者」が受けなければならない「処罰」であるかのような印象を強くした。

日本の若者に「敗北」の意味を叩《たた》き込むために、GHQは『太平洋戦争の歴史』を小・中学校に五万部配った。それは勝利者から見た「真実」であった。マッカーサーは学生、教師、全ての教育関係者に、これまでの授業や教科書を厳しく検討せよと命令した。明治維新から昭和二十年八月までの七十七年間に亘る教育は、「全部悪い」という発想から出された命令だ。

一九四五年九月、水戸高校の学生たちは、戦後最初のストライキを起こし、横暴とみられていた安井章一校長の解任を要求し、学生十五人が十月六日、文部省に直訴した。かつて法と秩序を維持することで揺るぎなき名声を持っていた文部省は、学生の要求を呑《の》み、ストは三十七日間で終わった。学習院でさえ、父兄の応援をえた教授たちが、学長の辞任を要求した。彼等はこの問題を宮内省に持ち込んで、検討を求めた。

こういう事件が続いたあと、文部省は戦争を支持した学長、校長に辞任を促した。しかし戦争を支持しなかった者は、学長や校長になっていない。やがて行なわれる大規模な教育界パージの前触れである。

次々と学生ストライキが全国で発生した。

大学生と高校生たちが要求したことは、⑴リベラルな教師の復職と軍国主義的、国粋主義的な教師の追放、⑵帝国政府が「危険思想を育《はぐく》む」と廃止した社会科学研究の復活、⑶学生自治体の設立、⑷女子への平等な教育の機会供与、であった。

京都帝大に誕生した新しい学生団体は、戦後の学生運動の方向を示すかのように、「日本における資本主義を分析する」と発表した。

戦前、そして戦時中、徹底的な弾圧を受け、それ故、終戦直後、「殉教者」の後光《ごこう》さえ身に纏《まと》っていた日本共産党は学生運動に積極的に参加した。しかし共産党は、ソ連との密接な関係を否認し続けたため、自分たちを窮地に追いこんでしまった。

共産党が対ソ連関係を否定したのは、終戦間際《まぎわ》に、背後から瀕死の日本に戦争を仕掛けたソ連に対し、日本国民が嫌悪と敵意をあからさまにしていたからである。さらに、シベリアには日本兵と満洲に移住していた日本人が多数、捕虜になり、苛酷な条件の下で重労働につかされ、次々と死んでいた。

共産党は自分たちに、かつてない自由を与えてくれたマッカーサーの怒りを買うことを避けようともしていた。学生たちはこのジレンマを見て、「共産党はソ連との密接な関係を否定したため、国民の信頼をさらに失った。アメリカに取り入ろうとしているからだ。〝ソ連を支持する〟と率直にいうべきだったのだ」と批判した。

学生運動に共産党が入り込んで激化する可能性は、一九四五年十二月の時点では、ＧＨＱ

を心配させてはいない。むしろ、国務省調査分析課は頻繁《ひんぱん》に起こっていた学生ストライキについて、「大学でリベラリズムが奨励される可能性は、前田、田中両文相の下では非常に高い。大学生たちは、学園の自由を取り返すために多大な貢献をするであろう」と極めて楽天的であった。

「リベラル」という言葉は、「民主主義」と同じく「美しい言葉」であった。前田、田中両文相はマッカーサーの期待を裏切り、リベラルでない「日本帝国」を護ろうと努力する。

占領初期、GHQは戦争に反対した一握りの日本人たちを「リベラル」と考えていた。彼等の政治思想は問題ではなかった。共産主義者たちは、軍国主義に対し、最も激しい攻撃を浴びせた人たちだったので、彼等は最もリベラルであった。

マッカーサーは、教育指令第一号で、前田文相に、職業軍人および軍国主義を鼓吹《こすい》した者を学校から追い出し、占領政策に反対する教師を馘《くび》にせよ、軍国主義に反対して解任された教師を直ちに復活させるべし、と厳命し、「この命令の精神と条文に従わない者には個人的な責任を負わせる」と言った。

前田文相は、「危険思想」を理由に辞めさせられた大学教授たちを復職させた。

例えば、一九四五年十一月四日、東京帝国大学の経済学部教授大内兵衛《おおうちひょうえ》と七名の教授を復職させた。大内らは、社会主義、共産主義と関連した諸事件に連座し、一九三八（昭和十三）年から休職していた。『讀賣報知』（十一月六日）は、大内たちを「学園に返り咲く〝粛学の嵐〟犠牲者」と呼び、大きく報道した。大内兵衛は、一九五〇（昭和二十五）年から一九五九年まで法政大学総長を務める。

復帰で最も劇的だったのは、『朝日新聞』（一九四七年十月二十四日）に「大山氏故国に帰る」と報道された大山郁夫《おおやまいくお》の復職であろう。

早稲田大学政経学部を卒業後、早大の講師となった大山は、一九一〇（明治四十三）年から一九一四（大正三）年までアメリカとドイツに留学した。帰国後、早大教授となり、「大正デモクラシー」の論客となったが、一九二五（大正十五）年労働農民党委員長に就任したため、一九二七（昭和二）年早大を辞任させられた。一九三一年の満洲事変の翌年、柳子夫人と共にアメリカへ亡命した。大山が帰国する前、いや日米戦争がまだ終わっていない一九四五年五月に、ジョン・K・エマーソンは、イリノイ州のノースウェスタン大学で大山と対談し、国務省内メモ（五月二十四日付）で、「大山教授は、今アメリカに在住している日本人の中で最も卓越した素晴らしい人物である」と褒《ほ》めちぎった。

亡命生活十五年の大山夫妻を乗せた米船マリン・スワロー号は、一九四七年十月二十三日午後九時半、横浜港のメリケン波止場に入港した。多数の新聞記者やカメラマン、それに大勢の歓迎団が待っていた。翌二十四日の朝、大山夫妻は高田馬場駅に現われた。そこでは、早大ブラスバンドが校歌「都の西北」を演奏し、二千人の早大生が大合唱して大山の帰国を迎えた。駅前の三菱銀行の二階の窓から大山は、「早稲田は……学問の自由を最後まで守った伝統ある学園である」と学生たちの歓呼に応えた。

一九五〇年、大山は参議院議員となり、その翌年、国際スターリン平和賞を受賞した。この賞は、一九五〇年にスターリンが制定し、世界平和に尽力した人に贈られた。大虐殺者として、近代世界史上、誰にも引けを取らないスターリン、東ヨーロッパとアジアに戦争と残酷な圧制を次々と齎《もたら》したスターリンが設立した「平和賞」とは、品のない悪質な冗談か。

一九四五年十一月二十四日、文部省は高校、専門学校の新しい校長百四十人の名前を発表した。「軍国主義」に汚れていなかった人たちなのだろう。「日本帝国の勝利」を心から祈らなかった人たちだったのだろうか。

エマーソンは、「大学教授は新しい学問の自由に狂喜しており、今まで固く禁じられていたことを公然と討論し始めました」と国務長官に報告している。

早稲田大学総長の辞任は教授たちの間で、新しい総長選出を巡って激しい権力闘争を引き起こした。こういう戦いをGHQはとても健全であると見た。

京都帝国大学経済学部では敗戦と民主主義で大騒ぎになり、学部の全教授が辞職した。京大経済学部は国粋主義的なことで知られ、明治維新以来、最も悪名高い「学問の自由」弾圧紛争を引き起こしたのが京大だった。一九三三（昭和八）年、鳩山一郎文部大臣が、リベラルな教授たちを「危険分子」として弾圧した事件だ（法学部の「滝川幸辰事件」）。一九四六年、マッカーサーは鳩山自身を危険分子、「戦争犯罪容疑者」として追放した。鳩山が首相になる直前であった。

2　神道も戦犯

前田文相は、マッカーサーの民主主義に同調しようと努力したが、教育勅語の「魔力」に引きずり込まれて行った。一九四五年十一月二日、彼は全国府県知事会議で、「現在の悲しむべき道徳的荒廃は国民が教育勅語を無視しているからだ」と嘆き、「わたしは道徳を振興させるため、まず道徳教育に重点をおき、宗教的感情の養成に力を入れることにしたい」と語った。

前田の「宗教的感情の養成」は、熱烈なキリスト教信者であるマッカーサーを喜ばせた。しかし養成する前に雑草を引き抜かねばならない。特に、キリスト教系を迫害した「赦《ゆる》しがたき行為」に対して即刻処罰をする、とマッカーサーは宣言した。東京の立教学院（立教大学）の総長とその側近十人が、即時解任されるべき者として名前が挙げられた。

マッカーサーは、「調査すべき学校」として八十二校をあげ、一九四五年十月二十四日付の命令を「信教の自由侵害」と呼んだ。マッカーサーはキリスト教を救った後、神道の追放に取り掛かり、十二月十五日、国から少しでも援助を受けている学校では「神道」を教えてはならない、神道に関する授業は「即刻停止するべし」と厳命した。

公立学校が、神社での祭典、式典の行事に参加することも禁止した。さらに、文部省教学局が編集し、出版した『国体の本義《ほんぎ》』とその普及版『臣民《しんみん》の道』や、それに類似した書物全てを禁止した。この禁止令が出る前に、前田文相は『臣民の道』の残っている貯蔵部数を全て焼却、廃刊処分にしていた。前田は、その本の内容が「不都合なもの」であると言った。

『朝日新聞』（十二月四日）は社説で前田文相を痛烈に批判した。

「学校教師に至っては、ひとたび、これを手にせずして教壇にのぼった者は皆無といってよかろう」「前田文相は、極めてあっさりと、その絶版廃棄を言明しただけで、……ただ機械的に、これを絶版にするというだけでは、国民も教師も、ただ馬鹿にされたという感じしか持ち得ないであろう」「重要なのは『臣民の道』に盛られた思想そのものにつき、文相が厳正なる批判を国民の前に示すべきであるということである」「批判なき廃棄は、単なる焚書《ふんしょ》であって、……焚《た》かるべきものは、一個の『思想』であって、一片の文書ではない。一個の『思想』を焚くには、別個の『思想』による峻厳《しゅんげん》なる批判を以てする外はないのである」（原文は旧かな）

前田文相は、『国体の本義』の破棄を命じはしなかった。天皇大権の優越を信じ、日本国の民族的な純粋さ（国体）に確固たる信念を持っていたからである。

学校教育局長の田中耕太郎は、マッカーサーの「神道廃止令」について、「学童や学生は今後天皇を神として崇《あが》めてはいけない。しかし、統治者としての天皇に畏敬《いけい》の念を持つことは、かまわない」と全国の学校に伝えた。

その後、文部省は府県知事に「神社参拝の禁止には皇居参拝は含まれていない」と訓令した。生徒や学生たちは、整列して皇居の方角に向けて最敬礼（遥拝《ようはい》）をしてもよいと言っている。

こうした日本政府の発言は、マッカーサーの民主改革に意識的に挑戦しているものと受け取られ、彼の態度はより一層厳しくなった。

GHQが苛立《いらだ》っていることに気付いた安倍能成《あべよししげ》文相は、一九四六年一月二十一日、学生や教師たちに政治活動を行ない、政治団体に加入してもよいと通達を出した。驚くべき内容である。

(1)「教職員、学生生徒の政治上の結社加入、および衆議院立候補とその選挙運動は当然差支《さしつか》えない、むしろ積極的に明るく強く進み、今回の総選挙のよき推進力、清涼剤になること」

(2)「しかし、それぞれの本務は決して逸脱することなく、常に公正清純であること、学徒が勉学を擲《なげう》って政治運動に狂奔したり、教師が教え子を利用したりすることは本道に悖《もと》るものである」

(3)「……授業時間中は一切の政談演説は禁止せねばならぬ。授業中以外ならばたとえ教室内でも校庭でも討議、演説は自由である」

文部省は、マッカーサーの言葉を鸚鵡《おうむ》返しに言っていただけだが、マッカーサーは教師の大量追放を計画していた。

マッカーサーの教育指令が出た翌日、一九四五年十月二十三日、CIE教育部のロバート・キング・ホール中尉は、教師の資格審査に関する草案作りを命じられた。六日後、ホール中尉は、六回目の最終草案をＣＩＥ局長ケン・ダイク准将に提出した。ダイクはそれをマッカーサーに見せ、承認を得た。

翌日、マッカーサーは日本政府に「教員及び教育関係官の検査、除外、認可」指令を出し、軍国主義に少しでも関係があった教師全員を追放せよと命じた。

文部省は、二日後、その追放計画の初案を提出した。ＣＩＥは、この日本案は全く役に立たないと拒否した。

前田文相は十一月十七日、ダイク准将、ヘンダーソン中佐、ホール中尉との会談に呼び付けられ、ＧＨＱの要求を突き付けられた。

(1)　検査・追放計画ができしだい、東京近郊の県で試す。
(2)　より多くの委員会が、各村落、郡、県で必要である。
(3)　村落委員会は、全教師についての審査報告を作成せねばならない。
(4)　「町委員会」は、罷免《ひめん》する権利はない。その勧告のみを行なう。郡委員会に罷免する権利があり、県委員会はその罷免を再審査をし、全国委員会は上告裁判所の役割を果たす。
(5)　大学と専門学校は、独自の委員会を作り、その報告を全国委員会が検討する。
(6)　父母には子弟たちが最高の教育を受けていると納得できるように、この資格審査の全過程を公開せねばならない。罷免された教師たちについても公開されねばならない。他の望ましからざる教師たちが自発的に辞職するのを促すためである。

（7） この計画は、単にGHQの政策を言い換えたものではなく、はっきりした基準を伴わねばならない。

二週間後、十一月三十日、文部省は改訂案をホール中尉に提出した。また、拒否された。十二月末まで、文部省はホール中尉と会議を重ね、GHQが満足するような案を作ろうとしたが、容易なことではなかった。

翌一九四六年五月七日、やっとホールが許可を出した。それは同年一月三日、マッカーサーが戦犯について出した声明と酷似していた。

文部省は、まず「軍国主義、超国家主義、専制主義、全体主義を煽《あお》った人物」と烙印《らくいん》を押された「罪悪人」を追放する。次に、占領政策に反対した人物を追放する。占領政策の批判禁止は、マスコミの事前検閲と同時進行である。文部省は、一九三一年の満洲事変まで溯《さかのぼ》り、作品、文筆、講義を通じて日本帝国政府の政策を支えた者たちも追放した。「満洲事変以後」と明記されたのは、アメリカ政府がアジア・太平洋戦争の発端は、一九四一年の真珠湾攻撃ではなく、その十年前であると考えていたからだ。

審査が始まる前に、十一万五千七百八十八人の教師、教育職員が辞職した。

第一回の審査は、一九四七年四月一日、新学期開始前に完了したが、審査作業は続けられる。一九四八年の「教育委員会法」の立法とともに、教育委員の全候補者が審査された。

文部省からGHQへの報告では、一九四九（昭和二十四）年四月末までに、九十四万二千四百五十九人が審査され、三千百五十一人が不適格と宣言された。

百万人に近い「羊」から三千百五十一人の「山羊」を探し出した文部省のGHQへの諂《へつら》いとも見える粘《ねば》り強さ、またGHQの病的とも思える執拗さは、驚嘆に値するべきものだろうか。

3　東京帝大総長、キリスト教の手先か

キリスト教は輝かしく復活し、「偶像崇拝の神道」（マッカーサーの言葉）は埋葬《まいそう》された。国家神道に染まっていた教師は追放《パージ》され、キリスト教徒の教師たちが大量生産されるべきだった。

マッカーサー元帥は当然そう考えた。

南原繁《なんばらしげる》東京帝大総長も同じ考えであった。

南原は、東京帝大法科卒後、内務省に入り、イギリス、フランス、ドイツに留学した。昭和二十年十二月、東大教授から戦後初の東大総長に選ばれ、二期六年間勤める。昭和二十一年三月、貴族院議員に勅選《ちょくせん》され、マッカーサー憲法審議に参与した。

一九四六年二月十一日、建国記念の日に、キリスト教徒である南原総長は「新しい日本文化の創造」と題する長い演説を東大生たちに行なった。

「人間性の涵養《かんよう》だけでは真の人間としての覚醒《かくせい》に達することは不可能であることを自覚しなければならない。真の覚醒は神を発見し、その発見を通じて自己を神に従わせることによっ

てのみ、可能なのである。日本に緊急に必要なのは宗教改革である。国粋主義的な日本的神学からの解放には別の宗教が必要なのだ」

「別の宗教」とは「キリスト教」。日本土着の宗教の弱さを示す証拠として、南原は敗戦を指摘した。宗教が貧弱だから武力の戦いに負けた、と言う。

彼の新しい日本文化は、「日本精神そのものの革命」を要求する。この革命は「単に政治的、社会的システムの変革に止まるのではなく、さらに知的、宗教的な精神的革命に至らねばならない」「この戦いに選ばれたチャンピオンは若い学生諸君である。真実への愛に燃える純真で誠実な魂にとり、これ以上に重要で相応《ふさわ》しい使命はない」。

日本で最も影響力のある大学の総長が、キリスト教への改宗を唱えた。

喜んだマックス・W・ビショップは、バーンズ国務長官に「南原博士は最近キリスト教の講座を東京帝大に設ける提案をしました」「南原演説はいま訪日中のアメリカ教育使節団から〝勇気があり、優れた、そして前向き〟の考えとして賞讃されています」と報告している。

南原は、日本教育を激変させた米国教育使節団と協力した「日本側教育家の委員会」の委員長を務めた。

当時、紙不足は危機的であったにもかかわらず、彼の演説はGHQにより小冊子に印刷され、広く配布された。日本人のキリスト教信者には、マッカーサーが第二のイエス・キリストのようにさえ映っており、キリスト教が、元帥の言う「世界の進歩した精神」であり、この精神が「戦犯日本」を救うのであった。

南原総長は、キリスト教講座を東京大学に設立する提案をした。

ビショップがバーンズ長官に送った報告書には、「この講座ができれば、日本の国立大学では初めてのものになります。東京帝大にはすでに神道、仏教に関する講座はありましたが、このキリスト教講座は、公的施設の中に宗教の自由を確立するうえで極めて重要なことであります」「この講座は、日本のクリスチャンの熱烈な祈りであり希望でもあり、多数の優れたクリスチャン学生が大学教育を受け、国際平和に大きく寄与するでありましょう」とある。

ビショップは、東京帝大にキリスト教講座を設置させるよう奔走した。

しかし、国立大学では既に、神道、仏教の講座は全て廃止されており、文部省も今になってキリスト教講座を設置する気はなかった。

南原はこういう事情を心得たうえで、GHQ政治顧問事務室で「提案している講座はかつての神道講座に代わるものではなく、完全に独立した独自のものである」と説明した。

彼の説明は、彼の誠実さを疑わせるものではないが、彼はキリスト教の宣教師と自負していたマッカーサー、GHQ、アメリカ政府に諂《へつら》っていたのか。

キリスト教講座に必要な資金をどう捻出《ねんしゅつ》するかという面倒な問題が起こってきた。ビショップは、バーンズ長官に「南原は個人的には民間の寄付の方が望ましいと考えております。そうすれば、資金は早く集まり、また、政府との絡《から》みから自由になれますので、これは良い考えだと思います」と進言した。

東京帝大とGHQから圧力をかけられた文部省は、考え方を変えさせられ、「神道関係の講座は廃止されるべきであるが、その資金は大学に与えられるべきである」と主張しだした。その資金で、キリスト教講座を作るつもりであった。

大蔵省がこの要求を拒否した。

ビショップは、「大蔵省は日本の重要な大学における宗教の自由を裏から妨害している」と激怒した。

だが、大蔵省内のスパイがビショップに語ったところによると、大蔵省は文部省に、「神道講座は右翼の圧力で作られたので、当然廃止されるべきであり、その予算は国に返還されるべきだ。東京帝大により、他の目的に使われてはならない」と通告した。

ビショップは、キリスト教を実現する稀な機会を、大蔵省がブチ壊したという考えを変えなかった。

大蔵省をあてにできないと認識し、海外のキリスト教団体や日本人信徒の間に、キリスト教の大学を独自に作る動きが出た。著名なメソジスト宣教師ラルフ・E・ディッフェンドルファーが日本国際基督《キリスト》教大学財団の会長に就任し、その本部がニューヨークにおかれた。GHQに威《おど》されたのか、それとも心からの真意か解らないが、文部省はキリスト教に絶大な期待をかけ、それを公に明言していた。国際キリスト教研究所が設立された時、文部省は学校教育局長日高第四郎《ひだかだいしろう》を派遣し（一九四八年一月三十一日）、祝辞を述べさせた。

「我が平和日本の将来に決して色あせることのない文明の花を咲かせうるものとして、キリスト教文化に比肩《ひけん》するものはない。日本が過去の誤りを二度と繰り返さないために、また良き前例となるためにも、我々はキリストの愛、即ち神の愛に祝福された普遍的な人類愛を研究しなければならない」（トレイナー文書の英訳文から、西が和訳した）

元駐日大使（十年間）だったジョセフ・C・グルーが、この大学建設資金募集のアメリカ全国委員長に就任した。一九四九年、『現代の日本（コンテンポラリー・ジャパン）』誌のクリスマス号に、日本国民への公開状を書くよう求められた時、グルーは国際基督教大学について執筆した。彼は国務省の知人、W・ワルトン・バターワース国務次官に自分の書いた原稿に目を通してもらった。バターワースはグルーの原稿を大変気に入った。

グルーは「日本人を精神的、道徳的に目覚めさせ、教育するためには、国際基督教大学ほど優れた方法は他にない」というアメリカ太平洋艦隊司令長官チェスター・ニミッツ提督（日本帝国海軍を沈めた男）の言葉を引用している。また、グルーはワシントンで、一九五〇年五月三十一日に開かれたキリスト教大学創立財団の集会で演説し、日本の歩む道は「キリスト教の主義と民主主義の道」しかなく、この道を誤れば、「日本の破滅をもたらした古い軍国主義的封建制」か「共産主義へ至る」道を歩むことになると言った。

余談になるが、ニミッツは、東京湾で日本が降伏文書に署名したミズーリ号の艦長であった。ニミッツは、日露戦争の時、日本海海戦でのロシアの誇り、ロシア皇帝の最後の切札であるバルティック艦隊を撃滅した日本海軍の鬼才東郷平八郎《とうごうへいはちろう》を崇拝していた。八十六歳で死去した東郷が国葬になった一九三四（昭和九）年六月五日、ニミッツはアメリカ儀礼艦オーガスタの艦長として参列した。また、東郷家の内輪だけの葬儀にも招待された。日本海海戦の旗艦「三笠《みかさ》」が横須賀で錆《さ》びつき朽ち果て、今にも沈むかもしれないと聞きつけ、一九四五年九月二日のミズーリ号で日本降伏調印式が行なわれる前日、ニミッツは「三笠」を見に横須賀港まで足を運んだ。「三笠」の無残な姿を見て、愕然《がくぜん》とした。彼は各界に働きかけ、アメリカ海軍にも協力させ、そして自らも浄財を寄せ、「三笠」の復元に尽力した。ニミッツは「武士」であった（名越二荒之助《なごしふたらのすけ》『世界に生きる日本の心』展転社、一九八七年　参照）。

日本基督教大学基金は、一九四九年六月、アチソン国務長官に百五十万ドル以上の資金が集まったと報告した。マッカーサーは「募金委員会の名誉会長」となり、この計画の熱心な支持者であった。大学計画をさらに推進するために、一九五〇年十月、グルーが訪日した。同年十一月二十九日、グルーは日米学生交換等のために五百万円と当時では高額の奨学基金「グルー基金」を設立した。この大学は東京の近郊、三鷹にある。

キリスト教を崇《あが》め、日本文化がキリスト教文化へと変身して行くことを願っていた日高第四郎は、一九五二（昭和二十七）年、占領が終わった年、この国際基督教大学の教授になった。

4　教科書を書き替えよ

日本帝国政府もマッカーサーも、緊急に国定教科書を改訂する必要があると十分認識していた。

一九四五年九月十五日、日本占領が始まって二週間もしないうち、マッカーサーは、日本政府が民主主義より大切であると考えていた「国体」と「神道」を抹殺する指令を出した。五日後、文部省は、教科書は今あるものを使ってもよいが、戦闘的な思想や文章は削除しなければならない、と全国の学校に通報した。しかし、「国体の護持」が大切であることには変わりないと言った。

ＣＩＥダイク局長は、教科書を書き替え、「神道」も学校から完全に締め出さなければならないと記者会見で強調した。同時に、注目に値するダイク発言がある。

「神話が歴史としてでなく神話として取り扱われている限り別に差支《さしつか》えない」

ダイクの考えは、『アメリカの鏡・日本』を書いたミアーズと同じである。彼女は、「神話は長い歴史を経て完成した日本文明の象徴にすぎない」と言い、日本歴史における神話の大切さを強調した。

日本側（文部省）が神話を教科書から塗り消したのだ。ダイクは、日本人の過剰な従順さに驚いたことであろう。

九月三十日、ＣＩＥが設立され、わずか一週間後には、教育部のホール中尉が「修身」教科書の検査を始めた。「日本史」と「地理」も検査の対象になった。

アチソン政治顧問も、ＧＨＱが「進歩的」と見做《みな》している歴史学者たちとの対談をバーンズ国務長官に報告している。

「彼等は、歴史の国粋主義的な解釈を正し、日本の社会的、政治的発展を正確に説明する材料を出版したい、と熱意を示しております」「彼等は、アメリカの学者たちと交流し、文献や調査資料を手に入れたいと希望しております」「これらの歴史家たちは、日本の大学内にいる〝反動的教授〟の名を挙げて、特に法学部にはリベラルな教授はいないと断言しております」

日本の代表的な法律学者たちに支えられ設立されたばかりの「松本憲法問題調査委員会」は、歴史家たちの主張を裏付けた。

十一月十日、ホール中尉は、口頭で新任の有光次郎《ありみつじろう》教科書局長に、現行の教科書使用を停止するよう指令し、さらに、修身、日本史、地理の全教科書を一行一行細かに検査することを命令した。二週間後、ホールは、文部省にこれら三科目の教科書の英訳を提出するよう命じた。

ホールは、海後宗臣《かいごときおみ》（東大教授、教育勅語の研究で有名）といった教育学関係の教授や、私立大学の教授陣と頻繁に会談した。ホールが「怪しい」と睨《にら》んだ教授たちについて、それらの教授の講義用ノートさえ没収した。十二月初め、日本の教科書に関するＣＩＥ内部報告書が完成した。

十二月十三日、ダイクＣＩＥ局長は、マッカーサーに「日本教科書」勧告を提出する。

(1)「修身、日本史、地理の教科書は文部省によって作成されました。詳細に検閲した結果、非常に有害であることが判明しましたので、直ちに使用停止されるべきであります。全国で使用されている教科書百七十三冊のうち有害なものは、五十冊を数えました。

……文部省とＣＩＥは、一九四六年四月一日に始まる新学期のため、過渡的な教科書を準備中であります」

(2)「CIEは、危険な教科書について文部省が出した省令なども検査いたしました。これらも直ちに使用禁止されねばならないものと判定しました」

(3)「GHQは、文部省に指令を出し、これらの教科書を全国から集め、再生紙用にして、その取り扱いについての報告をGHQに提出させるべきです。全国的な教科書回収措置は学校だけに限られず、個人の住宅と私的な場にも適用されるべきです。〝魔女狩り〟と批判されるかもしれませんが、それでも実行されるべきであります」

(4)「一九四六年四月一日以降使用される改定教科書について、文部省は著者の名前と主題、内容をつけた詳細の計画書を英文でGHQに提出せよ、と命じられるべきです」

(5)「新しい教科書が用意される間、文部省に、停止された科目に代わるべき学習計画をGHQに提出させるべきです」

(6)「大学のカリキュラムについては、全国的な性格のものはない故、特定の教科書を禁止することでは問題の解決にはなりません。有害な教育は、別の名目で続けられるかもしれません。したがって、教師の資格審査（一九四五年十月三十日指令）は、大学ではより一層厳格に実施されるべきだと考えます」

一九四五年十二月三十一日、天皇の「人間宣言」の一日前、マッカーサーは「修身、日本史、地理停止」と名付けられた指令を出した。ダイク局長の勧告そのままであった。

教科書使用禁止のための深刻な教科書不足が発生した。日本中等学校校長連盟の代表はC

IEに早急に対策を講じるよう訴えた。文部次官大村清一《おおむらせいいち》もCIEに、情勢が絶望的であるので善処していただきたい、との書簡を送った。

文部省は教科書だけでなく、改定教科書の原稿をも英訳せよとの命令に従いながらも、この厖大な重荷から回避しようとした。

CIEは、文部省が足を引き摺《ず》っていることに憤慨し、一九四五年十二月十九日、社会教育局長関口勲と公民教育課長の寺中作雄をラジオ東京（NHK）ビルに呼びつけた。

関口と寺中が呼びつけられたのは、文部省がCIEの承認なしに、一九四六年四月十日に予定されている選挙に関して、パンフレットを作り、印刷したためである。この選挙は、マッカーサーの「新憲法」を国会で通すために行なわれるのであり、GHQにとっては重大な、失敗が許されない選挙であった。

この訊問に似た会談は、午前九時半から十一時まで続く。

ニュージェント（教育部長）「このパンフレットの著者は、誰が選んだのか」

関口「寺中と私が、選びました」

ニュージェント「前田文相は君たちに、こういうパンフレットを前もって我々に英語訳を提出し、我々の承認を得ることなく印刷し、配布できると言ったのか」

関口「いやそうではありません。これらのコピーは校正用です。このパンフレットはまだ最終的な形では印刷されていません」

ニュージェント「君たちはこの計画をさらに進める前に、英訳を提出する意図があるのか」
関口「完全な翻訳が必要でしょうか。要約ではいかがでしょうか」
ニュージェント「文部省が発行し、学校に配られるあらゆる文書はまず、我々の承認を得なければならないということは知らなかったのか」
関口「私の間違いでした。一般的な計画案は提出してあるのですが……」
ニュージェント「誰に」
関口「文部省総務室を通じてＣＩＥ教育部に出してあります」
ニュージェント「それはいつだ」
関口「一週間か、十日ほど前です」
ニュージェント「英語でか」
関口「英語と日本語で、です」
ニュージェント「執筆者たち全員が天皇制の維持を望んでいるのはなぜか」
関口「彼等が全員天皇制を支持したというのは偶然です」
ニュージェント「出版用に最終的な論文を選んだのは誰か。どういう根拠からか」
関口「パンフレットには、左翼の見解を代表したものは含まれていません。論文は政治的判断力を養うために選ばれたのです」
ニュージェント「論文全てを注意深く検討したのか」
関口「いいえ」

ニュージェント「全てのパンフレットの完全な英訳が必要だ。我々の承認を得るまでには、いかなるパンフレットの印刷も配布もしてはならない」

関口「ご要望の通りに致します。できるだけ完全な英訳を致します」

この直後、寺中はニュージェント部長に、パンフレットの問題のある頁だけを除外して配布することを許して欲しいと嘆願したが、即座に拒否された。

同日の午後、寺中はニュージェント部長に再び会いに来て、文部省が教育部に計画を提出していなかったことについて謝罪した。彼と関口は既に提出していたといっていたのだが……。

マッカーサーは、これを日本側の意図的な命令違反と考え、一九四六年一月十七日、あらゆる教科書と教材を英語に訳し、GHQに提出するよう日本政府に厳命した。

このマッカーサー命令の二日後、文部省は、教科書印刷会社に在庫の教科書を紙パルプ工場へ積み出すよう口頭で指令した。一月二十三日、文部省は再び、文書でこれを繰り返し、一月三十日には、電報でこの命令を伝えた。

教科書印刷会社は、未使用教科書による金銭的損失は各会社で負担しなければならないと通達された。

文部省が掻《か》き集めた教科書を製紙工場に無料で与えたので、絶望的な紙不足の最中に、製紙工場は巨大な利益を得た。

CIEはこれに反対し、利益の一部は教科書出版社ではなくて、教科書を集めた学校に返せと命令した。

ニュージェント局長は、山崎文部次官に、「出版社が教科書の値段を釣り上げて請求しており、さらに、必要以上の紙を要求し、余った紙をヤミ市で売っている」からだと言った。このリベートは相当な額で、千五百万円にもなった。

ＣＩＥは、注意深く文部省の計上予算を調べ、例えば、会計費として計上されていた五十万円にも文句をつけた。文部省はその五十万円の一部を返還し、それをリベートに上乗せすることに同意させられた。

小学校から師範学校を通し、当時使用されていた教科書は四百二十五冊。ＣＩＥ局内メモによれば、「百五十五冊の危険な教科書は一頁毎《ごと》に検査され、削除される文章には印《しるし》がつけられ、記録された」。

教師たちも「帝国の栄光」を削除した。ＣＩＥによると、「このような削除は墨《すみ》で塗り潰すか、切り取るか、ページを重ねて糊付けしてしまうといったやり方で行なわれた」。鋏《はさみ》と墨が使われすぎたため、教科書は使いものにならず、印刷し直しも、ＣＩＥによれば、「現実的ではない」。

ＧＨＱは、教科書の削除処理では寛容さを見せたが、新聞、雑誌、ラジオ放送には検閲したという跡が残るのも許さなかった。ＧＨＱ検閲官によると、教科書に対し寛容さが許されたのは、「もし厳しく実施したら、学校には全く教科書が無くなってしまうからである」。検閲で教科書はなくなってしまった。

改定教科書が出るまでの「間に合わせ教科書」の出版は最初から大混乱だ。

印刷用紙の割当ては必要量の二十五パーセントで、さらに悪いことに、割当ての四十パーセント（即ち、必要量の十パーセント）しか、一九四六年～四七年度に送られてこなかった。

前田文相は、一九四五年十二月、衆議院で「学生は教科書なしで国史を学ばなければならない」と言明した。日本政府は、新聞印刷用に予定していた貴重な紙を教科書用に再割当てせざるをえなかった。CIEも「新聞社からこういう援助を受けなかったら、一九四七年～四八年度の教科書を用意できなかったろう」と認めている。

CIE局内でも、内部メモを書く時には、スクラップ用の紙片を使い、紙不足は歴然としていた。

教科書不足を補うため、文部省は、巡回映画、スライド、ラジオを積極的に活用するよう奨励し、例えば、NHKの「教育アワー」は、一九四五年十月二十二日、マッカーサーの教育指令が出た日から放送が始まった。四日後、ある評論家の教科書についての話が「不適当だった」ので、放送中断された。CIEは、十一月十二日、事前に講座内容を検閲し、放送再開の許可を出した。

日本政府は、マッカーサー元帥の命令を忠実に守っていることを示そうとして、十一月二十八日、有光次郎教科書局長を職務怠慢で懲罰処分にすることを決定した。

有光は何をしでかしたのか。

ホールは有光局長に、教科書の原稿は全て英訳され、CIEによって検閲を受けねばならないと通告していたにも拘らず、検閲を受けないままの教科書六冊が出版された。

有光の懲罰は、一カ月の十パーセント減俸。その屈辱だけでも残酷な罰であったが、ニュージェント教育部長はこの懲罰をこれで十分とは考えず、一九四六年四月十七日に、この件について内閣に再考を促した。内閣はそれを受けて、六カ月の十パーセント減俸という処分を追加した。

日本側の「過《あやま》ち」に関して、ホール中尉は、一九四五年十一月七日のCIE内部メモで、「民主的な手続きと西洋の知識から長く切り離され、孤立していたことから、文部省がいかにその気があっても、技術的な援助をしてやらない限り、失敗を犯すことは不可避でもある。我々の指導方法は彼らに公に屈辱を味わわせるということを避ければ、効果的であろう」と述べていたのは皮肉なことであった。

GHQ・CIE内部でどのような考えがあったか、日本側に解るはずもなく、ただ教科書に関する神経質な検閲だけが目についた。

一九四六年の初め、GHQが行なっていた手紙の開封検査の時、長野の少女が匿名《とくめい》で東京の友達に、学校では「禁止された教科書がまだ使われている」と書いていた。GHQは直ちに日本人スタッフを現地に派遣した。このスタッフ報告によると、「使われていなかった」。

文部省は日本列島の各地に高官を派遣して、教師たちがマッカーサーの命令に従っていることを確かめた。CIEも日本中に視察旅行をしていた。

日本国民は、マッカーサーの命令に少しでも逆らえば、後悔することになると信じ込まされた。

5 「愛国心」とは何事か！

教科書検閲が行なわれる一方で、マッカーサーは、日本政府に新しい教科書を作れと命令した。CIEは、一九四六年七月当時、「約百四十六冊の教科書原稿が検閲、改定され、出版を許可された」と記録している。

地理の教科書の書き換えは簡単であった。日本政府は、一九四六年六月二十九日、マッカーサーに「地理」再開許可を要請し、それを得た。

嘘をつこうとは誰も思っていなかったのだが、日本史を書くことは、CIEが文部省に「歴史とは日本国民の正直な歴史でなくてはならない」と指示していたにも拘らず、困難な作業であった。

文部省は、歴史教科書の執筆者の名前をGHQに提出した。GHQは、これら執筆予定者の徹底した人物調査を行なった。小学校と中学校向けに各一冊、師範学校用に一冊と、計三冊が用意される。

CIE局員二人が、黒鉛筆と赤ペンで、英訳された原稿をクシで梳《す》くかのように丹念に調べた。GHQが「日本史」に異常なまでに神経を尖《とが》らせていたことは、次の例が十分に物語っている。

師範学校用の原稿で、執筆者が日本の「美しい自然」を描写したところ、CIE検閲官は削除した。

「愛国心」は赤ペンで消され、黒鉛筆で「国を思うこと」と変えられた。

「天皇の歴代記」は「天皇の伝説」と変えられた。

豊臣秀吉が、一五九一年に戦国時代の日本を統一した。常識だったが、CIE検閲官はこれを完全に削除した。「国家統一」が気に入らない。CIEは、天皇や日本について肯定的な論評をしたり、記述したものは全て削除した。

このような検閲の後、CIE当局は、「感情的な扱いは、完全にない」と、自信をもって断言した。

一九四六年九月五日、CIEは、文部省に新歴史教科書『くにのあゆみ』を出版してもよいと許可を与えた。同年十月十二日、マッカーサーは、日本歴史の授業を再開してもよいが、学校には「文部省が準備し、GHQが承認した教科書のみが使用されるべきこと」と厳命した。

この七カ月前の三月に、アメリカ教育使節団（次章参照）は、教科書作成に文部省を使うことに強く反対したが、GHQは文部省を使い続けた。中央集権は益々《ますます》強まっていた。日本の地方分権の成長にとっては不幸なことだが、GHQ・CIEの急場凌《しの》ぎの方針は占領中変わることはなかった。CIEもこの方針が文部省の「独占体制を助長する」と心配していたが、「現在の緊急性」のため継続しなければならない、と言っていた。

ＣＩＥは、教師たちが新しい歴史と地理の教科書に、どういう反応を示すかを調査した。文部省は六百通にのぼる質問書を郵送した。五百二十通もの好意的な返事が、教師たちからＣＩＥに返ってきた。

教科書改定と並行して、一九四五年十一月十日、ホール中尉は有光局長に教師用指導要項の作成準備を開始せよと命令し、「指導要項は日本の戦争責任につき、日本を再教育しなければならない教師の責任と自覚を促すように書かれていなければならない」と指示した。「国史教育の方針」と名付けられた「指導要項」は、丸一カ年かかって作成され、一九四六年十一月九日に文部省から全国に配られた。

揉《も》めに揉めた「日本史」について、ＣＩＥと文部省は、「歴史は平和と戦争、政治権力をめぐる各国の闘争といった観点からよりも、社会的、経済的、文化的見地から国民生活がどう発展してきたのかを強調しなければならない」という。

さらに、「日本の歴史を宗教的な教義や偏見で見ることは避けねばならない。国際的友好や、相互依存と文明の交流こそが国益となるので、日本歴史は、世界史の観点から強調されるべきなのだ。こうして世界平和、世界的文明の発展への貢献がなされてゆく」。

悪い日本が改心し、勝者アメリカが創設した国際連合へ加盟させて戴《いただ》けるよう、「新日本」はひたすら努力しなければならないとの教育が続く。

事実、一九四七年一月二十日、「新教育」が開始される直前、オア教育部長は報道陣に、「国際関係の研究、国連機構に重点をおいた」と説明している。

この日本史の「新解釈」は、歴史の真実のためにではなく、マッカーサーのモルモットとして、世界から隔離された彼の実験室で、日本が学ばなければならなかった新しい宗教であった。国連が日本と世界を争いから救うという信仰である。

新しい「日本史」は最早「歴史」ではなかった。

文部省とGHQ・CIEから溢《あふ》れ出た「メモ（指令）の洪水」を前にして、日本の教師や学生たちは驚き、狼狽《うろた》えた。政治顧問事務室（外交局）に配属された日本通のカール・C・リーブリックは、激変の渦の中で翻弄されている教師たちについてアチソン政治顧問に、

「教師たちは文部省なり、あるいはGHQからの指令や援助がもっと必要だといっている」

と報告した。

安倍能成《あべよししげ》文相（公職追放になった前田文相の後任）は、日本の教育についての混乱を解消するため、『毎日新聞』との会見（一九四六年一月十三日）で、次のような方針を打ち出す。

「私は天皇を名誉、道徳の源泉と考えたい。国民学校などでも天皇に関するものは今後やりにくかろうが、無理な形式はさけて自然のうちにこの方向へ導くことがよかろうと思っている」

この記者会見には『朝日新聞』の記者も同席した。『朝日新聞』（一月十四日）には、安倍文相の日本史に関する見方が載っている。

「今日の問題になっている国史の編纂《へんさん》も文部省の責任をもって当らねばならないわけだが、にわかに見方をふりかえたところで真の歴史が明らかにされるものとも思えぬ、民主主義に

国史を解明しつくしたとて必ずしも国史の真相を摑《つか》んだとはいえまい、神がかり的な分子を除き静かに研鑽《けんさん》してゆくことによって案外国史把握の近道を見出すのではあるまいか」

文部大臣がこのような言葉を吐いていたので、一般教師たちは、うっかり動いては罰せられると恐れたのは当然であろう。リーブリックは、「校長や教師たちは、自発的に行動すると、後で叱責されたり、懲罰を受けるかもしれないと恐れ、躊躇《ためら》いがちである」と書いている。

教師らが懲罰を受けるかもしれないという恐れは、七十七年間続いた明治体制の政策が大成功していたことを示している。「地方自治」は存在しなかった。

ＧＨＱも、「地方自治という考えは、民間から出てきたいろいろな憲法草案の中でも目立って欠落していた項目であった」という。

しかし、文部省は、民主主義に従う熱意を見せることが、ＧＨＱを喜ばせると信じて疑わなかった。それをリーブリックは、アチソン政治顧問に「文部省と学校当局者の協力は表面的に見れば完全であった」と報告している。

安倍文相の考え方に反感を覚えた国民もいた。その反対意見が『毎日新聞』（一九四六年二月十五日）に投稿された。「文相は戦犯団体というべき大日本教育会の会長就任を保留したいという。……安倍文相も貴族院議員になってから急に一面識もない幣原首相の讃美論をやったり、文相になってから天皇制や国体護持に神経質になり……」。

マッカーサーが占領開始と同時に新憲法を書き上げたのは、新しい政治哲学、「民主主義」

と「無防備の美徳」を日本国民に教えるためであった。しかし彼は、日本の民主主義と第九条が占領の終わった後、消滅させられ、国民主権から天皇大権へ逆戻りするのではないかと真剣に憂慮していた。それ故、日本の若い世代の洗脳教育に力を注いだのだ。

日本国民が政治には無関心であることは、マッカーサーにも明らかであった。無関心が最も危険であると読んだマッカーサーは、自分の部下たちに次の指令を出し、日本国民の政治教育に努めんとする。

(1)「日本国民の政府に対する現在の冷めた態度を積極的な政治参加の態度に変える」
(2)「新憲法の下《もと》における日本国民の権利と責任を理解させる」
(3)「古めかしい全体主義的な〝法と秩序〟の観念を抹殺する」
(4)「全体主義、国家主義思想の背後にある妄想を認識させ、自由で民主的な国家に生きることの喜びを教え込む」

マッカーサーの日本再教育作戦に参加させられた文部省は、一九四七（昭和二十二）年八月二日、『あたらしい憲法のはなし』を出版した。これは中学一年生の社会科用であったが、その人気が高かったので、中学校の全学年に分配された。

CIEは「約七百万部が印刷された。日本の出版界の中で最大の発行印刷部数である」と誇らかに宣言した。しかし、CIEは「大半の校長や教師は、政治の授業を学校の責任とは認めていない」という事実を発見した。

ハワード・ベル博士は、オア部長に「一九四七年十一月現在でも、無気力と恐怖は依然として色濃く漂っている。……多くの日本人が民主的責任というものは投票で終わってしまうと信じている。……唯一の解決は、生徒たちに早くから政治参加の習慣をつけさせることである。我々はこの責任を引き受けねばならない」と勧告した。

ＣＩＥは文部省に「政治教育が主要な目標になる」と通達した。政治教育は「社会科」と名付けられ、平和の美徳、平和主義の知恵、侵略の悪を小学生一年生から植え付けた。

私が小学一年生の時からこの教育が始まった。家にあった「肉弾三勇士」の絵本を教室に持って行き、級友たちに見せびらかしていたら、先生にこっ酷《ぴど》く叱《しか》られ、廊下に立たされた。絵本も没収された。

日本の歴史には、敗戦の惨《みじ》めな思い出しかなく、恥ずべきものと見られ、忘れ去ることが新日本の誕生になると思われた。

「科学的」は「平和的」とみなされ、「新しい科学」が日本人の新しい「神話」になっていった。原爆の黒い灰から逃げようとしながらも、その科学的な威力に釘《くぎ》付けにされていたのだろう。

日本国民は混乱し、文部省は新しい教育哲学・方針を求めて苦悩していた。マッカーサーさえも、「あなたは正しい」と言ってくれる人を探していた。

一九四六年三月、「教育使節団」がマッカーサー元帥を応援するためにアメリカから東京にやって来た。

第三章　アメリカ教育使節団（マッカーサーの応援団）

私は、一九七八（昭和五十三）年三月八日、アメリカ教育使節団の団長だったジョージ・ストッダード博士と、彼のニューヨーク・マンハッタンの自宅で対談した。使節団の来日から、ちょうど三十二年後の三月八日だ。

「誰が教育使節団報告書を書いたのですか」

「殆ど私が書いた。国語改革の部分を書いたのは、私ではない」

その三カ月前、一九七七年十一月二十一日、同使節団の団員であり、スタンフォード大学の教育心理学教授アーネスト・R・ヒルガードに同じ質問をした。

「報告書の執筆者はジョージ・D・ストッダードと私、それに今、名前を思い出せないがもう一人の三人だった」

「それでは、教育使節団の他の二十四人の団員は何をしていたのですか」

「あちこち観光旅行に行ったり、夜の街に遊びに出かけていた。ストッダード氏の団長ぶりは独裁的ともいえた。誹謗《ひぼう》の意味で独裁的といっているのではない。彼は、まず自分で物事を決定し、その後で、団員の同意を取り付けるという具合に処理していたからである」

マッカーサーは、教育使節団の「報告書」を「高い理想の文書」と称賛した。

しかし、あるアメリカ人評論家は、「大部分が美しい理念で飾られ、時折、現実的な観察が書き込まれているこの報告書は、伝統的な教育者たちの日本短期視察旅行から出たものとしてはまずまずのものだ」と皮肉り、「この教育使節団には、日本人についても、日本の教育の実態についても、知っていた団員は、殆どいなかった。勿論、何等かの書かれたものには目を通したであろうが、当時、日本の教育に関する文献は、多くはなかった」と厳しい批判をした。

教育使節団の一員、コロンビア大学教育学部教授アイザック・L・カンデルは、マッカーサーの称賛の言葉を全文引用し、さらに「教育使節団は、アメリカの教育理論などを日本人に実践させようとしたのではなく、日本人が教育制度を再建するのを支援するために、マッカーサー元帥の招待で派遣されたものである」と反論した。

教育使節団「報告書」には、「我々は征服者として日本に来たのではなく、人間一人一人には、自由と、個人的、社会的に成長する計り知れない可能性がある、と信じて疑わない経験豊富な教育者として日本へやってきた」と善意に溢《あふ》れた言葉が鏤《ちりば》められていた。

しかし、アメリカ式教育には、好戦的な軍国主義日本を改善する力があるという使節団の信念は、日本滞在三週間を通じて揺《ゆ》らぐことはなかった。

教育使節団の「報告書」が、戦後日本教育の土台である。

使節団がマッカーサーの絶大なる権力の支援を受け、打ち拉《ひし》がれた日本国民の中に植え付けた教育は未だに変わっていない。

「マッカーサー憲法」「第九条」「教育基本法」には、同じ思想が流れている。「民主主義」「人権」「平等」「平和」という美しい漢字の裏に隠されたアメリカ教育使節団の目的は、強敵日本の永久弱民化だった。

1　使節団の誕生

国務省は、一九四六年二月十八日の新聞発表で、マッカーサーが教育使節団を要請したと言った。

だが、教育使節団派遣の提案は、既に四カ月前の一九四五年十月十六日、在日駐留アメリカ兵A・B・チャプマンが、友人のジョン・L・マクラレン上院議員（アーカンソー州選出）宛に送った私信に述べられてある。同上院議員は当時、上院海軍委員会委員であった。

チャプマンは、「日本では実に多くの教職者が教育制度と生活様式の改革を熱望している。彼等は、日本の教育制度には思想の自由、自主性、個人の選択が完全に欠けている、と言いながらも、帝国政府を恐れる余り、自ら変革に手を出さない。我々が去った後、日本政府に生殺与奪《せいさつよだつ》の権を握られるのが怖いと言っている」「日本の教育制度こそ過去四年間、太平洋地域で悲惨と流血を引き起こした諸悪の根源であり、将来これらの悪を育《はぐく》む弾薬庫となることは疑いを容《い》れない」「アメリカの大学、高校の教職者たちと上下両院議員からなる委員会を訪日させ、日本の教師たちおよび一般国民と話し合いをさせるべきである」「この委員会は、日本の教育改革に必要な対策などを調査し、議会と大統領に行動をとるよう勧告すべきである。同委員会は即刻、設置されなければならない。なぜなら、日本国民は占領軍と日本旧政権とが合体した現状にすぐ慣れ切ってしまうだろうし、そうなれば改革は一層困難となり、効果もますます期待できなくなるからだ」と、鋭く日本の現状を読みとっていた。

マクラレン上院議員は、十月三十一日、チャプマンの手紙をバーンズ国務長官に送り、「この問題について、何等かの手を打たなければならない」と勧告している。

チャプマンとマクラレン議員の手紙は、国務省の経済保障統制局、文化協力局、日本問題局に回覧された。

東京では、マッカーサーが、対日教育使節団の派遣をアメリカ政府に要請する準備を進めていた。チャプマンの手紙が国務省内で回されている間、一九四五年十一月七日、ホール中尉は「アメリカの指導的な教職者からなる教育使節団派遣要請がなされるであろう」と、CIE（民間情報教育局）の内部メモに記録していた。

チャプマンの教育使節団派遣の要請が、マッカーサーの要請と同じだったのは、偶然か。私の推察だが、ワシントンの国務省から東京のGHQに「教育使節団を要請せよ」との指示があったのかもしれない。

一九四六年一月四日、マッカーサーは、ワシントンの陸軍省宛に電報を打った。

「日本の教育制度の再建は、占領行政の中で優先される。推定千八百万人の生徒、四十万人の教師、四万の学校は、占領使命を全《まっと》うするための主要な道具なのである」「文部省は、改革案を作成し、実施する能力に欠けている」

マッカーサーは教育使節団が、(1)日本における民主主義教育、(2)日本再教育の心理的側面、(3)日本教育行政の再編成、(4)日本復興のための高等教育、について改革案を作成するように要請した。彼は、教育使節団の団員として二十六人の名を候補に挙げた。

マッカーサーの要請を受けたケネス・C・ロイヤル陸軍長官代理は、バーンズ国務長官に書簡を送り、「日本人を再教育するのは、国務省の責任だと思うので、国務省はこの要請を速やかに実行されたい」と願い出た。

ロイヤルは、マッカーサーが敬虔《けいけん》なキリスト教徒であることを配慮し、「電報では指摘されていなかったが、カトリック系や他の宗派代表も教育使節団構成にさいして、重視されるべきであろう」ともいった。

ディーン・アチソン国務長官代理は、ロイヤルに、「喜んでこの責任を果たさせてもらう」と返書を送った。

そうは答えても、アチソンは、国務省が教育使節団の派遣について責任を取るべきかどうか迷った。アメリカが日本占領を独占していることに対して強い反感を抱いているソ連とイギリス両国が、またアメリカ人だけの教育使節団を派遣したら怒り狂うのではないだろうか。

アチソンは、国務省極東局長ジョン・C・ビンセントに相談した。

ビンセントの返答はウィリアム・ベントン国務次官宛である。

「我々が責任を取ることに問題はない。私は、日本でそういう責任を取ることは、望ましいとさえ思っている。マッカーサーが要請してきている教育使節団派遣に関して、極東委員会でどんな反応が起ころうとも心配する必要はない。同委員会は、日本教育の改革に関して、いつでも政策を立案できるし、マッカーサー元帥もその政策に従うであろう」「マッカーサーは、専門家の助言を今、緊急に必要としている。極東委員会が政策を作るのには、数カ月かかる。その間、マッカーサーは腕をこまぬいているわけにはいかない」

ベントン次官が使節団結成の任に当たった。マッカーサーと陸軍省に相談して、国務省は、団長にジョージ・D・ストッダードを任命した。彼は当時、ニューヨーク州教育委員長であり、名門イリノイ大学総長に選出されたばかりであった。

ベントンはストッダードと旧知の間。ベントンは、ロンドンで行なわれたユネスコ（国連教育科学文化機関）創設会議でアメリカ代表団長を務め、ストッダードは五人の団員の一人であった。

教育使節団団員の名前と任命時の肩書きを掲げる。当時、アメリカでは著名な教育学者たちである。

ウィルソン・M・コンプトン…ワシントン州立大学学長
ジョージ・W・ディーマ…中央ミズーリ州立教育大学学長
フランク・N・フリーマン…カリフォルニア大学教育学部長
バージニア・ギルダースリーブ…バーナード大学学部長

ウィラード・E・ギブンズ…全米教育協議会事務局長
ミルドレッド・マカフィー・ホートン…ウェルズレー大学学長
T・V・スミス中佐…シカゴ大学哲学教授
デービッド・H・スチーブンズ…ロックフェラー財団人文科学部門（以前日本に滞在した経験あり）
アレクサンダー・J・ストッダード…フィラデルフィア市教育長
ウィリアム・C・トロウ…ミシガン大学教育心理学教授

以上の団員は、マッカーサーのリストに掲げられ、使節団参加の招請《しょうせい》を受諾した人たちだ。

国務省は「教育使節団の構成を完備するために」、次の顔ぶれに参加を招請した。

ハロルド・ベンジャミン…アメリカ政府教育庁国際教育局長
レオン・カーノブスキー…シカゴ大学図書館学部大学院副部長
ジョージ・S・カウンツ…コロンビア大学教育学教授、アメリカ教職員連盟副会長
ロイ・J・デフェラリ…カトリック大学事務局長
カーミット・イービー…CIO（産業別労働組合会議）研究・教育部長
アーネスト・R・ヒルガード…スタンフォード大学心理学部学部長
フレデリック・G・ホックワルト…モンシニョール（カトリックの高僧に与えられる尊称）全米カトリック教育協議会
チャールズ・イグリハート…ユニオン神学校元教授、メソジスト基督教会の日本派遣教

師、CIE（民間情報教育局）顧問
チャールズ・S・ジョンソン…フィスク大学社会学教授
アイザック・L・カンデル…コロンビア大学比較教育学教授
チャールズ・H・マックロイ…アイオワ大学体育学教授
E・B・ノートン…アラバマ州教育長
パール・ワナメーカー…ワシントン州社会教育局長
エミリー・ウッドワード…ジョージア州教育長
この二十四名に加え、国務省から、国際情報文化局のゴードン・T・ボールズ博士とポール・P・スチュアート、徴兵局から軍事連絡係として、ジョン・N・アンドルース大佐が団員として、参加した。全二十七名、女性は四名。
教育使節団の結成が行なわれている時に、マッカーサーは、一九四六年一月九日、この教育使節団と協力すべき「日本側教育家の委員会」の設置を日本政府に命じた。
この日本側委員会が、「教育刷新委員会」となってゆく。
南原繁東京帝国大学総長が、「日本側教育家の委員会」委員長に任命され、文部省もこの使節団用の事務局を設置し、山崎匡輔《きょうすけ》文部次官がその局長になった。

2　安倍能成文相、必死の抵抗

一九四六年二月、教育使節団員全員はワシントンに集合した。国務省は、日本に関する資料を団員に配付した。勉強会である。

日本史の権威であるコロンビア大学教授サー・ジョージ・サンソムは、団員に講演をした。一八八三年生まれのイギリス人・サンソムは、十七年間の外交官生活の殆どを日本で過ごした。占領中の一九五〇年の秋、東京大学に招待され、「世界歴史における日本」という五回の連続講演をした。彼の日本滞在中、日本学士院は、彼を「学士院客員会員」にした。名実ともに、日本史の大家であった。

教育使節団は、立ち寄ったホノルルとグアムで、さらに説明を受けた。使節団一行は、二グループに分かれて、一九四六年三月五日と六日に、東京に到着した。

三月七日朝、教育使節団員は、広報に関して説明を受ける。

ＣＩＥ広報官ドン・ブラウンは、「日本人は、この教育使節団に大変な関心を抱いている。団員が日本をどう思っているか、日本の教育制度をどう見ているか、どんな勧告がなされるか、をとても知りたがっている。しかし、教育使節団の特別な性格からみて、団員の発言は全て最高司令官のものと受け取られるので注意されたい」と言った。

新聞記者出身であり、また日本をよく知っているブラウンによれば、「日本のジャーナリズムはそれ自体の劣悪さに加えて、アメリカ・ジャーナリズムの最も悪い面を全てまねしている。新聞報道の信憑性《しんぴょうせい》に対する尊敬の念はない。日本の新聞記者は、団員の発言を巧妙に変えてしまうのに長《た》けている」。

団員の一人コンプトン「我々が口をきかなければきかないほど、良いというわけか」

ブラウン「その通り」

別の団員ホートン「日本側教育家の委員会と自由に話し合っても大丈夫なのか」

ブラウン「ニュージェント大佐か教育部から特に指示がなければ、私としては、団員がその席で完全に自由に話してよい、と考える。日本側委員たちには、日本の新聞に軽々しく喋《しゃべ》ってはならないと注意してある」

CIEは、使節団用に「日本の教育」と題する小冊子を作成していた。これに、日本教育制度と現在進行中の改革が記述してあった。

ストッダード団長は、マッカーサーに手紙を書き、「閣下の優れたスタッフ」CIEを褒《ほ》めた。

使節団は二週間、この小冊子を読んだり、CIEスタッフによる講義を聴いたり、風光明媚《ふうこうめいび》な京都と奈良の見物に出かけ、時折「日本側教育家の委員会」と話し合った。

三週目、教育使節団員の三名は、「報告書」の執筆で過ごした。

教育使節団の物見遊山《ものみゆさん》の態度は、CIEが文部省に宛てた「アメリカ教育使節団の日本滞在日程試案」という覚書にも出ている。

「公式の会合は午前中だけ。午後は視察にあてるか、委員会の会合。土曜日と日曜日は旅行日。日本側は週三回、夜の娯楽を用意すること。例えば、オペラ、音楽会、演劇、展覧会など（ただし、これは月曜日から金曜日までの間で）」

ストッダード団長は、「全団員を代表して、このように心身両面にわたり配慮をして頂いたことに深い感謝の意を表する」とニュージェント局長に謝意を伝えた。

日本政府が、一九四六年三月、教育使節団の滞日に使った経費は十六万五千円。その内訳は、夜の娯楽に五万円、日本国内旅行に五万三百円、残りの六万四千七百円は日本側随員の費用とか筆記用具類などに使われた。十六万五千円には教育使節団員の宿泊費と食事代は含まれていない。

教育使節団が来日した時、前田多門は既に文部大臣という公職から追放されていた。

前田は「最後の切り札をこんな時節に出すのは勿体《もったい》ないが……」と言いながらも、思想家・芸術家として著名な友人、安倍能成《あべよししげ》に懇請して文部大臣になってもらった。

安倍は、三月八日、教育使節団歓迎の挨拶で「戦勝国としての位置がアメリカ的あるいは西洋的特殊性を簡単に日本に強制するに至らざらんことを期待するのは決して不遜《ふそん》な願いではないと信じます」と勇気ある要請をした。日本が征服者として相手の国民性を無視して「朝鮮や支那に臨んだことが、日本の失敗であった」「戦勝国としてアメリカは無用に驕傲《きょうごう》ならず……アメリカ的見地を以て簡単に日本に臨むことのないように願います」と言った。

マッカーサーは、日本を「内部から政府を解放する世界一の大実験室」と考えていたので、文部大臣が教育使節団に勇気のある忠告を発したところで、団員らがマッカーサーの考えに反する行動を取るはずもなかった。

ストッダード団長は、「安倍大臣は温かい歓迎の意を述べられました」と外交辞令を述べ、「日本に来たのは批判するためではなく、視察し学ぶためであります」と日本側の懸念《けねん》を取り除くように努力したが、無駄な努力であったであろう。日本側は、教育使節団が視察にきただけとは思ってもいなかった。

比較教育学研究で世界的に有名であったアイザック・L・カンデルは、もっと率直に「教育使節団は当時の文部大臣からあのようなことを言われなくてもよく分かっていたが、彼の懇願は聞くだけは聞いておいた」と帰国直後に書いている。

当時、「マッカーサー草案」が発表され、マッカーサーから既に多くの指令が出されていて、敗戦国日本が歩むべき政治路線が既に明確に確立していた。教育使節団は、マッカーサーの期待から逸脱しなかったし、する度胸も勇気も気力もなかった。逸脱するどころか、諂《へつら》うのに忙しかった。

「閣下が連合国のために、極めて難しい時期に難しい国民の難しい問題を解決するために手腕を発揮しておられるのを目の当たりに見ることができて、感動しております」とウィルソン・コンプトンはマッカーサーに手紙を書いた。コンプトンは、「difficult」（難しい）を三度使っている。

エミリー・ウッドワードも、「マッカーサー元帥は、日本で素晴らしい仕事をしており、日本国民は元帥に心服している」と述べている。

3　「平和主義を叩き込め」

使節団は、「報告書」の冒頭で、「我々は、いかなる民族、いかなる国民も、己の文化的資源を用いて、自国のため、また、全世界にとっても有益なモノを創造する力を持っていると信じている。これこそ自由主義の信条である。我々は画一性に心服していない。それどころか、教育者として絶えず、個人差、独創性、自発性に心を配っている。これが民主主義の精神である。我々の制度のうわべを真似られても嬉しくはない。進歩と社会進化を信じる我々は、希望と刷新の源として世界中で文化の多様性を歓迎する」と宣言する。

使節団は「自由主義」と「民主主義」の意味を明確にしようとする。

「我々は自分たちが苦労して鍛《きた》えあげてきた体験から、あえて日本に説教をしたい。どのくらい禁止されるべきかということより、どのくらい許されるべきかということを見出していくのが権力を持つ者の責任である。……これが自由主義なのである」「民主主義は偶像崇拝ではない」「民主主義は、人間の解放されたエネルギーを多様な形で発揮させるのに最も有効な手段である」

教育使節団の抽象的な雄弁は、まだ続く。

「教育は、真空の中で進むことはできない。また、国民の文化的過去と完全に絶縁してしまうことも考えられない。現在のような危機にあっても、継続性を失ってはならない」継続性を見つけるため、「人道的な理念や理想として残していく価値のあるものを発見するために」、日本の教職者全員が「日本の文化的伝統を分析しなければならない」。この分析から、新しい日本に対する「忠誠心と愛国心、真に心から感じ得る基盤」が発見できると断言した。

しかし、日本が新たな自分を追求する際に注意しなければならないことは、「絶えず新要素を付け加えていくことから生じる摩擦を避けるためにも、まず有意義な国民文化」とは何かを認識しなければならないと警告している。

文部省は、「有意義な国民文化についての認識」を見つけ出す努力をさせられ、厳しい試練に曝《さら》されることになる。

「近年、日本の学校で教えられてきた修身は、従順な国民の養成を目指していた」と教育使節団が述べているのは、日本の「忠誠心」や「愛国心」は真の愛国心ではなく、善悪を判断する能力に欠ける国民を作るのに、教育が悪用されたと言っているのだ。

殺されかけている教育勅語への追い打ちだろう。

日本には新しい倫理観が必要だ、と使節団は言う。

どうすれば、日本の教師や学生が民主主義の倫理観を体得できるのか？

「教師自身がよく教育されており、独立の精神を持ち、愛情から出た忠誠心があり、教師一人当たりの受け持ち生徒数が少なければ、倫理的訓練は自然とうまく解決する」と答える。

絶望的なすし詰め教室で教える日本の先生たちの学級人員は、初等八十人、中等六十人まで認められていたが、この数より多いクラスは沢山あった。

私が小学校一年生の時のクラスには、六十人近くいた。担任は男前の伊藤先生。先生は栄養不足から起こる結核で、一学期後、亡くなられた。

教育使節団は、倫理観をさらに明確に説明しようとして、「女性は〝良《りょう》〟妻《さい》になるためには自ら善良となるべきこと、〝賢《けん》〟母《ぼ》になるためには自ら賢明になるべきことを悟《さと》らなければならない」「善良は偏狭からは生まれない。賢明は温室栽培の植物ではない。それは、広範な社会体験と政治的実践とから育つものである」と書いた。

教育使節団も、日本人の知的年齢を十二歳だと思っていたのであろうか。

教育使節団が最も強調したかったことは、「第九条の英知」。

これを生徒たちの頭に植え込むため、「彼等は市民生活の英雄たちについて教育を受けなければならない」と勧めた。「武士道」「軍人」「軍神」などについて学ぶ必要もないと言うことだ。

純粋平和主義にとって、「日本史」と「地理」の二科目が邪魔になっていると見た使節団は、「記録された歴史と神話とが意識的に混同されており、地理は宗教的とさえいえるほど自己中心的なものであった」と批判した。「歴史と地理の教科書編纂《へんさん》は、文部省の責任だけに任せてはいけない。有能な日本人学者たちによる審議会を設立して、日本歴史の書き直しのため信頼できる客観的な資料を広く集めるべきである」と勧告している。

平和も倫理も大切だが、食糧の方がより重要かもしれない。

使節団は教師や生徒たちの惨めな生活状態を目撃し、余りの酷《ひど》さに驚いた。しかし、どうしてよいのか見当もつかず、恥ずかしいほど幼稚な「勧告」を書く。

「経済は重要であるが、最高というわけではない」「幸福が当然とされているところなど何処《どこ》にもない。富は幸福を保証するものでもなく、富がないからといって幸福になれないわけではない」

日本人教師や生徒にとって、当時、幸福《しあわせ》とは、白米を満腹になるまで食べること。私にも、給食の時が一番幸福な時であった。

教育使節団が離日した十日後、国内の食糧事情を十分理解していた安倍文相は、全国の大学学長、高校校長と知事に指令を出し、「誰の目にも明らかなように、政府の措置は日常生活から生じる諸問題に対処し得るものではない」ので、「教師たちが何等かの自助の組織を持つことが望ましい」と言い、「過激に走らぬこと、また、特定の政党につけ込まれる隙《すき》を作らぬこと」を注意すべきであるが、「このような教師の団体に対してあまり多くの規制を課さないようにして欲しい」と要請した（アメリカの生資料から、西が日本語に訳した）。

4　教育基本法

民主主義と「第九条主義」を日本の教育に折り込んでゆくために、ＣＩＥは文部省に「教育基本法」の立案を促した。これは、GHQ・CIEが廃止したばかりの「教育勅語」に代わるものである。

CIEのジョセフ・トレイナーと文部省社会教育局長の関口勲が、この草案を書くことになる。トレイナーは、一九四六年六月から占領終結の一九五二（昭和二十七）年四月までCIEに在任した。

この二人の協議が初めて行なわれたのは一九四六年十一月十二日で、トレイナーが関口に、教育における民主的原則を説明し、一週間後、十一月十八日に、関口が最初の草案を用意してくることで合意した。

十一月十八日、関口は文部省の第一次草案を提示した。

関口と文部省は、「男女共学《コエデュケーション》」を理解できない。関口は、男女共学について「一時間半以上にわたって、あれこれ意味不明の説明をした」とトレイナーはぼやいている。

トレイナーは、十一月二十一日に出直してこいと関口に言った。

十一月二十一日、関口は文部省の第二次草案を持って、トレイナーと会った。「関口氏は、またも〝民主的〟という言葉を用いるのを避けた法案を作成しようとした」と、トレイナーはオア教育部長とニュージェント局長に不満を漏《も》らした。

トレイナー「なぜ〝民主的〟という言葉を使わなかったのか」

関口「それはうっかりして、見落とした」

「全く、言語道断である」とトレイナーは激怒した。トレイナーは、「a little horrifying」という表現をしている。「a little」（少々、ちょっぴり）は皮肉たっぷりの言葉で、次に続く単語を強調する。「horrifying」は日本語の「目も当てられないほど悲惨な」「身の毛もよだつように恐ろしい」にあたる。

トレイナーの態度はここで明確に変化してくる。

関口は、教育の「機会均等」について、「全て国民は、法の定めるところにより、等しく、その能力に応ずる教育を受ける機会を与えられ、人種、信条（宗教）、性別、社会的身分や家系によって教育上差別されない」と書いた。「法の定めるところにより」という字句の挿《そう》入《にゅう》は、後日、制定する他の法律によって、教育の機会均等の原則を変えようとする関口の老獪《ろうかい》さを示したものであった。

だが、目を光らせていたトレイナーは、「驚愕《きょうがく》すべき挿入だ」と非難し、「これは第一次草案よりも悪い」と関口を叱《しか》り飛ばした。

関口は、「私は、田中文相および省内各部局長と相談しなければ、男女共学について草案を作成することはできません」と反論したが、トレイナーはこの草案作成の責任は関口に与えられたのだから、「腰を据《す》えて書け。十一月二十九日に出頭せよ」と命じた。

十一月二十九日、関口は第三次草案二通を持って現われた。

関口は、二通のうち一つは、「私が書いたものではないが、全く曖昧さがないので、とても解り易い。私が書いた草案は、一般の日本人には理解されないであろう」と言った。しかし、自分が執筆した草案は「より立派な日本語」で書かれていると説明した。

トレイナーは、「教育法は国民が理解できるように明確に書かれなければならない」と関口に忠告した。「関口氏はこうした考え方に吃驚仰天《びっくりぎょうてん》していたようだが、それでも少しは解ったようだ」と、オアとニュージェントに報告している。

十二月二日、関口と文部省は、最早《もはや》これ以上の引き延ばしや躊躇《ちゅうちょ》は不可能と見て、トレイナーに受け入れられるような草案を提出した。

関口とトレイナーは、次回会合（十二月九日）までに、各自が英語で最終草案を仕上げ、双方の草案を付き合わせようということで合意し、その最終草案がＣＩＥ教育部内で検討された。

一九四七年三月三十一日、新憲法に盛られた理想を学校教育で補強するために、「教育基本法」が公布された。

「教育基本法」は、マッカーサー憲法と同じようにアメリカ製である。

教育基本法の中で、最も論議の的《まと》となった条項は、男女共学に関するものではなく、「良識ある公民たるに必要な政治的教養は、教育上これを尊重しなければならない。法律に定める学校は、特定の政党を支持し、又はこれに反対するための政治教育その他政治的活動をしてはならない」という、政治教育に関する第八条であった。

日本教員組合は、この第八条を利用し、彼等の職域を政治化することに没頭していった。政治化することは労働組合化に繋《つな》がった。事実、ＧＨＱも文部省も、教職員の労働組合運動を奨励した。それに応えるかのように、殆ど同日に、二つの教職員組合が誕生した。

日本教育者組合は、著名なクリスチャンの賀川豊彦《かがわとよひこ》によって、一九四五年十二月二日、結成された。賀川は天皇制の擁護を掲げる傍《かたわ》ら、教師たちの経済的地位の改善に関心を払った。

貧民救済に尽力した賀川は、欧米では「日本の聖者」として高く評価されていた。一九二〇（大正九）年に出版した彼の『死線を越えて』はベストセラーになったが、その印税を社会運動に寄付した。神戸神学校を卒業後、プリンストン大学に留学し、プリンストン神学校を卒業した。日米開戦前、一九四一（昭和十六）年四月五日、キリスト教界の代表者六人と共に、賀川はアメリカへ行き、四カ月間に亘り、非戦論を遊説《ゆうぜい》した。戦争中、賀川は一時的に警察に拘留されたが、東京ローズが行なっていたような対アメリカ放送に協力した。終戦直後の東久邇宮内閣の参与となり、全国民の罪滅ぼしの為に「一億総懺悔《ざんげ》」を提唱した。

賀川の変身を見逃すGHQではなかった。アチソン政治顧問は、占領開始三カ月目の十一月五日にトルーマン大統領へ手紙を書き、「キリスト教徒であり、日本のリーダーの一人である賀川は、残念ながら、戦争に協力した過去を隠そうとして、看板を塗り替えているだけだと思われております」と報告している。この翌一九四六年、賀川は貴族院議員に勅選されたが、GHQは彼の登院を禁止した。

賀川の教育者組合の一日前に、CIEが「社会史家、作家、左翼」と評した羽仁五郎《はにごろう》が全日本教員組合を結成していた。同組合は民主主義の促進と給料の五倍引き上げを要求した。

羽仁（旧姓・森）は、一九二一（大正十）年東京帝大独法科を休学してハイデルベルク大学で歴史哲学を学び、一九二四年に帰国し、東京帝大に在学中、自由学園創立者羽仁もと子の娘、説子と結婚し、羽仁姓となった。一九二七（昭和二）年、東京帝大史学科を卒業、日本でマルクス主義史学を樹立した第一人者である。日本の軍国化に反対する運動をし、治安維持法違反で二度逮捕された。戦後初の衆議院選挙が行なわれた一九四七年で当選（二回）し、紀元節の廃止を唱えた。また、国会図書館設立に尽力した。彼の『都市の論理』（一九六七年）は、時の流れに乗り大々的なベストセラーになる。

両組合は、互いに相手を「反動」、あるいは「共産主義者」と罵《ののし》りあった。しかし、羽仁の率《ひき》いる左翼の全日本教員組合が全国の教職員の心を捕らえた。この組合が日本教職員組合（日教組）へと発展してゆく。

東大総長南原繁は、マッカーサーの政治顧問（外交局長）シーボルドに、「最も危険で憂慮される教員組合運動は小学校教師たちによるものであり、彼等は物凄《ものすご》い影響力を行使している」と警告した。一九四七年十二月二十七日のことである。

教員たちの家計の苦しみが深刻になっていったため、山崎匡輔《きょうすけ》文部次官は、一九四六年六月二十五日、ニュージェントとオアに「このままでは群衆運動が起きて大混乱をきたし、教師たちが大量に職場を去ることになりかねない」と警告し、文部省が教職員給与増案を早急に新聞発表したいのだがと許可を求めた。ニュージェントとオアはこれを承認した。

5 「日本語が邪魔だ」

「我々は深い義務感から、ただそれのみから、日本の書き言葉の根本的改革を勧告する」。とうとう教育使節団が本性を現わした。

美しい言葉「義務感」の裏に、隠された醜い下心《したごころ》が見えた。

一九七八（昭和五十三）年、ストッダード元団長は、私と対談中に、「報告書」は自分が執筆したと言ったが、「国語改革の部分を書いたのは、自分ではなく、ジョージ・カウンツだった」と付け加えるのを忘れなかった。三十二年も経て元団長が責任回避をしようとしたのには、見苦しい事実が、学者としての恥が、その「報告書」の国語改革に付き纏《まと》っているからだ。

教育使節団の日本語大改革の検討を始める前に、一点の関連資料を紹介する。

私は、ワシントンにあるアメリカ国立公文書館で、私にとっては二回目の資料の検索中（一九七八年三月）に、「公式表記文字をカタカナに改定」と題する秘密覚書を発見した。

これが執筆されたのは、日本の降伏二カ月前、一九四五年六月二十三日である。執筆は、日本占領初期に大活躍したロバート・キング・ホール中尉。当時、カリフォルニア州モントレイにあった軍政要員準備機関で、日本占領企画本部の教育部長であった。

占領開始直後、ホールはＧＨＱ・ＣＩＥで教育改革・言語簡潔化担当の任に就き、教育使節団に日本語の国語改革問題を説明した。

終戦前に書かれたホールの秘密覚書は、教育使節団の「報告書」と密接な繋《つな》がりを持っている。

「軍事占領下の日本では、カタカナだけに統一すべきだ。漢字で書かれたものは禁止すべきである」がホールの勧告である。

少し長くなるが、ホールのカタカナ専用の理由を引用したい。ここに、日本文化に対するアメリカの傲慢な態度が克明に現われている。

(1)　漢字の禁止は、戦前の政治宣伝との接触を禁じるのに大いに役立つ。日本では、重要な文章は全て漢字で書かれた。漢字で書かれた本や文書を禁止すれば、これらの所持は違法となる。漢字で書かれた既存の文書を廃止しなくてもよい。図書館所有のものを押収《おうしゅう》するだけで十分である。押収図書の内容は保存されることになり、占領軍は〝焚書《ふんしょ》〟の汚名を着せられるのを避けられる。

(2)　カタカナによって、検閲が容易になる。検閲には最高の言語能力が要求される。漢字を検閲できる言語学者を必要なだけ集めることはできない。……カタカナの学習は二、三週間で十分である。占領軍は各自、日本語が読めようが読めまいが、検閲ができるようになる。カタカナを見分けるだけで十分なので、翻訳の必要はない。

(3)　カタカナの使用によって、児童たちが同程度の学力に達する時間を短縮できる。

日本では、初等教育の厖大な時間が漢字の習得に費やされた。この時間をさけば、他の分野の学習に充《あ》てられる。それによって、児童達は低学年のうちに生産活動に従事できる水準に達することができ、日本の教育水準を低下させることなく、労働力の供給を増すことができる。

(4) カタカナの使用は、日本でビジネスの効率を増大させる。カタカナは電報、軍部の指令、階層の低い人びとを対象とした新聞で広く用いられてきた。西洋のタイプライターの文字盤を置き換えるだけで、カタカナは効率的にタイプライターで印字することができる。

この提案の実用性。

(1) カタカナは、日本を無能にしない。字の読める日本人は、カタカナも読める。漢字を読めなくても、より簡単なカタカナは読める。ローマ字化の利点は明瞭ではあるが、実用的ではない。その理由は、日本で一般的に読まれていないからである。それ故、性急なローマ字化は日本を事実上、無能国家にしてしまう。それは軍事占領政府にとり、敵性宣伝に曝《さら》されるよりも一層危険である。文書による意思疎通《そつう》ができない近代国家は混乱に陥る。

(2) 漢字で書かれている文書をカタカナに書き換えることは簡単である。この作業は速記文字をタイプするよりも楽だ。漢字とカタカナを知っていれば、誰でもできる。

(3)　カタカナには宣伝価値がある。
カタカナは、日本人が発明した数少ないものの一つであり、また最もすぐれたものの一つである。カタカナの使用は日本民族の誇りでもある。教育を受けた日本国民は、カタカナの使用を中国の文字である漢字の使用よりも好ましいと考えている。

(4)　この種の国家的大改革については前例がある。
過去二十年間に日本は産業の近代化を図《はか》るため、度量衡《どりょうこう》をメートル法に変えてきた。……日本は行政中央集権化で、中央集権が行なわれていない場合では、ほぼ不可能と思われる革新的改革を成し遂げることができた。

(5)　改革は永続的に進める。
一九四五年初めから学校は閉鎖されており、今後、戦闘状態下であろうと休戦状態であろうと、占領前の大混乱で、漢字教育は二年から五年の遅れをきたすであろう。この遅れに追い撃《う》ちをかけ、軍事占領政府が正式に漢字を禁止すれば、国語としての漢字に必ず終止符を打つことになろう。漢字は習得が難しくて、一定期間禁止に追い込めば、息を吹き返すのに極めて長期の習得年月を必要とする。話し言葉によって生き長らえることができる代物《しろもの》ではない。十年間も漢字教育を禁止すれば、漢字の読み書きは死に絶える。そして、将来は「日本古典」の研究者しか習得しなくなるであろう。

ホールの覚書は、タイプライターで打たれ、行間がびっしりと詰まっており、五頁もあった。ホールは、この覚書を陸軍省民事局長ジョン・H・ヒルドリング少将に送った。

ヒルドリングは、この提案は「現実的でない」と考えたが、国務省のユージン・H・ドーマンに意見を求めた。ドーマンは日本生まれで、流暢《りゅうちょう》な日本語を話し、開戦前はジョゼフ・グルー大使の下《もと》、アメリカ大使館に勤務していた。

ドーマンは、「漢字の禁止は実施出来ないと思う。出来たとしても、軍事占領下で漢字を撤廃《てっぱい》したら、日本における知的、文化的研究に急激な制約を与えるばかりか、国家経済の正常な運営をも損《そこ》ない、極めて深刻な影響をきたすことになろう」と返答した。

しかし、急激な国語改革論は根強かった。

一九四五年十一月十二日、初代CIE局長ケン・ダイク准将《じゅんしょう》は、ホールに国語改革の任務を命じた。しかし、この後、間もなく、ダイクは本国へ送り帰される。著名な米ジャーナリストのジョン・ガンサーによれば、「ダイクは速く出世しすぎて、妬まれ、追い出された」。

ホールは、一九四六年三月十三日、教育使節団に日本語改革を説明し、「これは非常に物議を醸《かも》す問題である……。私が、GHQの一士官が日本国民を代弁しようとするのは不適当でもあろう」と語った。不適当であろうとなかろうと、ホールは既に、日本語の大改悪を決断していた。

ホールの後、通訳を通じて講演したのは、有名な国語学者で帝国学士院会員の安藤正次《あんどうまさつぐ》博士（戦前の台北帝国大学総長）であった。

安藤は、現在の日本語が「国民の知的水準の向上の妨げとなっている」と言ったが、「悪影響が起こるのを避けようとするならば、改革の試みは性急であってはならない」と忠告した。そして、「最も時機に適《かな》った速やかな解決策」として、安藤は漢字数の制限を提案した。

安藤の常識に適った提案は、この歴史に残るような機会に実施するものとしては革新性がない、というのがホールの考えで、安藤案は二度と日の目を見ることはなかった。

この説明会の二週間後、教育使節団は「書かれた形の日本語は、学習にとって恐るべき障碍《しょうがい》だ」と論断した。

使節団の断定は、「書き言葉としての日本語は、今日普及している言葉の中で最も難しいものだろう」というホールの意見と同じものだった。

日本の生徒たちが、「いかに賢く勤勉でも、漢字を覚えたり書いたりするために割り当てられる法外な時間数の割には、成果は期待外《はず》れである」と、使節団はホールと同じ意見を述べている。

「小学校卒業時の生徒たちには、民主社会の市民になるために必要な言語能力が欠けている。新聞や大衆雑誌のような物を読みこなせない。また、現代の問題や思想を扱った書物の内容を理解することもできない。その上、生徒たちは、読書を卒業後の啓発《けいはつ》の道具にできる程度の国語力をつけていない」

使節団は、日本人は初等教育を終えた十二歳以後、何等新しいものを学ばないし、また学べないと考えた。マッカーサーの「日本人は十二歳の少年ぐらいの知的水準」と完全に同じ発想である。

使節団は婉曲《えんきょく》な言い回しをたくさん用いて、「漢字にはある種の芸術的価値などが内在しており、それは音標《おんぴょう》文字体系（ローマ字）では決して完全に伝え得るものではない」が、「漢字は一般的な書き言葉としては全廃されるべきであり、ローマ字が採用されるべきである」「民主社会の市民として成長し、また、国際理解を増大するためには、カタカナよりも、ローマ字の方が一段と有利である」「言葉とは、広い高速道路であって、障碍物であってはならない」などと、要は、「日本語をローマ字に替えよ」、という信じがたい勧告をし続けた。

教育使節団は、一方では、「教育は、真空の中で育《はぐく》むことはできないし、また、一国民の文化的過去と完全に絶縁してしまうことも、考えられない」と言い、そして、日本国民は「人道的な理念や理想として残してゆく価値のあるものを発見するために、日本の文化伝統を分析しなければならない」と勧告する。

日本文字の美を取り去って、歴史的遺産を継承することができるであろうか。

また、使節団自体への警告としてか、「国語は国民生活にとって極めて密接な有機体であるだけに、外部からこの問題に手を出すことは危険極まりない」とも書いた。

しかし、使節団は、日本語を犠牲にしても、情報が大衆に広く流されれば、日本国民はより一層民主主義化すると確信していた。

日本語の漢字が日本国民を凶暴にしたのか。漢字は国民を非民主的にした「悪い言語」だったのか。

帝国政府は、「危険思想」を徹底的に排除することによって、国民を国家の方針に盲目的に従わせるようにした。だが、教育使節団は、こうした思想統制が与えた悲惨な影響について、一切考慮を払わなかった。使節団は、既にマッカーサーが「民主的検閲」を実行していることをよく知っていたのであろう。

日本国民の「難しい言葉」と「好ましからざるイデオロギー」とを同一視した時、教育使節団は驚くべき天真爛漫《てんしんらんまん》ぶりを、いや、幼稚さを露呈した。

ローマ字と民主主義の間の因果関係を示す歴史的証拠があるのか？　あったのか？

教育使節団は、音標文字が使用され、ユダヤ民族大虐殺を科学的に行なったナチ・ドイツと、ファシズム大賛成のイタリアの実例を、一所懸命に忘れようとしたのだろう。

イギリス帝国による、アジアとアフリカ植民地残酷物語にも目を閉じていた。アジアとアフリカを食いものにしたスペイン、ポルトガル、オランダ、フランス、ベルギー、デンマーク、そしてアメリカの国語はみな音標文字なのだ。

教育使節団の国語改革案に喜んだのは国務省で、同使節団の派遣を担当した人物だった。ベントン国務次官は、バーンズ長官宛にメモを認《したた》める。

「私の判断するところでは、最も印象的だった点が一つあります。それは日本国民の読み書き能力がこれまで過大評価されてきたことを明らかにし、日本でアルファベット普及を勧告したことであります」「この提案が採用されれば、日本人の生活様式の民主化に多大の貢献を齎すことになるでしょう」「教育使節団長ジョージ・D・ストッダード博士に聞いたところでは、日本が自慢していた日本人の読み書き能力の高さは、これまた日本の神話に過ぎなかったのであります」

この覚書を書いた三日後、一九四六年四月二十二日の新聞発表で、ベントンは日本語改革の重要性を強調した。

その数日後、団員のウィルソン・コンプトンは、ベントンに手紙を書き、「日本の国語改革は他のどんな提案よりも重要です。国語改革が行なわれなければ、他の改革は十分に効果を発揮できないからです。私個人としては、教育使節団の報告書は、国語改革についてもっと強い調子で書かれ、日本人に何等かの手を打たせるようにもっと激しい調子で挑《いど》んでもよかったと思っています」と言った。

教育使節団が東京へ出発する前に、ワシントンで同団員に講演したサー・ジョージ・B・サンソムは、「報告書」を読み、自分の講演が全く無駄であったと思ったに違いない。

「小学校卒業時に、漢字を千文字習得していれば、ましてやフリガナが使用されるならば、新聞の見出しを読む以上の読解力がある。この千文字の知識は、非常に豊富な語彙《ごい》を理解する基礎なのである。つまり、漢字を二文字合わせれば一つの単語が作れ、この千文字の造語力は極めて厖大であるからだ。さらに、西洋の子供たちが語彙を増やしてゆくように、日本の子供たちも、小学校卒業後、読める文字を増やしてゆくのは、想像に難《かた》くない」と使節団の無知に驚きを露《あらわ》にした。

サンソムの意見は、「人間一人一人には自由と、個人的、社会的成長とに対する計り知れない可能性がある」と信じ、教養も経験も十分に積んだ教育使節団員の間では、常識であるべきであったのだが……。

終戦前、ホールが「カタカナ改革案」を提出したヒルドリングは、一九四六年四月、国務次官になり、占領地域担当に任命された。そして、教育使節団の「報告書」を読んで、感動した。ヒルドリングは、ホールのカタカナ改革を「現実的でない」として拒絶していたのだが、その意見を撤回し、「ローマ字化」促進者に変身する。

国務省内のローマ字化大賛成派の二人、ヒルドリングとベントンは、政策文書「日本の国字改革と国語問題」を作成して、一九四六年十一月、ＳＷＮＣＣ（国務・陸軍・海軍三省調整委員会）の審議に付託《ふたく》した。ＳＷＮＣＣは、占領日本に対するアメリカ政府の正式の政策立案機関である。ＳＷＮＣＣで討議中に、ヒルドリングは東京のアチソン政治顧問宛に手紙を書き、マッカーサーの支持を取り付けるように頼み込んだ。

ヒルドリング国務次官が、わざわざ同僚のアチソンに手紙を書いたのは、陸軍省がＳＷＮＣＣの会議で国務省の案を進めれば、マッカーサー元帥の立場が苦しくなり、彼の人気が完全に悪くなってしまうと主張したからだ。ヒルドリングは、「民主主義体制は、適切な情報を与えられた選挙民があってこそ機能するのだが、そうした選挙民を育てるのに妨げとなっているのが日本語の表記方法である」とアチソンに説明している。

アチソンはマッカーサーに相談した。

「これは、日本人自身にまかせるべき問題だ、というのがマッカーサー元帥の考え方であり、ＣＩＥの考え方でもある。マッカーサー元帥は、この問題をこれ以上騒ぎ立てるのは賢明でない、と信じている」とヒルドリングに返事を書き送った。

また、アチソンは個人的見解を書き加えている。

「私は日本語ができないが、数人の専門家に聞いたところによると、ローマ字化は国語問題の末端に触れているに過ぎない。また、日本の生徒たちは初等・中等学校でアメリカの生徒たちが英語を勉強するのと同じ程度しか、国語の勉強に時間を割《さ》いていないし、国語の勉強で無駄だというのは、中国と日本の古典の学習にある」

これで、国務省は、日本語ローマ字化の政策文書をＳＷＮＣＣから撤回した。

6　「日本殺し屋《ジャパン・キラー》」ホール中尉

アチソンとヒルドリングが意見を交換している頃、悪名高い国語ローマ字化を煽《あお》ったロバート・キング・ホール中尉は、権威あるグゲンハイム奨学研究員としてアメリカに帰った。彼は、この研究員の時期の一九四六〜四七年に、*Education for a New Japan*（新しい日本のための教育）を執筆し、一九四九（昭和二十四）年に名門エール大学出版会から刊行した。

終戦直前、「カタカナ案」を書いた時、ホールは「性急なローマ字化は日本を事実上、無能国家にしてしまう」と警告したが、アメリカ教育使節団と関係してから変心した。

ホールは、『新しい日本のための教育』の中で、ローマ字の長所、漢字の短所を長々と百十七頁にも亘り説いている。彼の日本人を見下した態度ばかりでなく、ローマ字に対する新たなほれ込みぶりを紹介するには、数行の引用で十分である。

「初等および中等学校教育で、速やかにかつ完全にローマ字に変えることが極めて望ましい」「ローマ字採用に踏み切るかどうかの最終決定は、日本人自身がすべきである」「もし、日本人に思慮があれば、到達する結論は一つしかないはずだ。それは、日本が無知による損失や、国家主義による侵食に抵抗する有効手段として、民主主義の最も強力な味方の一つ、ローマ字方式を採用するということだ」

説教というよりも、侮辱である。

ホールは、グゲンハイム研究員の後、コロンビア大学教育学部で比較教育学の助教授として招聘された。同大学では、教育使節団で日本語崩壊作戦を担当した団員、ジョージ・カウンツ教授とアイザック・カンデル教授が教えていた。

文部省は、教育使節団のローマ字採用勧告に従い、一九四六年六月、ローマ字教育協議会を設置した。同協議会の委員は、教育者、ジャーナリスト、文部省の役人など三十五人であった。

最初の会議で文部次官は、「わが国の現状と文化的遺産に照らして」、ローマ字採用には慎重な態度で臨むべきだと語った。しかし、第二回会議（十月二十二日）では、文部次官は、ローマ字が「社会的生活の能率を高め、国民の文化水準を向上させる」と述べた。

マッカーサーもＣＩＥも、「ローマ字教育の採否は日本国民にまかせる」とも、「日本国民が望まないのならばそれでよい」とも日本政府に伝えていない。

マッカーサーの干渉してこなかった態度に気づかずに、文部省は一九四七年四月、小学四年からローマ字教育を開始した。日本ローマ字会というものまで設立され、漢字を全廃することが日本の進歩になるとの声明を発表した。

研究社出版株式会社は、日本最初の全編ローマ字児童雑誌『Robin』を、一九四六年四月一日に創刊した。教育使節団が離日した数日後のことだ。同種雑誌が次々と現われ、同年十二月には十四誌、一九四七年九月には二十七誌を数えた。一九五〇年十月までには熱病も冷《さ》め、わずか二誌になった。日本人のローマ字とのロマンスは見掛《みか》け倒しに終わった。

「ローマ字は英語ですか」と私は小学四年生の時、先生に尋ねた。「違う。英語で書いた日本語だ」と先生は答えられた。

日本語の書き言葉を廃止しようとした教育使節団の熱心な提案故に、「日本文化の植民地化」を恐れる声があがったのは当然であろう。

言葉は、民族の脊髄《せきずい》である。言葉は、文化の魂である。それを粉砕すれば、「民主化」どころの騒ぎではなくなる。

ストッダード団長も帰国後、この日本文化に対する「大罪」に気づいたのだ。

それ故、私が尋ねもしないのに、国語解体について書いたのは、「自分ではない」と言い訳をした。日本人の私を見て、彼は、罪悪感に駆られたのかもしれない。輝かしい経歴を積んだ学者ストッダードは、人生の晩年が近づくにつれ、日本語粉砕を提案した教育使節団長としての汚名を少しでも拭《ぬぐ》いたかったのだろうが、元団長は、責任回避をするべきではなかった。

7「書道は時間の無駄」

日本語をカタカナにして、日本人を民主化しようとする教育使節団の情熱は、書道さえも巻き込んだ。書道は必須《ひっす》科目であったが、教育使節団は、それを時間の空費と考えた。

教育使節団が離日した直後、日米合同のカリキュラム改正委員会は、「筆記は芸術よりも手段であることを強調すべきである」と言明し、書道を選択科目に格下げした。

CIE局長ニュージェントは、一九四九（昭和二十四）年に、一九四六年初期を振り返って「当時は、我々が〝ブー〟といえば、日本人は、喜んで継続もしたし、中止もした。だから、日米合同などは何等意味がなかった。あれはアメリカ側の決定と受け取ってよい」と書いている。

一九四八年になり、GHQが改革を減らしだした頃、日本書道作振会は文部省に働きかけて、書道を必須科目に復活させようとした。

文部省は、国語学者と書道家からなる委員会を設け、改正が必要なら勧告をするよう命じた。

CIE局内メモによれば、「CIEはこの委員会の委員任命に参加しなかったし、その会合には一つも出席しなかった。直接、間接を問わず、いかなる圧力もかけなかった」。

文部省付きの委員会は、書道を選択科目に据《す》え置きするようにと勧告した。CIEは、これで決着がついたと考えた。

しかし、一九四九年四月十五日、書道作振会会長の豊道慶中《ぶんどうけいちゅう》（春海《しゅんかい》）は、オアの後任CIEのアーサー・ルーミス教育部長に直訴した。

「ヨーロッパ人やアメリカ人がフォークとナイフを使うのは、日本人が箸を使うのと同じように必要不可欠であります。ヨーロッパやアメリカの児童たちにとってペンマンシップ（筆記書法）が必要不可欠であるように、東洋では書道が必要不可欠であるのです」「柔らかい毛筆でふだん書道の練習を積むことによって、情感の優しい気質を育て、非行を改めさせるのです」「書道を学ぶ者には犯罪者は殆どおりません」

豊道によれば、書道が「沈着《ちんちゃく》、高尚《こうしょう》な精神を育《はぐく》み、幼児期から礼儀正しい態度を取らせるのに役立ちます」。

しかし、アメリカが禁じたために、「生徒の習字能力はこの二年間のうちに際立《きわだ》って低下しました」。豊道は、「父兄、生徒、教師の希望に応えるためにも、低学年でも自由に書道を教えることを許可していただきたい」と重ね重ね請願した。

豊道は、六歳で僧籍に入り、東京浅草華徳院住職となる。天台宗高僧になるが、日本書道界への功績は極めて多大である。東京教育大学でも教鞭をとる。昭和四十二年文化功労者。

ルーミスは、豊道の請願書を初等・中等教育課に回した。

初等教育担当官のポーリーン・ジェイディは、彼女のオフィスで働く日本人スタッフに聞いた後、書道は彼等の「ペンマンシップや芸術的才能を上達させるのと何等関係はないと言った」とルーミスに答えた。これらの日本人はジェイディに、豊道の意見には根拠がないと付け加えた。

豊道の直訴状を受けた後、中等教育担当官のモンタ・L・オズボーンは、少なくとも六回、豊道たちと会った。彼等の主張が正しいことを示す証拠を求めたところ、彼等は「科学的証拠」なるものを提示した。

「書道は完全な人格養成に貢献し、立身出世に役立つ。その証拠は——嘗《かつ》て、ある男に、A、B、Cの三人の息子がいた。Aは書道に熱心であり、Bはそれほど熱心ではないが、ある程度学んだ。Cは完全に無視した。Aは東京大学教授になり、Bはふつうの学校教師、Cは取るに足らぬ仕事をする労働者になった」「この例は、これら書道家団体が多かれ少なかれ抱《いだ》いているボケッとした考え方をよく描き出している」とオズボーンは手厳しく皮肉った。

ルーミス教育部長は、書道をどう扱ったらよいか決断できないので、上司のニュージェント局長の判断を仰いだ。

ニュージェントは、「学校教育のカリキュラムにおける書道の問題は、日本人が決める問題である。我々が、ああしろ、こうしろと圧力をかけてはならない。我々は、書道作振会に援助も奨励も与えない。従って、彼等の請願には回答を出さない。この問題について、文部省にも我々の意見は出さない。もし、日本人が書道を幼稚園で必須科目として週に十時間教えたいのならば、そうしてもよい。無論、彼等がもっと良識を働かせると私は信じてはいるが。日本の文化的背景に密接にかかわる他の領域でもそうだが、感情が付き纏《まと》い易いこのような問題には、我々は無闇《むやみ》に干渉しないようにするし、また、日本教育改革に、我々の実用的、物質主義的基盤だけから判断を下さないようにする」と答えた。

ニュージェントの指示は、教育と文化の密接な関係について、彼の理解が深まっていることを示すものだ。事実、この二カ月後、彼はルーミスに、「できるだけ早く、カリキュラムの責任は全て日本側に委譲する」「指導は減らしてゆく」と語っている。

一九五〇年九月十三日、GHQ・CIEは、「軍国主義的」として禁止していた柔道も、学校で教えてもよいと許可を出した。

この時、激烈な戦争がすぐ隣の朝鮮半島で闘われており、マッカーサーも自分が書いた第九条を無視して、警察予備隊といわれた「自衛隊」を作っていた。柔道で、日本の若い世代を強くしたかったのか。それとも、GHQ・CIEは、「日本の文化」を大切にしなければならないと心から思ったのだろうか。

書道・毛筆習字は、一九五一年夏に復活し、教科の中に組み込まれた。

ローマ字について、もう一言《ひとこと》。

CIEは「ローマ字は、どう見ても、日本の書き言葉の補助的手段にしかならない」と判断し、ローマ字化への希望を放棄した。

CIEの困惑ぶりは、ニュージェント局長がルーミス教育部長に、「CIEで、一九四六年に一緒に働いていた者の中には、日本のカリキュラムで、日本的なものには徹底的に鉈《なた》を振るう殺し屋がいたことを覚えているよ。一夜で日本語を変えようとした男を覚えているかい？」と打ち明けた時に、さらに顕著になった。

「ある男」とは勿論、ロバート・キング・ホール。その頃、彼はコロンビア大学教育学部の助教授で、比較教育学を教えていた。それも、日本教育の専門家として。

評判の悪いローマ字に反して、英語の人気は爆発的であった。日本国民は、英語を敵性語として戦時中、学ぶことを禁じられていたのだ。

英語の人気が高かった一例を挙げるならば、私の兄や姉もよく聴いていた、一九四六（昭和二十一）年二月一日から放送されたNHKの週日午後六時から十五分間の番組「カムカム英会話」である。番組の講師平川唯一《ひらかわただいち》は、高い評価を受けていた。しかし、五年後、再契約をめぐり話し合いがつかず、一九五一年二月九日で、番組から降りた。平川は十七歳で渡米し、小学校から始め、一九三一（昭和六）年、シアトルのワシントン大学演劇学科（School of Drama）を卒業し、その翌年NHKに入った。

8　教育委員会の盛衰

「文部省は、日本人の精神を抑制した者たちの権力の座であった」と、教育使節団は断言し、「その行政支配を縮小すべきだ」と提案した。「全国的な教育政策」は、最早存在してはならなかった。

教育使節団は地方分権化の具体案を挙げている。

(1) 日本の軍国主義から生徒を断絶させるため、「勅語・勅諭の奉読や御真影の奉拝は廃止すべきである」。

(2) 「義務教育年限を六年から九年間に延長すべきだ」日本政府は賛成したが、多額の費用を要するこの六・三制実施のための予算措置《そち》については、お手上げだった。

(3) 民主主義を教えるために極めて重要な機能を果たす教師は、「その地位を保障され、相応の給与と適切な退職規定を持つべきである」。

しかし、破産に瀕《ひん》していた日本経済に信頼を置くものは、誰一人いなかったために、教育使節団は「教師は、教師自身の福祉の増進を実現するために、市町村、都道府県および国単位で、自発的な組合を組織すべきだ」と提案した。

使節団が来日する前に、既に二つの教員組合が、互いに中傷しあっていた。このため、教育使節団は「経済上の要因は重要であるが、最重要というわけではない」と予防線を張る。何が最重要なのか？　「考え、語り、行動する自由だ」。だが空《す》きっ腹では、行動するにも体の自由が利かないのではなかろうか。

(4) 初等・中等教育に関して、各都道府県、各市町村ごとに、「政治的に独立し、一般投票によって選ばれた代表市民で構成される教育委員会が設置されるべきだ」と勧告した。CIEは、文部省の強力な権限を縮小する手段として、教育委員会の設置に意欲的に動き出した。「日本側教育家の委員会」も追認した。

文部省は、地方分権化に絶対反対である。しかし、教育使節団を非難するわけにもゆかず、文部省は同省が慎重に選んだ人たちで構成する「日本側教育家の委員会」の威信を落とそうとする。

文部省、大臣官房文書課の内藤誉三郎《ないとうたかさぶろう》は、「日本側教育家の委員会は行政再編成の分野については勧告を出すのに適任ではありません」とオアに言った。

オア「同委員会の委員を選んだのは文部省ではないか」

内藤「委員たちは、実際は適任者だが、文部省の極めて啓発的で、有意義な助言を聞く機会を持たなかったから、そう言ったのです」

しかし、CIEに命令され、文部省は地方分権化の作業に取り組み始め、同省の態度は急速に変わった。

そこに、内務省が割り込んできて、地方教育委員会の設置に強行に反対した。アジアで最も有能な思想統制機関であった同省は、地方教委が東京の権力と威信とを奪い去ると正確に読んだ。

GHQの強力な民政局（GS）が内務省を管理していたので、トレイナーは民政局のティルトンとグラジャンツェフと話し合った。この二人は、「内務省を説得するから心配するな」とトレイナーに確約した。民政局とCIEは密接に協力して、文部省に教育委員会法の草案を作成させ、自分たちの気に入るようにこれを書き改めた。

一九四八（昭和二十三）年六月、衆参両院は教育委員会法案を審議したが、可決の見通しがつかない。

森戸辰男《もりとたつお》文相は、同月二十九日、オア教育部長と会い、「GHQの民政局が法案可決にそれほど乗り気でないということを衆議院文教委員会で聞いてきたばかりです」と言った。驚いたオアは、直ちに民政局に電話で確かめた。民政局は「法案はできる限りすみやかに可決されるべきだ」と答えた。

東京帝大卒の森戸は、同大助教授の時に書いた論文「クロポトキンの社会思想の研究」(一九一九年)が大きな社会問題になり、辞職に追い込まれた。戦後、社会党結成に参加し、片山内閣、芦田《あしだ》内閣の文相。広島大学長も歴任する。

その翌六月三十日、オア教育部長は、衆参両院の文教委員長(その一人は田中耕太郎)と会い、法案可決を促した。五日後の七月五日、国会は教育委員会法案を可決した。同月十五日、同法が制定、公布された。

「教育委員会法」は、教師が教育委員に立候補することを禁止するはずだったが、日本教職員組合(日教組)は精力的に運動し、その禁止を修正させた。

教育委員会選挙の実施は、一九四八年十月五日となった。マッカーサーが「文部省の権力を制約し、教育の権限を中央政府から地方に分権するためにとられた最も重要な措置《そち》」と言った改革が、順調に動き出したかのように見えたが、現実は期待を裏切った。

公選に対する強硬な反対が、思わぬところから持ち上がった。

アメリカ第八軍参謀本部である。第八軍は「軍政局(Military Government Section)」と呼ばれ、日本全国に駐留して日本人を服従させる任にあたっていた。

一九四八年八月二十三日、民間教育担当のS・B・サターホワイト中佐は、上官の承認を得た非公式の手紙をCIEに送り、第八軍の抱いている不安を表明した。

「日本人は未《ま》だ新しい法律の内容について何も理解していない」「十月五日の選挙は時期尚《しょう》早《そう》であり、半年延期せよ」「教員が立候補するのを許してはならない。なぜなら、学校行政は日教組によって向こう四年間、牛耳られてしまうからである」「選挙前の立候補資格審査は廃止すべきだ。最良と思われる委員候補たちの多くに立候補への二の足を踏ませるからである」

第八軍の懸念が現実になった例もある。大阪軍政部は、大阪府で僅か十人しか立候補しないのを見て、慌てた。その候補者の中には、「〝賄賂〟を目当てにしている有名な闇市《やみいち》のボスが一人いる。共産主義者は三人、そのうち二人は歴《れっき》とした共産党員である。一人は、不満たらたらの教科書出版業者で、教科書販売で十分な利益の分け前に与《あずか》っていないと感じている男だ。あと残り全員は日教組の組合員である」。

この事態に眉を顰《ひそ》めた大阪軍政部は、彼等が望ましいと思う人物に立候補を勧《すす》めたが、「こんな立候補者相手に選挙を戦うのはいやだ」「選挙資金も支持者もない」「ボス連中や日教組の代表たちが結局は当選するのが目に見えている」と断った。

第八軍が選挙前の立候補資格審査を廃止しろと要請したにも拘らず、大阪からの報告は、全立候補者の資格審査を正当化してしまった。

一九四八年九月十七日、文部省はCIEに報告する。

「立候補者千五百三十人の資格審査をし、不合格だったのは僅か八人」

教師は資格審査の対象から外《はず》された。教師たちは、既に篩《ふるい》にかけられていたからである。

CIEは、第八軍本部の強い要請と大阪軍政部の報告を深刻に受け止め、政策調整のため、オア教育部長（ルーミスの前任者）が民政局代表（ケイディスとジャスティン・ウィリアムズ）に会った。ケイディスは、「マッカーサー憲法」草案を書いた一人である。

ケイディスはオアに、「ホイットニー民政局長は、十月五日の選挙を延期すれば、マッカーサー元帥が日本国民を全く信用していないと受け止められるので、元帥の立場が非常に悪くなると考えている」「日本国民が日教組組合員や共産党員を教育委員に選んでも、それは、民主主義に付き纏《まと》う当然の危険である」と言った。

日教組が日本の教育を牛耳る危険はないと見ていたのだ。

「民政局の担当官たちは、どんな結果になろうとも、我々CIEと共にその責任を分かち合う覚悟だ（勝ち敗け関係なく）」と、オアはニュージェント局長に報告した。

CIEと民政局が自分たちの緊急要請を無視していると判断した第八軍の将軍チャールズ・W・ライダーは、マッカーサーに警告書を送った。この一九四八年九月十一日付のライダーの手紙は、サターホワイト中佐のCIEに宛てた手紙と同じものであった。

マッカーサーは、ライダーの手紙をニュージェントに回した。

同二十一日、ニュージェントは返書の案をマッカーサーに見せ、マッカーサーは翌日、その返書を出すことを承認した。

「教育委員会法をＧＨＱの指令によって無効にしたり、修正するのは、得策とは思えない」とマッカーサーはライダーに返答した。

第八軍の懸念は、また悲観的な報告で裏付けられる。

今度は、ＣＩＥ調査・分析部ハーバート・パッシン（占領後、コロンビア大学の社会学教授、知日派として高名）がオアに、きたるべき教育委員選挙に関する世論調査結果を報告した。一九四八年九月初旬、東京地区七百四十四人を対象に行なった世論調査だった。

質問「教育委員選挙が間もなく行なわれることを知っていますか?」

回答者の六十二パーセントは「知っている」、三十二パーセントは「知らない」、六パーセントは「何となく知っている」と答えた。「知っている」と答えた者の大多数（八十二パーセント）は、新聞とラジオで知った。

質問「教育委員会の仕事が何か知っていますか?」

回答者の五十三パーセントは「知らない」、二十九パーセントは「少し知っている」で、「よく知っている」という回答は十二パーセントに過ぎなかった。

候補者として立ってほしい人物についての回答は、一般市民（五十四パーセント）、日教組の組合員（五十パーセント）、ＰＴＡ会員（五十パーセント）。

共産党員は最も好ましくない（七十五パーセント）という回答だった。

共産党候補に対する驚くべき不人気が判明したにも拘らず、一九四八年九月九日、共産主義者を天敵と思っている参院文教委員長の田中耕太郎（元文相）は、オア教育部長を訪れて、「共産党は日教組が選挙に勝ち、全国の教育委員の五十パーセントは日教組組合員が占《し》めることを望んでおり、日本の教育界を共産党で支配することを企《たくら》んでいる」と警告した。

社会党の片山内閣で副総理・外相を務めた芦田均《あしだひとし》首相は、社会主義から保守主義に転向した森戸文相とともに全国遊説《ゆうぜい》した。その時、第八軍から圧力をかけられて、選挙を延期したほうがよいのではないかと考え始めた。

芦田首相は、緊急閣議を招集し、そこで森戸文相がGHQに延期を要請することが決定された。

芦田は、東京帝大卒業後、外務省に入り、ロシア、フランス、トルコ、ベルギーに駐在した。トルコに駐在中、論文を書き、法学博士の学位を受けた。昭和七年衆議院議員となり、当選十一回。昭和八年、ジャパン・タイムズ社長。戦前、軍閥に抵抗した。片山内閣の崩壊後、首相になるが、昭電疑獄で八カ月後に総辞職する。

一九四八年九月十四日、森戸文相はCIE教育部でオアと会った。

オアはニュージェントに報告する。「森戸文相は、共産主義者やボス連中の進出の心配を述べ、芦田首相も立候補者たちを〝人格は高潔ではなく識見も豊かでない〟と懸念している」。

オア「どうして、人格が高潔でない者が選挙について関心が強く、人格が高潔な者が選挙に関心が無いのか、何とも理解し難い」

森戸「芦田総理はホイットニー将軍に、あるいはマッカーサー元帥でもよろしいが、この問題を話し合うため、お会いしたいといっている」

オア「最高司令官は、選挙の延期は考えておられない」

日本国民が教育委員会について殆ど理解していないことを知って、マッカーサーとGHQは（外交局のフィンによれば）、「一般大衆の関心を刺激するために奮闘努力をした」。マスコミは教育委員会選挙の特集を組むように指示された。

選挙は予定通り、一九四八年十月五日に実施された。

マッカーサー・GHQの努力は惨めな結果に終わった。投票率は、全国平均五十六・七パーセント。最高は島根県の七十八パーセント。最低は、マッカーサーのお膝元、東京の二十九パーセント。農村で高く、都市で低かった。

教職員が、当選総数五百七十一人中、百一人。

フィンが上司のシーボルド政治顧問（外交局長）に報告しているように、アメリカ側の失望は明白である。「教育委員たちは、無能であり、教育問題についても完全に無縁な者たちである。日本で効果のある教育委員会制度が確立するには、一般大衆の教育と経験が必要でしょう」。

一般大衆の経験と参加とを増すために、GHQの肝煎《きもい》りで、父母と教師の会（PTA）が全国に作られた。しかし、PTAもアメリカ側をがっかりさせた。フィンは、「PTAの組織は、私的な利益を摑《つか》もうとする地域のボスとか、金持ちたちの餌食《えじき》になっている」と扱《こ》き下ろしている。

教育委員会法は、文部省の行政権を剝奪《はくだつ》した。

CIE教育部次長モンタ・L・オズボーンが理解していたように、「都道府県および市町村の委員会は、カリキュラムに関して絶対権限を持つ」ものだった。

しかし、アメリカ側の期待は満たされなかった。地方分権どころか、地方教育委員会は、文部省発行の「学習指導要領」を文字通り教委への指令と受け取って、鵜呑《うの》みにしていた。

トレイナーは、「学習指導要領は強制されるべきものではない。……各学校は、学習指導要領を右から左へ捨ててしまっても構わない」との指令を文部省から出させた。

「これは、日本で殊更《ことさら》重大なことである」とニュージェント局長も認め、ルーミスに、「あらゆる努力を払って、文部省が全国向けのカリキュラムを作成するのを阻止しなければならない。文部省がカリキュラムについて責任を持っているという考えなど、決して許してはならない」と述べている。

しかし、教育委員会法は、最初から廃案になったも同然であった。その理由の一つは、財《か》源《ね》不足。マッカーサーの経済引き締めが利《き》きすぎ、全国民がコメを求めて争っている時に、中央、地方を問わず、教育に回す金は最後に出され、切られる場合は、真っ先に切られた。

銭《かね》がない上に、各地域とも行政に手腕を振るえる者がいなかった。同時に、九年間に延長された義務教育のため、財源と人材が一層不足した。

外交局付きのフィンは、この有名無実の教育委員会法の現状を見て、「小・中学校には、困難な過渡期を乗り切るのに必要な手引きもないので、この問題の解決はほど遠い」とシーボルドに報告している。

新中学校校舎の建設用資金は結局集まらず、自殺した村長もいた。極端な例だが、村長の自殺は教育行政に携わる多くの人々の心理状態を表わしている。教育予算が確保できないために百人以上の市町村長は辞任し、二十五人以上の市町村長や議員たちがリコールされた。

続いて起きたことは、市町村の教育委員会が、都道府県教育委員から行政指導を仰ぎ、その都道府県は、文部省に指導を仰ぎ、何とか貴重な予算を回してもらうため、行政権力を返上したのだ。昔ながらの陳情が復活した。

いっそう悪いことに、一九四九（昭和二十四）年に実施された耐乏政策「ドッジ・ライン」によって、学校建設費など喉《のど》から手の出るほど必要な金は切られ、地方の教育委員会の独立は完璧に崩壊した。

9　「教育委員は月給をもらうな」

全国で教育予算が雀の涙ぐらいしかない危機の真っ最中、東京都を含め、各地の教育委員たちは、自分たちに月給をお手盛《ても》りで議決した。一九四八年十月、選挙直後に日教組が始めたこの全国的な「月給運動」は、違法行為であった。教育委員は、それを十分認識していた。

教育委員会法の第三十一条は、「地方公共団体は、当該教育委員会の委員に対して報酬を支給しなければならない。但し、給料は支給しない」と定めている。

第八軍政当局は衝撃を受けた。日教組が本性を現わしたと思ったのだろう。

激怒した東京軍政局は、一九四八年十二月八日、東京都教育委員会の全委員六名を呼びつけた。この六名は、二十九人の立候補者から選ばれた人たちである。

スターリング大佐（部隊長）「地方では、皆が東京都に模範《もはん》を求めている。アメリカでは、教育委員会員という地位は名誉職とみられておる。お前たちが卓越した誠実さと識見とを備えているということなのだ。お前たちが毎月の月給を受け取るのを断念すれば、日本経済の安定回復に多大の貢献を果たすことは確かだ。お前たちは、日本の歴史を作る素晴らしい機会に恵まれているのだ」

山崎（匡輔）（東京都教育委員長、前文部次官）「ご意見はよく理解できます。法律によって、私どもに他の地位につくことが禁じられています。自分自身の財産がなければ、教育委員としての仕事は務まりません。東京都教育委員が受け取らないという先例を作れば、金持ちしか教育委員になれないということになりましょう」

スターリング大佐「しかし、教育委員が月給をもらえば、また一つ役所を設置し、役所の事務が増えるということでもある」

山崎「私は高給を望んでいるわけではありません。ですが、私どもが生活に足るだけの月給をもらわないとなると、教育委員になれるのは資産家だけです。私どもは、東京都議会に月給額を決定してもらうことに同意しています。私どもの誰一人として、高額な月給を受け取ることは望んでいません。ただ、生活費相当額でよろしいのです」

スターリング大佐「お前たちは、教育委員会が一カ月、三十日間も仕事をすると考えているのか」
堀江邑一（共産党、日本民主主義文化連盟常任委員）「部隊長閣下は多少、思い違いをしておられるようです。私たちは、愛国心から教育委員会のために尽くそうと決心したのであり、金儲けをしようとしているのではありません。私は共産主義者で、共産党を代表して都教育委員に選ばれました。しかし、今日は共産主義者として話をしているのではありません。月給が必要な理由は、金儲けのためではなく、もし月給が支払われなければ、将来、適任者でも、貧乏だと教育委員に立候補できなくなるからであります」（二年九カ月後、堀江はレッドパージに引っ掛かり、共産党幹部として逮捕され、教育委員会からも追放された）
スターリング大佐「誰も教育委員会の地位をその主要な義務と考えなくてもよい」
松沢一鶴（都水泳協会会長、最多票で当選）「私たちは、教育委員会を主要な収入源にするつもりはありません。私たちが望むのは、生活を安定させるに足るだけの月給が欲しいということだけです」
デュペル大尉「都教育委員会はもう既に間違った方へ足を踏みだしてしまっておる。お前たちは〝日本では違うんだ〟と言いわけして、前にも、専門家たちの作った勧告にも従おうとはしなかった。一般労働者が自由に会合ができる夜に、どうして委員会の会合をしないのか。アメリカでは会合は夜、開かれるのだ」

山崎「私は、ただ率直に私の意見と私たちの立場を述べているのです」

スターリング大佐「お前たちを叱《しか》るためにここに集まってもらったのではない。都議会が教育委員月給支払いを否認しても、気を落とすなよ」

堀江「将来、適任者が教育委員になれなくなるのが心配です。それでは民主的ではありません」

スターリング大佐「どうもお前たちは、私の説明していることが分からないようだな。つまり、誰でも生計のために他の仕事ができるのだ」

松沢「その通りだと思います。ただ、現在の日本の経済状態では、正直者はまじめに働いても十分に稼げませんから、教育委員会の任務を良心的に果たさせるためには、委員の給料をほんの少し補う程度の月給が必要なのです」

スターリング大佐「もし、お前たちが自分たちに月給を与えると、東京都が前例を作ることになり、ひいては国庫に厖大な負担を及ぼすことになる。そうなると、日本の経済復興も遅れるであろう」（アメリカ生資料から、西が翻訳した）

この会合の模様《もよう》は、ニュージェントに報告された。

ニュージェントはオアに、「非常に驚いている。日教組の教育委員会に対する影響力と同じように、この月給問題は、戦前の中央集権よりも大きな危険を地方分権化に与える。次の通常国会に、教育委員会法の修正案を持ち込むことを考えようではないか（必要なら棍棒《こんぼう》を使ってでも）」「軍政局の連中は、彼等の言ったことを誤って伝えられているか、さもなければ、教育の行政や運営について日本人よりも無知である……この事態はまさに深刻である」と強い懸念を表わした。

地方教育委員会が失敗したもう一つの理由は、日教組の組合員が多数選出されたことだ。占領当初、マッカーサーと日本政府に奨励されて、教師たちは政治運動に参加した。彼等の急激な左傾化は、マッカーサーとGHQの怒りを買い、文部省を慌《あわ》てさせた。GHQの日教組に対する不満は強かった。

ジョセフ・トレイナーは、民主主義を教えるために、定期的に「日教組の実力者たち」と会合した。最初の会合は一九四八年七月十五日に行なわれた。

トレイナーは彼等に、「教職員組合が日本の学校を運営することは許さない。組合は、いつも喧嘩腰《けんかごし》にならず少しは協力すべきである。そろそろ、大人としての〝成長ぶり〟を示す時期がきたぞ」と説教した。

「素晴らしい！　その線でやってくれ」と、ニュージェントはトレイナーを励ましている。

日教組は、GHQが望んだような成長を遂げるどころか、より闘争的となり、さらに共産化した。日教組を嫌悪したGHQと日本政府は、教職員に「政治的中立」を要求し、一時失った権力を着実に取り戻していった。

日教組は、日本政府を邪悪な反動呼ばわりし、政府は日教組を陰険なソ連の手先と考えた。

こうして、民主主義の舞台が用意されていたにも拘らず、中国は毛沢東に奪い取られ、朝鮮半島はいまにも火を噴《ふ》きそうになり、あたかもアジア全土がアメリカと日本にとって非常事態になり、民主主義の成長は期待にそむく結末を迎えることになった。

民主主義や地方分権化を、無政府主義（アナーキー）の到来と慄《おのの》いていた文部省は、GHQが共産主義を悪の権化《ごんげ》だと見ていることに便乗し、巻き返しが急務であることを力説し、地方分権化は共産主義を助長する事態となる、と主張した。さらに、文部省が教師たちの思想を統制する責任を持たされるべきであると説得に努めた。

一八九〇（明治二十三）年の「教育勅語」を擁護しすぎて、勅語を死に追い込んだ張本人「田中耕太郎元文相はこの思想統制の熱烈な信奉者である」と、森戸文相はオアに告げた。この頃、田中は参議院文教委員長として、教育委員会法案を審議していた。

文部省は、共産主義に対するGHQの敵意を煽《あお》ろうとしたが、GHQはその手に乗るほど単純ではなかった。

オアがニュージェントに報告しているように、「民政局（GS）は文部省を全く信用していない。この不信感は民政局の者たちとの会議の度《たび》にこの不信感が表面化する」。それればかりではなく、強力な民政局は、「文部省がありとあらゆる権力の糸を手繰《たぐ》り寄せようとしているし、文部官僚は何とか地方分権化を遅らせ、権限を文部省の手に保留しようと企《たくら》んでいる」と見ていた。

文部省は、国民に、民主主義について指導してやらなければ、国民は理解できないと思っていたが、「指導された民主主義」の大先生であるマッカーサーは、文部省に自分を真似ることができるとは思っていなかった。それ故、一九四八年三月二十七日、森戸文相が文部省を「教育・科学・文化省」に拡大する案を出してきた時、マッカーサーは「科学」と「文化」の領域は、文部省の手に余るのではないかと考え、民政局に審議せよと命じた。

民政局では、「教育」でさえも文部省は扱いきれないと見ていた。

民政局はオアに、「文部省を廃止してもよい」とか、「（教育関係のデータを集めるだけの）統計庁を作った方がよい」と話していた。文部省拡大案は完全に無視された。

森戸文相は辞任する直前、オアを訪問し、「民政局が文部省を廃止しようと考えていることに対し、強い懸念を抱いている」と言った。

教育委員選挙は、一九五二（昭和二十七）年に、もう一度行なわれた。

占領終了後、一九五六年教育委員会法は廃止され、教育委員を任命する権限を文部省に与える新法が制定された。

10　「学閥を潰せ」

教育使節団は、日本の学者たちを「島国的かつ孤立的」であり、画一主義者であり、また日本国民との間に亀裂《きれつ》を作っている排他的な者たちだ、と叱った。

教育使節団は、日本の将来のため、大学教育の理想を並べた。

⑴大学は、知的自由の伝統を国の宝として守り、真理を愛する心を養う、⑵指導力を育《はぐく》む教育をする、⑶大学は社会の要請に敏感に応じ、技術に熟達するように、選ばれた青年男女

を訓練する。

この教育使節団の理想論は、学閥本能に凝《こ》り固まっていた日本の大学には、「馬の耳に念仏」であった。学閥本能は、過保護と言っていいほど大切にされ、日本の学界ピラミッドを独占するために、教授たちは才能を発揮した。今でも、している。

学術界の外でも、一九四八年のGHQの調査によれば、「高級官僚の八十五パーセントが東京帝国大学法学部卒業生」であった。

勿論、各帝国大学は全力を尽くして、学閥という近親相姦の特権を独占してきた。日本の学閥は、日本社会の上下関係と相俟《あいま》って、凄《すさ》まじいほどの独裁的な知識体制を作り上げてきた。

東京商科大学の上田辰之助《たつのすけ》博士（上田敏《びん》の子息）は、一九四五年末、CIEのインタビューを受けた時、「文部省は、昔ながらの悠長な官僚的、非能率的なやり方を続けており、東京帝大の縄張りに属していることに変わりはなく、また、日本の最悪の官僚主義の伝統に完全に染まっている」と語った。CIEと話し合った早稲田大学や慶応大学の教授たちも上田と同意見であった。

教育使節団は、「高等教育における日本の保守主義は打破することができる。世界の福祉、日本の福祉のために、そうするべきだ」と勧告し、「今日、帝国大学の卒業生に与えられている優遇措置」は排除されなければならないと断言した。

この解決案として教育使節団は、少人数のためだけの高等教育を排し、できるだけ多くの青年男女を教育するため、大学と専門学校の数を増やすことを勧めた。

学校教育法の改正で、一九四八年三月三十一日、四年制の大学が新設された。大学から政府を締《し》め出すために、同法は学長に強力な決定権を与え、また、教授会の権限も大幅に広げられた。

それまで存在した二百四十九の高等教育機関が百七十八の新たな「新制大学」として統合された。各都道府県に「駅弁大学」（大宅壮一《おおやそういち》の造語）と言われた新設大学が誕生した。

外交局のリチャード・フィンは、一九四九（昭和二十四）年七月、「六帝国大学が君臨していた戦前の日本の大学制度の独裁的状態は、二百校を超えるカレッジやユニバーシティの設立によって、急速に変えられるであろう」と甘い見通しをした。

一九四五年の終戦当時、大学数は四十八校、教授陣六千八百八十八人、学生数九万八千八百二十五人であった。

占領が終結した一九五二年には、大学数は二百二十校、教授陣三万六千九百七十八人、学生数三十九万九千五百十三人に増えた。短期大学は、二百五校、教授陣八千三百二十八人、学生数五万三千二百三十人になった。

目が眩《くら》むほどの急増は、旧帝国大学の権力と威信を損《そこ》なうどころか、金不足、人材不足の現状では、旧帝国大学の優位をより一層強めるのに役立った。

また、日本政府は、帝国大学の地位を変えるのには熱心ではなかったのである。高級官僚は、もともと旧帝国大学の卒業生であり、いかなる変革も自分たちの権威の減少に繋《つな》がると恐れ、その恐れを「学術水準の低下になる」という言葉で表現した。

戦前の帝国政府が、余りにも帝国大学を統制していたので、GHQは大学には手を出さず、そのままにしておくことが民主的であると考えたことも改革を遅らせた。

日本帝国のあらゆる機関が変革されている時に、旧帝国大学は、その戦前の特権と威信を保持し続けた。皮肉なことに、民主主義と学問の自由を熱烈に説いたのは、これら教育封建制度の領主、旧帝国大学であった。因《ちな》みに、一九四七年十月一日、GHQは「帝国大学」という名称を使用禁止、廃止にした。

大学の急増は、戦後初代の文部大臣前田多門の癇《かん》に障《さわ》った。一九五六年、英文雑誌で高等教育機関の急増を、「問題解決の見通しもつかぬ新大学の大拡散である」と嘲り、「このお粗末にして、肥大した制度には弊害が内在しており、治療の施しようがない」と断言した。この遺憾《いかん》な現状の根源は、日本国民が「教育の機会均等の原則を誤解しているからであり、また、表面的に、平等と画一性を装《よそお》う制度なら何であろうと従う個性のない日本国民の性格にある」という。

教育の機会均等の「正しい解釈」というのは、帝国大学の地位と独占をさらに増強し、引き続き高等教育から女性を締め出しておくことでもあったのか。

日本国民には個性が欠けており、平等を理解できないという前田の主張は、国民を軽視した尊大さを克明に表わした。前田が『国体の本義』と『臣民の道』を聖典と崇《あが》めながら懐かしがった旧体制は、「個性」を無政府主義《アナキズム》と混同し、追い詰め、狩り出し、そして殺した。

新憲法には、学問の自由の保障を謳《うた》った条項がある。教育使節団は、「学問の自由を守る確実な方法は、教授会に学問に関する事柄について決定権を与えることである」と続け、「社会的責任の精神」を大切にした「教師、教授および大学の全国的な協会」を設立することを奨励し、さらに、「学問の自由に財政的圧迫が加えられないように、警戒が必要である」と言明した。

学問の自由を守るためには、大学教授は「勤務評定」という圧力からも解放されなければならない、と勧告している。事実、戦前に文部省が行なった勤務評定は、教師や教授を諂《へつら》い者に転向させるのに利用された。

余談。アメリカの大学では、国による「勤務評定」はないが、教授の「能力評価」は、日本の大学では想像もつかないほど厳しい。アメリカでは、教授たちが同僚を評価する。学部長も教授たちを勤務評定する。本か研究論文を毎年出版しなければ教授として留まれない。この掟を「Publish or perish」（出版か滅亡か）と言う。さらに、毎年行なわれる学生による、公開される「教授の授業評価」も重視される。重視されるどころか、学生の評価で一、二番になると、学長から表彰状と金一封が出る。

戦後、日本の大学では、教授の「勤務評定」は「国家による不当な統制」と思われ、いかなる「評価」もなされない。専門家のプロ集団であるべき教授たちの月給は、「評価」がない故、いまだに能力別でなく、年功序列である。日本の大学にも、「市場原理」を導入し、長い間護送船団方式に甘えきっている教授たちに自由競争をさせることが、日本の大学を活気づけるのではなかろうか。

全国大学教授連合が一九四六年十二月一日、結成された。アメリカ大学教授協会（AAUP）を踏襲《とうしゅう》したものであった。AAUPの規約には「学問の自由」の条項がある。日本の大学教授連合規約には、ない。

しかし、一九四九年十月、レッドパージ（赤狩《あかが》り、共産主義者追放）が全国に及んだ時、「学問の自由」を守るため勇気ある声明を出したのは、この大学教授連合であった。同連合は一九五一年には、大学九十二校に、計一万五千二百人以上の会員をもつまでに膨《ふく》らんだ。

教育使節団は日本の科学についても論評し、「日本は創造的、独創的というよりは、模倣したり吸収したりする形で科学の世界に参加してきた」と日本を性格づけた。

だが、独創的な研究をしろと勧告していない。

日本の苦境を考慮してか、「科学の調査研究と発達は、雇用と生計の源を広げるのに必要である」と述べている。アメリカから独創的な科学理論を借りて、日本の工場で「モノ」を作れといっているのか。事実、日本の企業は、アメリカから特許権を買い入れ、モノを製造し、経済復興に多大の貢献をした。

また、教育使節団は、「国民の福祉のためには、科学的成果よりも科学的性格のほうがより重要である」と警告している。科学的性格とは？

「証拠に対する謙虚《けんきょ》さ、事実を集積する忍耐、発見したものを分かち合う心」と書いている。こうした言葉遣いは、教育使節団の雄弁に埋没《まいぼつ》しがちな情熱を表わした見本の一つである。

教育使節団の行なった数多くの勧告は、要点を摑《つか》んだものもあったが、拡大された新教育制度を実施するに当たって、重大な障碍である経済要因を無視した。

教育使節団は、アメリカ空軍の爆撃が、全国の大学校舎の約三分の二を壊してしまったことを知っていた。それにも拘らず、教育使節団は、大学に図書館や研究所の拡充を進めた。

日本の図書館が余りにも貧弱だったために、ロックフェラー財団とアメリカ図書館協会は、戦時中にアメリカで発行された科学関係の学術雑誌（月刊・季刊誌）二百五十点を寄付した。これらは、一九四七年三月、東京帝国大学に寄付され、南原総長は、これを「精神の糧《かて》」と称《たた》えた。十二月、アメリカ図書館使節団が国立国会図書館設置について勧告するために来日し、翌年二月八日、マッカーサーに報告書を提出した。マッカーサーは、これを新聞発表で「日本国民にとって測《はか》り知れない価値のあるもの」と言った。国立国会図書館法案は衆参両院、全員一致で可決され、一九四八年二月九日、公布された。

11　イールズ博士の中央集権計画

日本の大学は、二度の行政再編の対象になった。二回とも、「分権化」の名で行なわれた「中央集権」劇である。二回とも、大騒動になる。

主役は、二回とも、CIE教育部の高等教育顧問ウォルター・クロスビー・イールズ博士（スタンフォード大学准教授）である。イールズは、一九四七年四月から一九五一年三月まで

CIEに在任する。

彼が唱える「分権化」というのは支離滅裂で、既に大学が持っていた運営権限を都道府県庁、または文部省に再び集中しようとするものであった。イールズの中央集権熱は、過去の栄光を夢見てきた文部省を喜ばせた。だが、危惧《きぐ》を抱いた全国の大学は、団結し激しく反撃した。

イールズ提案（一九四八年一月十二日付）では、都道府県庁が大学を監督し、教授会は何等の政策決定権を持たないとなっていた。文部省の諮問《しもん》機関、教育刷新委員会は、イールズ案のような構想には既に反対していたが、イールズは、その反対には「説得力がない」と退けた。

彼は、提案にさらなる磨《みが》きをかけ、オア教育部長に提出した。

この提案では、教授会による大学運営という特権が剝奪《はくだつ》され、教授会が選んだ大学学長を否認する権限さえも文部省が持つことになっていた。

イールズを雇っているCIE教育部が吃驚《びっくり》仰天《ぎょうてん》した。

「占領が始まって以来、我々は地方分権化に努めてきた。また、これをマッカーサー元帥に報告してきた。イールズ案は、全く信じられないほど異常である」とトレイナーはオアに警告した。

イールズは、自分の提案を教育刷新委員会に提出するつもりであった。

だが、トレイナーは「もし、提出されれば、我々が大恥をかくことになるので、イールズ案を極秘扱いするように」「教育刷新委員会は、ＣＩＥが提出する勧告案を全てＧＨＱの指令として受け取るからだ」といった。ＣＩＥとしては、「イールズが自分勝手に作り上げた案」（トレイナーの言葉）を表沙汰にすることはできなかった。

トレイナーの懸念は、未《ま》だ納まらない。彼はイールズ案を部内で検討し、その後で、「南原が副委員長を務める教育刷新委員会に打診してみることも可能であろうが、もし南原が興味を示さなければ、私はどんな案でも出すのには反対である」と主張した。

しかし、イールズは、多くの教育行政担当者たちと話し合いを始めた。

トレイナーは「これらイールズの話を聞いた者たちは、我々と色々な案を話し合うために、代表を送り込んできた」とオアに伝える。

リチャード・フィンはシーボルド政治顧問（外交局長）に、イールズ案は「日本中に反対の嵐を巻き起こしました」「特に、強硬な反対を表明したのは旧帝国大学です」と報告した。

大学側は、都道府県庁には大学を運営するだけの行政力も財政能力もなく、この欠陥は、大学の自治はおろか生存さえ脅《おびや》かすと主張した。また、（アメリカの大学と違って）日本の大学は地域的な要求で創設されたのではなく、全国から学生を集めて教育するので、「国家的」なものであるとＣＩＥに詰め寄った。

一九四七年十二月二十七日、南原東京大学総長は、極秘裡《り》に外交局（ＤＳ）政治顧問事務室を訪れ、同じ意見を述べ、このイールズ案はＧＨＱの民政局（ＧＳ）が嗾《けしか》けているのに違いないと言った。彼は悪い場で、間違った観察を口にしてしまった。民政局は、全く関与していない。

しかし、CIEは日本側の意見を受け入れ、イールズ案を握り潰した。イールズは、大学側の反対が功を奏したのを、共産主義の政治煽動だと受けとめた。イールズの復讐は、レッドパージだった。彼は喜び勇んでその先陣《せんじん》を引き受けた。

第二イールズ案は、一九四八（昭和二十三）年三月の国立大学管理案である。

これは、アメリカの大学にある評議員会制度を日本に移植しようとする試みであった。「大学管理法案の要綱」と題する彼の新案は、またも、大学と文部省の対立に火を付けた。今度は、CIEは簡単に引き下がらない。長い夏休みが過ぎても、大学側の不満の声は納まらない。

大学側は、文部省に評議員制度案を採用しないようにと説得し続けた。この案には、大学の自治、教授会の自治、さらに学問の自由さえも侵す可能性があると警告した。

東京大学、教育刷新委員会、全学連、日教組、日本学士院は、それぞれ代案を文部省に提出したが、そのいずれも文部省には気に入らない。教育刷新委員会委員長の南原東大総長は、イールズの新提案を徹底的に非難した。

文部省とCIEは南原を厄介者だと思い始めた。

オア教育部長は、一九四八年七月初旬、南原を自宅での夕食に招いた。南原を説得するためであった。「非常に楽しい夜でした」と、南原はオアに謝意を表した手紙（七月十五日付）を書いた。その手紙に同封してあったものは、南原説得に努力したオア部長を驚かせ、失望させた。

七つの国立大学（全て旧帝国大学）学長たちの「意見書」が入っていた。南原自身、その七人の一人である。

「評議員案は将来にとって数知れぬ悪弊《あくへい》と危険の芽を作り出す」との意見書である。

フィンがシーボルド政治顧問に報告しているように、南原を委員長とする教育刷新委員会は、「その影響力を失ってしまいました」。

イールズの新案に対する反対は、日を追って高まっていったが、文部大臣下条《しもじょう》康麿《やすまろ》は、「この草案を国会に上程して審議にかける」と発表した。

大学管理案反対ストライキが全国で展開され、百以上の大学が参加した。一九四九年二月、大阪大学の学長を先頭とした学生、教授陣の大々的な街頭デモが行なわれた。文部省は麻痺状態。

高瀬《たかせ》荘太郎《そうたろう》が新文相に任命された。五月二十四日、高瀬文相は国会に提出した「大学管理法案」を撤回すると発表した。立法化を諦めたとはいわなかった。高瀬は、学園の騒動の責任はごく一部の学生たちにあるのだと嘆いた。

騒動とストライキは手がつけられないほどに広まった。「文部省は学生騒動に対して殆ど無力である」と、フィンはシーボルドに報告している。

文部省は、同年八月五日、評議員会制度の構想は完全に放棄した、と発表した。

だが、フィンは、教授会が大学を管理・運営できるとは見ていず、シーボルドに「現状では大学や専門学校を統制する効果的な制度は見つかりません」と報告した。

イールズの中央集権案は、世界に広がるソ連および共産主義に対するアメリカの軍事戦略を背景にして作成されたものだ。当然、過激左翼で親ソ連の全学連は、この評議員会制度に猛反対した。大騒動が収まった二カ月後、文部省が、教育機関は政治的に中立、思想的に純粋無垢《むく》でなければならないと警告を発したのは偶然からではない。

12 「馬小屋が教室なのです」

教育使節団の離日から一年半後、シーボルド政治顧問は対日理事会で、「多くの学校は、現在使用されていない工場の建物を教室として利用している。小学校と中学校は、同じ校舎に絶望的な状態で押し込められており、多くの授業は青空教室で行なわれている。多数の校舎は修復不可能である。新校舎の建設が認可されても、資金と資材の不足から建設は捗《はかど》っていない」と発言した。

マッカーサーを代弁するシーボルドは、「教師が四万人不足している」「現在、最も深刻な問題は紙不足である」「生徒には教科書のごく一部しか与えられておらず、多くの科目は教科書が教師の手に一冊だけ、という状態である」と述べた。

そして、シーボルドは、このような「恐るべき不利な条件」にも拘らず、一九四七年四月に、新教育制度を敢えて導入した日本の態度を称賛した。

しかし、義務教育を拡大した大規模な教育を実施するには、日本経済は荒廃しすぎていた。国の貧困は、吉田内閣を苦しめる。その苦しみは、オア教育部長の言葉を借りれば、「極めて強硬な反対」となって現われた。

高橋誠一郎文相と日高第四郎学校教育局長は、閣議内での論議を報告するため度々オアに会いに来た。

吉田内閣は、高橋文相が「日本経済の現状を示す冷酷な事実」をCIE教育部に提出するように要請した。CIEは日本経済の惨状を指摘されるまでもなかった。教室不足、その他多くの悪条件は、改善されなかったどころか、ドッジ・ラインという耐乏政策によって、校舎建設予算は完全に削除された。街には失業者が溢《あふ》れ、校舎を作るどころの状況ではなかった。

文部省は、ショック死の状態にあった。高瀬文部大臣は、一九四九年四月七日、GHQのESS（経済科学局）局長ウィリアム・F・マーカット少将に直訴する。

高瀬「もし校舎建設費が全額削除されると、GHQの指導により実施中の義務教育の実行が至難《しなん》となり、教育上は勿論のこと、社会的にも、思想的、政治的にも、国民に大きなショックを与えます。それ故、内閣では公共事業費から、少しですが、校舎費として計上することに決定しましたので、何卒《なにとぞ》御考慮をお願いしたいと思います」

マーカット「日本政府は、公共事業予算はこれがぎりぎりの最低額であると我々に断言したではないか。それなのに、君は今ここで、その予算額に差し引く余裕があるという。

我が司令部は何を信じたらよいのか」
高瀬「私どもは、馬小屋まで教室に使って授業しておりますが、収容力が非常に足りなくて、惨憺《さんたん》たる実情なのです」
マーカット「能力以上のことを教えるというのは、収入以上に金を使うようなものだ。兎《と》角《かく》日本人というのは、費用の点を熟慮もせず、徒《いたずら》に計画ばかりを立て、その後、お金が足りないと司令部に訴えてくる傾向が非常に強い。司令部はかかる計画に責任を持てぬ」
高瀬「六・三制はアメリカの勧告に基づき作った制度です。国民はこれを熱心に支持しています。校舎建設予算をGHQが認めないとすれば、国民の占領当局に対する信頼にさえ影響するかもしれないことを私は心配しています」
マーカット「君は国民の占領当局に対する信頼云々《うんぬん》を心配する必要はない。もし財源がないのなら、司令部にしろ日本政府にしろ、支出を許可し得ないものだ。要は、日本国民が校舎建設費用を自分で出さなくてはならないのだ」
高瀬「これは日本政府ならびに国民のせつなる願いですので、どうか特別の考慮をお願いしたい」
マーカット「日本側の提案を検討したうえで、できる限りの支持を致《いた》そう」
校舎建設予算は、全額削除のままで終わった。
「バターン・クラブ」の一員であるマーカットは、日本人を好きではなかったので、文相虐《いじ》めを楽しんでいたのであろう。

リチャード・フィンは、「教育にもっと金が回されるまでは、大きな改善は無理である」と要点を衝《つ》いた。

文部省は、一九五〇年九月十五日、二冊からなる調査報告書「藁《わら》なしの脆《もろ》い煉瓦《れんが》（Bricks Without Straw）」をＣＩＥに提出した。日本国民が耐え忍んでいる「恐るべき状況」を写真付きで、まざまざと示していた。

この惨めな状態に追い撃ちをかけるかのように、同年九月二日〜三日にかけて、ジェーン台風が四国、近畿、中部地方で猛威をふるう。死者と行方不明者五百三十九名、負傷者二万六千六十二名。その十日後、キジア台風が九州、四国、中国地域を襲う。死者・不明者六十三名。両台風で、田畑・農作物も大打撃を受けた。

13　ドイツを崇《あが》めた教育使節団

教育使節団が日本で活躍している最中に、アメリカの全国教育協議会は、同様の使節団をドイツに派遣することを提案した。

一九四六年三月十九日、同協議会のウィリアム・Ｇ・カー事務局長代理は、ロバート・Ｐ・パターソン陸軍長官に、「現在、訪日中の使節団と同じような目的を持った教育委員会をドイツに派遣し、同じような調査と報告をさせるべきである」と正式に要請した。同協議会のウィラード・E・ギブンズ事務局長は、対日使節団に参加していた。

陸軍長官は、この手紙を対日使節団を管理していたベントン国務次官に回付《かいふ》した。

ベントンは、改めて対日使節団の「報告書」を読み、ストッダード団長と話し合った後で、同様の使節団をドイツに派遣した方がよいとの結論に達した。

八月二十三日、対ドイツ教育使節団はアメリカ占領地区を訪れ、一カ月滞在した。九月二十一日、パターソンとベントンは報告書の写しを受け取った。

東京に来た教育使節団と、ベルリンへ行った使節団は驚くべき違いを見せる。

対ドイツ使節団が、ナチ・ドイツに謙遜した態度で報告を書き上げていることだ。謙遜どころか、称賛に近い。

「いかなる国も——古代ギリシアやローマを除けば——我々の文明の共通財産に対して、ドイツほど貢献した国はなかった。ドイツの教育問題を取り上げる場合、この功績を無視したり、それに対する謝意を欠いたりすることがあってはならない」

勿論のこと、ドイツ教育使節団は、ドイツ国民を非ナチ化するために、ドイツ語を廃止すべきとは夢にも考えなかった。

対日使節団は、日本国民の最大の美点は「礼儀」だと言った。「少なくとも、日本国民は礼節の正しさで世界中に知られている」。

ドイツ使節団は「世界中何処にも、飢餓や経済の混乱の上に民主的政府を成功に導くような機構を樹立することは不可能である」と認識していたが、日本使節団は「経済上の要因は重要であるが、最高というわけではない」と述べている。
この差別は、人種差別から来るものなのか。アメリカは、日本について全く無知でありながらも、日本国民と日本文化をそれほど軽視していたのだろう。

14　アメリカ人文科学使節団

アメリカ人文科学使節団は、一九四八（昭和二十三）年九月末から四九年初めまで滞日した。二十七人の団員を抱えた教育使節団とは違い、人文科学団は五人の教授たちだけであった。

ジョージ・K・ブラディ…ケンタッキー大学英語学教授
チャールズ・E・マーチン…ワシントン大学国際法・政治学教授
エドウィン・O・ライシャワー…ハーバード大学極東地域語助教授、十年後、駐日アメリカ大使になる
ルーサー・W・ストルネーカー…ドレーク大学哲学教授
グレン・T・トレワーサ…ウィスコンシン大学地理学教授

一行は、日本の大学教授たちと幅広く会合し、報告書を書いた。ニュージェントはこの報告書を読んで感激し、人文科学使節団は「日本の高等教育と占領目的にとって貢献を果たしたことは、明白であります」とマッカーサーに報告した。

この報告書には、次のような観察が述べられている。

(1) 過去において人文科学（社会科学）の研究は理論偏重《へんちょう》に流れたが、これからは「実証主義的」および実用的な研究をすべきである。

(2) 現代の問題の研究を疎《おろそ》かにする結果になった歴史偏重を克服する努力を払うべきである。

(3) 日本の学者たちは、象牙の塔に閉じ籠《こも》らずに、重要な問題について共同研究するという新しい態度をとるべきである。

(4) 現在の経済的、社会的危機は、国が生み出し得る強い指導力を求めている。日本の学者たちが、象牙の塔で孤立することを止め、真正面から挑戦に立ち向かうべきなのである。

(5) 日本の人文科学者たちは、個々であれ集団であれ、より大きい社会的責任感を養うべきであり、自分たちの社会に対して、直接的に貢献する努力を払うべきである。

さらに、「現在流行の講座制度には、教授間の封建的関係とか、教授、研究員たちの強固な派閥という重大な悪弊が多く潜んでいる」と断言し、その解決案として、「教授会内部および学科間の障壁《しょうへき》を下げなければならない」と勧告した。

しかし、日本の大学は、各学部の独立自治こそ「学問の自由」の象徴であるとしていたので、各学部の厚い壁を取り払うことは実現しなかった。

人文科学使節団も教育使節団も、学問の自由とは、単に教授が教室の中で持てる知的自由だけではなく、彼らの政治的自由を伴うものであり、彼等の政治への参入を道義上の義務とした。だからこそ、ＧＨＱと文部省は占領当初、教育に携わる者は市民の責任として、政治に参加すべきだと主張してきたのである。

15　世界に恥ずべき文部省

「日本は価値ある国民的文化の認識を持つべきだ」と教育使節団が勧告したので、文部省はこの自覚こそ敗戦国日本を救う特効薬と期待をかけた。しかし、文部省は、「価値ある認識」を喪失したのは日本国民の責任だと言った。

「日本国民は合理的精神が低い」とまで言う。文部省の台詞《せりふ》は、「日本は西欧諸国より四百年は遅れている」と断言したマッカーサーを喜ばせたことだろう。

文部省の赤裸々な告白は、『新教育指針』と題を付けられ、初等・中学校教師用として、一九四六年五月十五日に刊行された。教育使節団が日本を離れて、僅か二カ月で書かれたものである。

初代ＣＩＥ局長ダイク准将は、「本書は、日本の教師を再教育するための研究努力を具体的に表わしたものである」と前書きで断言した。ＣＩＥが文部省の原稿を何度も書き直させたからだ。

文部省は、分厚い『新教育指針』を中学校、女学校、青年学校の教師にも配分し、一九四六年から四七年にかけ、甚《はなは》だしい紙不足の時、『新教育指針』を四十三万六千二十部印刷した。

文部省は、その端書《はしが》きに「本省は、ここに盛られている内容を教育者におしつけようとするものではない」「したがって教育者はこれを教科書としておぼえこむ必要もなく、また生徒に教科書として教える必要もない」と言った。

『新教育指針』は文部省が書き、CIE局長が正式に認可している。日本の教師たちは、これを教科書として丸暗記し、生徒に教えた方がよいと悟《さと》ったのは当然であろう。ダイク局長は、日本の教師たちの直感を確認するかのごとく、『新教育指針』は「日本の現状を物語る基本的事実を明確な形で教師たちに与えたものであり、学んでおくべきであった教訓を指示するものだ」と述べている。

文部省は、新しい日本を建設するためには、まず「戦争の責任は国民全体が負うべきであり、国民は世界に向かって深く謝するところがなければならない」と訴えた。ここでも「一億総懺悔《ざんげ》」。謝罪外交の原点である。

「罪を謝するということは、ただ後悔して引きさがってしまったり、連合国軍からの要求を受け身になって、仕方なしに行なうというような、消極的な態度ですまされるものではない」と叱っている。

日本国民は、「自ら進んで、積極的な態度を以てポツダム宣言を始め、連合国軍から発せられた多くの指令を実行し、それによって新しい日本を建設するのでなければならない」。

そうすれば、「悲しみと恥は喜びと名誉に転ずることができる」と『新教育指針』に述べられている。

マッカーサーでさえ、これ以上のことを望むことができなかったであろう。

文部省が「どうしてこのような状態になったのか」と自問しているのは当然である。

文部省は、「日本人の物の考え方そのものに多くの弱点があるからだ」と認識し、「われわれは次にこれらの欠点、弱点をはっきりと知っておかなくてはならない」と教師たちに説いた。

文部省が発見した日本人の弱点は五つ。

(1)「日本はまだ十分に新しくなりきれず、旧いものがのこっている」

例えば、「自動車が走っている道路の片隅で、手相をうらなってもらう人々もいるのである」。

なぜ、日本は十分に新しくなりきることができなかったのか。

一八六八年の明治維新以来、「日本は汽車や汽船や電気器具を使うことは学んでも、それらを作り出したところの科学的精神そのものは、まだ十分に発展させていない」。それどころか、「日本人の精神の方がすぐれていると思う人々すらあった」。これは「大きなあやまち」であった。というのは、こうした誤った考えを持った人々が国民の指導者となって、「西洋の文化を軽んじ、その力を低く見て、戦争をひき起こし、国民もこれにあざむかれて戦い、ついに敗れたのである。そこに日本の弱点があり、国民の大きなあやまちがあった」。

かつて、学徒の好奇心を「危険だ」と退けた文部省は、「科学的精神」と「勝利」を同一視した。アメリカは、科学的精神と勝利を代表する。

文部省は、「われわれは日本国民の長所である包容力、同化性をもっとよくはたらかせて、西洋文化をその根本から実質的に十分取りいれ、それを自分のものとして生かすようにつとめなくてはならない」と教師たちを励ました。

安倍文相は、アメリカ教育使節団に日本の教育をアメリカ化しないで欲しいと懇願したが、この願望は文部省内でも無視された。

(2)「日本国民は人間性・人格・個性を十分に尊重しない」

人間には「特有の自由意志」がある。人間は「その生活が道理にかなうように、正しく善くあるように、美しく心地よくあるように、信心深くつつましやかであるようにと願い、かつ努力する」と続けている。こうした文化的な働きが人間性であり、それらを伸ばしていくところに「人生の目的」があるという。

さらに、「人格」とは、合理的精神の表われである。だから、「いろいろなはたらきが互いに分裂したり矛盾したりして統一がないものは人格もないのである」。

日本国民は非合理で、人格もなく、その行動は野蛮だ、という。

「個性というのは、人間の一人ひとりに独特の性質という意味である」。だが、個性は文部省にとって定義するのが困難な概念であった。個性を育《はぐく》んだ実践体験がなかったからだ。

もし人間性、人格、個性が尊重されない時は、人間関係が殿様と家来の関係になり、貴重な個性が伸びることを阻害《そがい》してきた、と文部省は警告した。

「鬼畜米英《きちくべいえい》」に無条件降伏した恥辱で金縛《かなしば》りにあったような文部省は、「この弱点が軍国主義者や極端な国家主義者に利用せられたところに、戦争が起こった原因もあり、敗戦の原因もある」と教師たちに語った。
(3)「日本国民は批判的精神にとぼしく権威に盲従しやすい」
文部省がマッカーサー指令に忠実に服従することによって、教師たちに範《はん》を垂《た》れることである。

「上の者が下の者を愛してよく指導し、下の者が上の者を尊敬してよく奉仕することは、日本国民の長所であり、忠義や孝行の美徳はここに成り立つ」

皮肉なことに、文部省は「忠義や孝行の美徳」が過去に齎《もたら》した恐怖を肌身で知っていたからこそ、「役人はえらいもの、民衆はおろかなもの」という「官尊民卑《かんそんみんぴ》」の考えを攻撃した。

同様に戒《いまし》められているのは、政府が言論や思想の自由を無視し、拷問や秘密警察を用いることであった。こうした権力の濫用《らんよう》は、国民から「政治を批判する力」を奪い取り、国民を「お上《かみ》」の命令に従わせたのであった。
(4)「日本国民は、合理的精神にとぼしく科学的水準が低い」
この原始的国民が、なぜか第二次世界大戦中の最強の戦闘機であった「零戦《れいせん》」を生産し、世界最大級の戦艦二隻《せき》を建造した。文部省は、ユーモラスなところを見せようとしたのではない。真面目《まじめ》一本の文部省は、「権威に盲従しやすい国民」は「物事を道理に合わせて考える力」が弱い、と述べている。

科学的精神の乏しさの証拠として、「神が国土や山川草木を生んだとか、おろちの尾から剣が出たとか、神風が吹いて敵軍を滅ぼしたとかの神話や伝説が、あたかも歴史的事実であるかのように記されていたのに、生徒はそれを疑うことなく、その真相や意味をきわめようともしなかった」と臆面《おくめん》もなく述べているのだ。

そうした神話を「歴史的事実」として出版したのが文部省であり、それらを教師と生徒に覚えさせたのも文部省であったことには触れていない。「それを疑う」生徒は、「安寧《あんねい》と秩序にとり危険」として、直ちに罰せられたのに。ダイク局長は、「神話を神話として教えることには何等問題はない」と言明していたのに。

日本人の科学性が欠けていた証拠として、文部省は、日本語の書き言葉が「不合理な重荷」となって、「ますます国民の科学的精神」を押さえつけていると断言した。ここでも、狂信的な「ローマ字屋」ホール中尉の圧力があったのであろう。

(5)「日本国民はひとりよがりで、おおらかな態度が少ない」

「封建的な心持ちをすてきれぬ人は、自分より上の人に対しては、無批判的に盲従しながら、下の者に対しては、ひとりよがりの、いばった態度でのぞむのが常である」。日本は「他の国民を自分に従わせようとした」のであって、それが「戦争の原因であり敗戦の原因でもあった」。

日本のキリスト教弾圧と日本国民の民族的優越感が、日本人の独《ひと》り善《よ》がりの例であった。

「天皇を現人神《あらひとがみ》として他の国々の元首よりもすぐれたものと信じ、日本民族は神の生んだ特別な民族と考え、日本の国土は神の生んだものであるから、決して滅びないと、ほこったのがこの国民的優越感である」。しかし、文部省は「およそ民族として自信を抱き、国民として祖国を愛するのは、自然の人情であって、少しもとがむべきことではない」と教師たちを少し安心させた。

もう一つ、『新教育指針』の中で注目に値するのは、「教育者自身も、教育会や教員組合などを健全に発達させて、自ら助けると共にたがいに助けあい、（厳しい生活の）解決につとめられることを、われわれは期待しているのである」と公然と発言したことである。

しかし、白米より大切なものは精神的なものである、と文部省は強調した。

終戦直後、このような文部省の言葉は、教師たちに残酷に聞こえたことだろう。国民は食糧難に喘《あえ》ぎ、マッカーサーが日本国民の食糧要求を「大衆騒動によって無秩序と暴力を招く」ものと見ていた時だった。

文部省は、日本国民の欠点、かつて国民の美徳として称《たた》えられてきたことを、繰り返し攻撃し、嘲り、日本人であることが恥であると言った。そうした「欠点」を教え込んだ責任は文部省にあったのだが、公に「一億総懺悔《ざんげ》」を国民にさせれば、GHQが同省の過去を許してくれるのではないかと期待していたのであろう。

文部大臣に任命される直前の一九四六年三月、田中耕太郎が次のように述べているのも偶然ではなかった。

「敗因は原子爆弾を発明しえなかった自然科学の低位《ていい》に帰するのではなく、また統制経済を円滑に遂行しえなかった政治科学の不振に見いだされるのでもない、真の敗因は本来開始すべからざる戦争、というのは道義的見地から許されない戦争をあえて開始した点に存する。即ち真の敗因は正に国民の道徳的欠陥に存する」

『新教育指針』は、敗者日本が恰《あたか》も魂を売り飛ばしたかのごとく、勝者アメリカによる洗脳に没頭した屈辱の証書である。世界史上でも、滅多にない惨劇であった。

16　皇室の人身御供

国務省の外交官エマーソンが東京・GHQから「マッキンレー山」号でアメリカへ帰国途上、バーンズ国務長官宛に書いた長い報告書（一九四六年二月八日付、二十九頁《ページ》）の中で、興味深いことを言っている。

「新憲法の下、天皇は単なる〝お飾り（figurehead）〟になると思います」

二月十日にホイットニー民政局長が書き上げた「マッカーサー草案」の中に出てくる「天皇は国家の象徴」ということを、エマーソンはすでに知っていたのだ。

彼は続けて、「皇太子には、天皇に即位する前に、留学させるべきです。しばらくの間、彼を日本から離すことは、彼の周りに野心を持った取り巻きが出来ることを防げますし、アメリカ教育は彼にとっても、日本にとってもよいことだと思います」。

一九四六年三月二十七日、天皇陛下は、教育使節団員を皇居に招き、お茶会で持て成しさえされた。その時、ストッダード教育使節団長に皇太子明仁《あきひと》殿下（今上《きんじょう》天皇、当時十二歳）のためにアメリカ女性の家庭教師を探してくれるように要請された。

天皇陛下は、皇太子殿下が日本の将来という大きな目的のため、「人身御供《ひとみごくう》」になることを日本国民とアメリカに示したかったのであろう。とはいえ、これは賢明な皇室外交であった。国務省から政治顧問のアチソンに「皇太子のアメリカ教育」の必要につき指令があり、アチソンが皇室へ要請してはどうかと指示していたのだろうか。それとも、マッカーサーが天皇に「ストッダード団長にアメリカ人の家庭教師を探してくれるように頼んでみてはどうか」と進言（命令）したのだろうか。

だが、茶会に参席していた教育使節団員エミリー・ウッドワードは、露骨に「天皇はオドオドした小さな男で、身辺に起きている事柄に、何から何まで神経を尖《とが》らせていた」と言った。

ストッダードはアメリカに帰った後、熱心にこの女性家庭教師を探した。愛国心を溢《あふ》れさせた口調で、戦時国債をアメリカ国民にどしどし買わせた歌手のケート・スミスは、日本の天皇が皇太子の家庭教師を求めている、と全米に報じた。天皇陛下に直接応募してきた女性も一人いた。

ストッダードは、二人の候補者を皇室に推挙《すいきょ》した。ハワイ大学のミルドレッド・A・チャップリン嬢と、ニューハンプシャー州のエリザベス・グレー・バイニング夫人（四十四歳）

である。

一九四六年八月八日、マッカーサーは、ストッダードに「皇室はバイニング――反復――バイニングに決定」と電報を打った。

ストッダードは、直ちにバイニングに招請《しょうせい》を受諾するかどうかを聞いた。バイニングは即座に受諾し、学習院の教授として招聘《しょうへい》される。

多くの作品を書いている作家で未亡人のバイニングは、一九四二年に書いた『アダム・ザ・ロード』で、有名なニューベリー賞を受賞した。

皇太子殿下の家庭教師は一九五〇年まで務めた。その日本での体験を本に著わし、一九五二年、『ウィンドーズ・フォア・ザ・クラウン・プリンス』と題して出版した。

一九八一年、バージニア州ノーフォークにあるマッカーサー記念図書館で、日本占領のシンポジウムがあり、バイニング夫人も参加され、私と雑談をしていた時、皇太子の学力は上・中・下に分けると、中くらいだったと話された。

国務省で教育使節団担当のベントンは、「私は皇太子の教育に強い関心を払っている。というのは、未来の天皇がアメリカ人家庭教師から受けた影響を将来、反映するのは確実であるからだ」とストッダードに書き送った。

天皇、皇后両陛下は、バイニング夫人の教育が皇太子殿下におよぼした影響に共感を持たれたのであろう。一九四九(昭和二十四)年一月、皇后陛下がマッカーサーの政治顧問シーボルドに内々《ないない》で、十五歳になった皇太子殿下を「アメリカの高等学校へ入れ、次いでイギリスの大学に行かせたい」と願い出られた。

マッカーサーは、この考えに同意はしたが、「あの子は先ず英語が話せるように勉強しなければならない。留学はそれからのことで、アメリカの高校からではなく、アメリカの大学の四年制普通課程に入学したほうがよい」と考えた。

シーボルドも、「日米関係から見ても、又封建的な慣習が段々と再び現われそうな皇室の雰囲気から若いプリンスを引き離すためにも、この考えはよいことだ」と思った。

シーボルドは、友人である国務省のW・ワルトン・バターワース極東問題担当次官の意見も聞いた。

バターワースは、「私の考えでは、日本の宮廷の中で育った者が、幼い裡《うち》に、極く初歩の英語力しかないのに外国へ行って、しかも大半が既に数年間も同じクラスで過ごしてきた寄宿学校生徒の中に交じるのは、殆ど不可能だと判断すべきだ」と答えた。また、「戦時中の憎悪心は国民の間にまだ根強い」と注意し、「君も知っての通り、日本人はこういう事柄にはことさら神経過敏である」「さらに二年間、日本でバイニング夫人の優れた指導の下《もと》に、特に英語と西洋文化に重点を置いた勉強をした方がよいと思う。二年経てば、皇太子は大学進学の学齢に達する」と述べた。

しかしながら、皇后陛下が、なおも皇太子殿下の海外留学を希望しているなら、「その気持ちは、汲《く》んでやらなければならないが、その場合、アメリカ留学はしない方がいい。なぜなら、アメリカでは人種差別から厄介な事件が起きるとも考えられ、皇太子のアメリカ滞在は絶えず心配の種にもなるからだ。アメリカ留学よりもイギリス留学の方が、アメリカの日本〝植民地化〟の非難をかわすことにもなろう」。

バターワースは、アチソン国務長官も自分と同意見だとシーボルドに告げている。

皇太子殿下は、オックスフォード大学ではなく、東京の学習院大学へ進まれた。その頃、占領も終わろうとしていたし、皇后陛下も未来の天皇のアメリカ化は外交的に最早必要ではないと考えられたのだろう。

皇太子は、マッカーサーに一度会われたことがある。バイニング夫人が、一九四九年六月二十七日に、皇太子を第一生命ビルへ連れて行き、対面させた。

同年の九月、街では、美空ひばりの「悲しき口笛」が大ヒットしていた。

まとめ

誕生したばかりの明治日本が「己」を探していた時、「国造り」のための模索をしていた一八七二（明治五）年、後に、初代文部大臣になった森有礼《もりありのり》アメリカ駐在弁務使《べんむし》は、日本語を廃止して英語を採用せよとの意見を出した。

英語採用の理由として、森は「現在、世界を支配している英語国民の商業力や蒸気と電気の力」を挙げている。

「日本語のような乏しい言葉」では、日本国民は「西洋の科学、文芸、宗教の貴重な財宝の中から神髄を把握することは決してできない」「国の憲法も日本語では維持することはできない」「日本語は廃止した方がよい」と断言した。

森が在米中、文部省学監《がっかん》として任命したアメリカ人デービッド・モルレーは、森にその極度な西洋気触《かぶ》れを捨てるように説得した。

森は、一八六五（慶応元）年、イギリスに留学し、アメリカにも渡っている。三年後、帰国し、明治政府に仕える。一八七〇（明治三）年アメリカ弁務使として三年間在任し、一八七九（明治十二）年から一八八四年まで駐英公使を務める。

一八八九（明治二十二）年二月十一日、明治憲法発布の日、雪が降る朝、森は、彼の欧米気《か》触《ぶ》れを嫌悪した国粋主義者の西野文太郎に刺され、翌日死去した。

あの頃、殺す者も、殺される者も、教育の重要さを把握し、命を懸けていた。

森有礼暗殺について、余談になるかも知れないが、当時の『東京日日新聞』を引用し、その惨劇をここに再現する。

一八八九年二月十一日。

「森文部大臣には、今朝参内《さいだい》せられんと永田町の官邸を立ち出《い》でらるる際、一人の書生体の者……来たりて、短刀を以て右の腿部《たいぶ》を刺し傷を負《お》わしめ、大臣には直ちに引き返されたり」

「右の続報　右の曲者《くせもの》は○学校の生徒らしき人体《にんてい》にて、年頃は二十歳ばかりなり。身には小倉の袴を着けたり。その凶器は尺二、三寸の新しき出刃庖丁なりと云う。最初（午前九時三十分頃とか）玄関に来たりて大臣に面謁《めんえつ》を乞い、受附の書生が応接するや否や、奥の間に飛び込みて、大臣の腹部をしたたか刺したり。折節《おりふし》居合わせたる者どもこの騒動を聞き、駈け来たりて散々に切り殺しぬ（首を半分過ぎ落としあり。その外数カ所の疵《きず》ありしと云う）。かくて死骸は直ぐさま麴町警察署に引き渡し（同署にて死骸の写真を撮りたり）、それより区役所にて引き取りて、即日青山埋葬地に埋めたり。また大臣の傷はすこぶる重体にて、疵口より大小腸三寸余も出でたりとか云う」

二月十二日。

凶漢《きょうかん》は「内務省土木局の雇い勤たる西野文次郎（二十五）と云う者なり……。……隠し持ちたる一尺余の出刃庖丁を閃《ひらめ》かし、右の脇腹を深く刺し参らせたり。大臣は刺されながら引き組みて……上になり下になり転び行きて、ついに二人とも打ち倒れ、捻《ね》じ合いたまえるを、この騒ぎを聞きたる文部省属官 某《なにがし》は直《すぐ》に馳《は》せ附《つ》け、大臣が居間なる仕込杖《しこみづえ》を引き抜きて、ただ一刀に曲者の首を半《なか》ば過ぎ打ち落とし、返す刀に急所を指し貫きたりければ、これにて曲者は息絶えたり。……その死骸の懐中に二尋《ひろ》あまりなる遺書あり」（「文次郎」は、「文太郎」の誤り）

西野は、一八六五年生まれで、山口県の士族であった。文筆もたち、「書簡の文字のごときは見事なり」と、この新聞記事にも記してある。

西野を斬った男は座田秀重《さいだひでしげ》で、森の秘書官であった。座田は、裁判にかけられるが、正当防衛で無罪。

一九四六年三月、大戦争に敗《やぶ》れた日本がまたも自己喪失《そうしつ》の危機に陥り、「新日本」建設へ向けて歩み始めようとしていた時、アメリカ教育使節団は、日本語の書き言葉を廃止し、ローマ字を採用するように勧告した。教育使節団は、日本語が日本人の知力を遅らせてきたと主張した。使節団員たちは、自分たちの果たした偉業に確信を持っていた。

例えば、一九四六年五月九日、アメリカの教育界で最も著名な学者であるコロンビア大学教育学部ジョージ・S・カウンツ教授は、「もし、我々の行なった勧告の一部でも重要な部分が採用されるならば、教育使節団の日本派遣は現代教育の発展の上で特筆すべき偉業として歴史に残るでしょう。私は使節団の一員であったことを大変な名誉だと思っています」とベントン国務次官に書いている。

教育使節団の一人、エミリー・ウッドワードは、「ジャップたちは、日毎《ひごと》にアメリカ人のようになってきている。しかし、彼等が政治経済の新概念を消化するには、まだまだ長い時間が必要である」と言った。

そのカウンツが、「私は教育使節団が重大な失敗をした、と思っている」と私に宛てた手紙（一九七四年五月二十四日付）で語ってくれた。「教育使節団は、教育とは常に特定の社会と文化の表現だ、という認識もなしに、日本にアメリカの教育制度を持ち込むべきであると考えていた」。

カウンツは、「教育使節団員の中で以前に日本へ行ったことのある者は私だけであった」とも言った。彼以外の団員は、日本のことを何も知らなかった、という。

しかし、「報告書」の評価を著しく落とした国語ローマ字化は、日本について多少の知識を持っていた、世界的に有名な学者カウンツ自身が、ホール中尉の情熱的な手助けを得て書いたのだ。そのホールも、カウンツが教授であった名門コロンビア大学へ招聘され、教授になった。

「学識者」という衣《ころも》を纏《まと》った教育使節団の役割は、マッカーサーが進めていた「日本洗脳」、即ち、日本国民の弱民化、「憲法第九条化」を華々《はなばな》しく応援することであった。その役割は見事に果たした。

*

激変の「昭和」が終わりに近づいた時、最後の炎が瞬時、煌々《こうこう》と燃え上がるかのように、日本は「バブル経済」と言われた空前の紙幣の宴《うたげ》に日夜酔う。

「アメリカの終焉」「二十一世紀は日本の世紀」という台詞まで登場し、敗戦国日本はやっと敵軍占領の屈辱の枷《かせ》からも解き放たれたと見えた。だが、あの驕《おご》りにも似た宴の騒ぎは、一夜にして止み、平成日本は不気味なほどの静寂に覆われている。

日本国民は、快楽の後の虚脱感に襲われたかのように、茫然《ぼうぜん》とし、かつての強敵アメリカ軍に国土の防衛まで委《ゆだ》ねたまま、歴史の大河に翻弄《ほんろう》され、為す術《すべ》もなく流されてゆく。日本国民は、自信喪失に陥った。

またもや、日本語が問題になった。一九九七（平成九）年日本の文化を司《つかさど》る文部省が、小学校一年生から、ローマ字でなく、英語を教えると決めた。経済界の重鎮たちも「日本人は英語が話せなければダメだ」と言う。明治維新の夜明けに同じような発想をした日本の初代文部大臣の森有礼《もりありのり》も赤面しながら苦笑していることであろう。

英語を学んで、日本語を英語化（カタカナ化）して、我々日本人の自信が、誇りが戻るのか。

英語化は、日本国崩壊への深い落とし穴だ。

現在進行中の日本語の英語化は、アメリカ文化の侵略を、微笑《ほほえ》みを浮かべ双手《もろて》を上げ歓迎する打ち拉《ひし》がれた植民地の住人のすることだ。

英語化は、日本をアメリカの「香港《ホンコン》」にする。

「歴史は繰り返す」と言われるが、永い、永い日本国の歴史の中で、近年百余年の間に、日本文化の魂、国語を「英語化」しようとする企《たくら》みが既に三回もある。

私は、日本の若い世代が国際語である英語を学ぶのに大賛成である。日本語に今流行《はやり》の英語を混ぜ、日本語の美しさ、純粋さを壊《こわ》すことに大反対をしているのだ。英語ができれば、「アメリカ化」すれば、「国際化」したと錯覚する、そのことが危険だと警告しているのだ。

日本文化はアメリカのためにあるのではない。アメリカに日本文化を理解してもらうため、アメリカに媚びる狂態は、速やかに止めるべきだ。

アメリカも、全ての諸外国も、日本人や日本文化を理解したければ、日本語を学べ。

二十世紀を牛耳っている偉大な国アメリカも、興亡の鉄則にかけられる。その鉄則の下《もと》、我々日本国民は「盛者必衰《じょうしゃひっすい》の理《ことわり》」を体験した。その貴重な教訓を忘れてはならない。盛者アメリカも落ちる時が必ず来る。その時までに、日本語は滅び、英語になっているか。

第三部　終わらぬ「戦後」の始まり

アジアは、四百年間、ヨーロッパの餌食《えじき》にされた。

「帝国主義」と名付けられた「適者生存の鉄則」の下《もと》、イギリス、ドイツ、オランダ、ポルトガル、スペイン、イタリア、フランス、ロシア、ベルギー、デンマーク、そしてアメリカは、世界中で弱い国を見つけると、騙《だま》し、威《おど》し、手向かうと殺し、征服し、植民地にした。「香港」も一九九七（平成九）年六月三十日までイギリスの植民地であった。

この野蛮な適者生存の掟《おきて》を目の前で見せつけられた日本帝国は、祖国を護るため、「富国強兵」に国運を賭《か》けた。日清戦争（一八九四年〜一八九五年）で勝ち、日露戦争（一九〇四年〜一九〇五年）でも勝ち、血の犠牲を払い、日本の領土にしたのが朝鮮半島である。日本の朝鮮併合は、当時帝国主義を実践していた欧米列強に当然のこととして認められていた。

朝鮮半島は、一九一〇（明治四十三）年から一九四五（昭和二十）年まで、大日本帝国の最も重要な植民地であった。朝鮮の住民は、「日本語」を小学一年から必修として教えられた。日本語ができないと、立身出世もなかった。それが植民地の宿命であり、実像である。今現在、日本で英語ができないと、「学問」を受けた人とは見られない。文部省は、小学一年生から英語を学ばせると言っている……。

一九四五年の夏、敗戦。日本から独立するという期待が、朝鮮半島中に沸《わ》き上がった。歓喜の興奮が鎮《しず》まる前に、日本の植民地時代よりも悲惨な悲劇が朝鮮の住民に襲いかかる。

朝鮮半島は、半島の真ん中を横に走る三十八度線を境《さかい》にして、文化と民《たみ》は「北」と「南」に引き裂かれた。三十八度線には無数の地雷が埋められ、剃刀《かみそり》のような鉄条網が幾重《いくえ》にも張られ、警備兵が実弾を込めた機関銃を構え、この運命の「線」に近づいた者を撃ち殺した。

「北」は北朝鮮（朝鮮民主主義人民共和国）となり、ソ連の武器となる。

「南」は韓国（大韓民国）となり、アメリカ陣営に繰り込まれていった。

世界を独占しようとしていたアメリカとソ連の死闘に巻き込まれた「北」と「南」は、「歩兵」として狩り出され、同胞を殺すという血で血を洗う地獄に落ちてゆく。「北」と「南」には同じ血が流れているにも拘らず、いや、その血の濃《こ》さ故に、憎しみも深くなっていった。

日本に最も近いアジアの隣国、朝鮮半島で、一九五〇（昭和二十五）年六月二十五日、激戦が勃発《ぼっぱつ》した時、日本国民は憲法第九条を「お守り」のように握り締め、「永久平和」の念仏を唱えていた。そう唱えながらも日本国民は、「朝鮮特需《とくじゅ》」と名付けられたアメリカ軍からの軍事物資注文を大歓迎した。その注文は、当時の日本円で総額一兆三千億円にも達し、瀕死《ひんし》状態であった日本経済に生命《いのち》を吹き込んだ。

一九五〇年、日本の国民総生産（GNP）は三兆九千四百七十億円であった。その三分の一という巨額が「特需」として日本を潤《うるお》した。隣国の流血が日本の命を救ったかのように見えた。金は儲《もう》かったが、日本が払った代償は安くはない。

この朝鮮戦争で、日本占領が早く終わり、日本が独立することができたと言う人たちもいるが、現実は甘くはない。それほど単純でもない。

アメリカが多大な犠牲を払い、勝ち取った日本を、そう簡単に手放すわけがない。その理由もない。第二次世界大戦でアメリカ兵の戦死総数は四十万七千三百十六名。日本兵、百五十万、戦死。一般市民の戦死は百万人ほどか。

一九五一年九月八日に調印され、翌年四月二十八日に発効した「サンフランシスコ平和条約」でアメリカの対日本軍事占領は終結した。GHQは廃止された。日本は独立した。

その引き換えに、日本はアメリカ国防の最前線の砦《とりで》にされたのだ。日米安全保障条約が、その証書だ。

マッカーサーが連れてきた占領進駐軍は、そのまま日本に居残り、沖縄から北海道に存在する「アメリカの基地」で、日本とアジアの動向を観察している。

「アメリカが日本を護ってくれる」「日本は軍事費に金を使わなくてもよいので、その金を経済復興に使える」「第九条があるので……」「日本が軍隊を持つとアジア諸国が怒り、友好関係が崩れる」

このような、常識となっている台詞を並べてみると、独立国家としての誇りの欠片《かけら》もない。

祖国を護ることを放棄した国は、滅亡への道を歩き始めた国だ。祖国の防衛を他国の軍隊に任せた国は、その「他国」に食い殺される。それが自然の習《なら》わしである。日本は、「アメリカ・ドル」の輝きに目が眩《くら》み、「国」を売ったのか。

高い代償は、もう一つある。敵軍の占領よりも怖い、我々日本人の「信念」の消滅、日本人としての「認識」の死滅である。

朝鮮戦争は、日本国民の政治文化に痛烈な打撃を与え、我々の成長を妨げた。いや、妨げただけでなく、我々の生活を根本から歪《ゆが》めた。いじけたものにした。その「いじけた精神構造」が昭和末期から平成にかけ、目も当てられない惨状として、我々の日常生活にその醜《みにく》い姿を現わしている。

我々は、政治的な反対とか「違い」があると、相手を「論」で説得することなく、「異端者」、即ち「悪人」の烙印《らくいん》を押し、追放することを学んだ。目先の、刹那的な損得勘定だけで、国の行政を行なう野蛮さも学んだ。この目先の損得と野蛮な手段は、我々の政治を、発育不全な、幼稚なものにした。

目先勘定だけで実行された行政の典型的なものは、「レッドパージ」とか「赤狩り」と言われる共産主義者の追放であった。職場から、日本社会からの追放は、マッカーサーと日本政府のお墨付きで行なわれた。

「共産主義者だから、追放してもよいではないか」と思う人たちもいるであろう。しかし、この「武器」は、実に気紛れで、その矛先《ほこさき》がいつ変わるか全く分からない。この野蛮な「武器」の次の的になるのは、共産主義者の反対側に座っている人たちか、それとも、政治に全く関心のない人たちかもしれない。

「日本の歴史をもう一度見直そう」「神話もお伽話《とぎばなし》も日本歴史文化の大切な生命の一つであ

る」「戦争で亡くなられた英霊に、国として敬意を払うべきだ」と発言する人たちを、「右翼」と罵倒し、侮辱して当たり前だと思っている人たちが、現在多いのではないか。

イデオロギーの違いを問答無用で迫害すると、その刃《やいば》は必ず「己の身」を斬る。

朝鮮戦争の「特需」に酔った日本国民が、祖国の防衛を他国の軍隊に任せた国民が身に付けたものは、責任回避の悪癖《あくへき》である。日本は、日本国民が護らなければならないという責任の回避。日本の男が、日本の女性・子供を護る本能と責任からの逃避。その義務の回避。その誇りの皆無。

完璧な敗戦、そして敵軍による占領という二重の屈辱に耐えていた日本国民を、突然救った「朝鮮特需」という狂宴は、恥辱を忘れさせてくれる薬《ヤク》であったのだろう。

その甘い香りを持つ薬を無我夢中に追いかけ、日本国民は「昭和」を駆け抜けた。過去を忘れ、歴史を捨てて、世界第二位の経済大国の日本がやっと辿《たど》り着いたところは、「富」だけしか目立つものを持たない文化不毛の小さな島ではなかったのか。

一九五〇年六月二十五日、北朝鮮軍は三十八度線を破り、猛攻撃を開始した。韓国軍は瞬《またた》く間に惨敗した。三日後、首都ソウルは北朝鮮に占領された。救援に駆けつけたアメリカ軍も完敗し、半島の南半分が「北」の領土になるのは時間の問題に見えた。

ニューヨークにある国連は、「北朝鮮が侵略国」と決議した。国連軍が武力介入することになった。国連軍とはアメリカ軍であり、東京で君臨していたマッカーサー元帥が総指揮者に任命されたのは、ごく自然であった。

あの沖縄での死闘、第二次世界大戦の中で最も激烈な闘いであった沖縄から、日本人、十一万～二十万人戦死、アメリカ兵四万九千百五十一名戦死の沖縄から、ちょうど丸五年である。

日本国内での「レッドパージ」とは、マッカーサーが自分の膝元《ひざもと》で共産主義が芽を吹き、蔓《はびこ》るわけがないと楽観していた「読み」が外《はず》れた時の付けだったのだ。

マッカーサーは、「知能も文化も非常に劣っている日本国民」を適当に励まし、「主権」を与えれば、我々日本人は彼の思う通りの「道」を歩むと考えていたのだ。鎖国状態にあった「占領下日本」では、彼の思惑《おもわく》や思い付きは誰の反対も受けることなく、日本の法律として通った。

ところが、海の向こうでは、毛沢東が中国大陸を乗っ取り、満洲をも征服し、ソ連は東ヨーロッパ全土を共産化し、ベルリン封鎖を強行し、原爆をも成功させ、アジアに進出し、北朝鮮を武装した。

日本を完全に非武装化し、「自衛のためでも武力は禁止」と憲法に書き込んだマッカーサーは、このひ弱い日本を自分の輝かしい業績と誇っていたのだが、共産主義が彼の偉業を脅《おびや》かし、共産主義の悪行が彼の「読み」の甘さを暴露した。

自分の「誤り」を隠しながら、その誤りをなおそうとする焦《あせ》りに駆られ、マッカーサーは妥協なしの「赤狩り」を行ない、ついに憲法第九条の「新解釈」をしなければならないほど追い込まれた。

「朝鮮戦争は神より、私、老兵に与えられた最後の闘いである」と神に感謝したのは、まさに、彼の本音であった。「神に救われた」と思っていたのだ。

第一章　レッドパージ（赤狩り）

1　前兆

一九五〇（昭和二十五）年六月二十五日、日曜日の朝四時、九十台の北朝鮮戦車部隊が三十八度線を破り、韓国にゴウゴウと傾《なだ》れ込んだ。北朝鮮軍は、海からも侵略した。

三十八度線を守っていた三万の韓国軍は総崩《そうくず》れ。

翌日、北朝鮮軍は韓国の首都ソウルの十四キロまで迫《せま》った。ソウルは陥落寸前である。ソウル上空でソ連製戦闘機ヤク一機とアメリカ戦闘機マスタング一機が空中戦を行ない、ヤクは撃退された。

「動乱」と呼ばれた悲惨な朝鮮戦争の始まりである。

翌二十六日、マッカーサーは、吉田首相に『アカハタ』を発行停止処分にせよと命令を出す。

同二十六日、トルーマン大統領は、武器援助を韓国へ発送せよと命令し、日本の駐留アメリカ空軍から戦闘機十機を韓国軍に与えると言明した。

同日、好景気に沸いていたウォール街の株式市場は、戦争の凶報で大暴落をする。

翌二十七日、トルーマンは、アメリカ海空兵力の出動を命じた。「国連安保理事会が侵略者に対して戦闘行為を停止し、三十八度線に撤退するよう要求したが、侵略者はこれを無視し、攻撃をさらに強化した」という理由である。陸軍の出動は命じられていない。

同日、国防省（ペンタゴン）は、マッカーサー元帥が朝鮮における全ての作戦の責任者であると発表した。

翌二十八日、ソウルが陥落した。勢いに乗じた北朝鮮軍は、敗走する韓国軍をさらに追撃する。

アメリカのF80ジェット・エンジン戦闘機が戦線に登場した。

ソ連製のミグ・ジェット・エンジン戦闘機が空中戦に加わる。ミグの方が強い。

同二十九日、マッカーサーは、民政局長ホイットニー准将とGHQ参謀第二部（G2）部長ウイロビー少将を連れ、韓国に到着した。南下していた韓国の難民は、歓呼の声をあげ、マッカーサーを迎えた。彼は、最前線を視察し、作戦会議を開き、同日午後十時十三分に東京に戻った。

トルーマン大統領は、同三十日、アメリカ陸軍を韓国へ派遣すると発表し、朝鮮半島の全海岸線封鎖も命令した。これで、アメリカの陸海空軍が主力となり、戦いが展開することになった。

マッカーサーは、北朝鮮の基地を攻撃せよと命令を出した。

トルーマンは、「爆撃は朝鮮と満洲との国境を越えてはならない」と言った。

七月二日、午前二時五十分ごろ、京都の金閣寺から出火し、一時間後、美しい国宝が全焼し、灰になった。同寺の徒弟《とてい》、大谷大学支那語科一年生の林養賢《はやしようけん》（二十一歳）が「金閣寺と心中する覚悟で」と火をつけたが、怖くなって逃げた。この死に損《ぞこ》ないは、裏山で捕まった。翌日、母親は、放火の責を負い、山陰線で列車から川へ飛び込み、自殺した。同年十二月二十八日、京都地裁は、林養賢に懲役七年の判決を下した（『朝日新聞』では、養賢が「承賢」と誤報されている。『讀賣新聞』では正しく「養賢」となっている）。昭和三十年十月三十日、刑期満了で京都刑務所を出たが、五カ月後の昭和三十一年三月七日、結核で死亡した。昭和三十一年、三島由紀夫（三十一歳）は、不朽《ふきゅう》の名作『金閣寺』を出す。

一九五〇年七月三日、朝六時三十分、アメリカ空軍爆撃機三十九機は、北朝鮮首都平壌《ピョンヤン》に猛爆を加えた。さらに、二十機の爆撃機が大型爆弾を八百個以上投下した。

オーストラリア空軍戦闘機もアメリカ軍に加わった。イギリス艦隊も、戦闘に参加し、ニュージーランド軍艦二隻も参戦した。七月三日の夜、アメリカ陸軍が初めて北朝鮮軍と戦闘となった。

北朝鮮が侵略を開始してから十日後の七月四日、グロムイコ・ソ連外務次官はタス通信を通じて、「戦争を始めたのはアメリカだ」と猛反撃に出た。「アメリカは朝鮮人民に戦争を仕掛け、朝鮮ならびに中共中国に対して直接的な侵略を行なっている。アメリカは朝鮮を極東における軍事拠点にする目的で全朝鮮の支配を狙っている」。

同七月四日、ワシントンは、グロムイコ声明に反論し、「アメリカの軍事作戦は、ソ連がいかなる態度をとろうとも継続されるであろう」と断言した。

七月四日は、アメリカ独立記念日で、アメリカの一番大切な祝日である。

ロンドンでの独立記念祭祝宴に招待されたチャーチル保守党党首は、「共産主義者が朝鮮で始めた戦争を彼等の勝利に終わらせてはならない。……彼等が勝利すれば、恐るべき第三次世界大戦になるであろう」と演説した。

七月五日、アチソン国務長官は、「侵略者は北朝鮮である」と言明した後、グロムイコ外務次官の声明は「ソ連が参戦してくる前兆であるかどうか分からない」と言ったが、彼の言いたいことは、「ソ連よ、出てくるな」であった。

七月七日、トルーマンは徴兵法を発動した。十九歳から二十五歳の男子に適用され、六十万人が現役に追加となる。

かつての日本帝国が「満洲事変」に深入りし、抜き差しならなくなったように、アメリカが底なしの沼に踏み込んでゆくのが克明になりだしたのだが、日毎の激戦に追われ、トルーマンは増兵し続けた。「勝利」しか抜け道はないと思ったのだろう。

戦争開始の一九五〇年六月二十五日から休戦になった一九五三年七月二十七日までの三カ年の間に、アメリカは総数五百七十六万四千百四十三名の兵を朝鮮戦争に注ぎ込んだ。三万三千六百五十一名、戦死。

日本を占領しているアメリカが、共産主義と初めて戦争に突入するという重大事態は、日本で大変革を引き起こした。

冷戦の合言葉「民主主義対共産主義」は、マッカーサーの指令の下《もと》、「レッドパージ」と呼ばれる迫害に形を変えてゆく。

マッカーサーは、一九四五年十月、牢獄から釈放した日本の共産主義者たちを五年後に、極悪人扱いすることによって、アメリカの日本占領政策の本性を日本国民に公然と見せつけた。

一九四九（昭和二十四）年九月、マッカーサーは、陸軍省宛に北朝鮮でのソ連の不穏な活動を警告して、多くの極秘電報を打電し始めていた。

日本の共産主義者たちは、謙虚を美徳と考えている者たちでもなければ、静かな説得者でもなかった。彼等の演説は自分たちを陶酔させ、日本の保守主義者達を脅《おびや》かし、一般国民を当惑させた。彼等に自由を与えたマッカーサーは裏切られたと思ったのだ。

しかし、GHQで占領行政に携わっていたアメリカ人たちは、共産主義者の組織力と彼等の献身的活動を羨《うらや》ましく思っていた。この羨望は、大学内での「赤狩り」で著名になったウォルター・クロスビー・イールズ博士がはっきり言明している。

「非共産主義の学生たちが、共産主義者のあの情熱と献身的活動の半分でも示してくれればいいと、我々は日本で何回となく、期待していた」

日本国民は、共産主義者の喧嘩腰のデモや宣伝活動に対して多大な寛容さを示した。この新しき寛容さは、共産主義者に対して同情的であることが民主主義的だとする考え方から発生したものである。日本帝国に反対し、牢獄に送られて、残酷な拷問によって死んでいったのは、他ならぬ日本の共産主義者たちだった。

共産主義者は、戦後の日本で、殉教という衣《ころも》を纏《まと》っていたのである。

しかし、共産主義は、日本国民が心の底から忌《い》み嫌ったソ連を意味した。その結果、日本共産党は「ソ連とは無関係」と懸命に宣伝したが、これは自分たちを、日和見《ひよりみ》主義的な偽善者と暴露したようなものであった。

衆議院における共産党の議席数は、変貌する国民の意識を克明に示した。

四百六十一議席のうち、一九四七年と四八年は、四議席が共産党で占められ、四九年には三十五議席。五〇年には二十九議席。翌五一年には二十二議席。そして、五二年には議席数ゼロとなる。

これらの数字は、レッドパージの大成功を物語る。

戦争に敗けようが、アメリカに占領されようが、日本政府は、危険極まる共産主義者が永久に投獄され続けることを望み、さらに不可侵の「天皇大権」が永遠に存続されなければならないと思っていた。

日本政府の思惑《おもわく》など眼中になかったマッカーサーは、共産主義者たちをすぐさま釈放した。牢から出してもらった者たちは、喜び勇んで天皇大権を攻撃した。天皇は「戦犯」であると断言した。マッカーサーは追い撃ちをかけ、明治憲法を廃止し、新しい憲法を自分の部下に書かせた。そこには、「天皇大権」の痕跡《こんせき》もない。

日本の保守派の悪夢が現実となった。この悪夢に喜んだマッカーサーは、日本の労働者たちに労働組合を組織することを奨励した。この労働組合が、日本帝国主義の財源であった財閥の背骨を折る、と期待したのだ。労働組合の数は鰻登《うなぎのぼ》りに増えていった。マッカーサーは、労働者たちが共産主義の邪悪な魔力に取り憑《つ》かれる、とは考えてもいなかったのだろう。

しかし、日本経済の窮状が、労働者の過激化の火に油を注いだ。マッカーサーと日本の保守派が、共産主義は狂暴な独善的教義であるという合意に達するには、時間がかからなかった。

事実、日本の労働組合が、一九四七年二月一日にゼネストに突入すると宣告した時、マッカーサーは、その前夜、ゼネストを禁じた。共産党に指導され、用意周到に計画されたゼネストは、GHQと日本政府を震撼《しんかん》させたのである。

吉田首相も「このゼネストの脅威が、GHQの共産主義者に対する政策を変えさせ、一段と厳しい態度を取らせるのに役立ったことは疑いの余地はない」と認めている。

マッカーサーがゼネストを中止した直後、財閥解体をも中止した。この財閥解体こそが、日本の民主主義と経済成長にとって必要不可欠なものであると言っていたのだが……。

マッカーサーは、GHQが毀《こわ》した財閥を再建すれば、悪化し続ける日本経済が復興し、労働者の共産化を防ぎ得るのではないかと考えた。

そして、絶望感に取り憑かれていた日本国民に希望を与えようと思っての発言だったのだろうか、マッカーサーは一九四七年三月十九日、「アメリカの日本占領を終結するための平和条約交渉を始める時期がきたようである」と記者会見で提案し、「将来の日本の安全保障は国連に委《ゆだ》ねる」と言った。

同日、吉田首相はAP通信社の記者との対談で、「国連よりもアメリカの保護の方が好ましい」「我々は、今、共産主義者たちと戦っているのだ」「我々にとって北方に極めて危険な敵がいる」と言った。『ニューヨーク・タイムズ』紙は、一九四七年三月二十日付で、この吉田発言を記事にした。

ワシントン駐在のS・ツァラプキン・ソ連大使代理は、ディーン・アチソン国務次官に、「連合国軍に降伏した日本の吉田が、首相の資格で連合軍同盟国のソ連に対して敵対的な攻撃を行なった」と抗議を申し立てた。アメリカ政府かマッカーサーが吉田にそのような発言をさせたのだろうと攻撃をしているのだ。

アチソン（国務次官）は、「調査を始める」とツァラプキンに返答し、ツァラプキンの抗議書を東京駐在のアチソン政治顧問宛に送り、「何が東京で起こっているのか」と問い合わせた。東京のアチソン政治顧問は、「何事もない」と回答した。

ワシントンのアチソン国務次官は、ツァラプキンに「吉田首相が、あのような発言をしたという事実は何もない。吉田首相にインタビューをしたのはアメリカ人記者一人だった。彼が吉田の発言を誤って報道した」と返答した。アチソン国務次官は、イギリス大使を務めた吉田首相が英語をよく理解していたとはツァラプキンに告げなかった。

一九四八年十一月三日、国連総会は、日本とドイツに関する平和条約を作成するよう連合国に要請した。

日本経済は、落ちるところまで落ちて、まだ落ち続ける。日本共産党の日刊機関紙『アカハタ』は、日本政府が国民を救済することにしくじったと激しい批判を浴びせ続けた。また、街頭での共産主義者のアジ演説は驚くほど広範な国民の注目を集めた。

マッカーサーと日本政府が、ストライキをしてはならないと考えていた日本政府の公務員ですら、積極的かつ頻繁《ひんぱん》にストを行なった。

マッカーサーは、公務員たちからスト権を剥奪《はくだつ》するため、一九四八年七月二十二日、芦田《あしだ》首相に長文の書簡を認《したた》め、国家公務員法の抜本的な改定を速やかに行なうべし、と指示した。マッカーサーは、故フランクリン・D・ルーズベルト大統領の言葉を引用し、「政府機能を麻痺させるために行なう公務員のストは、言語道断である」と言った。一週間後、七月三十一日、芦田内閣は、公務員のストライキを禁止する内閣布告（政令二〇一号）を発令した。

同年十一月三十日、国家公務員法は、吉田首相（第二次吉田内閣）が指示した通りに「共産主義者たちが労働組織を支配できないようにするため」の改定が行なわれた。

一九四九年二月初め、トルーマン大統領の特使、ジョセフ・ドッジは極めて厳しい耐乏政策を実施するために来日した。国家予算は、名目上は均衡《きんこう》したかに見えたが、国民の日常生活は悲惨な状態であった。

共産主義者たちは、「日本政府」「帝国主義」「天皇制」を精力的に攻撃し続けていた。恰《あたか》も、国民の貧困こそが、彼等のエネルギーの糧《かて》となっているかのように……。

吉田首相は共産主義と戦う姿勢を取る。一九四九年一月、第二十四回総選挙の最中に、吉田首相は、特定の政党の候補者を支援する新聞の報道は違法であり、また新聞は全政党に平等な紙面を割《さ》かねばならず、特定の個人を攻撃することはできない、と新聞編集者たちに語った。

『アカハタ』の号外、「はたらく人民の代表、共産党衆議院議員候補者一覧」（一月十一日付）が、選挙法違反で押収され、関係者の検挙まで行なわれた。

『アカハタ』は、吉田の意図を十分に理解し、この選挙法の「新解釈」に反発した。

不意を突かれたホイットニー民政局長は、日本の法相および選挙管理委員会の委員たちに、日本政府の解釈は憲法に違反する、と忠告した。さらに、GHQのインボデン新聞課長は、「どの政党、または、どの候補者を支援しようがしまいが、それは新聞の自由である」と一月十四日に彼の見解を発表した。

この総選挙で、共産党は三十五議席を獲得した。

片山元首相は落選した。「良い試練を得た」と片山は言っていたが……。

吉田内閣は、「新聞用紙の割り当て制」という新しい方程式を編み出した。

新聞用紙は、発行部数に関係なく、各政党が前回の総選挙で獲得した投票数によって全政党に配布されることになった。GHQの反対もない。

『アカハタ』は、共産党の機関紙なので、共産党に割り当てられた毎月の新聞用紙は、三万一千kgから九千kgに減らされた。

民主党は刊行物を出していないのに、毎月一万五千kgもの用紙を受け取った。余り知られていない評論雑誌を発行していた民主自由党は、月々四万三千kgの用紙割り当てを受けた。

即ち、共産党だけが大打撃を受けたのである。

毛沢東が一九四九年一月、中国支配に成功した。同年九月、ソ連は原爆の実験に成功した。マッカーサーと吉田は、共産主義者を非合法と宣告することを真剣に検討し始めた。アメリカの著名なジャーナリスト、ジョン・ガンサーは、「吉田は、共産主義者たちを徹底的に弾圧し、非合法者と宣言したがっている。だが、マッカーサーは乗り気ではない。共産主義者が地下に潜ることを懸念したからだ」と言っている。

しかし、吉田は、「マッカーサーのGHQは、頻繁にそうした提案を非公式に申し立てた「GHQから出された最初の正式な提案は、一九四九年七月四日のマッカーサーの教書の中に明らかにされていた」と述べた。

七月四日は、アメリカの独立記念日。その日、マッカーサーは一つ問題を提起した。「民主主義に公然と反対し、また既存の秩序に反対する組織を合法政党として活動することを認めるべきかどうか」。共産党は、生きている価値がないのではないか？問いの中に、答えは出ていた。日本のマスコミは、マッカーサーが、日本政府に共産党を非合法と宣言させることを望んでいると正確に受け止めた。激しい恐怖と挫折感が共産党を襲った。

マッカーサーの七月四日の声明は、「GHQから出された最初の公式提案」だったかもしれないが、それより前に吉田首相は、共産党攻撃を公式の場で開始していた。

一九四九年五月十一日、東京の新聞記者クラブで開かれていた最初の首相主催の会食の席上で、吉田は「我々は社会主義者と目を見つめ、話し合ったことがない。我々は共産主義者が大嫌いである。その意味において、我々ははっきりと右寄り（英語でright）である。しかし同時に、我々は正しい（英語でright）と信じている」と断言した。

マッカーサーの反共声明によって勇気づけられ、吉田の共産主義への猛攻撃は一層激しくなった。一九四九年九月二日、吉田は同九月四日に予定していた演説草案をマッカーサーに提出し、「検閲して下さい」と願い出た。

吉田の英文草案。

「マッカーサー元帥が言われているように、我々日本は、人類の自由の砦《とりで》にならなければならない」「我々は共産主義を撃退しなければならない。共産主義は外国の扇動に指導され、欺瞞と脅迫によって日本国内に混乱を引き起こし、社会秩序を破壊することを狙っている。我々はこの不吉な勢力に勇気を持って対決し、それを征服しなければならない」「日本共産主義者たちの多くは、無知と欺瞞の犠牲者だと思う。彼等に反省と自己覚醒《かくせい》の機会を与えるなら、彼等は善良な市民に立ち戻ることができるのである」

マッカーサーは、吉田の演説草案の余白に、「全く異議なし（Entirely unobjectionable）」と手書きの許可を出した。

と述べた。当然である。

吉田は、このような演説を行なった後、共産主義者たちの態度が明らかに戦闘的になった、と述べた。当然である。

マッカーサーは、一九四九年十一月末になっても、日本はいかなる軍事力も持つ必要はない、と断言していたが、突然、一九五〇年元日、憲法第九条の新解釈を提唱した。日本は、アジアで猛威を揮《ふる》っている危険極まりない共産主義の侵蝕《しんしょく》に自衛力で対決しなければならない、と彼は言った。

このマッカーサー発言の直後、一月六日、コミンフォルム（モスクワに本部を持つ世界共産党本部）は、日本で最も有名な共産主義者である野坂参三の「平和革命論」を「帝国主義を美化するもの」と厳しい批判をした。野坂の考えは、共産主義者は通常の議会政治によっても政府を支配することができ、社会主義革命も占領下でも実現可能であるというものであった。モスクワに叱られて、野坂は「改心」した。

吉田は、この時から日本共産党は「暴力革命」を企《くわだ》て始めた、と言明した。吉田首相が、共産党は暴力革命を企てた、と警戒し始めたのには理由があった。一九四九年の夏、労使闘争で戦争状態にあった国鉄で、鉄道事故が連続で三件も起こり、三件とも迷宮入りである。

(1)「下山事件」　七月五日、初代国鉄総裁下山定則《しもやまさだのり》が出勤途中、行方不明になり、翌朝、東京郊外の綾瀬駅附近の線路上で、バラバラの轢死体《れきしたい》となって発見された。「自殺か他殺か」。日本政府は、「他殺」と信じた。この年の二月に来日したジョセフ・ドッジが、日本経済の建直し政策で、労働者の大量解雇を勧告した。六十万人の職員を抱えていた国鉄は、九万五千人の馘切《くびき》りを通告していた。
(2)「三鷹事件」七月十二日、国鉄は第二次馘切り六万三千人を決行した。三日後、午後九時二十四分、無人電車が中央線三鷹駅構内の車庫から暴走し、改札口に突っ込み、民家をも壊した。死者、六名。吉田首相は、共産党の仕業《しわざ》だと言った。
(3)「松川事件」八月十七日、午前三時九分、東北本線の旅客列車が、松川駅近くで脱線し、機関士ら三人が即死。これも、東芝の松川工場が、一万四千人の解雇に反対ストを実行しようとしていた日に起こった。
これら「三大事件」は、共産党とそれに指導された労働組合の凶暴さを見せつけるものとして、日本国民に宣伝された。政府は、労働組合の指導者たちを次々に逮捕した。

2　吉田首相の攻勢

一九四七年十月二十五日、参謀第二部長チャールズ・A・ウイロビー陸軍少将は、マッカーサーに極秘報告をする。

「日本共産党中央本部の重要人物三人の密告者と通じており、またソ連大使館の隠《かく》れ蓑《みの》として動いているタス通信とも通じている我々の信頼できる筋《すじ》が私に、〝ソ連は徳田が提案した過度の攻撃的かつ革命的な色彩の指導性に強い不満を持っている〟と告げてきました」

一九九四（平成六）年に、日本共産党が出版した『日本共産党の七十年・1922～1992』（上）

には、このウイロビーの報告を裏付ける記述がある。

徳田は「ソ連、中国両共産党の覇権主義的干渉に追従した武力闘争路線の導入という重大な誤りに転化した。野坂参三は、その大勢順応主義から徳田に追従し……徳田におとらない重大な誤りをおかすにいたった」。徳田球一《きゅういち》は、マッカーサーが一九四五年十月、刑務所から釈放した日本共産主義者の一人で、釈放されるまで、十八年間の獄中生活を強いられていた。同書によれば、「徳田は……行動力のある指導者だったが、理論を極端に軽視する傾向があった。党風も品性に欠けた」。

ウイロビー少将はさらに、一九四八年七月六日、マッカーサーに秘密メモを提出し、恐ろしい情報を伝えた。

「日本と韓国間を行き来している韓国人たちの複雑な秘密連絡網があります。この連絡網は、日本にコミンフォルムのスパイや政策指導案、それに資金を送り込むために利用されております」

このスパイの一人は、当時、「Mr.共産党」と思われていた野坂参三であった。

ウイロビーが、「我々の信頼できる筋」と言っていたのは野坂だったのだろうか。

当時野坂は、ソ連の、スターリンの忠実なスパイであり、徳田球一の指導力を取り上げ、自分が日本共産党を牛耳ろうと策を巡らせていた。

野坂は、「ダブル・スパイ」として、アメリカ側とソ連側の間を巧妙に往復していたのかもしれない。

ＧＨＱは反撃に出る。厳しい対策を打ち出す。

ＧＨＱの指令で、一九四九年四月、「団体等規正令」が公布された。この法律で「反民主的」と睨《にら》まれた団体組織に対し、日本政府は責任者を尋問に呼び出す権利と、資料を提出させる権利を持つようになった。朝鮮人に対しても警察が厳しい態度を示しだした。

吉田首相は、この法律に非常に満足し、その効力をより一層拡大させるため、非アメリカ的活動を取り締まるために設立されていたアメリカ下院委員会に沿って、日本国会内にも同様の委員会を設立し、「日本的でない」活動を審査することを企てたが、多くの障碍があったため、その計画を断念せねばならなかった、と回想している。

一九五〇年五月三日、憲法発布記念日に、マッカーサーは一段と攻撃的になった。「日本共産党は……今や破壊宣伝に現《うつつ》を抜かし、外国の帝国主義政策の手先と成り下がり、略奪勢力の片棒を担《かつ》いでいる。そのような共産党は、彼等が破壊しようとしている国家の法律の利益と保護を受ける権利があるかどうか疑問であるし、憲法上認められた政治団体として存在する理由も疑わしい」

吉田首相は、「私自身、マッカーサー元帥と全く同じ考えで、共産党を非合法としたかった」と述べた。

同年五月三十日、皇居前広場でアメリカ兵四名が日本人に殴られた。この日、午前十一時五十分から「民主民族戦線東京準備会」主催の「人民決起大会」が開かれ、一万五千人が参加した。共産党主催の大会であった。

日本の警察官に混ってアメリカ兵数人が、集会の写真を撮っていた。突然、喧嘩になり、アメリカ軍東京憲兵司令部のC・V・クラーク大尉、二世の通訳（テリー・山本軍曹）と二名の兵士が軽い怪我《けが》をした。そこにいて、吊るし上げを喰っていた日本人の須藤巡査によれば、「約三百名の労組員が殺到し、二人の進駐軍の人に踏んだり、蹴ったりの暴行を働いた」。ジョン・ガンサーが報じているように、「日本人がアメリカ兵を攻撃し、怪我をさせたのは、これが占領史上初めてのことだった」。大事件となる。マスコミは大々的に報道した。『ニューヨーク・タイムズ』紙も五月三十一日付の社説でこの事件を取り上げ、マッカーサー元帥が五月三日に共産主義に対して警告した通りであると論じた。『サンフランシスコ・クロニクル』紙は、皇居前広場は「人民広場」でなく「アメリカの広場」だと社説で断言した。

喧嘩直後、広場でただちに逮捕された共産主義者八名（立教大学生二名）が、翌日、午後十二時十五分から、占領軍の軍事裁判にかけられた。この異例のスピード裁判は、マッカーサーの占領軍の威信をかけたものであった。日本人に、ましてや共産党員や全学連の学生に攻撃を受けて、反撃に出ないマッカーサーではない。

この喧嘩があった五月三十日は、アメリカ軍にとっては非常に大切な日であった。「メモリアル・デイ（Memorial Day）」と言われ、アメリカが英霊に感謝と祈りを捧げる日で、アメリカの祝日である。この日に、アメリカ兵が襲われたのだ。東京のGHQが異常の怒りを露《あらわ》にしたのは、そのような背景があるからだ。

ＧＨＱ参謀第二部長のウイロビー少将は、裁判開始の日の五月三十一日に、このマッカーサーの決意を次のように代弁している。

「我々は軍服を着たアメリカ人に挑んだり、暴力を加えたりする者に対して、裁判を延ばすことは許されないと考えたために至急裁判を開くよう命じたのである」

また、ウイロビーは、六月二日の午後二時から、岡崎官房長官、斎藤国家地方警察本部長官、春東京都副知事、田中警視総監と集合デモ取り締まりにつき打ち合わせた。

六月三日、午後四時五分に判決が発表された。被告の一人は、十年間の懲役の判決を受け、一人は最も軽い五年の実刑。そして残り六名は七年間の懲役刑の判決を受けた。軍事裁判なので、上訴は許されなかった。

「全く性急な判決であった」とガンサーは述べている。

「性急な判決だとは思わない」と吉田首相は言った。六月四日、吉田は「かかる暴力事件の発生は、国際関係上極めて重大なことであり、政府としてまことに遺憾にたえない次第である。……マッカーサー元帥はじめ占領軍および米国等の指導と好意とを裏切るものである。……われわれは共産党指導下のかかる暴力行為は祖国の復興と発展とを裏切り列国の信用を失い……政府としては……共産党の非合法化を考慮せざるを得ない」と言った。

警視庁は、「当分の間」全ての屋外集会を禁じ、「一切の集団行進、集会、集団示威運動等はこれを行なうことはできない」との声明を出した。

屋内集会だけを許可した。アメリカ空軍Ｂ29の壊滅的な空襲で、日本には大きな講堂は残されておらず、また新築する金もなかったので、屋外集会の禁止は、共産党集会の規模を抑えるのに効果的であった。大阪では、警視庁が街頭での政治宣伝放送をも禁止した。

共産党は、一九五〇年六月三日、マッカーサーに、アメリカ兵との喧嘩で刑を受けた党員の即時釈放を要求し、逮捕と判決を非難する公開声明文を送りつけた。

日本共産党に挑戦されて黙っているマッカーサーではない。彼は、日本の警察当局にその公開文の全てのコピーを押収させ、さらに関係文書の捜索を命じた。

彼は、日本共産党が「事件」を引き起こすのを待ち構えていたかのように、六月六日、吉田首相に日本共産党中央委員二十四人を追放（レッドパージ）せよ、と命じた。

マッカーサーの怒りは一目瞭然である。

「日本共産党は真理を曲《ま》げ、大衆暴力を扇動することによってこの平和で平穏な国家を、無秩序と闘争の渦中に陥れようと企《たくら》んでいる。さらに、日本国民の中に急速に芽生えつつある民主主義的傾向を覆《くつがえ》そうともしている。彼等の闘争というのは、民主主義の道に沿って進む日本の評価すべき発展を阻止しようとするものである」「共産主義者の強制的な手段は、日本国民を欺《あざむ》いた過去の軍国主義指導者たちのやり口と驚くほど似通っている。もし、彼等の目論見《もくろみ》が達成されたら、日本は、間違いなく奈落《ならく》の底へ落ちてゆくであろう」

吉田首相は、午前九時三十分、このマッカーサーの「赤狩り」命令を直接手渡された。

同日、午後七時三十分、マッカーサーと吉田を敵に回した日本共産党は、「全愛国者に訴う」との声明文を出した。

戦闘態勢の台詞《せりふ》である。

「世界の歴史は、ヒトラー、東條のように、共産党を粉砕しようとするものは、逆に粉砕されて、墓場に追いやられることを教えている」「全国の愛国者諸君！　わが国民は、いまや、奴隷と肉弾にされようとしている。この運命を望まないものは、われわれとともに決起して、自由・平和・独立のために、敵の陰謀を粉砕し、新しいヒトラー、東條を墓場に追放せよ！」

マッカーサーと吉田は、ヒトラーや東條と比較されたことを「大変な侮辱」（吉田の言葉）と見做《みな》した。

その翌日、六月七日、マッカーサーは吉田に、『アカハタ』の編集者十七人を逮捕せよ、と命じた。その理由も簡単である。

「『アカハタ』は、共産党内部の不法分子のうち最も過激な党員のための代弁者の役割を担《にな》った。『アカハタ』は日本政府を挑発し、経済復興の進歩を止め、さらに社会的不安と大衆暴力を引き起こそうと目論《もくろ》み、ニュース記事と社説欄を事実無根の扇動的な主義主張で濫用《らんよう》した。その結果、日本国民の安全を守るために、迅速《じんそく》な対策が必要となった」

マッカーサーは「報道の自由」を守るため、『アカハタ』を発行停止にはしない、とも述べた。この命令も、同日午後五時十分、吉田首相に直接手渡された。

同七日、『アカハタ』は、「共産党は人民とともに不滅である」と宣言し、「独立と平和をまもり、軍事基地に反対して勇敢にたたかってきたわが党の活動にたえきれなくなった内外反動は、断末魔の野獣の如くあがきはじめた」と挑戦状を出した。

さらに、同日の社説でも、「大衆的な断固たる闘争のみが、あらゆる暴圧を打ちくだき、内外の反動をヒトラー・東條の墓場へたたきこみ、日本民族に輝かしい自由と、平和と独立を保証するであろう」と決死の覚悟を言明した。

吉田内閣は、地下に潜《もぐ》った共産主義者たちを逮捕せよと命令した。

徳田球一は中国へ逃亡し、一九五三（昭和二十八）年北京で客死《かくし》した。日本の警察は、徳田が日本の何処かに隠れていると思い、必死になって探していた。野坂も北京へ逃亡した。

六月十三日、天野貞祐《あまのていゆう》文部大臣は、学生が政治集会やデモに参加するのを禁止すると発言した。吉田首相も、同十六日に、国民のデモや政治集会を禁止する指令を全国に出した。

一九五〇年六月二十五日、朝鮮戦争が勃発した。

翌日、マッカーサーは、吉田に『アカハタ』の発行を三十日間禁止するよう命じた。『アカハタ』の「報道の自由」は、一瞬にして、掻《か》き消えた。

同じ日、警察は全国全ての共産党組織を襲って、捜索した。共産主義を撃退しようというマッカーサーの決意は、政治に口を出させないことになっていた天皇を喜ばせた。

シーボルド政治顧問（外交局長）は、国務省に秘密報告を送り、「天皇に近い二つの消息筋が、秘密であることを条件に、私に話してくれたのは、天皇がこのアメリカのとった速やかな措置に対して心からの感謝を示しており、日本政府もマッカーサーと同じ趣旨の公式声明を出したほうがよいのではないかと仄《ほの》めかしたことである。日本政府は、占領されている立場上、調子に乗って朝鮮戦争に介入することができないと感じているようだ。だが、天皇は可能な限りアメリカを支援するという純粋な気持ちは確実に持っている」と伝えた。

七月十八日から、共産主義を少しでも匂《にお》わす出版物は無期限に発行禁止となった（『アカハタ』は、占領が正式に終了した三日後、一九五二年五月一日に、発行を再開した）。

マスコミの赤狩りも徹底していた。各々《おのおの》の報道機関は、社内にいた共産主義者を解雇した。『朝日新聞』七十二人、『毎日新聞』四十九人、『日本経済新聞』二十人、『東京新聞』八人、「NHK」九十九人、「時事通信社」十六人、「共同通信社」三十三人。

マッカーサーの決断によって励まされた日本政府は、全国規模の「赤狩り」を行ない、総数で約二万二千人を捕らえた。

吉田は、赤狩り《レッドパージ》は共産党を「非合法」団体とする代りに取った止むを得ぬ措置である、と高飛車に出た。そして、レッドパージの大成功は、「世論の支持」があったからだと言った。「世論の支持」ではなく、「世論の沈黙」だった。「恐怖の静けさ」であった。共産主義者を弁護しようものなら、その人は「赤」と見做《みな》され、ただちに追放されたのだ。

シーボルドは、レッドパージの大成功を目の当たりに見、一九五〇年七月十九日、国務省に報告する。「日本政府の反共作戦は共産党を絶えず走らせ、彼等の活動を効果的に妨害している」。「赤狩り」の恐怖の輪は、急速に広がり、全国の教師を巻き込んだ。

「赤」であろうがなかろうが、教師たちは日本政府の「思想統制」に強力に反対したが、同時に戦々恐々としていた。戦前の「危険思想」弾圧の痛々しい記憶はまだ新しかった。

GHQは、赤い教師が恐怖に震え、教職から自発的に辞職せざるを得ない状況に追い込むことを狙《ねら》ったのである。GHQと日本政府は、小・中学校の全教師からなる日教組を共産主義者の砦と見做《みな》していた。

日本を脅かしていたのは、共産主義だけではない。

占領政策の成功の証《あかし》である「平和主義」もそうであった。というのは、マッカーサーは、無防備平和主義が日本国民の心に浸透しすぎると、日本は将来、アメリカにとって使い物にならないのではないかと心配し始めた。自分の成功が自分を縛りつけるとは思ってもみなかったのであろう。

平和主義に甘える時代は終わり、日本は共産主義に対決して、新たな闘いに備えなければならないのだが、「日本の秀才」と呼ばれる若者たちは、共産主義が好きなようである。

日本人キリスト教牧師が、GHQに提出した報告によると、一九四八年、東京大学法学部の受験生に、「日本の将来」をテーマにした小論文を書かせたところ、「七十パーセントが共産主義を好み、二十パーセントがニヒリズム（虚無主義）を選び、わずか三パーセントがキリスト教を信奉した」。この牧師が、日本の改革を「共産主義対キリスト教」の観点から見たことは、占領政策の本質を突くもので、マッカーサーも全く同感であった。

GHQは、この数字を、小・中学校の教師たちが、純粋な生徒たちに共産主義を吹き込んでいたことを証明するものであると受け止めた。共産主義者たちの追放を正当化できる数字であると見た。

日本の教育界で「赤狩り大将」だったイールズ博士の調査報告には、「一九四八年、約千二百人の共産主義の教師、または共産主義とみられる教師が、辞職を勧告され、その殆どが辞職した」とある。辞職した教師千二百人というのは、一九四八年当時の、小・中・高校の教職員総数五十八万八千五百六十九人の僅か〇・二パーセントに過ぎない。それでも、この数字は危機的に高いと見做された。

しかし、教育界の「反共教育」は、一九五〇年朝鮮戦争を機に始まったのではない。アメリカは、占領開始時から「反共産主義」であった。

3　教科書『民主主義』の秘密使命

マッカーサーは、日本の若者たちが民主主義を学び、民主主義と共に成長して行くためには、手引書が必要であると思っていた。

社会科の専門家であったハワード・M・ベル博士は、教科書『民主主義』の作成を提案した。その直後、彼は文部省を指導し、『民主主義』の原稿作成に取り掛かるようにとの指令を受けた。

彼は、「もしアメリカが民主主義の美徳を、ソ連が共産主義の美徳を教え込む時のような、あの攻撃性と情熱をもって実行、指導しなければ、アメリカは窮地へ追い込まれる」との堅い信念を持っており、日本人著者を厳しく監視した。特に、主幹編集者であり、執筆者であった東京大学の尾高朝雄《おだかともお》教授からは目を離さなかった。

「我々は素晴らしい教科書を作成しております」と、ベル博士は、一九四八年四月十三日、オア教育部長に報告した。二カ月後、オアに「この教科書は、原著者によって、四回書き替えられ、尾高教授によっても修正され、さらに（英文）文章は、一行一句、日本語の原稿と付き合わせて、二度に亘ってチェックされました」と伝えた。

第十一章の「民主主義と独裁主義」が最も重要な章であった。

ベルは、オアに「この章でソ連共産党を厳しく攻撃し、ソ連のボスたちに関しても辛辣《しんらつ》な論述をしております。他の章は補助的なものです」と説明した。

戦勝国として、日本の占領に加わっているソ連への攻撃は、文部省の役人たちを悩ませた。文部省の役人たちは、ベルに「第十一章が教育基本法に違反しているのではないでしょうか」と念を押してきたが、彼は「私はそうは思わない」と一蹴した。

ベルは、「文部省の役人」を表現するのに、少し皮肉を込めて、「the policy gentlemen of the ministry」と言っている。

ベルはオアに、「第十一章に全力を投入しないなら、この本の有益さを大きく損なってしまいます。……冷戦の激化にも拘らず、我々の今日までの中途半端な活動に鑑《かんが》み、物事をありのままに語らないのは、我々が臆病に見えると思います。私は、個人的に日本人著者の作品が極めて気に入っております」と、自分が深く関わった作品を褒《ほ》めた。

一九四八年九月、『民主主義』の原稿がGHQ部内で回覧された。

好評だったが、強力なホイットニー民政局長は、第十一章「民主主義と独裁主義」の中に、マッカーサー元帥の指令三十三号に違反するかもしれない個所があるので、それを除けば、「異議はない」と言った。

指令三十三号は、新聞条例（プレス・コード）であり、それは日本のマスコミが連合国についていかなる破壊的な批判もしてはならない、と命じていた。冷戦は、ヨーロッパ、アジア、日本においても、既に激化の一途を辿《たど》っていたので、第十一章は一行も取り除かれなかった。

文部省は、ベル博士の指導を受け、二カ年以上の時間を費やして作成された『民主主義』を一九四八年十月三十日、中学社会科教科書として発行した。『民主主義』は上・下二巻からなる。英語のオリジナル・タイトルは、*Primer of Democracy*。

アメリカ軍機関紙『スターズ・アンド・ストライプス』は、『民主主義』を最上級の言葉で誉め称えた。「これは、他のいかなる出版物よりも一つの課題について最も詳しく書かれてあり、最も完璧で、最も正確で、最も客観的な本である。これを読めば、日本人は、民主主義についての全てを理解でき、民主主義を実践することができるであろう」。

ソ連のボスたちから「資金」をもらっていた日本共産党は、寝耳に水の『民主主義』に猛反発をする。『民主主義』は、学校教育の政治的中立を侵し、教育基本法第八条に違反する、と攻撃した。日本共産党は、『アカハタ』で、この重大事件は「対日理事会」に報告されなければならない、との声明を出した。この理事会では、アメリカとソ連は、天敵のように目が合っただけで、喧嘩《けんか》をしていた。マッカーサーが単なる「討論会」と無視していたのが、この対日理事会だ。

民間情報教育局長ニュージェントは、民政局長ホイットニーに「アメリカは、そうした機会を期待して待っている」と語った。

また、『アカハタ』の編集者たちは、『民主主義』の作成に携わった日本人の責任者たちは起訴されるべきである、と断言した。ニュージェントは、「起訴される可能性はない」とホイットニー局長に言った。

一九四九年三月十五日、日本共産党は、文部大臣高瀬荘太郎と前文部大臣二人、それに『民主主義』の主幹編集者尾高朝雄を、公務員の「不正行為」の廉《かど》で告訴した。この告訴事件は無視された。不正の証拠もない。共産主義者が腹を立てれば立てるほど、民間情報教育局（CIE）は喜んだ。

イールズ博士は、満足げに「『民主主義』は、共産主義を見事に告発する形で書かれ、また共産主義者の宣伝活動を極めて効果的に抑えるように書かれている」と述べた。その「見事な効果」の証明もあると言う。「共産主義者が『民主主義』を激しく非難攻撃しているからだ。この非難攻撃は大変に優れた推薦状といえる」。

一九四九年六月二十七日、シベリアから日本人兵捕虜の第一陣二千人が「高砂丸」で帰国した。これら「再教育・洗脳」された日本人兵は、ソ連共産主義の栄光を称《たた》え、共産主義の「讃美歌」である「インターナショナル」を歌いながら舞鶴に上陸した。

アメリカ陸軍省軍事情報局は、三年前の一九四六年八月に、既にそうした事態を予期していた。

「選ばれた優秀な日本軍人および民間人（ソ連に拘留された日本人捕虜は、七十八万五千人）は、ソ連から政治的な洗脳をされていると考えられる。彼等が日本に帰国すると、日本人の思想に大きな影響を与えるであろう」。このようなソ連引き揚げ者たちは、思想的に親ソ連であるばかりでなく、「日本を〝解放〟するための軍事組織の中心的な〝核〟になるかもしれない」。

民間情報教育局（CIE）は、引き揚げ者の「共産主義気触《かぶ》れを取り除くため」、『民主主義』の第十一章に重点を置いて抜粋し、『民主主義のはなし』として出版した。

日本共産党からの『民主主義』罵倒《ばとう》が終わらないうちに、共産主義の宿敵であるカトリック教徒たちからも『民主主義』へ激しい攻撃が行なわれた。

日本人カトリック教徒たちと外国人宣教師たちは、『民主主義』の配布を中止させようとした。*The Missionary Bulletin*（宣教師の会報）は、CIE付きのカトリック顧問、ジョン・オードノバンに『民主主義』の再検討を申し入れた。

オードノバン自身もこの教科書に強い不満を持っていたので、この時とばかりに、ニュージェント宛にメモを送り、カトリック教徒の反対意見を羅列《られつ》した。

「この教科書の最も重要な章である第十一章には、最も崇高な存在、神、が全人類の尊厳と権利の源泉である、という文章がありません」「神こそ全ての尊厳の源であります」「大統領は憲法を守るため、聖書に『神よ、私を救いたまえ』と宣言を行ないます」「キリスト教は、民主主義なしで生きてゆけるけれども、民主主義はキリスト教なしで、生き残れるかどうか疑わしいと思います」「共産主義をめぐる議論には失望しております」「共産党による〝神の否定〟とか、〝人間の価値、尊厳の否定〟についてては何も書かれておりません」「日本を共産主義から救う闘いにおいて、『民主主義』は少しも役に立たないと思っております」

ニュージェントはマッカーサーに、「日本のカトリック教徒たちは『民主主義』を非宗教的だと非難しております」と報告し、「カトリック教徒たちは、問題の教科書『民主主義』に示されている民主主義の解釈のみならず、連合国軍最高司令官（マッカーサー）が占領初期から導入された民主主義の概念にも反対を唱えております」とも言った。

ベルは「共産主義者は、共産主義のことを良く言わないからといって我々を嫌い、カトリックはカトリックで、我々が共産主義を十分批判しないからと言って嫌う。両方を喜ばすことは不可能である」と激怒しながら同僚のルーミスに嘆いた。

4 「赤い教育」の脱色化

ベルは、カトリックを無視できるとしても、共産主義者を無視することはできなかった。『民主主義』が完成するや否や、彼は、CIEが日本中の学校で反共教育を始めるべきだ、とオア教育部長に提案した。

「元来、日本での政治教育では、私は民主主義の良いところだけを明確に教えることでありましたが、共産主義者は、政治的に無知な日本人に大嘘《おおうそ》を売り付け、大変な成功を収めております」「今、速やかに、敵として相手にしなければならないのは共産主義であります」「ソ連では政治教育を三歳から始めているので、我々は少なくとも六歳か七歳から始めなければなりません」「もう、時間も残っておりません。今すぐ、行動するべきであります」

ベルの提案はまだ続く。

「実際には、アメリカ対ロシアの対決である民主主義対共産主義の闘いを、クラス討論や学校、大学の集会で公然と行なえ、とCIEがはっきりとした指示を出すべきです」。しかし、新しい政治教育を指導できる人材に乏しいことを心配し、「我々は大人の仕事をさせるのに、子供を充《あ》てねばならないでしょう」。

オアは、ベル博士の提案に共鳴して、上司であるCIE局長ニュージェントに同じようなメモを書いた。CIEの恐れにも似た懸念は理解できた。

一九四五年末期に、マッカーサーの承認と文部省の祝福を受け、誕生した日本教職員組合（日教組）は、すぐさま反政府、反GHQとなり、共産党の主義主張と同じような言葉を公然と使い、小・中学校での教育を完全に独占し、他のいかなる思想も受け入れない姿勢を見せていた。地方の教育委員会でも有力な発言者は日教組であった。

大学では、一九四八年九月十八日に結成された全日本学生自治会総連合（全学連）が、我が物顔に振る舞っていた。全学連は、急速に成長し、極左に大きく傾斜した。

同年十二月、文部省はCIEに、全学連に加わっている高等教育機関数は二百六十六校であり、全学連の学生数は、全国の総大学生数の六十パーセントの二十二万二千五百八十一人であると報告した。

　これらの数字は、明らかに誇張されていたが、共産主義の撲滅《ぼくめつ》を計画しているCIEは、それ以上の学生が危険な団体に参加しているに違いない、と思っていた。オアはニュージェントに、CIEが「大学内の共産主義との闘い」を今すぐ始めるよう強く勧告した。

　一九四七年五月二十四日、日本史上で最初の社会主義内閣が、片山哲《てつ》首相の下《もと》に誕生した。彼は、クリスチャンでもあった。

　マッカーサーは、この片山内閣が「完全な信教の自由を反映したもの」であり、共産主義の侵入に対し「確固たる精神的な砦《とりで》」である、「これが人類の進歩である」と、片山の社会主義ではなく、キリスト教を応援した。

　片山首相は、マッカーサーの賛辞に元気づけられ、森戸辰男を新しい文相に任命した。

　森戸は一九二〇年、ロシアの無政府主義者クロポトキンに関する論文を出版したため、日本帝国政府から苛酷な迫害を受け、東京帝国大学経済学部の若い社会主義者の助教授であったが、教壇を追われ、最高裁はそれを合憲と判定した。

　森戸の文相就任は、日教組と全学連にとって最良のニュースだった。だがGHQは、彼等の赤がかった政治活動に我慢できなくなっており、二つの組織を潰《つぶ》そうと必死になっていた。森
　片山内閣は、GHQの強い不満を十分感知して、政治化してゆく教育に苦悩していた。森戸文相の悩みは特に深刻である。彼は、自分が受けた弾圧の苦しみを誰にも嘗《な》めさせたくな

かったからだ。森戸文相が苦しんでいる間、片山内閣は無策無能ゆえに九カ月で崩壊し、一九四八年二月十日に総辞職した。

片山内閣の外務大臣であった芦田均が、吉田茂と首相の座を争って勝ち、同年三月十日、首相になる。芦田首相は、森戸に文部大臣として留任してもらう。「学園の自由」と「学園の政治化」の板挟《いたばさ》みになっていた森戸文相の苦悩はまだ続く。

森戸は、一九四八年六月二十九日、オアを訪ね、「問題は学内の共産主義といかに闘うか、同時に学生たちの市民としての自由をいかに護るか、であります」と言い、「大学生のわずか二十パーセントだけ」が学内ストに参加している、と付け加えた。

参議院議員の元文相田中耕太郎は、解決策として文部省が学生と教師の「思想統制」を再び行なうことを提唱したが、森戸はオアに「私はこれには反対だ」と言った。オアは、森戸に何も指示しなかった。

翌日、森戸は閣議で「学生の政治活動は憲法で認められた権利であり、これを禁止することは地下活動の可能性も強め、学生が社会から一層離れてしまうことになる」と敢然と主張した。森戸は、オアの沈黙の意味を読み違えた。

GHQは、文部省の「放任」とも言える態度に強い不快感を露《あらわ》にし、共産主義者や左翼の存在が、日本の将来にとって有害であると公に発言し始めた。

例えば、教育委員の第一回選挙（一九四八年十月五日）の前、軍政部の教育係官が、方々の選挙運動の現場を訪れて、左翼候補を罵倒した。この選挙の翌六日、文部省は、教職員と学生に政治的な発言や研究の自由は学内で尊重されるべきであるが、政治的中立と大学の秩序を守らなければならないと言った。GHQは、文部省がもっとはっきりとした言葉で共産主義を非難することを期待していたが、森戸の文部省は躊躇《ちゅうちょ》していた。

この文部省の見解発表の翌七日、芦田均内閣は、大きな汚職事件「昭電疑獄」に巻き込まれ、わずか七カ月で総辞職した。

昭電疑獄は、一九四八年五月二十五日、警視庁が化学肥料会社昭和電工本社の家宅捜索を行なった時から大事件に発展していった。復興金融公庫から巨額の融資を受けるに際し、昭電社長日野原節三《ひのはらせつぞう》が厖大な賄賂をばら撒《ま》いた。

逮捕されたのは、銭《かね》を撒いた日野原、その銭を受け取ったと疑われた大蔵省主計局長福田《ふくだ》赳夫《たけお》、衆院議員大野伴睦《おおのばんぼく》、日本興業銀行副総裁二宮善基《にのみやよしもと》、経済安定本部長官・元蔵相栗栖《くるす》赳《たけ》夫《お》、元農林次官重政誠之《しげまさせいし》、既に辞任していた芦田内閣の副総理西尾末広《にしおすえひろ》。

有罪は、日野原、栗栖、重政。

吉田茂が、十月十九日に、第二次吉田内閣を組織した。十二月七日、前首相芦田均は昭電疑獄で警視庁に逮捕されたが、無罪となる。政治家たちが権力を求め、啀《いが》み合っている間も、GHQの共産主義に対する懸念は募《つの》る一方であった。

東京軍政部の民間教育担当官、ポール・T・デュペル大尉は、一九四九年二月三日、日本大学で演説を行なった。デュペルは、東京都教育委員会の委員たちを怒鳴りつけた男である。

彼の日大演説から、数行を抜粋しただけで、彼の主張は明らかになる。

「共産主義は汚物の中で育つ黴菌《ばいきん》のように蔓延《はびこ》る」「大袈裟で、感情的宣伝にたやすく動かされやすいから、学生は簡単にストライキへと扇動される」「共産主義の教師は、無能力と好ましからざることで解雇されねばならない」「さらに危険なのは、静かで、控えめに、教室で共産主義理論を撒き散らす教師である」「共産主義者とナチスや日本軍部は同じようなものである」「共産主義者はいつも結果で手段を正当化する。自由や人間の尊重を完全に無視する」「大学内の共産主義者は、日本国憲法や教育基本法に反するものとして一掃されるべきである」「誰一人、学生の意志に反して、高等教育機関に残れと強制などしていない。もし、学生が学校の伝統や政策が気に入らないのなら、自分で学校をやめる権利がある」

デュペルの講演は、GHQ内で大歓迎を受けたわけではない。CIEの教育部のD・M・タイパーは、オア部長にメモを送り、「我々はGHQの反共支部になるべきではありません。歴史的に重要な実験と取り組んでいるからです。我々の行動は、歴史の試練に合格するように毅然としていなければなりません。無駄な名指しの非難は時間の浪費です」と警告した。

歴史に耐えるのも大切だが、もし現在の脅威、共産主義が「政治的に無知な日本人」を洗脳し、征服してしまえば、歴史の評価にかけるものは何も残らないのではないか。

CIEのルーミスは、このまま放っておけば、日本は「暴力的な革命の危険と封建制へ戻る危険」に曝《さら》されるだろう、とオアに忠告した。

CIEが描いた日本共産党による「暴力革命」という最悪の未来図によって、レッドパージは正当化された。タイパーの賢明な警告は、レッドパージの熱病に取り憑かれたGHQでは無視された。一九四九年五月十日、軍政部の教育担当将校と日本人の教育政策担当者五十人が日光で会合し、反共教育計画を作成した。

ニユージェントは、新しい文相、高瀬荘太郎に定例会議（六月三十日）の席上、アメリカ政府は優秀な日本人学生にアメリカで勉強するための全額奨学金を出す、と伝えた。ニュージェントは、これを「民主主義に対する投資と考えている」「選ばれる学生は共産主義者でも、共産主義的組織のメンバーであってもならない」と言った。

マッカーサーが日本を世界から隔離《かくり》し鎖国状態にしている時、海外に行ける唯一の奨学金は、政治活動をしている多数の優れた学生を完全に除外した。

第一回ガリオア留学生選抜試験が、十二月一日に、全国七会場で行なわれた。六千四百九十一人が受験し、百四十二人が合格した。翌年、合格者は軍用機で渡米した。このガリオア奨学金が、後のフルブライト奨学金となる。

5　イールズ博士の大活躍

教育界のレッドパージで最も話題になったのは、イールズ博士（スタンフォード大学准教授）の反共講演行脚《あんぎゃ》だ。一九四九年七月、イールズは、大学から共産主義を排除するという「男の仕事を行なう」ために派遣された。

これは、ニユージェント局長のお墨付きであった。

局長は、一九四九年四月二十三日、教育部に短いメモを送り、「新設大学の開校式で、学問の自由について感動的なメッセージが披露されるべきだ」「西欧の民主主義と鉄のカーテンの裏側で行なわれているものとをはっきりと対比させなければならないが、デュペルのような乱暴なやり方ではなく、学問的で、かつ正気なものであるべきだ」「共産主義者による基本的人権の冒瀆の例を挙げて話をすれば、日本の大学生と学者（知識人の全て）にとって、現実味のある衝撃となるであろう。インテリゲンチアがいま、このような教訓を必要としていることを、神様はご存知である」と断言した。

イールズ博士は、「共産主義の教授たちは共産党に加わることで、自分で考える自由を捨て去った。故に教えるということに不適当である」ことを証明しようと試みた。大変に難しい仕事である。彼の戦闘的な講演は、「大学の自由と共産主義」と名付けられていた。ニュージェントは、この全文をイールズ博士が演説する前に読み、承認した。

イールズ博士は、「私は、この演説を一九四九年七月、新潟大学の開校式で行なった。日本中の大学で、私の考えを撤回せよと大騒ぎになった」と誇りをもって回想している。

イールズの考えに代表された異常な共産主義恐怖症は、一九四〇年代後半から五〇年初めにかけ、アメリカで悪性の病原菌のような猛威を揮《ふる》った。私が留学していたワシントン大学でも、「赤狩り」がなされ、教授五人がこれを「違憲」とし、最高裁まで持ち込み、勝った。

イールズ博士のような考えが最悪の「暴力」として本性を現わしたのは、ジョセフ・R・マッカーシー上院議員が、一九五〇年二月九日、「国務省に二百五人の共産主義者たちがいる」と発言し、「マッカーシイズム」という「赤狩り恐怖時代」が始まった時である。この醜い迫害旋風は、アメリカ中に吹きまくり、ハリウッド映画界までも巻き込み、四カ年もアメリカ社会を冒《おか》した。

一九五四年四月二十二日から六月七日まで続いた公聴会は、テレビで実況放映され、マッカーシー議員が、「陸軍にも共産主義者のスパイが多数いる。陸軍長官がこの事実をひた隠しに隠している」と発言し、その証拠を求められた時、提出できなかったため、彼の「虚像」が音を立てて崩れた。この直後、彼の無謀を叱責する譴責《けんせき》決議案が上院を通り、この「赤狩り」は終わった。

私の知人、故ジョン・K・エマーソン氏は、占領初期、志賀義雄や徳田球一らを牢獄から出したと疑われ、この「国務省の二百五人」の一人として名を挙げられていたという。

痛烈な危機感を持った日本の全国大学教授連合は、一九四九年十月二十二日の年次会で、「個人の良心と自由は憲法で保障されている」と強く反発した。

イールズ博士は、「教授連合は本質が解っていない」と不満を言明し、「CIEが教授連合の声明を支持するわけがない」とも言った。イールズを力づけたのは、新潟大学での演説に先立つ数週間前、影響力を持つアメリカ教育政策委員会が、「共産主義者はアメリカの学校で教師になることは不適当だ」という声明文を出したことだった。

新潟大学でイールズは、アメリカ教育政策委員会のメンバーには「ハーバード大学のコナント総長やコロンビア大学のアイゼンハワー総長」が入っており、トルーマン大統領も委員会の報告を承認した、と述べた。有名な名前で日本人の聴講者を説得するつもりだったのだろう。

法政大学の演説（一九四九年十月二十九日）では、マルクス主義の研究で一世を風靡《ふうび》した著名な哲学者シドニー・フックも、共産主義者が「アメリカの公立校や大学で教壇に立つのは不適当」と言っている、と発言した。

高瀬文相は、「共産主義教授は不適格」とイールズを支持した。

高瀬文相は、自分の本当の信念、「共産主義者であるが故に追放されることはない」という発言を、ＣＩＥの圧力で引っ込めさせられた。しかし、イールズも「共産党は日本では合法であり、国会に議員を送り出しており、大学の自由も新憲法で保障されている」と自覚していたので、自分の考え方に深い落とし穴があることには気づいていた。この落とし穴に落ちるのは、自分自身かもしれない、と解っていながらも、彼の共産党撲滅の情熱は冷めることはなかった。

「ＧＨＱの反共支部になってはならない」と警告していたタイパーも、イールズ博士の反共作戦に加わり、彼と共に「共産主義との闘いでは大学に集中的努力を払うべきだ」と説いた。「大学の自由についての考えを、私は一九四九年十一月から一九五〇年五月にかけて行なわれた一連の大学校内の講演で繰り返した」とイールズは回想している。この六カ月間に、イールズとＣＩＥのスタッフは、二日間に亘る会議を三十回も全国で開いた。

しかしながら、国務省は、反共で既に有名なマッカーサー元帥がやり過ぎるかもしれないと心配していた。国務省極東局は、情報調査課（ＯＩＲ）に日本の状況を調査するように頼んだ。

一九四九年十一月十四日、ＯＩＲは「日本の共産主義教師に対する作戦」という極秘報告を書き、「学校教職員の中から共産主義者を排除している現在の政策に関し、法的根拠は全くはっきりしておらず、日本の役人たちも自信がないようである」と警告した。合法性だけでなく、レッドパージは「降伏前の日本の学問を、安全だが不毛で狭いところへ追い込んだと同じような恐怖と不安の空気を蘇《よみがえ》らせることになろう」とも忠告している。

国務省は、マッカーサーに電報を打ち、極東委員会のソ連代表からレッドパージに対して強い反発が出るのは確実なので、それに対抗できる十分な情報を求めた。だが、彼の情報提供は、国務省にとっては「不満足な」ものであった。国務省は、どうすることもできない。

極東局のアレクシス・ジョンソンは、「パージのやり方が問題で、レッドパージの好ましい結果は問題ではない。……深刻な共産主義者の学校への浸透が疑いもなく日本で起きている」と断言した。レッドパージは続行された。

イールズは、大学の学生と教授に、深い失望と不信を引き起こし、五年前の恐怖の日々を思い出させた。イールズ反対のデモが、彼の行く先々で起こった。イールズは、自分の演説が「しばしばブーブーなどの野次《やじ》、〝嘘つき〟〝民主主義の敵〟〝戦争屋〟などの叫びで妨害され、絶え間なく攻撃を受けた」と嘆いた。一九五〇年五月十五、十六日に北海道大学で行なわれたイールズと教授とのやりとりは、その典型である。

守屋美賀雄《もりやみかお》教授（理学博士）「政治演説としては大出来であったが、大学でする講演としては論旨があまりにも浅薄で（拍手）哲学的にも軽薄である（拍手）。私はローマカトリック教徒であるが、しかしわたしの専門である数学についていえばカトリック的またはマルキシズム的ということは問題ではない。現にソ連にも優秀な数学者が多くいる。したがっていかに優秀な学者でも共産主義は思想の自由をもたないという理由で大学から追放されるというならばわたしもカトリック信者として追放されることになるとおもうがどうか（拍手）」

イールズ博士「わたしは数年前数学の教師をしていたのでなつかしい。イギリスの『一九八四年』という本によれば『ソ連では将来2＋2＝5といわざるを得なくなる』といっている。共産主義のもとでは数学すら真理たり得なくなる（哄笑）」

司会者理学部長松浦一教授の「本日はイールズ氏の回答はしどろもどろであった（満場拍手）。こんやはゆっくりやすんでもらって不明な点は明日討議しよう（異議なしと拍手つづく）」という発言で幕をとじた（『アカハタ』五月二十四日に、北大の教授たちがイールズを徹底的に侮辱した様子が詳細に掲載されている。引用文は原文のまま）。

この直後、北海道大学での講演は中止された。

翌日の五月十七日、司会を務めた松浦学部長は、「今回の講演中止の責任は私にある」と辞表を提出した。

この事態を知ったＣＩＥは怒り狂い、ルーミスは文部次官に「松浦教授は厳しい懲罰を受けるべきであり、少なくとも謝罪すべきである」と迫った。ニュージェント局長も天野貞祐文部大臣に松浦の処分を要求した。

イールズは、学生や教授たちの反対を、「小さいが、よく組織された少数の共産主義者が多数の意思を妨げ、大学を擁護していると見せかけ、実際には学園の自由を破壊妨害しているもの」と罵った。事実、五月二日に予定されていた東北大学での講演は、全学連が中止に追い込んだ。

吉田首相も五月九日の記者会談で、東北大学でのイールズ妨害事件について、「真相調査を命じておるので、いきさつがはっきりしてから政府としても対策を講ずることになろう。しかし、およそ学生というものは無邪気であるべきで、共産党の反対の立場にある人の話だから妨害するというのはおかしい」と言明した。

さらに、吉田首相は五月十一日、全国検事長たちを首相官邸に招待し、お茶会を催し、「共産党については最近、民主主義の仮面をかぶって治安を乱すものがややもすればあるようだが、これらには監視を厳重にして治安を乱すものは断固取り締まってもらいたい」と要請した。

六月二十二日、北海道大学は、イールズ事件に関し、学生四名を退学処分にしたし、四人を無期停学にした。

イールズにとって幸いだったのは、彼が日本で共産主義と闘っている最中に朝鮮戦争が起こったことだった。戦争に勇気づけられ、彼は反共教育論を伝道的な情熱を持って、全国の大学で、赤色教授と全学連を追い出せと要求し続けた。彼の売り物は、民主主義であるが、売り方は、共産主義者と同じように、独善的であり、非妥協的であった。

日本が共産主義者に屈服する可能性は皆無であったが、恐怖が掻《か》き立てられ、レッドパージは猛威をふるい、日本社会の深層までも浸蝕していった。

6　第二次教育使節団

朝鮮戦争が、さらに悪化している時、第二次教育使節団（一九五〇年八月二十七日～九月二十二日）が、マッカーサーを支援するため、東京へやってきた。団員は第一次に参加した五人であった。

南原繁東京大学総長は、教育刷新審議会議長として、教育使節団歓迎の挨拶で、日本が直面している最も重大な危険二件について警告した。

「一つはいうまでもなく共産主義である」「もう一つは共産主義に対する反動で、ファシズム勢力の復活である」

第二次使節団は、マッカーサーに報告書を提出し、「極東の共産主義に対する最大の武器の一つは、日本の啓発された有権者である」と述べ、ファシズム勢力が復活する危険については一言もない。

教育刷新審議会（第一、第二次教育使節団と一緒に働いた日本側教育家の委員会）も第二次使節団と同意見で、五〇年九月、日本政府にレッドパージ続行を勧告し、「イデオロギー的偏向による政治活動が引き起こしている好ましくない状況をできる限り早急に改善し、教師の権威を再建する」と言明した。

一九四九年六月一日、南原東大総長は、民主主義の原則を教えるために、二十人の学生を停学処分にした。学生たちは再びストに入った。

CIEから出された「大学管理法」案に遠慮なく反対したことで、文部省とCIEの機嫌を損ねた南原は、これで少し威信を取り戻した。東京大学は政府の文教予算のなかで最も大きな額をもらっており、この締め出しは政府を喜ばせた。他の大学も東京大学の後に続いた。主要企業や産業界は、共産主義者とその同調者を探しだし、解雇処分にし、赤い学生は雇用しないと宣言した。

7　吉田首相、南原東大総長と大喧嘩

吉田茂内閣と大学当局は、大学校内での共産主義者を押さえ込むことでは同じ考えを持っていたが、レッド・パージについては、真《ま》っ向《こう》から対立していた。

劇的な亀裂《きれつ》は、一九五〇年五月、朝鮮戦争の前、イールズが全国で講演している最中に起こった。吉田首相と東京大学南原総長が、名指しの大喧嘩を始めた。

吉田は「ワンマン」として知られており、それを誇りにしていた。吉田は、「単独講和」

という、アメリカ陣営の国々だけとの平和条約を強く推し進めていた。毛沢東の中国やスターリンのソ連とは平和条約などなくとも、アメリカと組めば安全であると考えていた。

政治学者南原は、吉田の強引なアメリカ一辺倒を公に批判し、ソ連や中国を含む「全面講和条約」と占領後の日本の完全中立を提唱した。彼の見解は、共産党の政策と同じだった。

吉田首相は、南原の公然たる「吉田批判」は、共産主義者を支持するもので、非日本的だと受け止めた。

一九五〇年五月三日、自由党両院議員秘密総会で、吉田は「南原総長の全面講和の主張は曲学阿世《きょくがくあせい》の徒《と》の言葉にほかならぬ」と言った。扉がきちんと閉まっていなかったのか、彼の言ったことが新聞に漏《も》れた。「曲学阿世」とは、己の学問を曲げて世の流れに諂《へつら》うこと。

憤慨した南原は、反撃に出る。五月六日午後三時に記者会見し、吉田のやり方を、満洲事変以来「軍部とその一派」がやったのと全く同じだ、と決めつけた。

「それは学問の冒瀆《ぼうとく》、学者に対する権力的強圧以外のなにものでもない」「現実を知らぬ学者の〝空論〟であるというが、国際の現実は政府関係者だけが知っているとなすは、官僚的独善といわねばならぬ」「全面講和や永久中立論を封じ去ろうとするところに、日本の民主政治の危機の問題があるといえよう」

同日、全学連中央執行委員会は、南原声明を支持すると発表した。

南原の記者会見の直後、吉田の愛弟子《まなでし》である佐藤栄作《えいさく》は、南原攻撃に出た。佐藤は、一九六四（昭和三十九）年十一月に首相になり、一九七二（昭和四十七）年七月まで、七年八カ月と、日本の歴史のなかで最も長く首相としてとどまった。一九七四年、ノーベル平和賞を受賞することになる佐藤は、自由党幹事長として、自由党党首の吉田首相の防衛に努める。佐藤は言う。

「南原総長が講和問題について自由な判断をするのはいいだろうが……南原氏などにとやかくいわるるところではない。もとより学問の自由を尊重するが、この問題はすでに政治の問題になっているので、ゾウゲの塔にある南原氏が政治的表現をするのは日本にとってむしろ有害である。……学問への権力的強圧を加えるものであるとか、学問のぼうとくであるとかいうのはそれこそ学者の独善的判断といわざるをえない。政治問題について学問の立場からかくのごとき反論を出すこと自体、非民主的といわれてもやむをえまい。これは全く地位を守られている学究の徒として、その自由な立場を乱用するものであり、国民諸君も南原氏の所論には耳をかすまいと信ずる」

日本政府が、東大総長の真剣な異論を邪魔扱いし、口を出すなと言える風潮の中で、レッドパージが失敗するわけがなかった。

イールズがそれを記録している。「一九五〇年の県と地方教育委員会の四百三議席の選挙で、共産党候補が四十九人出たが……ただの一人も当選しなかった」

喧嘩はまだ終わっていない。二日後、五月八日、吉田首相は、自由党本部で記者たちに三十分間自分の考えを述べた。平和条約について話すつもりが、殆ど「南原」に費やされた。「南原君がどういう理由で全面講和を説いているか私にはわからない。……南原君が反論しようとしまいとそれはご当人の勝手で私の知ったことではない」。

南原総長は、五月十三日、全国大学教授連合の第七回総会（明治大学）で、会長として演説し、「新憲法によって保証された学問の自由を、大学教授は責任をもって守らねばならない。大学教授の責任は基礎的学問の確立と現代の緊急的課題の研究である。……大学人は戦時中のような妥協と譲歩とを繰り返すことなく、真理のために敢然と進まねばならない」と宣言した。

朝鮮戦争が、「全面講和」か「単独講和」かの論争を急速に終わらせた。

全面講和とは、トルーマン大統領がサンフランシスコでアメリカの宿敵スターリン、毛沢東と抱き合うことを意味した。吉田はこれを、一九五〇年七月十一日の記者会談で次のように説明した。「共産党は別として、永世中立などの念仏を唱えているものは日本の早期講和を害し、世界の誤解をまねくことになる」。

記者「朝鮮での戦いで日本国民が動揺しているのではないか」

吉田「動揺する理由はない。……平和国家であり、平和のために努力する日本、しかもこのような物のない国にドロボウが入れば逮捕されるだけだ。ここに爆弾を投げるものはあたかもエデンの花園でリンゴを食べ、そして天罰をくったのと同様に天罰テキメンであろう」

記者「国連軍に日本は協力するのか」

吉田「協力したいといっても占領下では積極的には何もできない。しかし軍事輸送とかあるいは米国軍隊の通過を妨害するものがあれば取り締まるとか消極的な協力はできる」

日本国内で共産党がテロやストライキをすれば、徹底的に取り締まると言っているのだ。シーボルド政治顧問は、国務省に「朝鮮戦争はＪＣＰ（日本共産党）が強く提唱している完全平和、中立の理論の無益さをさらけ出させた」と報告した。

8 天野貞祐文相の「静かな愛国心」

共産主義と闘っている新しい日本は、新しい文相を必要とした。

天野貞祐《あまのていゆう》は、二十年間に亘り哲学教授を務め、吉田首相が深く尊敬している人物であった。天野の任命につき、吉田首相は、一九五〇年四月九日、マッカーサーに「ご承認いただければ誠にありがたく思います」と直筆の手紙を書いていた。

天野は、京都帝大卒業後、ドイツに留学し、カント哲学の造詣《ぞうけい》を深めた。学習院教授の後、京都帝大教授になる。一九六四（昭和三十九）年、獨協大学の初代学長。

マッカーサーの承認を受けた後、吉田は記者団と会見し（五月八日）、「東北大学に限らず、最近各地の大学などでいろいろ問題が起こっているのは誠に遺憾だが、幸いに有能、練達な天野文相を迎えたからやがて適切な措置がとれるものと期待する」と発言した。

五月十三日、天野文相は、民政局長ホイットニーの助言を仰ぐべく、表敬訪問をした。

ホイットニーは、「あなたの最も重要な任務は日本の学生が、政治に立ち入らないようにすることと、目下の事態に安全を齎《もたら》すことである。共産主義が大きな脅威とは思われぬが、共産党がその目的を促進するため、未熟な学生を道具として使用しようとしていることは事実である。学生の団体は、とかく過激な運動の温床となりやすい。毅然《きぜん》たる態度をもって情勢に対処されることを希望する」と語った。

五月十七日、天野はニュージェント局長を訪れた。天野は、イールズの学問の自由についての講演で、学生と教職員が騒ぎたてた北海道大学と新潟大学事件に関して深く陳謝《ちんしゃ》した。ニュージェントは、「文部大臣の責任ではない」と慰め、「しかし、私の考えを言わせていただきたい。これを私の命令と解釈しないで欲しい」と前置きし、強い怒りをぶちまけた。

(1)「学生は言論の自由を口に唱えながら、その行動により他人の言論の自由を拒否している。まるでギャングスターのようだ」

(2)「これらの学生は、ゲシュタポなどに頼っていたヒトラーのギャング一味と少しも違いはない。彼等は言論の自由を阻止するため徒党を組んでいる。共産党員は言論の自由を云々《うんぬん》するが、実は戦時中のような全体主義国家に日本を追いやらんとするものだ」

(3)「戦後の日本の教育の大きな発展の一つは、大学の自由と自治である。しかし、この大学の自由は、一切の他の自由と同様に、責任を伴う。大学は……一般社会に対する責任を持っている。何故なら国立大学は、一般社会の払う税金により支えられているからである」

(4)「学生がいかなる政治哲学をも研究する自由と権利を持っていることを、何人《なんぴと》も争うものではない。もし学生が研究中に、愚かにも共産主義を信ずるようになれば、自分はそれらの学生を気の毒に思う。しかし学生が組織体を作り、他の学生の言論の自由を禁止するような活動を行なうならば、哀れみの情とは別な感じを持たざるをえない」

(5)「自分は、いかなる措置を取れとアドバイスはしない。ただ大学が新しい自由に伴う責任を履行《りこう》すべきことを強調したい。そうでなければ大学は自由を失い、共産主義や全体主義に支配されてしまうであろう」

「仰《おお》せの趣旨はすべて心から同感です」と天野は答えた。

ホイットニーとニュージェントとの会談後、天野文相は共産主義的教授は徹底的に追放されるべきだと宣言した。

五十九人の追放されるべき大学教授のリストが、文部次官から彼のもとに提出された。十月十九日、天野はニュージェントに全国に委員会を設置し、赤い教授を狩り出す文部省の計画を提出した。

十月二十四日、ニュージェントは、アーサー・ルーミスを通じて天野に回答を出した。「共産主義教授を占領軍の方針に反対するという理由で追放するのは賢明ではない。というのは、占領は平和条約をもって終了するので、その時あなた方が彼等を追放しておく根拠を失うからである」「初等・中等学校の生徒は、共産主義を教え込まれることから守られなければならない。これらの学校の共産主義者を追放するのに賛成だ」「共産主義者の大学教授に関しては、単に共産主義であるからといって追放させるべきではない、とする天野文相に賛成する。しかし、ストライキやボイコットで大学の自治を乱すようなら、追放されるべきだ」

天野文相は、共産主義者追放よりも、「日本精神」の復活を提唱したことでよく知られている。この精神を占領下の日本で探すのは難しかったし、マッカーサーの逆鱗《げきりん》に触れる可能性もあり、非常に危険であった。それに挑戦した天野の勇気は注目に値する。

文部省の動きに危機感を持った日教組は、一九五一年一月二十五日、「教え児を再び戦場に送るな」のスローガンを採用し、闘争心を表明した。

同年二月七日、天野は、明治天皇の誕生日、十一月三日（明治節）を新しい国の祝日「文化の日」とし、その日、国歌を歌い「日本国旗」を掲揚《けいよう》することを提案した。もし天野文相が、十一月三日を「明治の日」と提案していたら、マッカーサーを激怒させており、文化の日もなく、天野自身も即座に辞任させられていたであろう。「文化の日」は、天野が苦慮した上での提案だった。

昭和天皇の誕生日、四月二十九日は、誰の威圧もない経済大国になった日本で「昭和の日」とは呼ばれず、「みどりの日」と命名された。「みどりの日」という軽薄な呼称は、若い世代には単なる「植林」の意味しかない。平成九年から、鈴木英夫氏が代表役を務め、「みどりの日」を「昭和の日」に改名しようとする運動が全国的に広がっている。この運動が実を結び、二〇〇七年から「昭和の日」になり、五月四日の「国民の休日」が「みどりの日」

に変更になる。とすれば「文化の日」も「明治の日」に改めるべきか。

天野文相は、二月七日の衆院予算委員会で、この「文化の日」は、国民の間に「静かな愛国心」を育てるのに役立つだろうと述べた。

「国旗の掲揚、国歌の斉唱だけで愛国心高揚に十分だとは決して思っていない。小さな子供たちが自分たちはどこの国の人かわからぬという状態から……自分がこの国土の実体であるとの自覚を高揚したい。愛国心といえば戦場に出て行くことのように思われた激越な愛国心から静かな愛国心を作興《さっこう》したい」

マッカーサーに洗脳されていたマスコミは、天野の意図を国家主義の再生だと解釈して、嵐のような批判を浴びせた。

一九五一年十一月十二日、午後一時二十分、天皇陛下が京都大学を訪問された時、京大自治会は声明文を校門前の大きな看板に書いた。

「願　神様だったあなたの手で我々の先輩は戦場で殺されました。もう絶対に神様になるのはやめて下さい。『わだつみの声』を叫ばせないで下さい」

日本戦没学生記念会（わだつみ会）は、一九五〇年四月二十二日に結成された。「わだつみ」は、漢字で「海神」「綿津見」と書く。「わたつみ」ともいう。『わだつみの声』とは、「海の神様の声」のことだ。

五千名の京大生が「平和を守れ」を合唱し、陛下の空車の回りに人垣《ひとがき》を作った。服部峻《はっとりしゅん》治郎《じろう》京大学長（六十一歳）の要請により、京都市警官隊が出動し、学生たちを退去させた。

医学博士の服部が、京大学長になったばかりの時であった。

京都大学は天野文相の母校であり、一九三一（昭和六）年から教授でもあった。恥辱の痛みは天野の心を突き刺すようであったろう。天野は、「最後の責任は私にある」と言った。

同十一月十七日、京大は八名の学生を無期停学の処分にした。これは、「京大事件」と名付けられ、衆院法務委員会でも大きく取り扱われた。また、最高検察までも関与して、法務府特審局と同じように、事件の背後関係を徹底的に調査した。「全学連」が浮かび上がってきた。

天野文相の次の提案は、静かな「愛国心」よりも大騒動を引き起こした。同年十一月十四日、天野は、日本国民の道徳の低下を止めるために「手引き」を持ち出してきた。

天野は「国民実践要領」と名付けた。

吉田首相は、これを「道徳の最低限度」と言った。

「文部大臣が国家の道徳のあり方を心配するのは当然の責任であると思う」と言って、天野はこの政令でも訓令でもない「要領」を、国民や学校で参考にしてもらうため、講和条約の批准を期して発表する予定であった。

『朝日新聞』（一九五一年十一月十四日）によれば、「要領」の「分量は大体原稿用紙二十枚程度のもの」「形式は箇条書き」である。天野の記述「権力的、宗教的、政治的な意味の中心でなく、国民が親愛していくところの中心、道徳的意味をもった親愛の対象としての天皇」が大騒ぎを引き起こす。

十一月二十六日から、「国民実践要領」につき、参議院文部委員会で参考人九人から意見を聞くことになった。全員、賛成しない。東京大学から三人の教授（城戸又一、金子武蔵、そして『民主主義』を書いた尾高朝雄）が招かれたが、城戸は「道徳の根本問題は政治をよくすることだ」と言い、尾高は「天皇が道徳の中心だという内容は論理的に矛盾する」とまで言った。

翌日十一月二十七日、天野はこの新しい修身科を撤回した。天野の「退き際《ひぎわ》」の爽《さわ》やかさ、潔《いさぎよ》さは彼の勇気の表われであろう。

吉田と天野は、イールズ事件や、さらに日本の秀才たちが集まると思われていた京都大学で、国民の税金で勉強させてもらっている将来のエリートたちが、天皇陛下を侮辱する現状を見せつけられた時、日本亡国の危機を見たのだろう。そして、戦闘的な共産主義者の傍若無人な行動を政府転覆の企てと読んだ。正確な読みであった。

吉田や天野は、このような共産主義者たちを日本だけでなく、世界中で見せられているアメリカは、いずれ武力対決に追い込まれるであろうし、進んで対決すると信じていた。マッカーサーがレッドパージを日本政府・吉田首相に命令した時、吉田や天野たちの保守派は自分たちの正しさが証明されたと思ったのも当然である。

米ソがぶつかり合うという見方は、二国間の最も友好的な時にさえあった。

一九四六年二月、アメリカの民主主義伝道熱が、疲労困憊《こんぱい》し、虚脱状態にあった日本国民を翻弄《ほんろう》していた時、エマーソンはバーンズ国務長官に「日本の特高、即ち共産主義弾圧のプロは、いつの日か自分たちにまた出動の要請があるとの確信を持っております」と報告している。エマーソンは、「米ソ戦争や特高の復活を期待しているのは、軍国主義者たちが白昼夢を見ているからでしょう」と片付けた。

だが、エマーソンに尋問を受けた日本の特高（特別高等警察）は、驚くべき正確さで、「アメリカは戦略上、日本をソ連に対する軍事作戦地域として必要とし、その結果、不測の事態に備えて日本が工業化されることを認めるだろう」と予期していた。

朝鮮戦争は彼等の洞察力の深さを証明した。厖大《ぼうだい》な「朝鮮特需」は日本を劇的に活気づかせ、戦後日本が「経済大国」になってゆく。

国務省の役人、ロバート・A・フェアリーも、一九四六年四月、アメリカとソ連との対決は時間の問題と読み、バーンズ国務長官に次のような進言をしている。

「日本の民主化と非武装化に没頭していることは、アメリカの関心を現実的な対日安全保障政策から逸《そ》らすことになります」「アメリカが日本の経済を早く改善して、将来、日本がアメリカの敵、強い敵と手を結ぶ可能性を阻止《そし》すべきであります」「太平洋の恒久的平和は、アメリカが日本をいつまでも非武装のままにしておかず、防衛のための要塞《ようさい》と軍隊を日本に復活することを認めるなら、順調に促進されるでありましょう」

フェアリーは、「日本の軍隊再建には、刑務所の中に大勢の証明済みの適任者がおります。……占領当局と日本政府は、占領が始まって一、二年の内に、これら軍国主義者や国粋主義者を出所させるべきです」と述べた。

陸軍省軍事情報局は、秘密文書『インテリジェンス・レビュー』誌（一九四六年八月二十二日）で、旧日本軍の兵士六百万人は、「極東における最大の、良く訓練された兵隊で、彼等を動員すれば、大きな攻撃力となるだろう」と分析している。

フェアリーの報告書は、国務省に到着するやいなや「秘密」扱いとなった。

エマーソンの報告書は、「秘密」扱いにはならなかった。エマーソンは、アメリカの自己陶酔期の観測を述べていた。

フェアリーは、マッカーサーが日本の将来のために、世界中で最も理想的な憲法を作っている時、発言してはならないことを言っていた。フェアリーの本音がアメリカの隠された意図で、それが漏れるのを、アメリカ政府は恐れたのだ。

日本の「無防備平和」宣言は、夢想家の夢でしかなかった。朝鮮戦争が勃発した時、この夢は「現実政治」に曝《さら》された。刀狩りされた日本にとり、独り歩きすることは余りにも恐ろしかった。

これを十分理解していたマッカーサーは、一九五〇年三月七日、服役中の戦犯は釈放してもよいと日本政府（吉田首相）に指令を出した。ソ連は、マッカーサーの指令が彼の権限を越えたものである、と強い抗議をワシントンのアメリカ政府に突きつけたが、国務省はマッカーサーが、彼の任務を国際法に基づいて立派に遂行《すいこう》していると反論し、ソ連を無視した。

それ故、日本の共産主義者を追放する一方で、日本政府は、かつて民主主義の「敵」と見做された軍国主義者や国家主義者の大量「追放解除」を実施した。

一九五〇年九月〜十月に、社会に復帰した「悪人」は一万三千三百四十人、一九五一年六月〜十月には、三十五万九千五百三十人に達した。吉田首相は、マッカーサーの寛大な「恩赦」に再度深い感謝の意を表明した。

かつての戦犯たちには恩赦だけでなく、新しい職場も待っていた。マッカーサーが命じて設立させた七万五千人からなる警察予備隊（陸上自衛隊の前身）である。さらに、この恩赦を受けた者たちを応援するかの如く、マッカーサーは朝鮮戦争の軍事力増強のために、七月十七日、「国連義勇軍」の結成を提案した。

吉田首相は、「私は義勇兵は許したくないと考える。日本の再軍備とか、日本が世界平和を脅かす恐れが対日講和を遅らせてきたことを思うと、義勇兵の如きは私は許したくない」と七月二十一日に、衆議院外務委員会の席で答弁した。

吉田の友人の元文部大臣、田中耕太郎最高裁判所長官は、翌日、国連義勇軍に志願兵として参加しても憲法違反とはならないと発言した。敬虔《けいけん》なキリスト教徒であった田中は、朝鮮戦争をマッカーサーと同じように「悪魔対神」の宗教戦争と判断したうえでの発言であったのだろう。

第二章　平和条約

1　「誰が日本を護るのか」

日本国民は、アメリカからの食糧と「民主主義」に感謝はしていたが、その感謝の念よりも強い感情が国民の間に広まり出した。自由になりたいという願望である。平和条約を結び、敵軍占領を終結したいという自然な感情である。

平和条約を最初に提案したのは、ジェームス・F・バーンズ国務長官で、トルーマン大統領に極秘としてなされた。一九四六年二月二十七日のことである。マッカーサーの占領が始まって、僅か六カ月しか経っていない。この提案は立ち消えになった。時期的に余りにも早すぎた。

平和条約が話題になりだしたのは、一九四七年三月十九日のマッカーサーの記者会見からである。マッカーサーが記者会見をすることは非常に稀《まれ》であったが、彼は、日本は間もなく平和条約を準備し、国家主権を回復し、永久平和を国の理想とし、「太平洋のスイス」として繁栄してゆくであろう、と語った。

記者「誰が日本を護るのか」

マッカーサー「一つの方法は、小規模の軍備を再編成することを認めることだが、日本国民は侵略から自分たちを守るため、世界中で最も進歩した精神に頼るのである」

キリスト教の愛と憲法第九条の精神で、日本国民は祖国を護れと言う。

アメリカ政府は、日本がアメリカの国益にとって戦略的にも経済的にもアジアで最も重要な国と考えていたので、国防省は純粋平和主義が日本で奉《たてまつ》られていることに複雑な気持であった。

マッカーサーは、一九四八年十二月に日本軍隊復活を勧告した統合参謀本部に対し、強い反対を表明した。マッカーサーの反対の裏には、国務省と国防省の間で激しく闘われていた最高機密政策論争があった。平和条約の中に、日本の再軍備を認める条項を入れるかどうかの論争である。

マッカーサー、国務省、国防省（ペンタゴン）の間で大論争が巻き起こったが、日本政府は完全に蚊帳《かや》の外に置かれていた。

一九四八年十一月二十日、国防省は、日本再軍備の必要について極秘文書の中に理由を挙げた。
(1)「日本がソ連圏に落ちるのを防ぐためには、必要なら武力で日本を護らなければならない」
(2)「もし、平和条約で日本再軍備を認めないなら、アメリカが日本を防衛するための厖大な軍隊を日本に駐留させなければならない。しかし、我が国民は平和条約が締結されたら、兵士を帰国させ、日本国民が日本を防衛することを要求するだろう」

(3)「日本の軍隊を訓練するには時間を必要とする。日本軍の復活が遅れることは、事態改善の遅れを齎《もたら》すだけで、アメリカはそのような危険を冒すことはできない」

(4)「日本の軍隊を復活させれば、アメリカは太平洋における安全保障に悪影響を与えることなく、日本からアメリカ軍の幾《いく》らかを撤退させることができる。また、この日本軍隊は、全面戦争という事態になれば、我々にとって測り知れない価値を発揮するだろう」

マッカーサーは、一カ月後、十二月二十三日、国防省に反論する。

(1)「平和条約締結後、日本にとって理想的な立場は、完全中立を保障されることである。占領中にアメリカとの準軍事同盟を日本に強制し、交戦権を放棄した日本憲法を改正して、この完全中立の目的達成の邪魔をしてはならない」

(2)「日本の完全な軍備撤廃と中立に基づかない平和条約が締結されることは、絶対に不可能であろう。条約締結後の日本につき、現在あれこれ考察することは早計であり、この問題でマスコミが騒ぎ始めると、それは共産主義者の政治宣伝を強化し、アメリカの高い道徳的な地位を深く傷つけることになる」

(3)「警察力の強化以外のために日本軍を設立すると、東洋において共産主義と戦う際に絶対必要な心理的団結を徹底的に壊してしまうばかりでなく、日本経済再建をも危機に追い込む」

(4)「不完全な日本軍隊の設立は、日本をアメリカとの準軍事同盟に、不必要に引《ひ》き摺《ず》り込み、占領の目的を破壊する。この政策転換は、ソ連の危険な動きを促進させる。ソ連の侵入に対抗するために、極東の安全を維持するのにこれまで十分であると思われていた以上の軍事力を必要とするようになる」

(5)「現在、日本がアメリカの軍事同盟国とは考えられないが、日米関係は、経済的にも心理的にも日本がソ連の衛星国にならないようなものとなっている」

マッカーサーの反論には、彼の部下が日本とアジア諸国の微妙な関係を克明に分析した長い報告書が添えてある。これには、マッカーサーと同じ考えが書いてあったのは当然であろう。

「第一次世界大戦後のドイツに許された限定的な再軍備が、無制限の武装を導いた苦い経験、平和時において軍事的決意を忘れてしまうアメリカの良く知られた悪い傾向、日本の軍備を撤廃せず、日本を永久的に支配することの非現実性、そしてアジア諸国が嫉《ねた》みと、苦々しい思いで今の日本を見ていることは、日本とアジア諸国の間に友好的関係を確立する際、克服困難な障碍となるだろう」

マッカーサーの部下の分析は続いて、「日本に経験を積んだ軍人が数多くいることは戦争時には武力となる。しかし、彼等の存在そのものを、実際に戦争が始まる時まで完全に中立的に維持しなければならない」。

国務省は、マッカーサーと彼の部下の見解に同意しながらも、政策最高顧問の一人であった法学博士フィリップ・ジェサップに意見を求めた。

「私は、マッカーサー元帥の見解と全く同じ意見です」「いかなる形でも、日本再軍備は太平洋地域において重大な悪影響を齎《もたら》すので、日本再武装は愚かな政策だと思います」とジェサップは警告し、「ヨーロッパにおいても凄《すさ》まじい大反対を巻き起こすでしょう。ヨーロッパ諸国は、ドイツの再武装をどれだけ恐れているか、我々はよく知っております」と付け加えた。

一八九七年、ニューヨーク市生まれのジェサップは、名門ハミルトン、コロンビア、エール三大学を卒業した弁護士であった。コロンビア大学教授、ハーバード大学教授を歴任し、国連安保理事会アメリカ次席代表になった。ジョージ・ケナンと並ぶ英才と言われていた。

国務省は、アチソン長官の名で国防省に極秘文書を提出した。一九四九年十一月十六日付のその極秘文書、「日本軍の復活に関する国務省の見解」は、ジョン・ハワードが起草し、ジェサップが筆を入れたものだった。

国務省は、「平和条約の中で日本軍の復活を認めることは適当ではない」と主張し、その理由を並べた。

(1) 「日本の安全保障に関するアメリカの目的は、ソ連軍の攻撃に対する防衛よりも、戦争の勃発《ぼっぱつ》を防止することである。これは、アメリカが平和条約調印国に代わって、また日本国の要請により、日本にアメリカ軍を駐留させると言明し、他国による日本への武力攻撃は全面戦争への挑発と見做《みな》すという我々の決意を明らかにすることによって達成できる」

(2)「アメリカの援助と日本の資源は、日本の強力な警察隊の維持と経済復興と社会的成長に集中させるべきである。この政策で、アメリカに友好的である日本の姿勢をさらに強く維持することができる。我々の援助や努力、そして日本の資源を日本再軍備のために転用すれば、この均衡《きんこう》のとれた政策を破壊するであろう」

(3)「アメリカは、日本国憲法で決められた戦争放棄を続行するか中止するか、という日本人の考えを聞かずに、日本を再武装させる決定を下すべきではない。さもないと、日本人は再武装をアメリカの戦略的な理由だけで、無理やりに押し付けられたものと考えるだろう。現在、日本において憲法改正を求める声は殆どないことにも注目すべきである」

(4)「もし、アメリカが日本を再軍備するのなら、日本は、アメリカと友好的であり続けるということ、少なくとも敵にはならないということを今よりも明確に証明しなければならない。日本を再軍備した後、日本が敵になれば、日本の軍隊や戦争を支える産業は、ソ連と共産中国の戦争能力を厖大に増やすことになる」

(5)「日本軍の復活は、日本国憲法の戦争放棄と、今日までのアメリカ占領政策に真っ向から対立するものである。この政策変更は、アメリカの誠実さと今までの占領方針の正当性について、日本国民は強い疑念を持つであろう。この日本人の疑念は、アメリカの影響力と日本における民主主義を弱めることになり、日本の共産主義者たちをより一層活発にさせるであろう」

(6)「連合国諸国は、日本の国家・民族主義が再び台頭し、攻撃的になることを非常に恐れている。日本の再軍備は、彼等を恐怖の坩堝《るつぼ》へ落とし込む。また、フランスはそれをドイツ軍復活の前触《まえぶ》れと見做すだろう。それ故、日本の安全保障のために、アメリカは自国の軍隊を駐留させなければならない。この軍隊進駐策には、道徳的、心理的な利点がある。というのは、国連が日本の平和と安全の維持に全責任を負うはずであったが、それに失敗したので、アメリカがこの銭《かね》のかかる危険な役割を引き受けているからである」

国防省と統合参謀本部は、マッカーサーと国務省の主張を受け入れた。マッカーサーと国務省が同意見であるということ自体がとても稀であった。

マッカーサーは、ソ連の侵略から日本を守る自信があったのだ。彼が日本の「永久中立」について国防省を説得している時、彼は日本から占領軍を撤退せよとも、数を減らせとも言っていない。即ち、彼の理想とする純粋中立は、共産主義者に汚染されている東洋では、この汚染を取り除くまで達成できないので、アメリカ占領軍の駐留は必要であり、日本を自由にする平和条約は「時期が早すぎる」と言った。即ち、彼の支配下で現状を維持する。

マッカーサーの考えに完全に同化している吉田首相は、「私は戦争を放棄し、いかなる形の軍備をも持たないと宣言している憲法の賢明さに強い感銘を受けております。……私はこの知恵が、日本の領土の安全と独立を保障する最善のものであると確信しております」と発言した。

この台詞は、一九四九年九月四日の吉田首相の演説であった。

マッカーサーは、この演説の二日前に、吉田が差し出した原稿を検閲し、承認していた。

マッカーサーと国務省が、日本の「絶対中立」、より正確に言えば、自分をも守れない無能力さを日本に押し付けている間、そして吉田首相が、恰《あたか》もマッカーサーの「幇間《たいこもち》」であるかのように振る舞っている間に、毛沢東は中国大陸を取り、ソ連の原爆成功でアメリカの原爆独占は終わりを告げ、ソ連や中国から武器の増強を受けた北朝鮮が危険な存在となっていた。

マッカーサーは、北朝鮮からの攻撃が切迫していると、ワシントンにたびたび警告していたが、アチソン国務長官は、マッカーサーの情報は「精神分裂症的」であると言った。

一九四九年九月、ソ連は最初の原子爆弾を成功させた。その同じ月、アチソン長官は、ソ連を除く他の連合国と対日平和条約に関する話し合いを再開した。

陸軍次官トレーシー・S・ボルヒーズは、一九四九年十二月五日から九日まで、平和条約で想定されうる軍事的側面を話し合うため、東京のマッカーサーを訪れた。ボルヒーズは、コロンビア大学卒で、一九四二年大佐で出征し、その後参謀本部に勤務した。占領地食糧問題と対日問題が担当だった。

十二月十五日、彼はマッカーサーとの会談について報告するため、アチソン国務長官とジエームズ・E・ウェッブ同次官に会った。同省からバターワース次官とジェサップも出席した。だが、ボルヒーズは、会談の中身については詳しく触れず、彼の東京行きの理由が新聞に漏れたのは、国務省からではなかったのかと強い非難を投げ付けた。

一九五〇年一月一日、マッカーサーはアメリカ政府の承認を受け、日本国憲法第九条は自衛の権利を奪うことはできず、またこれを否定しないと言明した。

日本は、アメリカの最前線で要塞になるべきだ。それによって日本が自国を護ることにもなる、と言う。

アメリカ政府もマッカーサーも、朝鮮半島で戦火が起きると予期していたのだろう。

政治本能抜群の吉田首相は、素早く、しかし秘密に、マッカーサーの新解釈に同意した。秘密にしたのは、日本国民がマッカーサーの熱烈な純粋平和主義に感化されていたため、アメリカの都合で、一夜にして信念を変えた吉田首相を許さないことが明白だったからである。

国務省は、吉田首相の鮮《あざ》やかな変身を見た。バターワース国務次官が述べたように、「吉田首相は、老獪《ろうかい》にも自分自身が米軍基地に賛成するのか反対するのかをはっきりと表明することを避けたが、彼は疑いもなく基地に賛成している」。

アチソン国務長官は、「日本国民の間に軍事占領支配から自分たちの自由を取り戻したいという願いが高まってきており、もしアメリカが何もしなかったら、この日本の願いはより一層強くなるであろう」と心配していた。アチソンが最も恐れたのは、日本の独立願望そのものではなく、ソ連がこの日本国民の感情を利用する可能性であった。

もし、最初にソ連が平和会議を提案し、アメリカがそのソ連の提案を拒否したとしたら、日本国民はアメリカが日本独立に反対していると受け止め、アメリカに対して敵意さえも持つのではないかと懸念していたのだ。

アチソンは、「ソ連の提案は、アメリカに不意打ちを食らわせることになるだろうし、事実、いつ何時《なんどき》、平和会議を提案してくるかもしれない」と焦《あせ》っていた。

一九五〇年の初めから、アメリカと毛沢東中国の緊迫した関係は、日増しに悪化していった。毛沢東は、トルーマンに威《おど》しをかけるつもりだったのか、北京駐在のアメリカ領事を人質にとった。一月十四日、トルーマンは、中国全土からアメリカ領事館職員全員を本国へ召還した。

そして次に、トルーマンは、毛沢東にアメリカの力を見せる。一月三十一日、トルーマンは、水素爆弾を製造せよと命令を出す。

同年四月二十四日、極秘会議が国防省（ペンタゴン）と国務省の間で開かれた（国務省の極秘会議録から引用する）。

国防省（ペンタゴン）の主張は次のようなものだった。

(1)「平和条約は、ソ連と中国の事実上の政府、毛沢東政権を含まねばならない」

(2)「日本はアメリカ軍が留《とど》まることを認めなければならない」

(3)「国務省がソ連と共産中国からアメリカ軍日本駐留につき同意を取れないのなら、平和条約は、時期が早すぎる」

国務省は、国防省の主張は達成不可能であると反撃した。アチソン国務長官は、日本独立に関して差し迫った問題が二件ある、と言った。

(1)「日本の侵略行為が復活することを予防すること。特にオーストラリアとフィリピンが強い警戒心を示している」

(2)「武装解除した日本にソ連が侵略するのを防ぐこと」

アチソン長官は、アメリカ政府が平和条約に着手しないで、議論ばかりしていると、ソ連が割り込んでくる機会を作っているようなものだと言い、速やかに日本と、話し合いに入ったほうが良いと発言した。

だがマッカーサーは、国務省が時期が熟する前に対日平和条約を推進すれば、それ自体をソ連は逆手にとって、アメリカは日本をアメリカの属国として利用しようと企んでいると吹《ふい》聴《ちょう》し、日本とアジアでアメリカの威信を落とし、ソ連の浸透を助けることになる、と反論を展開していた。

統合参謀本部（国防省）は、国務省との会議で、このマッカーサーの論理を引用して国務省の平和条約推進に反対した。

この会議に出席していたアメリカ空軍参謀総長ホイット・S・バンデンバーグ大将（元CIA長官）は、東京でマッカーサーと話して彼の考えがよく解ったと言い、「マッカーサー元帥は、平和会議の提案を軍事的な理由に使うというより、寧《むし》ろソ連を当惑させ、日本とアメリカの関係を改善する政治宣伝のためだけとして考えている」と述べた。

バンデンバーグは、確認のため、マッカーサーに「元帥は、アメリカ政府が平和交渉を進めるのを望んでおられるのか」と尋ねた。

マッカーサーの答えを、バンデンバーグは次のように説明する。

「マッカーサー元帥は、平和交渉の提案が実際に行なわれることを望んでおらず、アメリカが単に対日平和条約の用意があると発表するだけで、ソ連は反射的に反対をするので、日本国民はソ連が日本独立の邪魔をしていると怒り、アメリカにとって非常に効果的な宣伝となる、と言った」

陸軍参謀総長J・ロートン・コリンズ将軍も、バンデンバーグ将軍の後押しをして、マッカーサー元帥が全く乗り気でないと説明した。

「彼を悩ませているのは、もし平和条約が締結されたら、日本におけるアメリカ軍の規模は、単なる象徴的なものになるではないかということだ。……元帥によれば、アメリカ進駐軍は、現在ですら北海道では非常に薄く、ソ連軍は好きな地点に、簡単に上陸でき、アメリカ軍と対決する以前に、かなりの距離を内陸に進むことができるのである」。コリンズ自身も、ソ連が実際に上陸するかもしれない、と考えた。

アチソン国務長官は参謀総長たちに、国務省は日本における軍力の削減を考えてもいないし、アメリカの安全保障は国防省の責任なので、国務省はできる限り援助すると約束した。

二カ月前の二月三日から六日まで東京を訪れたバターワース国務次官は、この会議の席で、日本の世論はアメリカの軍事基地に賛成しているようには見えない、と言った。

納《おさ》まりかけた議論がまた盛り返した。

驚いたジョンソン国防長官は、もしバターワースの判断が正確だと、「自分は前より強く平和条約に反対する」と断言し、「日本人がもし米軍基地を受け入れる用意ができていないのなら、戦争責任や賠償義務などの罰のない平和条約を日本に与える必要はない」とまで言った。

ボルヒーズ陸軍次官も、一九四九年八月二十九日から九月十四日、同十二月五日から九日にかけて来日しており、彼の日本の状況判断は、バターワース国務次官のものとは正反対である。

ボルヒーズは、「殆ど全ての日本人がアメリカ軍を歓迎し、彼等の最大の関心は、日本の安全保障であり、平和条約は第二番目の問題であると見ている」と言った。

バターワースは、「日本人は、日本にある米軍基地がアメリカとソ連との争いを悪化させることになるのではないかと心配しているのだ」と反論した。この極秘会議は物別れに終わった。

アチソン国務長官の懐刀《ふところがたな》で「無任所大使」の肩書きを与えられたジェサップは、平和条約に乗り気ではない国防省（ペンタゴン）に圧力をかけるように、四月十三日、「日本はいまや講和条約を結ぶ資格をもっている」と全米に向けラジオ放送した。

国務省、マッカーサー、国防省が、日本の独立はいかにすればアメリカの国益に合うのかを議論している時、マッカーサーは、一九五〇年五月六日、東京でオーストラリア新聞記者たちと会見し、恰もソ連の出鼻を挫《くじ》くかのように、「日本は今まであらゆる要求を履行し、講和条約を結ぶ資格を持っている」と発言し、「民主主義諸国が日本の中立を求めていることをソ連に納得させれば、ソ連を講和会議に出席させるチャンスはあるかもしれない」と言った。

朝鮮戦争勃発の一カ月半前のこの会見で、マッカーサーは興味深い発言をしている。

(1)「講和後の日本を防衛するため、アメリカが日本に基地を保有するかどうかという問題は、日本自身が決めるべきだ」

(2)「日本が再び戦争を始めるかもしれないなどとは全く考えていない。しかし……日本人の気持ちが敗戦以来変化したとは考えていない。今なお、戦闘的な民族だと見ている」

(3)「日本人は……もう一度戦争があれば到底戦後に生き延びることはできないことを知っている」

(4)「日本人は近代戦における戦闘員としては駄目だ。……たとえ連合軍が五十年間日本を完全に放置したところで第四流の軍事国家以上にはなれない」

(5)「日本を軍事的に再建する気はない。現在ある太平洋基地に全く満足している。連合軍は、侵略者がウラジオストックや華南からの両面作戦を進めても、その企てを破壊するであろう」

マッカーサーは、この記者会見を使い、ソ連と中国を敵視していることを言明し、また、他の連合国が日本に対して持っている恐怖の念を取り払うように策を凝《こ》らしている。彼は、ソ連や共産中国の参加した「全面平和条約」など考えてもいない。むしろ、ソ連と中国を日本から完全に締め出すために、日本との「単独講和」を推進するようになってきたのだ。

この二日後、五月八日、吉田首相も日本人記者たちと自由党本部で会見し、社会党や、共産党や、南原東大総長が全力で推《お》し進めている「全面講和」を完全に無視し、「米国などとの単独講和は事実上すでにできている。これをまず締結におしすすめるべきである」と断言した。

日本独立後の基地問題については、吉田は「軍事基地ということが最近よく問題にされているようだが、多くはソ連の受け売りにすぎないようだ。……まだ一度も（アメリカから）設定の申入れに接したわけでもなく、条約の草案を見たわけでもないので何ともいえない」と逃げている。

五月十日、吉田は外務省で記者会見をし、「現在のように政治、経済の安定しているときでなければ早期講和は望むべくもない。独立を回復し、国際社会の一員となるときの一日も早く来ることを国民は一致念願している」と言い、また、外務大臣を務めた時の終戦直後を振り返り、「そのころは総司令部の対日政策がどんなものか分からなかった。……しかし、アメリカの対日援助がこのように手厚いものであるのは予想外というべく、現に事実上の講和態勢は着々進んでいるのである」と再度、「単独講和」の既成事実を売り込んだ。

五月十三日、吉田は、秋田市での参議院選挙遊説《ゆうぜい》で、またマッカーサー占領政策の「讃美」を始めた。

「日本が戦前のように発展してきたのも、ひとえに外国、特に米国の援助があったからである。私の計算によると少なくとも二十五億ドル以上の援助を受けている」（二十五億ドルは、当時の金額で九千億円、日本国民総生産の四分の一）「講和を促進するためには、われわれが独立の精神を堅持し、国を護る愛国心を発揚することである。自ら立つ覚悟と勇気がなくては、外国がわれわれを援助するはずがない」「次に日本の道徳文化を高めることである。文化の中でも特に技術の点では、私の親しい米国人の話では……現在では日本との間に五十年の差が見られるといっていた」

　この「親しい米国人」というのは、「五十年間日本を完全に放置したところで第四流の軍事国家以上になれない」と言ったマッカーサーだったのだろうか。

　吉田首相は、さらに続けて、国民が神経質になっている基地問題についてより解り易く説明する。「野党側では中立宣言をしたらどうか、軍事基地を拒否したらどうかなどといっているが、大体交戦権もないのに中立宣言までしたら世の笑いものになる」。

　吉田は、日本にアメリカ軍の基地を置くのかどうか、まだ答えていない。この上手な逃げを、バターワース国務次官が「老獪《ろうかい》に言明を避けている」と言ったのだ。

　一九五〇年五月二十七日、対日理事会のソ連代表クズマ・デレビヤンコ中将と高官四十八名が、突然モスクワへ帰国した。

　デレビヤンコは、対日理事会で、マッカーサーの代理、アチソン政治顧問、シーボルド政治顧問と絶えず口喧嘩をしていた、ソ連のスパイ工作専門の軍人であった。彼は東京湾上ミズーリ号での日本降伏調印にソ連代表として参列した。彼は夫人を同伴しての帰国であった。この帰国は、北朝鮮が攻撃を仕掛ける一カ月前だ。ソ連も、戦争の準備をしていたのだろう。

恰も共産主義国の交代劇を演ずるがごとく、中華人民共和国（北京）の周恩来外相は、六月十九日、シーボルド対日理事会議長に電報を送りつけ、蔣介石（台北）の代表を対日理事会から追い出し、「中国人民を代表する唯一の合法政府」の代表を出席させよと要求した。シーボルドは、六月二十日、「私は北京政府のメッセージを受け取っていないし、それについて何も知らない」と完全無視の姿勢をとり、このような要求に関して、自分は全く権限がないのではなかろうかとトボケた。

ジョンソン国防長官は、統合参謀本部議長のオマー・N・ブラッドレー陸軍大将を連れて、一九五〇年六月十八日午前零時十三分、羽田に到着した。

ブラッドレーは、アメリカの大英雄である。ナチス・ドイツの崩壊の始まりとなる連合軍のノルマンディ大作戦（一九四四年六月六日）を指揮したのは、ブラッドレーとアイゼンハワーであった。この六月六日は、「D-Day」と呼ばれ、最も有名な日となってゆく。「D」は「Decision」（決心、決意）の略である。

この二人は、マッカーサーと会談するためだけに来日したのだ。ジョンソン長官は、羽田での記者会見で、「私は日本に来て、マッカーサー元帥の卓越した指導の下《もと》に、アメリカ占領軍が成し遂げた歴史的成果を自ら見ることが出来るのを誇りに感じている」「日本の要人と会うことは、まだ別に考えていないが、必要なら会談することもあるかもしれない」と言った。

そしてジョンソン長官は、いとも簡単に嘘をつく。

国防省（ジョンソン長官）と国務省（アチソン長官）との二回に亘る極秘会議で、対日講和に関して意見の対立を解消することが出来なかったことが、マスコミに噂として流れていたので、ジョンソンは羽田で「私とアチソン国務長官との間に対日講和問題について意見の相違があるというが、私は長官とそのようなことを議論したことはまだない」と言明した。

三十年の時効で、アメリカ国立公文書館の極秘文書が公開になっていなければ、私は極秘会議録を探し出すことも出来ず、このジョンソン長官の明らかな嘘も「嘘」と断言できなかったろうし、ジョンソンの発言が「歴史の事実」として通っていたであろう。このように、歴史の「真実」が当事者の嘘によって伝えられることは、数えきれないほどある。マッカーサーの「私は日本国憲法に何等関与もしていない」は、その顕著な例である。

六月二十日、ジョン・フォスター・ダレス（アチソン国務長官特別顧問）が韓国訪問から東京へ戻り、対日平和条約につき、三人の軍人たちと話し合った。ジョンソン国務長官とブラッドレー大将が離日したのが六月二十三日。ジョンソンは離陸する前に、「私は極東の情勢について楽観している」と記者たちに言った。二日後、朝鮮戦争が勃発した。

共産国北朝鮮が仕掛けた戦争は、全ての理想《ユートピア》論議を終わらせた。共産国のソ連や中国と手を結び「全面講和」を推し進めていた日本人たちは、沈黙せざるを得なかった。

日本の平和条約は、今や時期が早いどころか、手遅れであった。

米軍基地は、一夜にして、日本の国家安全のため必要不可欠となった。

日本国民は、米軍基地が日本自身の再武装にとって代わるものではないかと考え始め、アメリカは日本を完全に再軍備するつもりは毛頭なかったので、日本での米軍基地は両国を満足させた。

独立すれば、日本も国連軍に積極的に協力できるのではないか。

一九五〇年七月八日、マッカーサーは「日本の政府が七万五千人の国家警察予備隊を設立するために必要な手段をとることを認可する」と吉田首相に命令した。海上保安庁を八千人増員させて強化するよう命じた。

「国内の安全と秩序の維持、それに密入国者と密輸に対し、日本の海岸線を守るためである」。「密入国者」とは、朝鮮半島から密入国していた共産主義者のスパイのこと。

この命令を受けた吉田首相は、我が意を得たりの気持ちであったのだろう。国会での施政方針演説（七月十四日）が彼の興奮をはっきりと伝えている。

「六月二十五日、突如として北朝鮮共産軍が三十八度線を越えて南朝鮮に侵入し……この突発事変は決して対岸の火事ではなく、共産勢力の脅威がいかにすでにわが国の周辺に迫っているかを実証するものであり、また赤色侵略者が、いかにその魔手を振いつゝ、あるかを如実にこれを見るのである。すなわちわが国自体がすでに危険にさらされているのである。……かかる事態に直面してなお、いわゆる全面講和とか、永世中立などという議論があるが、たとえ真の愛国心より出たものであっても、これは全く現実から遊離した言論であるのみならず、自らを共産党の謀略に陥れんとする危険千万な思想であることをわれわれ国民はさとるべきである」

浅沼社会党書記長は、「全面講和、永世中立は現実から遊離したものと排撃しているが、これは危険な考え方である。首相の言は一歩踏みあやまれば国民を国際紛争の中に引き入れることになる」と反論した。

朝鮮戦争で、日本はソ連と毛沢東中国を含めた「全面講和」を結ぶべきなのか、アメリカ陣営諸国とだけで「単独平和条約」を結ぶべきなのか、という議論は完璧に終わった（吉田首相は、「単独」と「多国講和」の二つの言葉を区別せず使っていた）。

吉田首相は、アメリカとの単独講和を強力に押していたので、将来が読める指導者として浮き上がってきた。ソ連と共産中国を平和条約会議に含めることを望んでいた左翼と共産主義者は、国民の支持を決定的に失った。

しかし、アメリカ陣営に加入するための単独講和は、日本にアメリカ軍基地を置かせることと引き換えではないかと日本国民も野党も声高に吉田首相に迫った。この疑惑に答えるべく、吉田は、七月三十日、衆院本会議で次のような発言をした。

「率直に言えば軍事基地は貸したくないと考えている。社会党がいうように単独講和と引き換えに基地を提供するような考えは毛頭もない。連合軍でも日本の四つの島に基地を要求するような気持ちはないと信ずる」

この吉田発言は、吉田が「老獪《ろうかい》に言明を避けている」のではなく、完全に嘘をついているのだ。

吉田は、既に朝鮮戦争が始まる数カ月前、バターワース国務次官に「米軍基地を日本に置くことに賛成している」と伝えていたのだ。ましてや、朝鮮戦争勃発の一カ月後、韓国軍は完敗し、全速力で敗走中、アメリカ援軍も北朝鮮軍に打ち破られ敗走している時、そしてこのアメリカ・韓国両軍がいまにも半島の南端から日本海へ突き落とされそうになっていたその時、衆議院での「基地は貸したくない」は、既成事実を隠す煙幕でしかない。

一九五〇年十一月三十日、トルーマン大統領は、定例記者会見で「アメリカ政府は、朝鮮の危機に対処するため、必要とあらば中国共産党軍に対して原子爆弾を使用することも考えている」と言明した。これは強烈な威《おど》しである。

一九五一年一月四日、トルーマン大統領は記者会見で、「アメリカ軍は国連の許可なしには中国を爆撃しない」「私は第三次世界大戦が今年中は避けられることを希望する」「アメリカは現在朝鮮において正式に戦争を行なっているのではなく、単に国連に対する義務を遂行しているにすぎない」と言って、中国が参戦してこないように配慮をしていた。

この記者会見から五日後、一月九日、アチソン国務長官と新しく国防長官に任命されたジョージ・C・マーシャルは、トルーマン大統領に極秘書信を送り、「マッカーサーと協力して、日本政府と平和交渉を行なうため、ジョン・フォスター・ダレスを大使という形で大統領の特別使者として任命されるよう」進言した。

アチソンとマーシャルは、大統領からダレス宛ての手紙を草稿し、大統領は翌日それにサインし、ダレスにこの手紙を送った。

ダレスは、既にアチソン長官の政策顧問として、対日平和条約に関してアジア諸国を駆け巡《めぐ》っていた。トルーマンはダレスに正式の位《くらい》「特使」を与えた。ダレスは、トルーマン（民主党）の政敵である共和党員であったが、アメリカ外交・国益の立役者として信頼されていた。

ダレスは、プリンストン、ジョージ・ワシントン、ソルボンヌ（パリ）の三大学を卒業した法学博士であった。一九四五年、国連を創設したサンフランシスコ会議では、アメリカ代表を務めた。また、対日平和条約での業績を認められ、アイゼンハワー新大統領に国務長官として任命され、一九五三年から六カ年という長い任期を務める。彼の弟、アレンは第二次大戦中、ヨーロッパのＯＳＳのスパイとして活躍し、加瀬俊一《しゅんいち》とも接触があった。アレンは、一九五三年から一九六一年までＣＩＡ長官を務めた。

トルーマン大統領は、この手紙（一九五一年一月十日付）の中で、自分の考えをダレスに告げる。

「アメリカは、日本列島の防衛に大量の軍隊を注ぎ込む用意がある。日本が自己防衛できる能力を段々と身につけることを望んでいる。また、アメリカは、日本が再び侵略的になって他国に攻撃をしかけてくる可能性を無くすため、他の太平洋諸国とも安全保障条約を結ぶつもりである」

「頭に入れておいてもらいたいのだが、平和条約を提案するに関して、我々の最も重要としている目的は、日本国民を、世界の自由陣営へ引き込むことにあり、日本が帝国主義的な共産主義の拡張を抑えるため、その役割を十分に果たすことを請け負わせることにある」

一九五一年一月二十五日、ダレス特使は同夫人を同伴し、平和条約を書き上げるため、午後八時三十五分に羽田に到着した。マッカーサー元帥夫妻とシーボルドが羽田に出迎えた。

ダレスとマッカーサーが日本の平和条約と安全保障について話し合っている間、吉田首相と川上貫一衆議院議員（共産党）が、一月二十七日の衆議院本会議で、互いを侮辱し合った。

川上「政府は終戦処理費を朝鮮戦争のために使い、国土を軍事基地として提供しているだけでなく、旧兵器工場を復活している。これはポツダム宣言、極東委員会決定に反するものだ。労働者は武器、武装警察官監視のもとに軍事的ドレイ労働を強制され、これに抗議した平和を愛する労働者は弾圧されている。……日本独立と安全は全面講和と全占領軍の即時撤退によってのみ守られる」

吉田「いまの議論は要するに共産主義の宣伝にほかならないから、答弁の要はない」

この「質疑応答」は、川上議員の除名へと発展した。衆院運営委員は、川上議員を懲罰委員会にかけることに決めた。三月二十九日、衆議院本会議は、賛成二百三十九票、反対七十一票で川上を除名した。

二月十二日、ダレスが東京を去った翌日、吉田首相は国会に報告をする。

「今回の話し合いを通じて私が特に深く感銘いたしましたことは、わが国に対する米国の好意の銘すべきものがあることであります」「ダレス氏が、さしあたり、もし日本が希望するならば、日本に対する外部からの侵略を排除するために、米国の兵力による援助を与うる用意があるとの意向を表明せられたのであります。この米国と協力関係に入るということは、国際の現状のもと、最も適当した策であります」「講和問題が、かように推進せられるに至りましたことは、マッカーサー元帥の日本に対する日ごろの深い理解と、多年の間の不断の支援によるところであります」

この吉田首相の国会演説さえも、検閲のためマッカーサーに提出され、彼の承認を受けていた。占領末期のこの時でさえも、吉田はマッカーサーの許可をもらわずには、大切なことは何も言えなかった。吉田は、マッカーサーの恐ろしさを十分に認識していた。

2　マッカーサー失脚（一九五一年四月十一日）

マッカーサーがたびたび口に出していた、共産主義に対する最悪の懸念は、朝鮮戦争という地獄絵の現実となった。

彼は、悪霊《あくりょう》を恐れるかのように共産主義を恐れていた。あらゆるところに、その陰険な影を見た。その影は次第に大きくなり、純真な人々を食い物にして、恐ろしいものに変化していった。一夜にして共産主義者が、民主主義の幼児、自分が手塩にかけて育てあげてきた日本を誘拐し、人質にするのではないかと警戒していた。

彼は、自分の「偉業・日本」を護るためには、共産主義者という略奪者どもを抹殺しなければならないと思っていた。この戦争は、天使と悪魔が死を賭けた宗教戦争であった。

この「宗教戦争」観は、マッカーサーがトルーマンに解任された後、一九五一年五月四日、アメリカ上院軍事・外交両委員会の合同公聴会で、J・W・フルブライト上院議員とかわした喧嘩腰の質疑応答にはっきりと現われている（「フルブライト奨学金」のフルブライト）。

フルブライト「私には、あなたが銃を持って共産主義と戦っているように思える。共産主義は一種の罪のようなものだ。私たちはみな罪に反対だ。しかし、武器をもってこの罪と戦ってはいけない。共産主義は一つの概念である。私たちを本当に心配させるのは、みんなが銃を撃ち始めた時だ」

マッカーサー「私は、あらゆる武器でこの罪と戦うべきだと思う。我々は、現在、武器を使って共産主義と戦っているのだ」

罪深い北朝鮮は、この戦争には準備万全であった。

アメリカ軍は、韓国軍を援護するため出動したが、瞬《また》く間に崩れだした。韓国軍と共に、恰も日本海へ突き落とされそうになっていた。だが、共産主義との戦争は、第三次世界大戦になる可能性があると恐れたトルーマン大統領は、慎重な態度を変えない。

トルーマンの慎重さは、マッカーサーには優柔不断と映った。

「トルーマン、敵前で動揺したか」とマッカーサーは見たのだ。この動揺は、遠い戦場にいる兵士にまで敏感に伝わるものである。トルーマンの動揺は、実戦では自滅行為であると、実戦で抜群の戦闘能力を証明した元帥が思ったのは当然であろう。

トルーマンは、マッカーサーの伝説的な威信と尊大さに強い不快感を持っており、また、国境を無視して、アジア全土で共産主義と一戦を交《まじ》えようとする彼の熱意を非常に危険であると警戒していた。そして、マッカーサーから原爆を取り上げるかのように、トルーマンは、一九五〇年七月二十七日の定例記者会見で、「私は現在もなお平和を強く希望している。朝鮮の戦乱で原子爆弾を使用することは考えていない」と断言した（この四カ月後、「原爆を中国軍に対し使用するかもしれない」と言った）。

八月六日、トルーマンは、W・アベル・ハリマンに伝言を持たせて東京に送った。「マッカーサーに二つのことを伝えてくれ」「一つ、私は彼が望むものは全て与えるつもりだ。二つ、私は、彼が中国の共産主義者を戦争に引《ひ》き摺《ず》り込むようなことをして欲しくない」

さらに、ハリマンはマッカーサーに「トルーマン大統領が望んでおられることは、アメリカが台湾の蔣介石を支持している、というような印象を与えないようにすることである」と伝えた。

マッカーサーは、「私は大統領と同じ意見ではないが、私は一兵士であり、上官の命令には従う」と返答した。

この話し合いから十八日後、八月二十四日、トルーマンとマッカーサーの間に大きな火花が散った。火傷《やけど》したのは、マッカーサー。トルーマンが大統領として振る舞い、マッカーサーもそれを思い知る。

その日、マッカーサーは、シカゴで八月二十八日に開催される退役軍人会全国大会で読まれるための七頁におよぶ長い電文を東京から送った。彼は、これをAP通信を通して送った。即ち、公にしてもよいということだ。マッカーサーは、「太平洋は、我々が維持しているかぎり、我々を護る巨大な濠《ほり》である。……この線を護れば、我々は平和を維持できる。失えば、戦争だ」と断言した。

そして、「台湾の蔣介石を支持しているという印象を与えないように」というトルーマン大統領の命令に挑戦するかのように、台湾がアメリカの安全保障にとっていかに必要不可欠であるかを、とうとうと述べた。「我々が台湾を防衛すれば、我々は中国と不和になると騒いでいる連中がいるが、太平洋地域において、譲歩と敗北主義を振り翳《かざ》している薄っぺらな議論以上に誤ったものはない」。

トルーマン、眼中になし、である。

閣僚の中で、このマッカーサーの電文を最初に見つけたのは、アチソン国務長官であった。彼はすぐさまハリマンに電話した。ハリマンは、翌日早朝、大統領にその電文を手渡した。トルーマン大統領は、アチソン国務長官、ジョンソン国防長官、統合参謀本部の長官全員、それにハリマンが、会議室で全く別の問題について検討しているところへ、ノックもせず入って来た。全員、起立した。

アチソン国務長官は、その時を次のように回想している。

「大統領は、片手に黄色いAP通信の電信文を持っておられた。彼は、それをホワイト・ハウスの記者クラブから勝手にとってこられたのだ」「大統領は、私たちに坐《すわ》れと命じられた」「大統領は、明らかに激怒しておられ、マッカーサーの電文を最初から最後まで声を出して読み通された。それから、〝この部屋にいる一人一人に聞く。誰かこれについて何か知っている者はいるのか、何等かの形で、これに少しでも関わっている者はいるのか〟と言われ、我々一人一人に同じ質問をされた。この大統領の詰問《きつもん》が終わった時には、我々は完全に怯《おび》えきっていた」「大統領は、マッカーサーの上司であるルイス・ジョンソン国防長官のほうを向いて、〝この手紙を撤回してもらいたい。お前は、マッカーサーにこの電文を撤回するよう命令を出せ。これは私からの命令だ。分かっているのか〟」「〝はい閣下、分かりました〟とジョンソンは答えた」「大統領は、〝では、今すぐやれ。それだけだ〟と言われた」「その直後、みんな逃げるように外へ出、あっという間にいなくなった」

三十分後、ジョンソン国防長官は、アチソンを電話で呼び出し、「大統領の命令には意味がない。マッカーサーの電文は既にAP通信で公になっている」と愚痴をこぼした。

アチソンは、「ルイス、大統領の命令が無意味かどうか私と議論するなよ。私は、大統領があんたに命じたのを聞いた。あんたは、やりますと言ったではないか。無意味かどうか関係なく、やるべきだよ」と慰めた。

ジョンソンは苦しみ、アチソンとハリマンに何度も電話をかけ続けた。アチソンは、とうとうジョンソンと話すのを拒否した。

三日後、八月二十七日、シカゴ全国大会の前日、ジョンソンはアチソンに電話をし、「もし大統領が心から望んでおられるのなら、マッカーサーはその手紙をひっこめると言ってきておるが、マッカーサーは自分がどういう誤りを犯したのか見当もつかないとも言っている」「マッカーサーは、自分の手紙は単にアメリカ政府の明白な政策を繰り返しただけで、自分が説明すれば大統領の理解はえられると思う、と言っている」と伝えた。

ジョンソン国防長官はどうすべきか、まだ決心がつかない。マッカーサーの威信に圧倒され、国防長官でさえ畏縮しているのだ。

ジョンソンは、「私は、どうすればいいのだろうか?」とアチソンに尋ねた。

「大統領の命令を実行すべきだと思うよ」とアチソンは答えた。

八月二十八日、シカゴ退役軍人全国大会の朝、マッカーサーの電文は撤回された。

『ニューヨーク・タイムズ』紙は、驚きを交《まじ》え、マッカーサーに命令できるのは大統領だけだ、と報道した。二週間後、九月十二日、ジョンソン国防長官は辞任した。

その三日後、九月十五日、マッカーサーは「天才的」と言われた作戦能力を発揮し、七万人の軍力で朝鮮半島の仁川《インチョン》港に輝くべき上陸を敢行した。仁川港は既に北朝鮮軍に占領されていたソウルから西方三十キロにある小さな港である。

この作戦には、アメリカ国防省の参謀たちは大反対であった。仁川港の干満《かんまん》の差が五メートルもあり、上陸できないと思われたのだ。北朝鮮も、上陸不可能と思っており、守備隊は配置されていなかった。

この大きな賭《か》けをしたマッカーサーは、賭けに勝ち、北朝鮮の背後から猛攻撃を開始した。十日後、ソウルを奪回し、北朝鮮軍を追い、アメリカ軍と韓国軍は十月一日、三十八度線を越え、北進する。十月八日、アメリカ（国連軍）は、北朝鮮軍捕虜は総数五万人と発表した。

アメリカ軍は、破竹の北進を続け、クリスマスまでには戦争はアメリカの勝利で終わり、アメリカ兵は全員帰国するであろうと思われていた。

トルーマン大統領は、マッカーサーの軍事的才能に感銘を受けたが、アジアにいる共産主義者を一人残らず殲滅《せんめつ》させるべきだと主張する、マッカーサーの宣教師的執念が独《ひと》り歩きをするのではないかと心配でならなかった。意見調整のため、十月十五日（アメリカ時間）、両者は、かつてアジア・太平洋戦争の激戦地であった小さなウェーキ島で会談した。

会談後、トルーマンは、記者たちに「完全な意見の一致を見た」と語った。

この会談でマッカーサーは、「中国共産軍は参戦してこないでしょう」とトルーマンに進言した。

十月二十日、アメリカ軍は北朝鮮の首都平壌《ピョンヤン》を占領した。翌日、アメリカ軍のパラシュート部隊は、北朝鮮の奥深く着陸し、南と北から北朝鮮を挟み撃ちにして、全滅させる計画を実行した。

十月二十四日、トルーマンはマッカーサーに手紙を書き、「あなたの指揮の下《もと》、あなたの軍が勝ちえた勝利は私たちがウェーキ島で会って以来、最も素晴らしいものである。ここで、もう一度、私は心からの祝福を送りたい。あなたの指揮下による韓国での軍事作戦は、世界平和へ最も深い影響を与えるであろう」とアメリカで最も有名な軍人を称えた。

十月二十八日、中国軍兵が北朝鮮で確認された。

十月三十日、マッカーサーは、大統領の心の籠《こも》った手紙に感謝し、次のような報告をした。

「我々が満洲国境に近づくにつれて、敵の抵抗が幾らか強くなっておりますが、我々の国境での目的達成を遅らせるような強い防衛体制を示すものだとは思いません」

事実、「トルーマン自身も、中国が参戦してくるとは思っていなかった」とアチソン国務長官は言明している。

マッカーサーは向かうところ敵なしで、彼の軍隊は、十一月二十日、中国・満洲の国境、鴨緑江《おうりょくこう》にまで進撃した。

しかし、マッカーサー元帥は、韓国軍以外の軍をこの国境に近づけてはならない、と統合参謀本部からの命令を受けていた。アメリカ軍はこの国境線に近づいてはならないという命令だ。

戦争は間もなく終わり、朝鮮半島はアメリカと韓国のものとなり、アメリカ兵たちは、クリスマスには、本国で美味しい七面鳥が食べられると確信していた。

十一月二十七日、三十万名の中国軍が地鳴りを上げ、国境の河、鴨緑江を越え、北朝鮮に傾《なだ》れ込み、マッカーサーの猛進撃を完全に挫《くじ》いた。

翌日、マッカーサーは、今や全く新しい戦争に直面したと語った。マッカーサー軍は敗北を重ね、南へ後退し、首都ソウルはまた敵の北朝鮮軍の手に落ちた。

十二月一日、焦りが募《つの》ったのか、マッカーサーは、中国の国境を越え、中国本土にいる共産主義者を攻撃することを禁止したアメリカ政府の命令は、「軍史の中で前例のない極めて大きな障碍となっており、それが解除されない限り、勝つことはできない」と断言し、トルーマン大統領を非難した。

これは、中国との戦争を避けようと苦心していたトルーマン大統領に、公然と反対したものであった。朝鮮を「局地戦」に留めようとしているトルーマンに難しい問題を齎《もたら》した。

十二月六日、心配した統合参謀本部（ブラッドレー議長）は、マッカーサーに黙っているようにと忠告し、もし言わなければならないことがあるのなら、国防省（マーシャル長官）かアチソン国務長官を通すように、と伝えた。

同本部は、大統領が「公の声明には最大限の注意を払うよう」望んでおられると警告し、さらにアメリカ国内で発行されている新聞、雑誌等に軍事、外交政策についての寄稿をしないようにと忠告した。

マッカーサーは沈黙を守り、敵からソウルを奪還するため猛然と戦った。

十二月二十九日、統合参謀本部は、彼に「入手できる全ての情報から判断して、中国の共産主義者は、韓国から国連軍を追い払う能力を有している」と伝えた。

それにも拘らず、マッカーサーは、一九五一年三月七日、ソウル奪還に成功した。

この日、勝利に酔っていたのか、彼は再び、アメリカ政府が自分の最善の戦略、中国本土を徹底的に攻撃することを禁じている限り、戦争に終わりはなく、軍事的行き詰まりは続くと述べた。また、トルーマンを公然と非難している。

一九五一年三月二十日、統合参謀本部はマッカーサーに、トルーマン大統領には「敵と停戦を話し合う用意がある」との声明を発表される予定であると告げた。

四日後の三月二十四日、統合参謀本部は、再び彼に「これ以後、あなたの声明は、ワシントンと調整して行なうよう」忠告した。

同日、トルーマンは、マッカーサーに「共産側の軍指導者が戦地で停戦を求めてきたら、その事実をすぐ統合参謀本部に報告して、指示を待て」と命令を出した。

その同日、マッカーサーは、大統領命令の「指令を待て」に挑戦するかのように、「韓国において国連の政治目的の実現のために、流血なしに達成されうるという方法が見つかるのであれば、私は、敵の最高司令官と戦地でいつでも真剣に話し合う用意がある」と発言した。

国務省は、マッカーサーの声明は「現地司令官の責務を越えたもの」と公表した。

朝鮮半島で勝利をおさめたいとするマッカーサーの熱意と、そのために支払わなければならない厖大な犠牲は、トルーマンをより一層慎重にした。マッカーサーのたびたびの声明は、トルーマン大統領を優柔不断であると呼ぶに等しいものであった。

四月五日、ジョセフ・W・マーティン下院議員（共和党）は、アメリカ議会で「マッカーサー元帥は、アジアにおいて第二戦線を展開するため、国府軍の使用を望んでいる」と言った。

マッカーサーの言う「国府軍」とは、蔣介石・台湾の軍隊で、「第二戦線」とは、この国府軍が中国本土に攻撃をかけるということだ。これは、朝鮮戦争の全面的な拡大で、第三次世界大戦になる可能性は非常に高い。トルーマンは、この拡大だけは絶対に避けなければならないし、避けると決意していた。

これが、トルーマン大統領とマッカーサーの最後の闘いの場となる。

マーティン議員は、マッカーサーからの手紙（三月二十日付）を引用していたのだ。彼の手紙には、次のような台詞《せりふ》もある。

「我々は、ヨーロッパの戦争をアジアで、武器を持って闘っているが、ヨーロッパの外交官たちは依然意味のない言葉だけで闘っている。もし我々がアジアにおいて共産主義との戦いに敗れるならば、ヨーロッパの崩壊は避けられない。アジアで勝てばヨーロッパは戦争を避けることができ、かつ自由を保持することも可能となるであろう」

マッカーサーは、アメリカ政府首脳部が「ヨーロッパ第一主義」であるため、このアジアでの戦争が、アメリカの国家安全にとっていかに重要であるか分かっていない、と非難しているのだ。

翌日、四月六日、大統領秘書は、記者会見で、トルーマンはこれまでの政策を変更させる気は全く持っておられない、と発言した。即ち、「国府軍は使わない」。

しかし、民主党のトルーマン大統領が、アメリカの英雄マッカーサー（共和党）に戦場での自由を与えないため、朝鮮戦争が長引き、勝利が得られないのだという声が議会の内で急速に高まってきていた。

翌七日、トルーマンは、マーシャル国防長官、ブラッドレー統合参謀本部議長、アチソン国務長官と長時間に亘り、マッカーサーにどのような懲戒措置をするべきかを話し合った。アチソンとマーシャルは「マッカーサーを解任せよ」とトルーマンに進言した。

九日、若いペース陸軍長官が来日し、トルーマンの強い不快感と警告をマッカーサーに口頭で伝えた。ペースは、少なくとも表面的にはマッカーサーの「上官」である。この二人は昼食を共にした。

ワシントンでは（八日、ワシントン時間）、統合参謀本部が緊急会議を開き、ブラッドレー元帥議長、コリンズ陸軍参謀総長、バンデンバーグ空軍参謀総長、シャーマン海軍作戦部長の四人がマッカーサーについて話し合った。

この四人は、マッカーサーを深く尊敬していたので、何か新しい解決案はないものかと苦悩した。絶望感が漂っていた。この四人は、トルーマンがマッカーサーを解任したいことを知っていたのだ。バンデンバーグ空軍参謀総長とシャーマン海軍作戦部長は解任に強く反対した。

十日、東京のGHQは、ペース陸軍長官がマッカーサー元帥を訓戒しに来日したのではない、と発表した。同日、AP通信東京支局は、マッカーサーがペース長官に、自分の考えを切々と訴えたと報道した。

マッカーサーの「考え」は四点に要約される。

(1) 共産主義は全面的に闘うことによってのみ打破することが出来る。中共軍の満洲軍事基地を爆撃するべし。

(2)アジアを軽視し、ヨーロッパの防衛を強固にすることは誤りである。

(3)中共軍に対して連合軍は、持てる武器全てを使い、闘うべきだ。原爆も武器である。

(4)中共軍を徹底的に打破するか、または、彼等が決定的な敗北をすると悟らなければ、朝鮮戦争の解決はない。

翌十一日、真夜中の午前一時、トルーマン大統領は記者会見を行ない、「マッカーサー解任」を公にした。同日、午後十時三十分（日本時間、十二日午後零時三十分）、トルーマンは全米ラジオ放送で、「我々は第三次世界大戦を防止しようとしているのである」と断言し、彼のマッカーサー解任につき、国民の説得に努めた。

トルーマンは、五月七日には、マッカーサーの論法が通れば、結果は「原爆戦争」になるかもしれないと言った。

マッカーサーの自尊心は、トルーマンの解任命令よりも、自分の解任を知った経緯によってひどく傷つけられた。

彼は、一九五一年五月三日、上院軍事・外交両委員会の合同公聴会で、そのことについて説明した。

スタイルズ・ブリッジズ上院議員「あなたは解任の最初の言葉をどのようにして受け取りましたか」

マッカーサー「私は妻から教えられました。私の副官の一人が放送を聞いて、すぐ妻に知らせました。彼女が私に告げてくれたのです」

ブリッジズ「あなたは、正式の通知を受ける前に、ラジオで知ったのですか」

マッカーサー「はい、そうです」

ジーン夫人から知らされた後、マッカーサーは「FLASH」（緊急）と赤色の大文字が印刷されてあった小さな茶色の封筒を副官シド・ハフ大佐から手渡された。

その時、マッカーサーは何も言わず、夫人と十三歳の息子アーサーを交え、二人の訪問客、ウォレン・マグナソン上院議員とノースウェスト航空社長ウィリアム・スターンとの昼食会を続けた。

日本国民は、アメリカ政府の文民《シビリアン》コントロールの劇的な展開に愕然とした。誰が、あの雄々しい、「太平洋の皇帝」を解任することができるのか。

トルーマン大統領は、「解任」を事前に通達しないことで、驕《おご》っていたマッカーサーを懲《こ》らしめていたのだろうか。

「マッカーサー元帥解任！」のニュースは、日本で天変地異の大事件となった。動転したのは吉田首相を始め、全国民、それに日本のマスコミの全てである。

「日本一億総動転」の例を二、三点挙げてみる。

解任当日（日本時間、四月十二日）の『朝日新聞』の社説「マックアーサー元帥を惜しむ」は、運命故《ゆえ》、別れなければならなくなったマッカーサーへの「恋文」である。長い引用になるが、読者が退屈しないと思うので披露する。

「われらの敬愛したマックアーサー元帥が、……なぜ一挙に解任されたのであろうか」「われわれは終戦以来、今日までマックアーサー元帥とともに生きて来た。……われわれと元帥の関係は講和成立の日まで続くものと思いこんでいた。それだけにマックアーサー元帥が総司令官としての地位を去るということは、解任の理由如何を問わず、日本国民の最も残念に思うところである」「日本国民が敗戦という未だかつてない事態に直面し、虚脱状態に陥っていた時、われわれに民主主義、平和主義のよさを教え、日本国民をこの明るい道へ親切に導いてくれたのはマ元帥であった。子供の成長を喜ぶように、昨日までの敵であった日本国民が、一歩一歩民主主義への道を踏みしめていく姿を喜び、これを激励しつゞけてくれたのもマ元帥であった」「元帥の在職六カ年の間に培われた日本の民主主義、平和主義というものは、もはや日本国民のなかに抜き難いものとなっていることは、われわれが多大の感謝の念と、多少の誇りとをもって、マ元帥ならびに連合国に答えうるものである」「マックアーサー元帥の、日本占領政策における成功は、マ元帥の解任にかゝわらず永く歴史に残るであろう。……その偉大な功績を決して忘れないであろう」「マックアーサー元帥によって日本人の心に打ちすえられた民主主義への基盤と方向は変らない。われわれは、たゞこの方向にそって、今までの道をさらに力強く歩きつゞけるであろう」「それが終戦以来今日まで六年間われわれを導いてくれたマックアーサー元帥に対する何よりの感謝のしるしであり、これがとりもなおさず、日米間の友情、いな連合諸国との友情を永遠に結ぶ平和のかけ橋ともなるのである」

翌四月十三日の「天声人語」でも、マッカーサー讃歌は続く。

「マックアーサー元帥ほど日本人に広く深く影響を与えた外国人はない。ペルリといえどもマ元帥には遠く及ばない。また彼ほど大多数の日本人に親しまれた外国人も少い。……バターンいらい六十歳から七十歳までの十星霜《せいそう》、日曜も誕生日も休まぬ労苦に満ちた歳月だった。講和の完結も見ず信念に殉じてやがて日本を去るマ元帥に対して『太平洋の偉大なる懸《か》け橋』として深い敬意と惜別《せきべつ》とを感ずる」

占領初期、マッカーサーに挑戦し、二日間（昭和二十年九月十九日、二十日）の発行停止を喰らった『朝日新聞』は、自ら反省し改心して、「マッカーサー万歳」組の広報役になったのか。それとも、マッカーサーの「洗脳」は、これほど鮮やかだったのか。

四月十五日、午前十一時五十二分、天皇陛下は皇居を出られ、アメリカ大使館にマッカーサーを訪問された。マッカーサーは玄関先まで出迎えた。天皇はお別れにこられたのだ。四十五分間の最後の対談となった。これは天皇の十一回目のご訪問であった。

四月十六日、衆・参議院は、マッカーサー元帥に感謝決議文を差し上げることを決定した。経団連も、同日、感謝声明文を発表した。

四月十六日、午後一時、東京都議会は臨時会議を開き、感謝決議文を決議し、副知事が羽田でマッカーサー元帥に手渡した。

「マッカーサー元帥は一九四四年日本進駐以来、平和と人道に立脚した高く勝《すぐ》れた精神によって敗戦による混乱と窮乏のわが国民を指導せられ、……講和条約締結への希望が輝く今日の姿を築くに至った。特にわが首都東京は戦災の影響もっともはなはだしく、……閣下の絶えざる激励と理解ある指導とによって都民生活は次第に安定し、首都の復興に成果をあげ得たことは都民のひとしく感謝感激に堪えないところで、閣下の偉大な功績と卓絶した識見とは、都民の永遠に忘れることのできないものである。……東京都議会は六百三十万都民を代表し、全員一致の決議で深厚な感謝の誠意を表すものである」（『朝日新聞』一九五一年四月十四日）

東京都議会は、B29の大空襲で三十万人の都民が殺されたことを忘れていたのであろう。

マッカーサーの解任から三日後、四月十四日、吉田首相がマッカーサーに宛てた手紙は彼の驚きをよく表わしている。

「あなたが、我々の地から慌《あわ》ただしく、何等の前触れもなく出発されるのを見て、私がどれだけ衝撃を受けたか、どれだけ悲しんだか、あなたに告げる言葉もありません」

四月十六日は、マッカーサー元帥夫妻と令息アーサーが愛機「バターン号」で本国へ帰る日である。アーサーは、本国の土を踏んだことはまだ一度もない。マッカーサーの忠実なホイットニー民政局長も、GHQを辞任し、元帥と共に本国へ帰る。

マッカーサーが、一九四五年八月三十日の猛暑の午後二時五分、厚木に到着した時の様子について、『朝日新聞』の記述を引用したので、離別も同新聞を引用する。

「この朝六時二十五分、マ元帥夫妻、令息アーサー君らは自動車で米国大使館を出発、警官一万余名、婦人部隊をまじえた武装将兵が立並ぶ十五キロの道を羽田空港に向った。別れを惜しむ二十数万の都民は沿道にギッシリつめかけて思い思いに星条旗、日の丸を持ち、手を振って見送った」

「羽田空港には滑走路の〝バターン号〟の前に歓送式場が設けられ、リッジウェイ最高司令官をはじめ連合軍、米軍高官や各国代表、日本側は天皇の御使三谷侍従長、吉田首相以下の閣僚らが居並ぶ。閲兵を終ったのち元帥は見送りの一人一人と固い握手をかわし、短いが感慨深い式を閉じた。五年八カ月間日本のために心を砕いた元帥との別離の瞬間、バンザイの声がわき上った。タラップを登り、無表情なうちにも深い愛惜《あいせき》の情をこめて右手を静かに振りながら機上の人となった元帥——かくて七時二十三分、銀色の胴がすべるように日本の土を離れて行った」

マッカーサー一行は、ホノルル、サンフランシスコ、ワシントン、ニューヨークで、空前の大歓迎を受けた。

マッカーサーは、四月十九日、午後十二時三十分から、アメリカ議会の上・下両院の合同会議で、今でも語り継がれる伝説的な名演説を行なった。

「Old soldiers never die, they just fade away.（老兵は死なず、ただ消えゆくのみ）」の台詞で終わった三十八分間の名演技は、全員出席の上・下議員を熱狂させた。深い感動に打たれた議員たちは、全員総立ちで、割れるような大喝采でマッカーサーに応えた。

この名演説の中で、マッカーサーは「私は日本国民ほど清らかで、秩序正しくかつ勤勉な国民を他に知らない」と日本人を褒《ほ》めちぎった。

著名な日本人たちが「マッカーサー神社」を建立《こんりゅう》しようと話し合った。「マッカーサー元帥記念館」と仮名を付けられたもので、建設発起人として、秩父宮両殿下、田中耕太郎（最高裁長官）、金森徳次郎（国立国会図書館長）、野村吉三郎（元駐米大使）、本田親男（毎日新聞社長）、長谷部忠（朝日新聞社長）らが名を連ねている。

金森は、「元帥の功績を永遠に記念するため威厳と美しさを備えた喜びと教養の殿堂にしたい」と言った。

長谷部が、四月十一日（マッカーサー解任の日）に、この計画についてマッカーサーの考えを聞くため打電した。

四月二十三日、ホイットニー前民政局長から「元帥はこの申し出について非常に光栄に思っている」との承諾の返電がアメリカから送られてきた（『朝日新聞』一九五一年四月二十五日）。

しかし、帰国したマッカーサーが、世界中が注目していた五月三日から始まった議会の公聴会で「日本人は十二歳の少年」ぐらいの知的成長であると言明したため、この神社設立の意気込みは、「神」に裏切られた怒りと軽率な憧れに対する赤恥に耐えられず、一夜にして消えた。

皮肉なことに、このような神社建立は、マッカーサー自身の教えに反するものであった。彼は「現人神《あらひとがみ》」の罪悪について日本人に延々と説教していたのである。天皇陛下にさえ天から降りるよう命令した。彼の説教は、日本国民だけに使われたものであったのだろう。

バージニア州ノーフォークに建設された美しく威厳のあるマッカーサー記念館では、訪問者に彼の華々しい経歴を折り込んだ短い映画を上映し、男性の語り手が低い声で、「今、訪問者は、『国立神社』("national shrine")の中にいる」と告げる。記念館の正面玄関には、マッカーサーの雄々しい銅像が建っている。

記念館内の中心部は、円形に掘り抜かれ、そこにマッカーサーが荘厳な黒い大理石の柩の中に眠っている。同じような大理石の空の柩がその側に置いてある。ジーン夫人用のものである。

私は、ジーン夫人に二度お会いし、言葉を交わした。最初の時は、このマッカーサー記念館で「日本占領・シンポジウム」が開催された時だ。「私の元帥について素晴らしい本を書かれたそうですね」とジーン夫人は私に言われた。「My General」という言葉を使われた。ジーン夫人は二〇〇〇年一月二十二日、ニューヨーク・マンハッタンで亡くなられた。百一歳であった。

マッカーサーが朝鮮半島で、攻防を繰り返している間、吉田首相に牛耳られていた保守政権は、自分たちの共産主義への恐怖心を増大させ、それで日本国民を戦慄《おのの》かせていた。

この保守派による政治宣伝は難しいことではなかった。というのも、日本国民は、共産主義と大嫌いなソ連を同一視していたので、共産主義はいつまで経っても不人気のままであったのだ。

しかし、保守派は、国民が冷静に共産主義を拒否しているだけでは満足せず、共産主義者は戦前と同じように牢獄へ入っているか、さもなくば絶え間なく迫害されていなければならなかった。

迫害された共産主義者たちは、秘密結社として生き残り、ＧＨＱや吉田政権に対し激しい敵意を表わした。彼等は、公然と暴力革命を企てた。追いつめられた共産主義者たちは、失うものは最早何もなく、暴力革命で得るものばかりだと考えていたのだ。彼等の反社会的行動は、日本政府に彼等をさらに粉砕する口実を与えた。戦前によく見られた悪循環が、また始まりだした。

荒れ狂うレッドパージが、異常な魔女狩りの形相を示し始めた時、かつての「戦犯」が自由に動き回るのが許された。新しい日本は、古い日本に逆戻りするのだろうかと思った人たちは共産主義者たちだけではなかった。

天皇が秘密に、「赤狩り」の素晴らしい成果について心からの感謝をシーボルド政治顧問に伝え、共産主義と戦うため、日本はもっとアメリカの努力に手助けをしなければならないといったのは偶然の一致ではない。

マッカーサーが「神より、私、老兵に与えられた最後の闘いである」と神に感謝した朝鮮戦争は、共産主義の邪悪な企みを赤裸々に見せつけたが、占領下の日本は、調子に乗って連合軍の一員であるソ連や共産主義を攻撃することはできなかった。

マッカーサーがソ連を当惑させ、苦しめるための政治宣伝工作としてしか考えていなかった平和条約は、今や絶対に必要なものとなった。独立した日本が堂々と、誰に遠慮することもなく、ソ連や中国や北朝鮮を攻撃できるように……。

日本は、朝鮮戦争で一人の命も失わず、「特需」で奇跡的な復興を成し遂げたが、朝鮮国民とアメリカは犠牲を払った。

アメリカ兵、三万三千六百五十一名、戦死。

北朝鮮と中国軍の死傷者、百五十四万人。

南北の朝鮮人市民、戦火に巻き込まれ、二百万人、戦死。

誰が北朝鮮を挑発し、この惨劇の脚本を書いたのか。

「アチソン国務長官だ」と指差したアメリカ上院議員は沢山いた。

アチソンの一九五〇年一月十二日のワシントン記者クラブでの演説が、北朝鮮の侵略を招いたのだと非難した。

この演説でアチソンは、「アメリカの太平洋における国防の最前線はアリューシャン列島から日本、沖縄からフィリピンに走る線である」と発言した。朝鮮半島が入っていない。アチソン国務長官は朝鮮半島を見捨て、見殺しにしたと責められた。

しかし、アチソンの言ったことは、マッカーサーが十カ月前の一九四九年三月一日、東京での記者会見で話したことと同じであった。その時は何の反対もなかった。

激怒している議員たちは、この事実を完全に無視し、アチソンの辞任を要求した。もし、辞任をしなければ、トルーマン大統領が彼を馘《くび》にすべきだと大騒ぎした。

アチソンは、「空騒《からさわ》ぎ」だと一蹴した。

北朝鮮攻撃に関し、より真実に近い理由として、アチソンは、一九六九（昭和四十四）年に書き、翌年のピューリッツァー賞を受けた回顧録の中で三点を挙げた。(1)「韓国からアメリカ軍の大幅な引き上げ」(2)「アメリカ議会において、韓国援助法案の否決（百九十三対百九十二の一票の差）」(3)「日本との平和条約会議の推進」。

国務省で、アチソンの下で働き、政策立案の長だった英才ジョージ・ケナンは、対日平和条約を巡るアメリカの動きが挑発したのだと考えた。

「朝鮮問題の起源は、日本における単独平和条約への我々の動きと密接な関係があると見て、私は間違いないと思う。それは、唯一の理由ではないが……」

平和条約の本文は、一九五一年七月十三日、日本で公表された。

「この喜ばしい日に」と吉田首相は、ニューヨーク最高のホテルとして有名なウォルドルフ・アストリアを宿舎としていたマッカーサーに手紙を書き、「私は、私自身と日本政府の深い感謝の念を表明したいと思います。私は、直接あなたに会って感謝を申し述べられないのを非常に残念に思います」と述べた。

八月二十日、マッカーサーは、吉田首相に五頁《ページ》に及ぶ電報を送った。

「この平和条約で、私は本当に測り知れない個人的満足を感じている」「この平和条約で日本は、自由を破壊するために陰謀を企んだり、武力を用いたりする国際共産主義者の邪悪な軍を追い払うため、自由世界と堅い不滅の抵抗を示すだろう」

電報の残りは、「民主主義原則」に関する彼の説教で、吉田首相が過去六年間にいつも聞かされていたものであった。「この方針を忠実に守り続けよ」と彼は、「マッカーサー教室の優等生」を励ました。

サンフランシスコ平和会議で、マッカーサーを「儀式の司会者」にしようという提案があったが、アチソン国務長官は、大統領に解任された者がこの重要な儀式に出席するのは良くないと考えた。トルーマンもそれに「異議なし」である。

「太平洋のシーザー」と呼ばれた偉大な軍人は、己が必死で闘い、勝ち取った勝利の最後の幕引きである世界の舞台に参列し、世界からの栄光と感謝の喝采を浴びたかっただろう。また、勇敢な敵、日本帝国を友好国として歓迎する美しい儀式に出席したかったことは疑う余地もない。トルーマン大統領に願い出るのは、マッカーサー自身の自尊心が許さない。寂しかったろう。

しかし、トルーマンの了見の狭さに驚いたアメリカ国民は、無数の手紙や電報をホワイト・ハウスに送り、ハリー・トルーマンに再考を促した。一例を挙げる。

「ハリーよ、よく聞け。この頑固なミズーリの強情者め。どうして、お前は日本との平和会議で老マッカーサー元帥を出席させないのか。彼は、誰よりもこの件に貢献したではないか。ハリー、彼を任命しろ、そうすれば我々はお前に惚《ほ》れ直す。ハリー、彼を参加させなければ、一九五二年十一月の大統領選挙は大変難しいものになるぞ。敬具」

トルーマン、再考せず。

一九五一年九月八日、日本はサンフランシスコ平和条約に調印した。

スターリンのソ連、毛沢東の中国は出席せず、吉田首相が招いた日本社会党はサンフランシスコに来なかった。社会党は「全面講和」を推進していた。この当時、筋の通った野党であった。

同じ日、日本とアメリカは相互安全保障条約に調印し、アメリカが日本を防衛すると約束した。この「約束」故、日本中にアメリカの軍事基地がある。

第二次世界大戦の最大の激戦地の一つ、二十万人近くの日本人と四万九千百五十一人のアメリカ兵が戦死した沖縄は、日本に返してもらえなかった。

沖縄の重要性は、誰の目にも明らかであり、一九四七年六月十九日、ジョージ・アチソン政治顧問は、トルーマン大統領に、「沖縄は、日本にとって経済的価値はありません。それどころか、経済的負担です。しかし、我々にとって、沖縄は西太平洋諸島の空軍力に重点を置いているアメリカ軍事力の要《かなめ》であります」と進言している。

沖縄は、日本が支払わなければならなかった用心棒代であった。

沖縄は、憲法第九条の化石化した虚像を支えるために、人柱にされた。日本国民の責任回避の犠牲にされた。沖縄は、日本国民の勇気の不在、臆病の生き証人である。

3　吉田茂の言い訳

平和条約に署名して二日後、マッカーサーの忠実な生徒であった吉田首相は、この恩師に敬虔《けいけん》な気持ちを表明していた。

「私の心と日本国民の心は、限りない感謝の気持ちをあなたに捧げております。敗北し、打ち拉《ひし》がれた国を復活と再建の道に導いてくださったのは、あなたの堅固な心の籠《こも》った教えだったからです。我々がやっと手に入れた公平で寛大な平和の原則について、絶えず教育して下さったのは、あなたです。日本国政府と国民の名において私はあなたに心からの感謝を送ります」

しかし、占領が終結した後、五月二十二日に、吉田首相は恩にきるものが何もなかった。マッカーサーの後任、マシュウー・B・リッジウェイ将軍には、日本が欲しいと思っているものを単刀直入に伝えた。

「政治的貸し付けということを、アメリカはとても嫌がっていることを、私はよく知っております。しかし、私は、今この時期にアメリカが日本に財政援助をすることは、共産主義に対する防御を強める経済的手段であるばかりか、政治的武器になるという極めて重要な意味を持つと思います」

レッドパージは大成功を納めたが、国民の基本的人権を犯したのではないかという疑惑について、吉田首相は自分の責任回避をすることに懸命であった。

「共産主義者だからという理由で、または政府や世論とは違う思想を持っているからという理由で職を追放されたことはなかった。しかし、当時の共産主義者の態度やパージの間の態度はこうした連中が、彼等を雇っている会社や産業にとって潜在的脅威であったので、将来のトラブルからこれらを防ぐため、政府は共産主義者たちの追放を正当と見做した」「憲法は、共産主義者を犠牲にしてでも守らなければならなかった」と回想している。

共産主義者たちがいかに不人気であろうとも、「赤狩り」がいかに国民から支持されようとも、それらの人々の生活権までも「人身御供」として日本国憲法は必要としない。

憲法の「命」は、良心の「死」で保たれるものではない。

絶えず騒々しく、虚しい理想郷《ユートピア》を大袈裟に宣伝する日本共産党が、この資本主義の日本列島で共産革命に成功する可能性は皆無であったのだ。むしろ、優れた第六感を持っていたマッカーサー元帥と吉田首相は、民主主義が芽生え始めた日本で、共産主義者たちがなり立てた不協和音の中に、澄み通った純粋な音《ね》を聞き取ったことであろう。

その真理の音《ね》は、目先の損得勘定だけで、思想や人を判断する者たちの濁った心に突き刺さり、その一瞬、良心の呵責《かしゃく》という真の人間性を目覚めさせる。

「盛者必衰の理《ことわり》」とは、この音《ね》を無視した驕れる者たちが受ける運命の掟なのではないのだろうか。

おわりに

凶暴かつ激動の二十世紀を疾風のごとく駆け抜けた日本帝国は、魂の情念が燃え上がったかのように、息が止まるほど美しく悲劇的であった。

その日本帝国の盛衰を「諸行無常の響きあり」と受け止めるだけの悟りも、精神的な鷹揚《おうよう》さも、成熟さも、私は持っていない。

戦後日本を作った「アメリカ日本占領」の枷《かせ》から自由になれない日本で生活している私の心は、「無」になれない。

一九四五年の真夏、五十万人の敵軍が焦土日本に上陸した。力尽きた日本人は、雄々しい敵兵を見て、痛烈な自信喪失に陥った。日本帝国の聖地が、夢の跡が、次々と敵兵の軍靴《ぐんか》に踏み荒らされたが、我々日本人は抵抗する力も意志も残っていなかった。

夢を追い、ロマンの炎に身を焦《こ》がし、追えば追うほど遠くへ行ってしまう夢。それでも、その夢を見失うことなく追い求めた、貧しかったが勇敢であったあの国民は、もはや死に絶えてしまったのだろうか。戦後の日本国民は、夢を失った民《たみ》なのだろうか。

日本人は勇敢だった。蛮勇かもしれない時もあったが、絶えず信念を持っていた。信じきれるものを持っていた。それが日本国民の、世界的に有名な、強靭な精神力の源となっていた。食糧も弾薬も尽き、手向かえば死ぬと解っていながらも闘った日本兵。降参もせず、次から次へと玉砕する日本人。

「天皇制・軍国主義の犠牲」だけでは、説明のつかない民族の誇りのため、民族の存続のため、父母のため、夫や妻や子供のため、恋人のため、というイデオロギーを越えた一個人の「命の生きざま」も、これらの「死」に秘められているのではなかろうか。

帝国主義という欧米の組織化された強者生存の、「力は正義なり」という、生死を賭《か》けた戦いに出遅れたアジアの国日本が、「富国強兵」に国運を託《たく》し、全アジアを植民地にしていた欧米の暴力に屈せず、「国造り」に励《はげ》んでいたが、ついに一九四一(昭和十六)年、国家安全のためにと信じ、大戦争に突入した。

その壮絶な戦いで、国のために死んでいった日本人を単なる「犠牲者」として片付けるのは無礼である。非礼である。

戦歿者たちを「犠牲者」として憐れむのは、戦後日本でアメリカの「平和洗脳教育」を受けた者たち、またアメリカの片棒を担いで「日本の平和のために」と言っている偽善者たちが持っている優越感以外のなにものでもない。

憐れむ前に、戦死していった人たちに、鎮魂《ちんこん》の念と感謝の思いを持て。

日本という「国」が悪で、日本国民は「無実の、いや無知な犠牲者」だという発想は、マッカーサーが仕組んだものだ。東京裁判も、この発想で進行した。

この発想は、「国民が国」という民主主義の土台を引っ繰り返したものであり、マッカーサーが日本の国民に特訓した民主主義に反するものであった。

しかし、「国」が悪いとする考えは、日本国民が「国」を愛さないようにするためには、実に巧妙で、効果的な策略であった。これが、マッカーサーの「日本洗脳」だ。

この絡繰《からくり》にハメられ、ハメられた状態を戦後民主主義と崇《あが》め、国歌、国旗を「国の悪の象徴」として否定し、憲法第九条を「平和の証《あかし》」と奉っている多数の有識者といわれている人たちは、「日本潰《つぶ》し」を企て、実行したアメリカの手先か。

悪いことは重なるもので、戦後日本でマルクス・共産主義という「神」を崇めている教師たちは、ソ連と中国の工作員であるかのように振る舞い、「日本という国が悪い」と若い世代に教え込み、戦歿者を「犠牲者」と呼ぶ。

アジア・太平洋の征服を目論《もくろ》み、進出してきたアメリカと日本帝国が戦争した四年間を、日本の歴史の全貌と取り違え、日本の永い歴史と文化さえも全部否定するという馬鹿げたアメリカのプロパガンダを鵜《う》呑《の》みにした日本の有識者たちや学校教師たちは、無知なのか。

それとも、日本を裏切り、潰そうと企んでいる悪い奴の集団なのか。

征服者マッカーサーは、勇猛な日本国民を弱くしなければ、アメリカの国家安全を脅かされる、と恐怖の念に駆られていた。弱民化する最良の武器は「教育」である。

「国家百年の大計」といわれる教育を武器に使った。

アメリカが大嫌いな日教組は、アメリカの日本弱民化作戦の片棒を担がされていることに気づいていないのか。マッカーサーの日本統治能力を明白に証明したのは、彼がこの教育を重視し、徹底的に利用したことだ。

「夢を持つな」「ロマンを追うな」とマッカーサーに命令された日本は、夢を捨てた。誇りも捨てた。信念も捨てた。捨てさせられた。

マッカーサーは攻撃を続け、日本の文化や伝統の本質は劣悪で、邪悪である故、日本国民が欧米化（キリスト教へ改宗）することに救いがあると断言した。

日本人であることは「恥」であり、それが「一億総懺悔《ざんげ》」となる。

近年、日本中で流行している「日本社会の国際化」とか「グローバル・スタンダード化」も、占領時代に始まった「欧米化」の流れが、今や荒れ狂う洪水となって、我々に襲いかかってきているのだろう。

我々の思考を欧米化し、国語も英語化し、我々は国を挙《あ》げて、欧米の真似をすることに懸命に努力する。誇りを持てる美しい姿ではない。

明治維新以来、我々日本人は、攻撃的な欧米につき、結局何も学ばなかったのか。

歴史を無視すると、歴史の仕返しを受ける。「歴史は繰り返す」というが、それは「歴史から学ぼうとしなかった」者たちが繰り返す同じ過ちのことをいう。

「忠誠」「愛国」「恩」「義務」「責任」「道徳」「躾《しつけ》」という日本国民の「絆《きずな》」となるべきものさえも、それらは凶暴な「軍国国家主義」を美化するものと疑われ、ズタズタにされ、日本国は内側から破壊されていった。

日本人は、「国」という考えを持ってはならない、日本人は誇れるモノを持っていないので、誇りも持ってはならない、「国」とか「誇り」という考えそのものが、戦争を始める悪性のウィルス菌であると教育された。

この恐るべき、かつ巧妙な洗脳には「平和教育」という、誰も反対できないような美しい名札《なふだ》が付けられていた。

現在でも、「平和教育」という漢字が独善面《どくぜんづら》をして日本中の学校で横行している。

この独善が、憲法第九条となり、日本のアメリカ依存を永久化しつつある。

第九条は、日本国民の「愛国心」「国を護る義務・責任」を殺すために作られた罠《わな》だ。

第九条は、生き埋《う》めにされた「愛国心」の墓。日本の男たちが、自分たちの妻、子供、父母、兄弟、姉妹、恋人を護らなくてもよい、いや護ることが戦争であると定めたのが、第九条。

あえて卑近な言い方をする。雄《オス》が雌《メス》を護らなくなった種族は死に絶える。他の種族のオスに守ってもらっていると、その種族に乗っ取られる。

日本の存続にとって危険極まりない第九条の枷《かせ》は、アメリカにとって、「太平洋はアメリカの池」「日本はアメリカのモノ」という事実を確立した偉大な業績の証《あかし》である。

「自衛」を放棄する国が、この世の中に存在するとは……。

占領後、日本の最高裁判所が「自衛隊は違憲でない」と仄《ほの》めかしているが、そのような軽薄なこじつけ論理で日本国を司《つかさど》ろうとしている日本政府と司法界が、日本をいじけた弱者にしている。

第九条を生んだ「精神」は、自己防衛のための武力も禁止したのだ。

無抵抗（第九条）が最も有効な防衛手段であると唱えた勝者マッカーサーの譫言《うわごと》を盲目的に信じ込んだ吉田首相と日本国民は、平和を心より望んでいたのだろうが、あまりにも無邪気であった。その場凌《しの》ぎの目先勘定だけで逃げ切ろうとしたのだろう。その「逃げ」のツケを、既に半世紀以上も日本国民は支払わされている。

第九条の下《もと》、平和教育を受けた日本の政治家たちの指導者としての評価は、彼等がいかにアメリカの国益に日本の政治・経済を擦《す》り合わせることができるかで決められている。アメリカを怒らせず、日本国民にはアメリカの国益どおりに動いていないと見せかけながら、アメリカに隷属《れいぞく》を続ける才能が、戦後日本でリーダーシップとして高く評価されている。

近年、「アメリカは日本の内政に干渉している」と強気の発言が、マスコミにチラホラと登場してきているが、アメリカの「日本統治」は、そのような生易《なまやさ》しい「内政干渉」どころではない。

「内政干渉」などしなくても、日本の首相は世界の征夷大将軍・アメリカ大統領がお住まいのワシントンへ参勤《さんきん》交代をする。

日本がアメリカにいかに忠誠を尽くしても、アメリカ経済の体調がおかしくなると、アメリカの機嫌が悪くなり、日本が殴られ、日本の経済はアメリカの食い物にされる。アメリカの経済を支えるため、アメリカ国民に良い生活をしていただくために、日本国民は厖大な貯金をし、その金でアメリカの、これまた厖大な国債を買う。買わされる。それでも、まだ殴られる。

日本が怒り狂い、ついに伝家の宝刀を抜いて、アメリカに威《おど》しをかけるかと期待しても、悲しいかな、日本の「伝家の宝刀」とは何だろうと見当もつかない現状が、日本の姿である。

このような日本を見て、アメリカは「日本には強いリーダーがいない」と宣《のたま》う。

私は、悪い夢を見ているのか。

日本の「伝家の宝刀」とは、日本人の「誇り」と「勇気」だ。今、憲法第九条の下《もと》に埋葬されているあの誇りだ。一個人にとっても、国家にとっても、誇りほど強力な武器はない。

敗戦後、日本人は、必死に「富」を追及し、巨万の富を築き上げることに成功し、世界一、二位の金持ちになり、世界中からチヤホヤされて、有頂天になった。その直後、「金《かね》」の脆《もろ》さを思い知らされた。

日本の輝かしい「富国」に対して、嫉みの熱病に魘《うな》されていたアジアの隣国、いや世界中の国々は、この時とばかりと追い打ちをかけ、経済超大国を土下座させ、大昔の「罪状」を取り出し謝罪させ、金を巻き上げ、捨て台詞に、「日本は正しい歴史観を持っていない」と言う。

日本人の弱い精神状態の根源は、心の中に、強い信念、信じきれるモノ、を持たないからだ。いかに精神的な虐待を受けても、怒り狂うような、はしたないことはせず、ただ右往左往して、誰かに好かれようとする日本。

その日本が「金」を祀《まつ》った宗教に、心身ともに捧げた。揚げ句の果てが、この虚《むな》しさ、この虚脱感。日本人の心の中に、今、何があるのだろうか。

誇りを捨てた民族は、必ず滅びる。

誇りを取り戻した民族は、偉大な民《たみ》となり、その文化も栄える。

一九四五年の夏以後、日本人は自国の永い歴史を忘れ去りさえすれば、「世界中お友達」の理想郷《ユートピア》が出現するとでも思っていたのだろう。

どの国の歴史も、戦争と平和の歴史だ。善し悪しを越えた、生きるための死闘の歴史だ。イギリスの歴史も、アメリカの歴史も、中国の歴史も、生きてゆくための戦争と平和の歴史だ。この事実を知らない日本ではない。

戦後の日本国民は、第九条に甘えた。この甘えを助長したのは、アメリカ。日本がアメリカに甘えれば甘えるほど、アメリカに都合よく操られた。この単純な上下関係が、今も続いている。日米安全保障条約である。

マッカーサーは、「民主主義」「平和」という言葉を頻繁《ひんぱん》に使ったが、「平和」の裏に、マッカーサーの恐怖心、日本民族に対する戦慄感があることを見逃してはならない。彼は、日本人に平和を望んでいたのではなく、日本人の弱民化を実行していたのだ。アメリカの国家安全のために、日本人の誇りを潰《つぶ》した。

アメリカに飼い馴らされた日本人は、「誇りの骸《むくろ》」を「平和」と呼ぶ。アメリカの対日「国家百年の大計」は、既に完成しているのではないか。

闘う意志がないのは、平和主義ではない。敗北主義という。

平和は闘い取るものだ。闘い取るから、平和の大切さが解る。平和のため血を流し、命を落とすから、平和の尊《とうと》さが解る。

戦後日本の「平和」は、強いアメリカ軍が勝ち取った平和のお零《こぼ》れを投げ与えてもらっているものだ。用心棒アメリカを、多額の金を出して雇って得た「平和」。

アメリカが「神・仏」で、その力に依存する、真の他力本願の平和だ。だが、これは「平和」ではない。単なる「隷属」である。アメリカへの服従なのだ。

戦いに一度敗けたから、国を護ることを放棄する、しなければならない、という十二歳の少年のような発想はどこから浮上してきたのか。マッカーサーの白昼夢からだ。それを、英知として「平和憲法」の中へ書き込んだ。

無防備が最強の武器と夢見たマッカーサーは、やがてそのお伽話《とぎばなし》のような夢から目を醒《さ》ましたが、未だに醒めていないのは日本国民。

浦島太郎でもあるまいに、目が醒めた時、日本国民が直面する現実は、強者生存だけの自然淘汰の世界である。

日本国民は己の歩む道も見出せないまま、己の夢もロマンもなく、世界を牛耳るアメリカの国益の餌食《えじき》となり、利用され、感謝も尊敬もされず、アメリカの極東の砦《とりで》として、終焉《しゅうえん》を迎えるのだろうか。

我々の魂と誇りの情炎が、二度と燃え上がることもなく、国の宝であるべき若者たちは、国の歩みも知らず、激情の喜びや有終の美も知らず、感動する夢やロマンを見出せず、我々富国日本の住民は、二千年の国史をむざむざと犠牲にして、打ち拉《ひし》がれた精神状態のまま、寂《さみ》しく亡国の憂《う》き目を見なければならないのか。

「國破れて、山河在り」は、誇り高き敗者が、戦乱で壊された夢の跡に立ち、歌った希望の詩《うた》だ。歴史に夢を活かすため、夢に歴史を持たせるため、我々が自分の手で、「占領の呪縛」の鎖《くさり》を断ち切らねば、脈々と絶えることなき文化、世界に輝く文化を育《はぐく》んできた美しい日本の山河が泣く。

後書

三十年近くアメリカに滞在して、帰国した直後、麗澤《れいたく》大学（千葉県柏市）の廣池幹堂《ひろいけもとたか》学長（現理事長）に出会った。日本を憂う彼の情熱に感銘を受けた。同志に巡り会った。『國破れてマッカーサー』を書くにあたり、廣池先生の力強い励ましがあった。多額の研究助成金も頂いた。

友永由美子《ともながゆみこ》さん（麗澤大学図書館）は、私の質問に次々と答えを出して下さった。笑顔で。友永さんは麗澤の宝。図書員の鏡。

諸坂成利《もろさかしげとし》助教授（日本大学法学部）はルネッサンス的な天才肌の男だ。彼の専門は比較文学で、若いのに、研究論文は数百本もあり、フランス語、スペイン語、そして英語も完璧。抜群の語学力を持っている。作曲をし、荘厳な指揮者にもなる。彼はこの原稿を丁寧に読み、清々《すがすが》しい批評をしてくれた。彼が私の親友であることは、私の誇りである。

労働経済学が専門の下田建人《しもだたてひと》教授（麗澤大学）は私の友人で、フーバー研究所に二カ年間客員教授として滞在し、ノーベル賞を授与された経済学者たちと討論をしていた。私はスタンフォード大学で、毎日昼食を一緒にした。下田先生は卓越した洞察力を持ち合わせている。彼の洞察にはスピード感がある。彼のアドバイスには従うことにしている。

背が高く洗練された美女の熊野留理子《くまのるりこ》さんは、ハワイ大学大学院から「四年間全額支給奨学金」を授与されている。彼女の成績は「全優」。博士論文（比較教育学）を執筆中にもかかわらず、この原稿を読んでくれた。私の生徒であった熊野が原稿にあれこれ注文を付ける。真の恩返しである。

中央公論新社の平林　孝《ひらばやしたかし》君が編集して読みやすい本にしてくれた『國破れて　マッカーサー』は、一九九八年に単行本として出版され増刷を重ねた。二〇〇二年、彼と日米の文化力の戦いについて書き下ろしを出版しようと話し合っていた頃、彼が癌に冒されていると診断された。病魔と闘いながら彼は原稿を読んでくれて、もっと早く書きなさい、と激励さえしてくれた。その本『日米魂力戦』（二〇〇三年）が出版される前に、日本は日本を愛した文化人を一人失った。

中公文庫の伊藤彰彦《いとうあきひこ》氏は『國破れて　マッカーサー』の歴史的な重要さを強調された。説教されたのだ。私は原稿を何度も読み返して、中公文庫の輝かしい「文化への貢献」に恥じない本にしようと努力した。伊藤氏に深く感謝をしている。

ハッと感動させる能力を持った人に出会う時がある。私が「持って生まれたかった」と羨望を超えた「憧れ」を感じる時だ。中公文庫の藤平　歩《ふじひらあゆむ》氏の能力は、その憧れである。彼は何も見逃さない。すごい才能だ。この本に彼の手が入り、より一層読みやすい専門書となった。

数学好きの七歳年上の兄がハワイで亡くなった。彼が旧制中学生の時、日本帝国が負けた。

アルバイトで学費を捻出していた兄は水産学を専攻し、卒業航海で七つの海を渡り、ハワイへ寄港した。ハワイ生まれの女《ひと》と結婚し、彼はハワイ島の静かな町に移住した。兄が私の留学に資金を出してくれた。夏休み、冬休みにハワイに来いと旅費を送ってくれた。その兄とやっと話ができるようになった時、「癌だ」と連絡がきた。何度も見舞いに行った。やせ細った兄の顔に、若い時の、あの惚れ惚れとする男前の面影を見た。

哲学を愛し武道を敬い律儀であった父と、おおらかで和歌俳句を愛し父に惚れていた母は、敗戦直後の悲惨な時代の貧しい家計にもかかわらず、私たち兄弟姉妹をのびのびと自由に、知性と品性のある生き方が大切だと育ててくれた。誇りと真の強さを内に秘めた両親であった。

妻マリア、娘麗蘭《れいらん》、息子武尊《たける》は、生命《いのち》の歓《よろこ》びと無限の愛を教えてくれた。

近代日本の国造りに献身的な働きをし、死をも恐れなかった勇敢な人々へ、戦争の破壊と敗戦の屈辱から這《は》い上がり、飢えと絶望で茫然としていた国を世界の富国へと築き上げた人々へ、そして日本の輝かしい伝統文化と心のよりどころとなる気品を大切にして生きた人々へ、私は感謝と追悼の想いを持ちつつ、この本を捧げる。

西《にし》　鋭夫《としお》

昭和十六（一九四一）年十二月十三日生

In view of the source and extremely delicate nature of this letter, I hope that you will keep its contents within the smallest possible circle. I will, of course, keep you advised of any developments.

Sincerely yours,

(Signed Original)
W. J. Sebald

H. Merrell Benninghoff, Esquire,
Deputy Director, Office of Far Eastern Affairs,
Department of State,
Washington 25, D. C.

MacArthur immediately stated that he was fully alive to the possibility that the Emperor might perhaps contemplate abdication, or under strong emotional strain arising out of the sentences in the major War Crimes Trial, perhaps even consider committing suicide. I agreed that these are possibilities, especially as the Emperor is both Oriental and Japanese.

The General said that in his opinion the judgment of the major War Crimes Trials is like blowing up a ton of dynamite — one cannot possibly foresee what might happen. He feels that the emotional effect of the sentences upon the Emperor might perhaps temporarily unbalance the latter's judgment, with the result that either of the two mentioned possibilities could happen. On the other hand, however, he said that he has never had even the slightest indication that the Emperor was contemplating abdication, and that comments which have appeared to this effect in the press and elsewhere are fabrications and have no substance whatsoever. The General feels that abdication by the Emperor would be politically disastrous and that he would therefore do what he can to stop it.

He said that the Emperor intends to call upon him immediately after the announcement of the major War Crimes judgment and at that time, should the subject be raised, he would tell him that any thought of abdication is not only ridiculous and preposterous, but that it would result in a major disservice to the Japanese people.

I told General MacArthur that I was very glad to have his views as they agree entirely with my own, and that I furthermore feel that they are also the views of the United States Government. The General said that there could be no other views, and agreed with me that abdication by the Emperor would play directly into the hands of communism and chaos in Japan.

conditions would have to be set up on practically a war basis embracing an indigent civil population of many millions. Many other most drastic results which I will not attempt to discuss should be anticipated and complete new plans should be carefully prepared by the Allied powers along all lines to meet the new eventualities. Most careful consideration as to the national forces composing the occupation force is essential. Certainly the US should not be called upon to bear unilaterally the terrific burden of man power, economics, and other resultant responsibilities.

"The decision as to whether the emperor should be tried as a war criminal involves a policy determination upon such a high level that I would not feel it appropriate for me to make a recommendation but if the decision by the heads of states is in the affirmative, I recommend the above measures as imperative."

マッカーサーとシーボルド政治顧問が、「天皇の退位」「天皇が自殺する」可能性について話し合った。シーボルドが国務省の親友に、その内容を送っている。この「親展・極秘」手紙は、1948年10月29日付。

Tokyo, October 29, 1948.

<u>PERSONAL and TOP SECRET</u>

Dear Bennie :

Further to my letter of October 26, 1948, I have now had an interesting conversation with General MacArthur on the subject of possible abdication by the Emperor. When I raised the subject, General actual jeopardy.

"If he is to be tried great changes must be made in occupational plans and due preparation therefore should be accomplished in preparedness before actual action is initiated. His indictment will unquestionably cause a tremendous convulsion among the Japanese people, the repercussions of which cannot be overestimated. He is a symbol which unites all Japanese. Destroy him and the nation will disintegrate. Practically all Japanese venerate him as the social head of the state and believe rightly or wrongly that the Potsdam Agreements were intended to maintain him as the Emperor of Japan. They will regard allied action * * * * * betrayal in their history and the hatreds and resentments engendered by this thought will unquestionably last for all measurable time. A Vendetta for revenge will thereby be initiated whose cycle may well not be complete for centuries if ever.

"The whole of Japan can be expected, in my opinion, to resist the action either by passive or semiactive means. They are disarmed and therefore represent no special menace to trained and equipped troops but it is not inconceivable that all government agencies will break down, the civilized practices will largely cease, and a condition of underground chaos and disorder amounting to guerrilla warfare in the mountainous and outlying regions result. I believe all hope of introducing modern democratic methods would disappear and that when military control finally ceased some form of intense regimentation probably along communistic line would arise from the mutilated masses. This would represent an entirely different problem of occupation from those not prevalent. It would be absolutely essential to greatly increase the occupational forces. It is quite possible that a minimum of a million troops would be required which would have to be maintained for an indefinite number of years. In addition a complete civil service might have to be recruited and imported, possibly running into a size of several hundred thousand. An overseas supply service under such

No patent of nobility will from this time forth embody within itself any national or civic power of government.

Pattern budget after British system.

マッカーサーからの、この極秘電報（1946年1月25日付）が天皇を救う。電報は、陸軍長官と統合参謀本部宛である。1975年4月24日に公開された。

TOP SECRET

25 January 1946

From : CINCAFPAC（Commander in Chief, American Forces, Pacific）
MacArthur

To : War Department, WARCOS（War Department, Chief of Staff）, Joint Chiefs of Staff

"... investigation has been conducted here under the limitations set forth with reference to possible criminal actions against the emperor. No specific and tangible evidence has been uncovered with regard to his exact activities which might connect him in varying degree with the political decisions of the Japanese Empire during the last decade. I have gained the definite impression from as complete a research as was possible to me that his connection with affairs of state up to the time of the end of the war was largely ministerial and automatically responsive to the advice of his counselors. There are those who believe that even had he positive ideas it would have been quite possible that any effort on his part to thwart the current of public opinion controlled and represented by the dominant military clique would have placed him in

附録①

このマッカーサー直筆のノートは、彼自身が日本憲法改正に成功し、有頂天になっていた時、彼の第一子分ホイットニー准将が局長であった民政局（Government Section）が刊行した分厚い『Political Reorientation of Japan September 1945 to September 1948』（Vol. Ⅰ and Ⅱ）に挿入されている。即ち、「マッカーサー・ノート」は、当時、彼にとってもＧＨＱにとっても、都合の悪いものどころか、むしろ誇るべきものであったのだ。

Ⅰ

The Emperor is at the head of the State.

His succession is dynastic.

His duties and powers will be exercised in accordance with the Constitution and responsible to the basic will of the people as provided therein.

Ⅱ

War as a sovereign right of the nation is abolished. Japan renounces it as an instrumentality for settling its disputes and even for preserving its own security. It relies upon the higher ideals which are now stirring the world for its defense and its protection.

No Japanese army, navy, or air force will ever be authorized and no rights of belligerency will ever be conferred upon any Japanese force.

Ⅲ

The feudal system of Japan will cease.

No rights of peerage except those of the Imperial Family will extend beyond the limits of those now existent.

附録②

近衛内閣（第一次）　昭和十二（一九三七）年六月四日～昭和十四年一月四日　盧溝橋事件（日中戦争）起こる。日独伊三国同盟調印

総　理　近衛文麿
外　務　廣田弘毅
　　　　宇垣一成
　　　　近衛文麿（兼）
　　　　有田八郎
陸　軍　杉山　元
　　　　板垣征四郎
海　軍　米内光政
文　部　安井英二
　　　　木戸幸一
　　　　荒木貞夫

平沼内閣　昭和十四（一九三九）年一月五日～八月二十八日　ノモンハン事件（日ソ両軍激突）。アメリカ、日米通商条約破棄を通告

総　理　平沼騏一郎
内　務　木戸幸一
陸　軍　板垣征四郎
海　軍　米内光政
文　部　荒木貞夫

阿部内閣　昭和十四（一九三九）年八月三十日～昭和十五年一月十四日　ナチ・ドイツ軍、ポーランドに進撃し、第二次世界大戦始まる

総　理　阿部信行
陸　軍　畑　俊六
海　軍　吉田善吾
文　部　河原田稼吉

米内内閣　昭和十五（一九四〇）年一月十六日～七月十六日　日中戦争悪化

総　理　米内光政
陸　軍　畑　俊六
海　軍　吉田善吾
厚　生　吉田　茂

近衛内閣（第二次）　昭和十五（一九四〇）年七月

二十二日〜昭和十六年七月十六日　東條陸軍大臣、「戦陣訓」を通達。日中戦争、さらに悪化

総理　近衛文麿
外務　松岡洋右
陸軍　東條英機
海軍　吉田善吾
文部　橋田邦彦

近衛内閣（第三次）　昭和十六（一九四一）年七月十八日〜十月十六日　文部省『臣民の道』発行

総理　近衛文麿
陸軍　東條英機
海軍　及川古志郎
司法　近衛文麿（兼）
　　　岩村通世
文部　橋田邦彦

東條内閣　昭和十六（一九四一）年十月十八日〜昭和十九年七月十八日　真珠湾攻撃、日米大戦争開始。ミッドウェイ海戦、日本大敗。学徒出陣。米軍サイパン島に上陸開始（一九四四年六月十五日）。『中央公論』に廃刊命令

総理　東條英機
外務　東郷茂徳
　　　東條英機（兼）
　　　谷　正之
　　　重光　葵
陸軍　東條英機（兼）
海軍　嶋田繁太郎
　　　野村直邦
文部　橋田邦彦
　　　東條英機（兼）
　　　岡部長景
商工　岸　信介
　　　東條英機（兼）
軍需　東條英機（兼）
拓務　東郷茂徳（兼）
　　　井野碩哉（兼）
（昭和十七年十一月一日　拓務省を廃し大東亜省設置）

小磯内閣　昭和十九（一九四四）年七月二十二日〜昭和二十年四月五日　フィリピン沖海戦で、連合艦

隊惨敗の翌日、海軍神風特別攻撃隊出撃。東京大空襲。米軍、沖縄本島に上陸

総理　小磯国昭
外務　重光　葵
陸軍　杉山　元
海軍　米内光政
文部　二宮治重
　　　児玉秀雄
軍需　藤原銀次郎
　　　吉田　茂
大東亜　重光　葵（兼）

鈴木（貫）内閣　昭和二十（一九四五）年四月七日～八月十五日　ムッソリーニ処刑。ヒトラー自殺。ポツダム宣言発表。広島、長崎に原爆投下。終戦

総理　鈴木貫太郎
外務　鈴木貫太郎（兼）
　　　東郷茂徳
陸軍　阿南惟幾
海軍　米内光政
文部　太田耕造
大東亜　鈴木貫太郎（兼）
　　　東郷茂徳（兼）

東久邇内閣　昭和二十（一九四五）年八月十七日～十月五日　マッカーサー、厚木に上陸。東京湾内ミズーリ号上で日本降伏文書に調印。昭和天皇とマッカーサー会見。東條英機自決未遂

総理　東久邇宮稔彦王
外務　重光　葵
　　　吉田　茂
陸軍　東久邇宮稔彦王（兼）
　　　下村　定
海軍　米内光政
文部　松村謙三（兼）
　　　前田多門
大東亜　重光　葵（兼）
（昭和二十年八月二十六日　大東亜省廃止）
国務　近衛文麿
　　　緒方竹虎
　　　小畑敏四郎

幣原内閣　昭和二十（一九四五）年十月九日～昭和

二十一年四月二十二日　共産主義者、出獄。共産党、「天皇は戦犯」と断言。近衛文麿自決。天皇、「人間宣言」。アメリカ教育使節団来日。東京裁判開始。松本憲法草案即死。マッカーサー案誕生。マッカーサー、「天皇を裁判にかけるな」とアメリカ陸軍省に打電

総　理　幣原喜重郎
外　務　吉田　茂
陸　軍　下村　定
海　軍　米内光政
（昭和二十年十二月一日　陸海軍省を廃止し第一、第二復員省設置）
文　部　前田多門
　　　　安倍能成
厚　生　芦田　均
国　務　松本烝治
　　　　次田大三郎
　　　　楢橋　渡
　　　　石黒武重

吉田内閣（第一次）　昭和二十一（一九四六）年五月二十二日～昭和二十二年五月二十日　日本国憲法公布。文部省、「新教育指針」「くにのあゆみ」発行。ゼネスト中止。「教育基本法」公布。ローマ字教育開始

総　理　吉田　茂
外　務　吉田　茂（兼）
大　蔵　石橋湛山
文　部　田中耕太郎
　　　　高橋誠一郎

片山内閣　昭和二十二（一九四七）年五月二十四日～昭和二十三年二月十日　日本国憲法施行。枢密院廃止。最高裁判所発足。日本教職員組合（日教組）結成。ガンジー暗殺される。ソ連、ベルリンを封鎖

総　理　片山　哲
外　務　芦田　均（副総理）
文　部　森戸辰男

芦田内閣　昭和二十三（一九四八）年三月十日～十月七日　「教育勅語」、正式に廃止

総　理　芦田　均
外　務　芦田　均（兼）

文　部　森戸辰男

吉田内閣（第二次）　昭和二十三（一九四八）年十月十五日〜昭和二十四年二月十六日　文部省、『民主主義』発行。東京裁判判決宣言。東條等七名絞首刑執行。トルーマン、大統領に当選

総　理　吉田　茂
外　務　吉田　茂（兼）
文　部　下条康麿
官房長官　佐藤栄作

吉田内閣（第三次）　昭和二十四（一九四九）年二月十六日〜昭和二十七年十月三十日　一ドル三百六十円。イールズ博士、共産主義と闘う。ソ連、原爆保有。中華人民共和国成立。レッド・パージ全盛。ドッジ・ライン発表。三大国鉄「事件」起こる。マッカーサー、第九条再解釈。朝鮮戦争勃発。ダレス特使来日。マッカーサー解任。サンフランシスコ平和条約、日米安全保障条約調印。GHQ廃止。日本占領終結。「日本人は十二歳の少年」とマッカーサー言明。天野文相「国民実践要領」発表

総　理　吉田　茂
外　務　吉田　茂（兼）
大　蔵　池田勇人
文　部　高瀬荘太郎
　　　　天野貞祐
　　　　岡野清豪
商　工　稲垣平太郎
（昭和二十四年五月二十五日　商工省を廃し通商産業省を設置）

吉田内閣（第四次）　昭和二十七（一九五二）年十月三十日〜昭和二十八年五月二十一日　アメリカ、水爆実験。アイゼンハワー、大統領に当選。安保大学（防衛大学校）開校

総　理　吉田　茂
法　務　犬養　健
文　部　岡野清豪
通商産業　池田勇人
郵　政　高瀬荘太郎
建　設〈北海道開発庁長官〉
　　　　佐藤栄作

吉田内閣（第五次） 昭和二十八（一九五三）年五月二十一日～昭和二十九年十二月七日　南北朝鮮休戦。ソ連、水爆実験。徳田球一、北京で客死。自衛隊発足

総　理　　吉田　茂
法　務　　犬養　健
文　部　　大達茂雄
建　設　　戸塚九一郎
　　　　　小沢佐重喜
国　務〈北海道開発庁長官〉
　　　　　戸塚九一郎（兼）
　　　　　大野伴睦
　　　　　緒方竹虎

鳩山内閣（第一次） 昭和二十九（一九五四）年十二月十日～昭和三十年三月十九日

総　理　　鳩山一郎
外　務　　重光　葵（副総理）
文　部　　安藤正純
通商産業　石橋湛山
運　輸　　三木武夫
国　務〈防衛庁長官〉
　　　　　大村清一

鳩山内閣（第二次） 昭和三十（一九五五）年三月十九日～十一月二十一日　日ソ交渉開始

総　理　　鳩山一郎
外　務　　重光　葵（副総理）
文　部　　松村謙三
農　林　　河野一郎
通商産業　石橋湛山
運　輸　　三木武夫

鳩山内閣（第三次） 昭和三十（一九五五）年十一月二十二日～昭和三十一年十二月二十三日　神武景気。アイゼンハワー、再選。米軍基地反対運動が活発。教育委員会委員、任命制になる。日本、国連に加盟

総　理　　鳩山一郎
外　務　　重光　葵（副総理）
文　部　　清瀬一郎
農　林　　河野一郎

通商産業　石橋湛山
国　務〈北海道開発庁長官〉
　正力松太郎
〈原子力委員長〉
　正力松太郎
（昭和三十一年一月一日　原子力委員会設置）
〈科学技術庁長官〉
　正力松太郎（兼）
（昭和三十一年五月十九日　科学技術庁設置）

石橋内閣　昭和三十一（一九五六）年十二月二十三日～昭和三十二年二月二十三日
総　理　石橋湛山
外　務　岸　信介
大　蔵　池田勇人
文　部　灘尾弘吉

岸内閣（第一次）　昭和三十二（一九五七）年二月二十五日～昭和三十三年六月十二日　ソ連、人工衛星打上げ。アメリカ、人工衛星打上げ。イギリス、水爆実験。岸、アイゼンハワーを訪問
総　理　岸　信介
外　務　岸　信介（兼）
　藤山愛一郎
大　蔵　池田勇人
　一万田尚登
文　部　灘尾弘吉
　松永　東
郵　政　平井太郎
　田中角栄

岸内閣（第二次）　昭和三十三（一九五八）年六月十二日～昭和三十五年七月十五日　皇太子・美智子様御成婚。安保改定をめぐり、全国で大乱闘続く。岸首相、刺され負傷。浅沼、刺殺される（一九六〇年十月十二日）。ケネディ、大統領に当選（一九六〇年十一月八日）
総　理　岸　信介
外　務　藤山愛一郎
大　蔵　佐藤栄作
文　部　灘尾弘吉
　橋本龍伍
　松田竹千代

国　務〈経済企画庁長官〉
三木武夫
〈科学技術庁長官、原子力委員長〉
三木武夫（兼）
高碕達之助（兼）
中曾根康弘

参考文献

Archival Materials

MacArthur Memorial Library, Occupation of Japan Papers, 1945-1952.
Joseph Trainor Papers, Hoover Institution Archives, Stanford University, 1945-1952.
Harry S. Truman Presidential Library, Public and Private Papers, 1945-1952.
US Government, National Archives, Department of State Papers, 1945-1952.

Books and Articles

ATKINSON, CARROLL. "Japanese Education Is Getting Revised — à la America!" *School and Society,* 17 August 1946, pp. 115-16.
BAERWARD, HANS H. *The Purge of Japanese Leaders Under the Occupation.* Berkeley, Calif.: University of California Press, 1959.
BEASLEY, W. G. *The Meiji Restoration.* Stanford, Calif.: Stanford University Press, 1972.
BLACKETT, P. M. S. *Fear, War, and the Bomb.* NY: Whittlesey House, 1948.
BUTOW, ROBERT J. C. *Tojo and the Coming of War.* Stanford University Press, 1972. First

published by Princeton University Press in 1961.

BYRNES, JAMES F. *Speaking Frankly.* NY: Harper and Brothers, 1947.

CENTRE FOR EAST ASIAN CULTURAL STUDIES. *The Meiji Japan Through Contemporary Sources.* 3 vols. Tokyo: The Centre, 1969-72.

CHANG, JUNG. *Wild Swans: Three Daughters of China.* London: Harper Collins Publishers, 1992.

COUGHLIN, WILLIAM J. *Conquered Press: The MacArthur Era in Japanese Journalism.* Palo Alto, Calif.: Pacific Books, 1952.

CRAIG, GORDON A. *The Germans.* NY: G. P. Putnam's Sons, 1982.

DORE, RONALD. *Education in Tokugawa Japan.* Berkeley, University of California Press, 1965.

DOWER, JOHN. *Empire and Aftermath: Yoshida Shigeru and the Japanese Experience, 1878-1954.* Cambridge, Mass.: Harvard University Press, 1979.

DULLES, ALLEN. *The Craft of Intelligence,* NY: Harper and Row, 1963.

DUUS, MASAYO. *Tokyo Rose: Orphan of the Pacific.* Tokyo: Kodansha International, 1979.

DUUS, PETER, RAMON H. MYERS, & MARK R. PEATTIE（eds.）. *The Japanese Wartime Empire, 1931-1945.* Princeton, NJ: Princeton University Press, 1996.

EELLS, WALTER CROSBY. *Communism in Education in Asia, Africa and the Far Pacific.* Washington, DC: American Council on Education, 1954.

EMMERSON, JOHN K. *The Japanese Thread: A Life in the US Foreign Service.* NY: Holt, Rinehart and Winston, 1978.

FEAREY, ROBERT A. *The Occupation of Japan, Second Phase: 1948-1950.* NY: Macmillan Co., 1950.

FRIED, MORTON, MARVIN HARRIS, & ROBERT RURPHY（eds.）. *WAR: The Anthology of Armed Conflict and Aggression.* NY: The Natural History Press, 1968.
GARLINSKI, JOZEF. *The Enigma War: The Inside Story of the German Enigma Codes and How the Allies Broke Them.* NY: Charles Scribner's Sons, 1979.
GLAZIER, KENNETH M., JR. "The Decision to Use Atomic Weapons Against Hiroshima and Nagasaki." *Public Policy* 18, no. 4（Summer 1970）, pp. 463-516.
GUNTHER, JOHN. *The Riddle of MacArthur.* NY: Harper and Brothers, 1951.
HALL, IVAN PARKER. *Mori Arinori.* Harvard University Press, 1973.
HALL, JOHN W. AND JANSEN, MARIUS B. *Studies in the Institutional History of Early Modern Japan.* Princeton University Press, 1968.
HALL, ROBERT KING. *Education for a New Japan.* New Haven, Conn.: Yale University Press, 1949.
HAROOTUNIAN, HARRY D. *Toward Restoration: The Growth of Political Consciousness in Tokugawa Japan.* Berkeley, University of California Press, 1970.
HIRANO, KYOKO. *Mr. Smith Goes to Tokyo: Japanese Cinema under the American Occupation,* 1945-1952. Washington, DC: Smithsonian Institution Press, 1992.
HORIKOSHI JIRO. *Eagles of Mitsubishi: The Story of the Zero Fighter.* Seattle, University of Washington Press, 1981.（Translated by Shojiro Shindo and Harold N. Wantiez.）
IRIE AKIRA. *Power and Culture: The Japanese-American War 1941-1945.* Harverd University Press, 1981.
JAMES, D. CLAYTON. *Aristocrat in Uniform: The Years of MacArthur,* Vols. 1-3, NY: Houghton

Mifflin, 1985.

JANSEN, MARIUS B. *JAPAN and Its World: Two Centuries of Change.* Princeton University Press, 1980.

JANSEN, MARIUS B. (ed.). *Changing Japanese Attitudes Toward Modernization.* Princeton University Press, 1965.

JOHNSON, CHALMERS. *An Instance of Treason: Ozaki Hotsumi and the Sorge Spy Ring.* Stanford University Press, 1964.

KANDEL, I. L. "The Revision of Japanese Education." *School and Society,* 24 August 1946, p. 134.

KAWAI, KAZUO. *Japan's American Interlude.* Chicago: University of Chicago Press, 1960.

KOPPES, CLAYTON R. & BLACK, GREGORY D. *Hollywood Goes To War: How Politics, Profits, and Propaganda Shaped World War II Movies,* Berkeley, University of California Press, 1990.

LECKIE, ROBERT. *Delivered from Evil: The Saga of World War II.* NY: Harper & Row, 1987.

LEE, CHAE-JIN. *China and Korea: Dynamic Relations.* Stanford: Hoover Institution Press, 1996.

LEWE VAN ADUARD, E. J. *Japan from Surrender to Peace.* NY: Frederick A. Praeger, 1954.

LIFTON, ROBERT. *Death in Life: Survivors of Hiroshima.* NY: Random House, 1967.

MACARTHUR, DOUGLAS. *Reminiscences.* NY: McGraw-Hill, 1964.

MAEDA, TAMON. "The Direction of Postwar Education in Japan." *Japan Quarterly 3* (1956), pp. 414-25.

MARUYAMA, MASAO. *Thought and Behavior in Modern Japan.* Edited by Ivan Morris. London: Oxford University Press, 1963.

MILLS, C. WRIGHT. *The Power Elite.* NY: Oxford University Press, 1959.

MOSLEY, LEONARD. *DULLES: A Biography of Eleanor, Allen, and John Foster Dulles and Their Family Network*. NY: The Dial Press 1978.

MYERS, RAMON H. & PEATTIE, MARK R. (eds.). *The Japanese Colonial Empire, 1895-1945.* Princeton University Press, 1984.

NEU, CHARLES E. *An Uncertain Friendship: Theodore Roosevelt and Japan, 1906-1909*. Harvard University Press, 1967.

NISHI, TOSHIO. *Unconditional Democracy: Education and Politics in Occupied Japan 1945-1952.* Stanford: Hoover Institution Press, 1982.

NISHIMOTO, MITOJI. "Educational Change in Japan After the War." *Journal of Educational Sociology* 26 (1952), pp. 16-26.

PRANGE, GORDON W. *Target Tokyo: The Story of the Sorge Spy Ring*. NY: McGraw-Hill Book Company, 1984.

PYLE, KENNETH B. *The New Generation in Meiji Japan: Problems of Cultural Identity 1885-1895.* Stanford University Press, 1969.

REISCHAUER, EDWIN O. *The United States and Japan*. 3rd ed. NY: Viking Press, 1967.

——. JAPAN *The Story of a Nation*. 4th ed. NY: McGraw-Hill Publishing Company, 1990.

ROVERE, RICHARD H., AND SCHLESINGER, ARTHUR, JR. *The MacArthur Controversy and American Foreign Policy*. NY: Farrar, Straus, and Giroux, 1965.

SANSOM, GEORGE B. "Education in Japan," *Pacific Affairs,* Vol. 19, 1946, pp. 413-415.

SHERWIN, MARTIN J. "The Atomic Bomb and the Origins of the Cold War: US Atomic-Energy Policy and Diplomacy." *American Historical Review* 78, no. 4 (October 1973), pp. 945-68.

SMITH, RICHARD HARRIS. *OSS: The Secret History of America's First Central Intelligence Agency.* Berkeley: University of California Press, 1972.

STIMSON, HENRY L., & BUNDY, MCGEORGE. *On Active Service in Peace and War.* NY: Harper and Brothers, 1947.

SUPREME COMMANDER FOR THE ALLIED POWERS (SCAP), GHQ. *History of the Non-military Activities of the Occupation of Japan 1945-1951.* Fifty-five monographs.

——. Civil Information and Education Section (CIE). *CI & E Bulletin.* 1949-50.

——. ——. *Education in the New Japan.* 2 vols. Tokyo, 1948.

——. ——. *Post-War Developments in Japanese Education.* 2 vols. Tokyo, 1952.

——. ——. Religions and Cultural Resources Division. *Religions in Japan.* Tokyo, March 1948.

——. Government Section. *Political Reorientation of Japan September 1945 to September 1948.* 2 vols.

UNITED STATES. US Army. GHQ, Civil Intelligence Section. "Trends: Japan-Korea-Philippines." Secret biweekly report, 1945-50.

——. Central Intelligence Agency. *Review of the World Situation as It Relates to the Security of the United States.* 1947-.

——. Congress. Senate. *Military Situation in the Far East: Hearings Before the Committee on Armed Services and the Committee on Foreign Relations.* 82d Cong., 1st sess., 1951. Washington, DC: US Government Printing Office, 1951.

——. Department of State. *Activities of the Far Eastern Commission February 26, 1946-July 10, 1947.* Far Eastern Series 24 (1947).

——. ——. *Department of State Bulletin*, 1939-.

——. ——. *Foreign Relations of the United States Diplomatic Papers: The Conference of Berlin 1945.* 2 vols. Department of State Publication 7163（1960）.

——. ——. *Occupation of Japan: Policy and Progress.* Far Eastern Series 17（1946）.

——. ——. *Postwar Foreign Policy Preparation 1939-1945.* Department of State Publication 3580, General Foreign Policy Series 15（1950）.

——. ——. *Report of the Mission on Japanese Combines.* Far Eastern Series 14（1946）.

——. ——. *Report of Research and Analysis Branch, 1945-52.* The State Department took over the Research and Analysis Branch from the Office of Strategic Services when the latter was disbanded in September 1945.

——. ——. *Report of the United States Education Mission to Germany.* Department of State Publication 2664, European Series 16（1946）. US Government Printing Office, 1946.

——. ——. *Report of the*［*First*］*Unitied States Education Mission to Japan.* Department of State Publication 2579, Far Eastern Series 11（1946）. US Government Printing Office, 1946.

——. Department of War（after July 1947, Department of the Army）. Military Intelligence Division. *Intelligence Review.* 1945-.

——. Adjutant General's Corps. *Report of the Second United States Education Mission to Japan.* US Government Printing Office, 1950.

——. National Security Council. *A Report to the National Security Council by the Executive Secretary on the Position of the United States With Respect to Soviet-Directed World Communism.* 30 March 1948.

UNIVERSITY OF WASHINGTON. Institute of International Affairs. *Report of the United States Cultural Science Mission to Japan* (Jan. 1949). Seattle: The Institute, Aug. 1949.

WALDRON, ARTHUR. *How The Peace Was Lost: The 1935 Memorandum, Developments Affecting American Policy in the Far East.* Stanford: Hoover Institution Press, 1992.

WARD, ROBERT. "The Origins of the Present Japanese Constitution." *American Political Science Review* 50, no. 4 (December 1956), pp. 980-1010.

——. "Reflections on the Allied Occupation and Planned Political Change in Japan." In *Political Development in Modern Japan,* edited by Robert Ward. Princeton University Press, 1973. First published in 1969.

WASHINGTON, DC. US National Archives, Department of State Papers, 1945-52, including Papers of the Office of the US Political Advisor (POLAD).

——. ——. *Educational Affairs in Japan.* Monthly report, 1945-51.

WILDE, HARRY EMERSON. *Typhoon in Tokyo.* NY: Macmillan, 1954.

WILLIAMS, JUSTIN, SR. *Japan's Political Revolution under MacArthur: A Participant's Account.* Georgia: University of Georgia Press, 1979.

WILLIAMS, WILLIAM APPLEMAN. *The Tragedy of American Diplomacy.* (Rev. ed.) Cleveland: World Publishing Co., 1962.

WILLOUGHBY, CHARLES A. *Shanghai Conspiracy: The Sorge Spy Ring.* NY: Dutton, 1952.

WITTER, LAWRENCE S. "MacArthur and the Missionaries: God and Man in Occupied Japan." *Pacific Historical Review* 40, no. 1 (February 1971), pp. 77-98.

WOODARD, WILLIAM P. *The Allied Occupation of Japan 1945-1952 and Japanese Religions.*

Leiden, Netherlands: E. J. Brill, 1972.

YORK, HERBERT F. "The Debate over the Hydrogen Bomb." *Scientific American,* October 1976, pp. 106-13.

YOSHIDA SHIGERU. *The Yoshida Memoirs.* Translated by Kenichi Yoshida. London: Heinemann, 1961.

『アカハタ』昭和二十年（一九四五年）〜昭和二十七年（一九五二年）

『朝日新聞』昭和二十年（一九四五年）〜昭和二十七年（一九五二年）

『産経新聞』昭和二十年（一九四五年）〜昭和二十七年（一九五二年）

『日本経済新聞』昭和二十年（一九四五年）〜昭和二十七年（一九五二年）

『毎日新聞』昭和二十年（一九四五年）〜昭和二十七年（一九五二年）

『読売新聞』昭和二十年（一九四五年）〜昭和二十七年（一九五二年）

『朝日年鑑』昭和二十年（一九四五年）〜昭和二十七年（一九五二年）

『時事年鑑』昭和二十年（一九四五年）〜昭和二十七年（一九五二年）

『毎日年鑑』昭和二十年（一九四五年）〜昭和二十七年（一九五二年）

『日本人名大辞典 現代』平凡社　一九七九年

『文部時報』　文部省　一九二〇年〜

『終戦教育事務処理提要』　文部省　一九四五〜一九五〇年

『学制百年史記述編』　文部省　一九七二年

『学制百年史資料編』　文部省　一九七二年

『太陽』　一九九八年七月号　特集「白洲次郎」

『日録20世紀』（一九四一年〜一九五二年）講談社　一九九七年
『英霊の言葉』1〜4　靖國神社社務所　一九九五年
『憲法はかくして作られた』　日本政策研究センター　一九九一年
『近代日本思想史講座』1〜8　筑摩書房　一九六一年
『日本分割　ＮＨＫ「日本の戦後」取材記』上　学習研究社　一九七八年
『終戦の決算　ＮＨＫ「日本の戦後」取材記』下　学習研究社　一九七八年
『戦後教育資料』　国立教育研究所（東京目黒）
『東京大空襲・戦災誌』第二巻　東京空襲を記録する会　一九七三年
『This is 読売』五月号臨時増刊「日本国憲法のすべて」　読売新聞社　一九九七年
五百旗頭真『米国の日本占領政策』上・下　中央公論社　一九八五年
五百旗頭真『20世紀の日本3　占領期　首相達の新日本』　読売新聞社　一九九七年
伊ケ崎暁生『大学の自治の歴史』　新日本出版社　一九六五年
伊ケ崎暁生・吉原公一郎『戦後教育の原典』Ⅰ　現代出版会　一九七五年
石井英夫『蛙の遠めがね』　文藝春秋　一九九八年
石井孝『日本開国史』　吉川弘文館　一九七二年
石川忠雄『私のみた日本外交』　慶應通信　一九七六年
伊藤英樹『亡国の憲法』　歴史回復の会　一九九七年
入江昭『日米戦争』　中央公論社　一九七八年
入江昭『日米関係五十年』　岩波書店　一九九一年
上原正稔『沖縄戦アメリカ軍戦時記録』　三一書房　一九八六年
内田健三『戦後日本の保守政治』　岩波書店　一九六九年

江藤淳『一九四六年憲法　その拘束その他』文藝春秋　一九九五年
大澤正道『戦後が戦後でなくなるとき』中央公論社　一九九五年
大田昌秀『写真記録「これが沖縄戦だ」改訂版』琉球新報社　一九八五年
大森実『戦後秘史』全10巻　講談社　一九七五〜一九七六年
大宅壮一編『日本のいちばん長い日：運命の八月十五日』文藝春秋新社　一九六五年
岡田幹彦『東郷平八郎』展転社　一九九七年
尾崎秀樹他『新潮日本人名辞典』新潮社　一九九一年
海後宗臣・寺崎昌男『戦後日本の教育改革9　大学教育』東京大学出版会　一九六九年
加瀬俊一『ミズリー号への道程』文藝春秋新社　一九五一年
加瀬英明・花井等・ロナルド・モース『二一世紀日本は沈む太陽になるのか』廣済堂出版　一九九八年
金沢嘉一『ある小学校長の回想』岩波書店　一九六七年
加藤寛『官僚主導国家の失敗』東洋経済新報社　一九九七年
上坂冬子『償いは済んでいる』講談社　一九九五年
清瀬一郎『秘録東京裁判』読売新聞社　一九六七年
共同通信社編『近衛日記』共同通信社　一九六八年
具島兼三郎『幕末外交史余話』評論社　一九七四年
倉澤剛『学制の研究』講談社　一九七三年
国民文化研究会『日本への回帰第32集』大学教官有志協議会　一九九七年
国塚一乗『インパールを越えて』講談社　一九九五年
小林よしのり『戦争論』幻冬舎　一九九八年

児島襄『日本占領』全3巻　文藝春秋　一九七八年
児島襄『講和條約』9、10　中央公論社　一九九七年
小室直樹『これでも国家と呼べるのか』クレスト社　一九九六年
小室直樹『アメリカの標的』講談社　一九八一年
小堀桂一郎『さらば、敗戦国史観』ＰＨＰ研究所　一九九二年
小堀桂一郎『宰相鈴木貫太郎』文藝春秋　一九八二年
佐藤早苗『東條英機の妻勝子の生涯』河出書房新社　一九九七年
佐藤誠三郎『笹川良一研究』中央公論社　一九九八年
薩摩夘三郎『国際化中毒が国益を破壊する』三交社　一九九五年
三一書房編集部『資料　戦後学生運動Ｉ　一九四五〜一九四九年』三一書房　一九六八年
思想の科学研究会編『日本占領：共同研究』徳間書店　一九七二年
司馬遼太郎・山折哲雄『日本とは何かということ』ＮＨＫ出版　一九九七年
清水馨八郎『侵略の世界史』祥伝社　一九九八年
白鳥庫吉『國史』勉誠社　一九九七年
鈴木英一『戦後日本の教育改革3　教育行政』東京大学出版会　一九七〇年
須藤眞志『日米開戦外交の研究』慶應通信　一九八六年
袖井林二郎『マッカーサーの二千日』中央公論社　一九七四年
袖井林二郎編『世界史のなかの日本占領』日本評論社　一九八五年
高木惣吉『自伝的日本海軍始末記』光人社　一九七一年
高坂正堯『国際政治』中央公論社　一九六六年
高坂正堯編『詳解・戦後日米関係年表』ＰＨＰ研究所　一九八五年

高橋史朗『歴史教育はこれでよいのか』　東洋経済新報社　一九九七年
竹森一男『大正デモクラシーの死の中で』　時事通信社　一九七六年
竹前栄治・天川晃『日本占領秘史』上・下　朝日新聞社　一九七七年
田中耕太郎『教育と政治』　好学社　一九四六年
田中正明『アジアの曙』　日本工業新聞社　一九八一年
谷沢永一『こんな日本に誰がした』　クレスト社　一九九五年
谷沢永一・渡部昇一『拝啓韓国 中国 ロシア アメリカ合衆国殿』　光文社　一九九七年
塚本学・新井喜久夫『愛知県の歴史』　山川出版社　一九七〇年
辻清明『資料　戦後二十年史』第一巻「政治」　日本評論社　一九六六年
辻幸三郎『大日本教育通史』　目黒書店　一九三三年
霍見芳浩『世界の心、日本の心』　ほんの木　一九九一年
徳武敏夫『かわりゆく教科書』　新日本出版社　一九六七年
徳武敏夫『教科書裁判の思想』　新日本出版社　一九七一年
中村功『人生は戦い』　高木書房　一九九七年
中村粲他『大東亜戦争の総括』　展転社　一九九五年
中西輝政『大英帝国衰亡史』　ＰＨＰ研究所　一九九七年
中山研一『現代社会と治安法』　岩波書店　一九七〇年
名越二荒之助『世界に生きる日本の心』　展転社　一九八七年
南原繁『日本とアメリカ』　朝日新聞社　一九五〇年
西鋭夫『マッカーサーの犯罪』上・下　日本工業新聞社　一九八三年
西鋭夫『富国弱民ニッポン』　広池出版　一九九六年

西尾幹二・藤岡信勝『国民の油断』 PHP研究所 一九九六年
西村眞悟『誰か祖国を思わざる』 クレスト社 一九九七年
日本共産党中央委員会『日本共産党の七十年』 新日本出版社 一九九四年
日本教職員組合『日教組十年史』 日教組 一九五六年
橋本明『昭和抱擁』 日本教育新聞社 一九九八年
花山信勝『平和の発見』 朝日新聞社 一九四九年
平野共余子『天皇と接吻』 草思社 一九九八年
平原北堂・井上哲次郎『大日本思想史』 勅語御下賜記念事業部 一九四〇年
福原和也『日本人であるということ』 高木書房 一九九四年
冨士信夫『私の見た東京裁判』上・下 講談社 一九八八年
船橋洋一『日米経済摩擦』 岩波書店 一九八七年
古森義久『核は持ち込まれたか』 文藝春秋 一九八二年
星野安三郎『戦後日本の教育と憲法：その歴史的展開』上・下 評論社 一九七一年
細谷千博・本間長世編『日米関係史（新版）』 有斐閣 一九九一年
松浦総三『占領下の言論弾圧』 現代ジャーナリズム出版社 一九六九年
ヘレン・ミアーズ『アメリカの鏡・日本』 伊藤延司訳 アイネックス社 一九九五年
三野正洋『日本軍の小失敗の研究』 光人社 一九九五年
向坂逸郎『戦士の碑』 労働大学 一九七〇年
村上兵衛『国家なき日本』 サイマル出版会 一九九六年
山内健生『「深い泉の国」の文化学』 展転社 一九九八年
山田風太郎『戦中派不戦日記』 講談社 一九七三年

若泉敬『他策ナカリシヲ信ゼムト欲ス』　文藝春秋　一九九四年
若林栄四『ドルの復活円の失速』　ダイヤモンド社　一九九七年
渡部昇一『日本史から見た日本人・昭和編』　祥伝社　一九八九年
渡部昇一『国益の立場から』　徳間書店　一九九六年

わ 行

や　行

ら　行

ま　行

な　行

た 行

さ　行

か　行

索　引

あ　行

『國破れて マッカーサー』 一九九八年十月 中央公論社刊

中公文庫

國《くに》破《やぶ》れて マッカーサー

2005年7月25日　初版発行
2025年4月25日　10刷発行

著　者　西《にし》　鋭《とし》　夫《お》

発行者　安部 順一

発行所　中央公論新社
〒100-8152　東京都千代田区大手町1-7-1
電話　販売 03-5299-1730　編集 03-5299-1890
URL https://www.chuko.co.jp/

ＤＴＰ　平面惑星
印　刷　三晃印刷
製　本　フォーネット社

Published by CHUOKORON-SHINSHA, INC.
Printed in Japan　ISBN978-4-12-204556-9 C1122

中公文庫既刊より

各書目の下段の数字はISBNコードです。978－4－12が省略してあります。

に-16-2
占領神話の崩壊
西　鋭夫
岡崎　匡史
占領下の日本で収集され米国に持ち出された多くの公文書が、70年間地下室で眠り続けていた。これら極秘文書の調査から、隠蔽された歴史の真実を炙り出す。
207540-5

マ-13-1
マッカーサー大戦回顧録
マッカーサー
津島一夫　訳
日米開戦、屈辱的なフィリピン撤退、反攻、そして日本占領へ。「青い目の将軍」として君臨した一軍人が回想する「日本」と戦った十年間。〈解説〉増田　弘
205977-1

タ-5-3
吉田茂とその時代（上）
ジョン・ダワー
大窪愿二《げんじ》　訳
戦後日本の政治・経済・外交すべての基本路線を確立した吉田茂――その生涯に亘る思想と政治活動を日米関係研究に専念する著者が国際的な視野で分析する。
206021-0

タ-5-4
吉田茂とその時代（下）
ジョン・ダワー
大窪愿二　訳
長期政権の過程を解明。諸改革に見る帝国日本と新生日本の連続性、講和・再軍備を巡る日米の攻防、内部抗争で政権から追われるまで。〈解説〉袖井林二郎
206022-7

チ-2-1
第二次大戦回顧録　抄
チャーチル
毎日新聞社　編訳
ノーベル文学賞に輝くチャーチル畢生の大著のエッセンスをこの一冊に凝縮。連合国最高首脳が自ら綴った、第二次世界大戦の真実。〈解説〉田原総一朗
203864-6

あ-1-1
アーロン収容所
会田　雄次
ビルマ英軍収容所に強制労働の日々を送った歴史家の鋭利な観察と筆。西欧観を一変させ、今日の日本人論ブームを誘発させた名著。〈解説〉村上兵衛
200046-9

あ-36-2
清朝の王女に生れて　日中のはざまで
愛新覚羅顕琦《あいしんかくらけんき》
故郷や実姉の「女スパイ」川島芳子の思い出、女子学習院留学から文革下二十数年の獄中生活など、さすらいの王女の感動的な自伝。〈解説〉上坂冬子
204139-4

あ-72-1
流転の王妃の昭和史
愛《あい》新《しん》覚《かく》羅《ら》浩《ひろ》
満洲帝国皇帝弟に嫁ぐも、終戦後は夫と離れ次女を連れて大陸を流浪、帰国後の苦しい生活と長女の死……激動の人生を綴る自伝的昭和史。〈解説〉梯久美子
205659-6

か-93-1
動乱の蔭に 川島芳子自伝
川島芳子
清朝の王女として生まれ、祖国再興に身を捧げる。初恋の思い出や女性を捨てた経緯を語る。伝説の「男装の麗人」による半生記を初文庫化。〈解説〉寺尾紗穂
207109-4

い-13-5
生きている兵隊（伏字復元版）
石川達三
戦時の兵士のすがたと心理を生々しく描き、そのリアリティ故に伏字とされ発表された、戦争文学の傑作。伏字部分に傍線をつけた、完全復刻版。
203457-0

い-61-2
最終戦争論
石原莞爾
戦争術発達の極点に絶対平和が到来する。戦史研究と日蓮信仰を背景にした石原莞爾の特異な予見は、日本を満州事変へと駆り立てた。〈解説〉松本健一
203898-1

い-61-3
戦争史大観
石原莞爾
使命感過多なナショナリストの魂と冷徹なリアリストの眼をもつ石原莞爾。真骨頂を示す軍事学論・戦争史観・思索史的自叙伝を収録。〈解説〉佐高 信
204013-7

い-65-2
軍国日本の興亡 日清戦争から日中戦争へ
猪木正道
日清・日露戦争に勝利した日本は軍国主義化し、国際的に孤立した。軍部の独走を許し国家の自爆に至った経緯を詳説する。著者の回想「軍国日本に生きる」を併録。
207013-4

い-103-1
ぼくもいくさに征くのだけれど 竹内浩三の詩と死
稲泉 連
映画監督を夢見つつ23歳で戦死した若者が残した詩は、戦後に蘇り、人々の胸を打った。25歳の著者が、戦場で死ぬことの意味を見つめた大宅壮一ノンフィクション賞受賞作。
204886-7

い-108-6
昭和16年夏の敗戦 新版
猪瀬直樹
日米開戦前、総力戦研究所の精鋭たちが出した結論は「日本必敗」。それでも開戦に至った過程を描き、日本的組織の構造的欠陥を衝く。〈巻末対談〉石破 茂
206892-6

各書目の下段の数字はISBNコードです。978－4－12が省略してあります。

い-108-7
昭和23年冬の暗号 猪瀬直樹
東條英機はなぜ未来の「天皇誕生日」に処刑されたのか。敗戦国日本の真実に迫る『昭和16年夏の敗戦』完結篇。新たに書き下ろし論考を収録。〈解説〉梯久美子
207074-5

い-122-1
プロパガンダ戦史 池田徳眞
両大戦時、熾烈に展開されたプロパガンダ作戦は各国でどのような特徴があったか。外務省で最前線にあった著者による今日に通じる分析。〈解説〉佐藤　優
206144-6

い-130-1
幽囚回顧録 今村　均
部下と命運を共にしたいと南方の刑務所に戻った「聖将」が、理不尽な裁判に抵抗しながら、太平洋戦争を顧みる。巻末に伊藤正徳によるエッセイを収録。
206690-8

う-9-7
東京焼盡《しょうじん》 内田百閒
空襲に明け暮れる太平洋戦争末期の日々を、文学の目と現実の目をないまぜつつ綴る日録。詩精神あふれる稀有の東京空襲体験記。
204340-4

う-9-12
百鬼園戦後日記Ⅰ 内田百閒
『東京焼盡』の翌日、昭和二十年八月二十二日から二十一年十二月三十一日までを収録。掘立て小屋の暮しを飄然と綴る。〈巻末エッセイ〉谷中安規（全三巻）
206677-9

う-9-13
百鬼園戦後日記Ⅱ 内田百閒
念願の新居完成。焼き出されて以来、三年にわたる小屋暮しは終わる。昭和二十二年一月一日から二十三年五月三十一日までを収録。〈巻末エッセイ〉高原四郎
206691-5

う-9-14
百鬼園戦後日記Ⅲ 内田百閒
自宅へ客を招き九晩かけて還暦を祝う。昭和二十三年六月一日から二十四年十二月三十一日まで。索引付。〈巻末エッセイ〉平山三郎・中村武志〈解説〉佐伯泰英
206704-2

お-2-13
レイテ戦記（一） 大岡昇平
太平洋戦争の天王山・レイテ島での死闘を再現した戦記文学の金字塔。巻末に講演「『レイテ戦記』の意図」を付す。毎日芸術賞受賞。〈解説〉大江健三郎
206576-5

お-2-14
レイテ戦記（二）　大岡昇平
リモン峠で戦った第一師団の歩兵は、日本の歴史自身と戦っていたのである——インタビュー「『レイテ戦記』を語る」を収録。〈解説〉加賀乙彦
206580-2

お-2-15
レイテ戦記（三）　大岡昇平
マッカーサー大将がレイテ戦終結を宣言後も、徹底抗戦を続ける日本軍。大西巨人との対談「戦争・文学・人間」を巻末に新収録。〈解説〉菅野昭正
206595-6

お-2-16
レイテ戦記（四）　大岡昇平
太平洋戦争最悪の戦場を鎮魂の祈りを込め描く著者渾身の巨篇。巻末に「連載後記」、エッセイ「『レイテ戦記』を直す」を新たに付す。〈解説〉加藤陽子
206610-6

お-2-11
ミンドロ島ふたたび　大岡昇平
自らの生と死との彷徨の跡。亡き戦友への追慕と鎮魂の情をこめて、詩情ゆたかに戦場の島を描く。『俘虜記』の舞台、ミンドロ、レイテへの旅。〈解説〉湯川　豊
206272-6

き-13-2
秘録 東京裁判　清瀬一郎
弁護団の中心人物であった著者が、文明の名のもとに行われた戦争裁判の実態を活写する迫真のドキュメント。ポツダム宣言と玉音放送の全文を収録。
204062-5

し-10-5
新編 特攻体験と戦後　島尾敏雄　吉田　満
戦艦大和からの生還、震洋特攻隊隊長という極限の実体験とそれぞれの思いを二人の作家が語り合う。関連するエッセイを加えた新編増補版。〈解説〉加藤典洋
205984-9

し-45-2
昭和の動乱（上）　重光　葵
重光葵元外相が巣鴨獄中で書いた、貴重な昭和の外交記録である。上巻は満州事変から宇垣内閣が流産するまでの経緯を世界的視野に立って描く。
203918-6

し-45-3
昭和の動乱（下）　重光　葵
重光葵元外相は巣鴨に於いて新たに取材をし、この記録を書いた。下巻は終戦工作からポツダム宣言受諾、降伏文書調印に至るまでを描く。〈解説〉牛村　圭
203919-3

各書目の下段の数字はISBNコードです。978-4-12が省略してあります。

し-45-1 **外交回想録** 重光葵
駐ソ・駐英大使等として第二次大戦への日本参戦を阻止するべく心血を注ぐが果たせず。日米開戦直前まで約三十年の貴重な日本外交の記録。〈解説〉筒井清忠
205515-5

た-7-2 **敗戦日記** 高見順
〝最後の文士〟として昭和という時代を見つめ続けた著者の戦時中の記録。日記文学の最高峰であり昭和史の一級資料。昭和二十年の元日から大晦日までを収録。
204560-6

と-28-1 **夢声戦争日記 抄** 敗戦の記 徳川夢声
活動写真弁士を皮切りに漫談家、俳優としてテレビ・ラジオで活躍したマルチ人間、徳川夢声が太平洋戦争中に綴った貴重な日録。〈解説〉水木しげる
203921-6

と-28-2 **夢声戦中日記** 徳川夢声
花形弁士から映画俳優に転じ、子役時代の高峰秀子らと共演した名優が、真珠湾攻撃から東京大空襲に到る三年半の日々を克明に綴った記録。〈解説〉濵田研吾
206154-5

と-31-1 **大本営発表の真相史** 元報道部員の証言 冨永謙吾
「虚報」の代名詞として使われ、非難と嘲笑を受け続ける大本営発表。その舞台裏を、当事者だった著者が関係資料を駆使して分析する。〈解説〉辻田真佐憲
206410-2

と-32-1 **最後の帝国海軍** 軍令部総長の証言 豊田副武《そえむ》
山本五十六戦死後に連合艦隊司令長官をつとめ、最後の軍令部総長として沖縄作戦を命令した海軍大将が残した手記、67年ぶりの復刊。〈解説〉戸高一成
206436-2

と-35-1 **開戦と終戦** 帝国海軍作戦部長の手記 富岡定俊
作戦課長として対米開戦に立ち会い、作戦部長として戦艦大和水上特攻に関わった軍人が、日本海軍の作戦立案や組織の有り様を語る。〈解説〉戸高一成
206613-7

の-3-15 **新編「終戦日記」を読む** 野坂昭如
空襲、原爆、玉音放送……あの夏の日、日本人は何を思ったか。文人・政治家の日記を渉猟し、自らの体験を綴る。戦争随筆十三篇を増補。〈解説〉村上玄一
206910-7

分類番号	タイトル	サブタイトル	著者	内容紹介	ISBN
の-16-1	慟哭の海	戦艦大和死闘の記録	能村 次郎	世界最強を誇った帝国海軍の軍艦は、太平洋戦争を通じてわずか二度目の出撃で轟沈した。生還した大和副長が生々しく綴った手記。〈解説〉戸髙一成	206400-3
ふ-18-5	流れる星は生きている		藤原 てい	昭和二十年八月、ソ連参戦の夜、夫と引き裂かれた妻と愛児三人の壮絶なる脱出行が始まった。敗戦下の苦難に耐えて生き抜いた一人の女性の厳粛な記録。	204063-2
ほ-1-1	陸軍省軍務局と日米開戦		保阪 正康	選択は一つ――大陸撤兵か対米英戦争か。東条内閣成立から開戦に至る二カ月間で、陸軍の政治的中枢である軍務局首脳の動向を通して克明に追求する。	201625-5
ほ-1-18	昭和史の大河を往く5	最強師団の宿命	保阪 正康	屯田兵を母体とし、日露戦争から太平洋戦争まで、常に危険な地域へ派兵されてきた旭川第七師団の歴史を俯瞰し、大本営参謀本部の戦略の欠如を明らかにする。	205994-8
ほ-1-19	昭和史の大河を往く6	華族たちの昭和史	保阪 正康	明治初頭に誕生し、日本国憲法施行とともに廃止された特権階級は、どのような存在だったのか？ 華族たちの苦悩と軌跡を追い、昭和史の空白部分をさぐる。	206064-7
や-1-2	安岡章太郎 戦争小説集成		安岡 章太郎	軍隊生活の滑稽と悲惨を巧みに描いた長篇「遁走」ほか、短篇五編を含む文庫オリジナル作品集。巻末に開高健との対談「戦争文学と暴力をめぐって」付録。	206596-3
や-59-1	沖縄決戦	高級参謀の手記	八原 博通	戦没者は軍人・民間人合わせて約20万人。壮絶な沖縄戦の全貌を、第三十二軍司令部唯一の生き残りである著者が余さず綴った渾身の記録。〈解説〉戸部良一	206118-7
よ-24-7	日本を決定した百年	附・思出す侭	吉田 茂	偉大なるわがまま楽天性に満ちた元首相の個性が描き出した近代史。世界各国に反響をまき起した名篇が文庫にて甦る。単行本初収録の回想記を付す。	203554-6

各書目の下段の数字はＩＳＢＮコードです。978－4－12が省略してあります。

よ-24-8	回想十年（上）	吉田　茂	政界を引退してまもなく池田勇人や佐藤栄作らを相手に語った回想。戦後政治の内幕を述べつつ日本が進むべき「保守本流」を訴える。〈解説〉井上寿一	206046-3
よ-24-9	回想十年（中）	吉田　茂	吉田茂が語った「戦後日本の形成」。中巻では、自衛隊創立、農地改革、食糧事情そしてサンフランシスコ講和条約締結の顚末等を振り返る。〈解説〉井上寿一	206057-9
よ-24-10	回想十年（下）	吉田　茂	戦後日本はどのように復興していったのか。下巻では、ドッジライン、朝鮮戦争特需、三度の行政整理など、主に内政面から振り返る。〈解説〉井上寿一	206070-8
よ-24-11	大磯随想・世界と日本	吉田　茂	政界を引退したワンマン宰相が、日本政治の「貧困」を憂いつつ未来への希望をこめ、その政治思想を余すことなく語りつくしたエッセイ。〈解説〉井上寿一	206119-4
よ-38-1	検証　戦争責任（上）	読売新聞戦争責任検証委員会	誰が、いつ、どのように誤ったのか。あの戦争を日本人自らの手で検証し、次世代へつなげる試みに記者たちが挑む。上巻では、さまざまな要因をテーマ別に検証する。	205161-4
よ-38-2	検証　戦争責任（下）	読売新聞戦争責任検証委員会	無謀な戦線拡大を続けた日中戦争から、戦後の東京裁判まで、時系列にそって戦争を検証。上巻のテーマ別検証もふまえて最終総括を行う。日本人は何を学んだか。	205177-5
え-3-2	戦後と私・神話の克服	江藤　淳	癒えることのない敗戦による喪失感を綴った表題作ほか「小林秀雄と私」など一連の「私」随想と代表的な文学論を収めるオリジナル作品集。〈解説〉平山周吉	206732-5
わ-19-3	戦後日本の宰相たち	渡邉昭夫編	戦後の占領期から五五年体制の崩壊前夜まで、指導者たちの思想と行動を追い、戦後日本の「国のかたち」を浮き彫りにする。歴代首相列伝。〈解説〉宮城大蔵	207587-0